suhrkamp taschenbuch
wissenschaft 1308

Der erste Teil des Bandes, der Schröters Arbeiten über Elias und die Zivilisationstheorie enthält, befaßt sich mit Wandlungen der Regulation des Sexualverhaltens vom 13. bis 16. Jahrhundert. Im Zentrum steht der Zusammenhang von Staatsbildung und Triebkontrolle. Ein Aspekt der Verstärkung von Selbstzwängen war, daß Männer Hemmungen zwischen erotischem Blick und Zugriff einschalten mußten. Gegenüber der voreingenommenen Kritik von Hans Peter Duerr verteidigt Schröter – am Beispiel der Scham – das Modell einer Abfolge verschiedener Muster der Verhaltensregulierung im Sinne eines Zivilisationsprozesses. Daß sich zivilisatorische Wandlungen belegen lassen, zeigt eine Detailuntersuchung über die Intimisierung der Hochzeitsnacht. Drei Kurzartikel über Ehe, Vaterliebe und Abtreibungsverbot nutzen dieselbe Entwicklungsperspektive für das Verständnis heutiger Vorgänge.

Im zweiten Teil verarbeitet Schröter die persönlichen Beobachtungen, die er in vierzehn Jahren der Zusammenarbeit mit Elias als dessen deutscher Übersetzer und Herausgeber gemacht hat. Er unternimmt zunächst einen »Versuch psychoanalytischer Theoriedeutung«. Ein weiterer Text behandelt die harte Arbeit des kreativen Prozesses. In einem letzten, neugeschriebenen Beitrag wird die Geschichte der Bücher erzählt, die im Mit- und Gegeneinander zwischen dem Autor Elias und seinem Herausgeber entstanden.

Im Suhrkamp Verlag hat Michael Schröter u. a. veröffentlicht: »*Wo zwei zusammenkommen in rechter Ehe ...*«. *Sozio- und psychogenetische Studien über Eheschließungsvorgänge vom 12. bis 15. Jahrhundert*, 1985 und 1990 (stw 860).

Inhalt

Vorwort

Norbert Elias hat keine Schule gegründet. Das lag nicht nur daran, daß ihm jeder organisatorische Elan abging. Das Wissen, das er bieten konnte, war ein rein akademisches (intellektuelles), ohne unmittelbare berufliche Relevanz, so daß eine Schulbildung im professionellen Rahmen für ihn nicht in Frage kam. Innerhalb des universitären Raums fehlten ihm die normalen Mittel, mit denen ein Lehrer Schüler an sich bindet, da er selbst keine nennenswerte Position erlangt und darum auch keine »Pfründen« zu verteilen hatte. Berühmt wurde er ohnehin erst als Privatmann, lange nach der Pensionierung.

Gleichwohl war Elias sehr bestrebt, Anhänger zu werben, ob als Schriftsteller, Redner oder im direkten Kontakt. Er setzte dabei die Machtquellen ein, die er hatte: vor allem die Überzeugungskraft seines Denkens und das beträchtliche Charisma seiner Person. Dieses Charisma eines alten Mannes wirkte vielleicht mehr im Feuilleton als im akademischen Establishment, zumal seines eigenen Fachs. Und es wirkte besonders auf junge Leute. So kam es, daß in der Elias-Rezeption affektive Faktoren, die sich wohl regelmäßig mit sachlichen vermengen, eine relativ große Rolle spielten. Anhängerschaft ihm gegenüber (auch Gegnerschaft) hatte oft eine ausgeprägte Gefühlsfarbe, und mancher Schüler war ihm, wie ich selbst, in einer persönlichen Beziehung verbunden.

Es entspricht diesen Verhältnissen, daß ich im vorliegenden Band zum 100. Geburtsjahr von Elias meine Aufsätze sowohl über die Zivilisationstheorie als auch über ihren Autor versammle. Die »Erfahrungen«, die darin zum Ausdruck kommen, sind intellektueller wie affektiver Natur. Für mich jedenfalls, der das Eliassche Werk viele Jahre als Herausgeber und Übersetzer im Deutschen betreut hat, gehören beide Ebenen zusammen.

Die im wesentlichen chronologisch geordneten Texte sind zwischen 1980 und 1996 (mit Schwerpunkt 1988-1993) entstanden. Sie wurden für den Wiederabdruck mehr oder weniger revidiert. Die Stücke des ersten Teils (»Erfahrungen mit der Theorie«) schließen an mein Buch über mittelalterliche Ehe an. Anders als dort steht nicht die institutionelle, sondern die psychologische Seite von Zivilisationsprozessen im Zentrum. Die Stücke des zweiten Teils (»Erfahrungen mit der Person«) beruhen partiell auf einem Manuskript, das ich 1991 schrieb, in Reaktion auf den Tod von Elias und auf den Abbruch meines editorischen Engagements für sein Werk. Sie schreiten von der Theoriedeutung zum Erlebnisbericht fort. Der letzte Beitrag über meine Bekanntschaft und Zusammenarbeit mit Elias erscheint erstmals in diesem Band.

Mit Dankbarkeit denke ich an die Menschen, ohne die ich die folgenden Texte kaum hätte schreiben können. Manche haben die Abfassung eines von ihnen angeregt, andere durch Kommentare zu Vorfassungen oder durch Materialhinweise ihre Gestalt beeinflußt, wieder andere als Freunde und Gesprächspartner meine Produktion der letzten Jahre begleitet. Ich nenne sie alle in einer Reihe: Henriette Beese, Reinhard Blomert, Heinz Bonorden, Dick van den Bosch, Heinz Bude, Hans Peter Dreitzel, Peter R. Gleichmann, Günter Gödde, Günter Jerouschek, Erika Kartschoke, Joachim Moebus, Maria E. Müller, Rainer Paris, Lyndal Roper, Katharina Rutschky, Bernhard Schlink, Christel Schröter, Hartmann Tyrell, Lutz von Werder, Reiner Wild, Cas Wouters. Zum Schluß war mir die vielfältige Hilfe von Ulrike May-Tolzmann besonders wichtig. Für kompetente Mitarbeit bei der Herstellung dieses Bandes danke ich Michael Hinz und Angelika Schönfeld.

Michael Schröter

Erster Teil
Erfahrungen mit der Theorie

1. Staatsbildung und Triebkontrolle
Zur gesellschaftlichen Regulierung des Sexualverhaltens vom 13. bis 16. Jahrhundert

Die folgende Studie versucht, zwei Entwicklungsstränge in ihrem Ablauf und ihren Wechselbeziehungen zu verfolgen, die gewöhnlich nicht zusammengesehen werden: die Ausbildung einer Zentralmacht als ein wesentliches Moment von Staatsbildungsprozessen und die damit verbundene Veränderung der Regulierung des Sexualverhaltens, d. h. eines entscheidenden Faktors im Prozeß des Persönlichkeitsaufbaus.[1] Hinter einer solchen Aufgabenwahl steht die Vorstellung, daß es den tatsächlichen Vorgängen nicht angemessen ist, soziale von psychischen Daten oder beide Datengruppen von den strukturierten Prozessen, die zu ihrer gegenwärtigen Ausprägung geführt haben, zu trennen. Es sind prononciert Impulse der Arbeit von Norbert Elias (1939), die in dieser Weise aufgegriffen und nach Möglichkeit fruchtbar gemacht werden sollen. – Während das Schwergewicht der Untersuchung auf städtischen Entwicklungen im deutschsprachigen Raum vom 13. bis 16. Jahrhundert liegt, wird zu Beginn das Bild eines zunächst vor- und außerstädtischen Zustands rekonstruiert, der jedoch auch in Städten, wie entsprechende Abwehrmaßnahmen zeigen, noch lange virulent blieb.

Das System der Familienkontrolle

1. Als Ausgangspunkt bietet sich die Beobachtung an, daß für die Regulierung des Sexualverhaltens je nachdem, ob es sich um Männer oder um Frauen handelt, ganz unterschiedliche Normen, Kontrollmechanismen und Sanktionen gelten. Für beide Geschlechter ein Beispiel aus der Zeit um 1300:
In Trier wird ein Maler Heinrich angeklagt, er habe vor acht Jahren seine Frau verlassen und sei nach Worms gegangen. Ja, ant-

---

1 Genau gesagt konzentriert sich dieser Artikel, eine Vorarbeit zu meinem Buch [Schröter 1985a], auf einen Teilaspekt des Themas: auf Sexualbeziehungen zwischen unverheirateten Männern und Frauen.

wortet der Angeklagte, das sei wahr. Er sei dort mit einer Witwe eine neue Ehe eingegangen. Nein, das sei nicht wahr. Er habe sexuell mit ihr verkehrt. Ja, er habe vierzigmal oder öfter mit ihr verkehrt. Er habe dort auch mit mehreren anderen Frauen sexuellen Umgang gehabt. Ja, er habe mit zwanzig Frauen Umgang gehabt. Von alledem werde in Worms öffentlich geredet. Ja, das sei wahr (Kentenich 1912, S. 111). – Wir erfahren aus dem erhaltenen Dokument weder den genauen Punkt der Anklage noch den Ausgang des Prozesses. Klar jedoch ist, daß Heinrich den gegebenenfalls recht folgenschweren Vorwurf der Bigamie zurückweist, daß ihm aber nichts daran gelegen ist, Einzelheiten seines Wormser Sexuallebens zu verschweigen. Im Gegenteil, man glaubt aus seinen Angaben ein gewisses Renommieren herauszuhören.

In Nürnberg wird Konrad, der Sohn einer Baderin, zu zehn Jahren Turm verurteilt, weil er die Tochter einer ratsfähigen Familie »beleidigt und entehrt« habe, indem er sie ohne Zustimmung ihres Vaters und der Verwandten ihrer Mutter zur Ehe nahm (Schultheiß 1960, S. 65 f.). – Hier wird also der sexuelle Kontakt mit einem Mädchen aus guter Familie »ohne Gnade« bestraft, obwohl er durch eine (nach weltlichem Recht nicht vollgültige) Heirat sanktioniert war. Das Mädchen hat dadurch eine Kränkung erfahren, die seine Lebenschancen für alle Zukunft beschneidet. »Schaden und Schmach« aber (so Mollwo 1905, S. 233) treffen nicht nur die junge Frau, sondern vielleicht mehr noch ihre Eltern und Verwandten: in dem Stadtbuch, in dem dieser Präzedenzfall aufgezeichnet ist, sind die Namen der Beteiligten ausradiert, offenbar um den Makel, der auf den Namen der Familie gefallen ist, vor der Nachwelt zu verbergen (Schultheiß 1960, S. 208*).

Ein Vergleich der beiden Fälle läßt die Grundzüge eines bestimmten Systems der Verhaltensregulierung erkennen. Für Männer bedeuten sexuelle Erfolge eher einen Prestigegewinn. Ihre Sexualbetätigung ist im Prinzip freigegeben und wird nur gleichsam sekundär, durch die Obhut, der Frauen unterliegen, begrenzt. Die Regulierung des Sexualverhaltens *beider* Geschlechter geschieht durch die Kontrolle von *Frauen* bzw. durch die Rachedrohung, falls diese Kontrolle unterlaufen wird. Nur eine Frau wird durch die Tatsache oder das Gerücht nicht-ehelicher Sexualbetätigung disqualifiziert. Auf männlicher Seite gibt es hierzu kein Pendant. Bigamie zum Beispiel, in früher Zeit ein spezifisch männliches Delikt, ist nicht als sexuelles Fehlverhalten strafwürdig, sondern ebenfalls wegen der Beeinträchtigung, die der zweiten Frau zugefügt wurde (z. B. Hach 1839, S. 203).

So verschieden wie Intensität und Form der Kontrolle sind auch die Sanktionen, die bei einer Verletzung der geltenden Verhaltensstandards drohen. Wo ein Mann sich an einer Frau vergreift, für die potente Schutzhelfer eintreten, geht es ihm möglicherweise an Leib und Leben. Über unverheirateten Frauen dagegen schwebt die Gefahr des Ehrverlusts, der zwar nicht ihre physische, wohl aber ihre soziale Existenz[2] zerstören würde.

2. Daß Männer bei einer solchen Figuration der Verhaltenssteuerung ihre sexuellen Aktivitäten weithin von der Gunst oder Ungunst äußerer Umstände abhängig machen und kaum durch zwingende innere Anforderungen gelenkt werden, ist evident. Weniger deutlich tritt hervor, daß auch bei Frauen das Maß des vorausgesetzten Selbstzwangs relativ gering bleibt. Die Kontrolle, der sie unterstehen, geht nicht von inneren Instanzen aus, sondern hat vorwiegend die Form einer direkten Überwachung von außen, der *Augenkontrolle*. Dem entspricht, daß auch in ihrem Fall die soziale Regulierung mehr auf Handlungen als auf Impulse zu Handlungen abgestellt ist. Die auf Handlungen gerichtete Kontrolle durch Fremdaufsicht bedingt, daß der Bewegungsspielraum unverheirateter junger Frauen überaus eng war. Ihr Leben spielte sich, wie es scheint, weitgehend im Bannkreis des Hauses und unter den Augen der Mutter ab, die als im häuslichen Bereich zuständig und gewöhnlich auch anwesend die spezielle Trägerin dieser Verhaltenskontrolle war. Ihre Wachsamkeit wurde durch die von Nachbarschafts- und Standesgruppen ergänzt. – Zur Veranschaulichung mag eine kurze Reimdichtung, ebenfalls aus der Zeit um 1300, dienen (»Daz heselîn«, in: v. d. Hagen 1850, Bd. 2, S. 1-18):[3]

Ein Ritter hat auf der Jagd ein Häslein gefangen. Auf dem Heimweg kommt er durch ein Dorf, wo ihn ein junges Mädchen sieht, das den Hasen gern besitzen möchte. Der Ritter verlangt als Kaufpreis ihre »Minne«; das Mädchen – in Liebesdingen unwissend –

2 Diesen Begriff hat N. Elias in einer bisher unveröffentlichten Arbeit vorgestellt.
3 Die folgende Nacherzählung berücksichtigt wenig den eigentlichen Gang der Geschichte und hebt nur die für den Zusammenhang dieser Untersuchung wichtigen Momente hervor.

ist einverstanden. Er fragt, ob jemand da sei, »der uns höret oder sieht« (V. 110 f.). Das Mädchen verneint: Mutter und Gesinde seien in der Kirche. Unter diesen Umständen kann das Tauschgeschäft vollzogen werden. Als die Mutter davon erfährt, zerrauft sie der Tochter das Haar und beklagt den Verlust ihrer Jungfräulichkeit: »O weh, Kind, um deine Ehre! Ich hätte besser auf dich aufpassen sollen, dann wäre ich nicht zu Leide gekommen« (V. 300-302). Sie kann der Tochter keinen besseren Rat geben, als das Geschehene zu verschweigen, den Jungfernkranz, »den getreuen Knecht der Ehre« (V. 330), weiter zu tragen und im übrigen zu hoffen. Nach einiger Zeit feiert der Ritter Hochzeit mit einer anderen Frau. Während des Festmahls lacht er in Erinnerung an sein früheres Erlebnis auf und wird von der Braut genötigt, ihr den Grund mitzuteilen. Die Braut verrät in ihrer Reaktion, daß sie selbst das Recht auf den Jungfernkranz längst verwirkt hat. Empört wendet sich der Mann an seine versammelte Verwandtschaft, schildert die Lage und bittet um ihren Rat. Alle sprechen sich dafür aus, daß er die Erwerberin des Häsleins zur Frau nehmen und die Braut wieder nach Hause schicken solle.

Von ihrem intentionalen Zentrum her ist die Geschichte eine witzige männliche Verführungsphantasie (plus einer Auseinandersetzung mit dem Problem, wie man sich der sexuellen Integrität einer Braut versichern kann, bevor es zu spät ist), durch die der Erzähler sein adliges Publikum zu fesseln versucht. Am Rande aber beschreibt sie genau die realen Verhältnisse, von denen soeben die Rede war: mangelnde Selbstbeherrschung bei Mann und Frau; einseitige Kontrolle des Mädchens durch die Mutter, die von der Schande der Tochter mitgetroffen wird (und in offenbar ritualisierter Form darauf reagiert); sobald die Beaufsichtigung Lücken zeigt, gilt dies dem Mann als Freipaß für sexuelle Avancen; sein Erfolg ist für ihn eine Quelle des Stolzes, den er mehr oder minder öffentlich zeigt, während eine Frau durch dasselbe Ereignis in höchste Gefahr gebracht wird. Die Gefahr erwächst aus der Kontrollfunktion von Nachbarschafts- und Standesverbänden – symbolisiert durch den Jungfernkranz als Zeichen unbeschädigter Ehre –, die jedoch erst zur Wirkung kommt, wenn ein Verstoß notorisch wird.

3. Die »Ehre« einer ledigen Frau ist das Zentrum ihrer sozialen Existenz. Sie bedeutet, genauer besehen, zunächst nichts anderes als ungeschmälerte Heiratschancen. Wenn ihr Ruf durch die

Kunde sexueller Beziehungen zu einem anderen Mann geschädigt ist, muß eine Frau damit rechnen, daß noch ein fest vereinbarter Ehevertrag rückgängig gemacht wird (dies widerfährt der Braut in der Erzählung vom »Häslein«). Entsprechend wird in Stadtrechten die unbewiesene Nachrede sexueller Betätigung, vorrangig gegenüber Frauen, unter Strafe gestellt (siehe unten), und es finden sich mehrfach Belege, daß Frauen sich vor Gericht gegen eine derartige Gefährdung ihrer Heiratsaussichten – die dabei explizit so charakterisiert wird – zu verteidigen suchten (z. B. Keussen 1894, S. 54: Köln 1401/03). Die familiäre Kontrolle über das Verhalten unverheirateter Mädchen und Frauen hat demnach den entscheidenden Zweck, den weiblichen Familienmitgliedern zu einer standesgemäßen sozialen Plazierung zu verhelfen, wofür es vor allem in höheren Schichten (neben dem Klostereintritt) nur den Weg der Eheschließung gab. – Durch die Betonung der Jungfräulichkeit soll natürlich die Legitimität der Kinder gewährleistet werden.

Anders gewendet besagt dies alles zugleich, daß es keineswegs Sexualäußerungen *als solche* sind, bei denen die Kontrolle weiblichen Sexualverhaltens ansetzt. Wo voreheelicher Geschlechtsverkehr in eine Ehe mündet, bleibt an der Frau kein Makel haften – die Ehre der naiven Erwerberin des Häsleins wird durch die Heirat anscheinend restlos wiederhergestellt. Um diesen Punkt noch klarer zu machen, sei ein zweites mittelalterliches Kleinepos angeführt, das im übrigen einige der vorstehenden Resultate (Augenkontrolle, besondere Verantwortung der Mutter) bekräftigt (»Diu nahtigal«, in: v. d. Hagen 1850, Bd. 2, S. 71-82):

Ein Ritterssohn begehrt die Tochter eines benachbarten Ritters und findet ihre Gegenliebe. »Doch war die Jungfrau so eingesperrt und in ihres Vaters Haus behütet, daß weder bei Tag noch bei Nacht ein Mensch zu ihr kommen konnte, weder draußen noch drinnen« (V. 55-59). Durch eine List gelingt es dem Mädchen, von ihren Eltern die Erlaubnis zu erwirken, daß sie einmal statt im Haus in der Gartenlaube schlafen darf. Sie setzt den Geliebten davon in Kenntnis, der stellt sich ein, und sie verbringen die Nacht zusammen. Am Morgen aber verschlafen sie, so daß der Vater des Mädchens sie durch das Fenster beieinanderliegen sieht. Er holt, wenig bewegt, die Mutter, die bei dem Anblick sogleich in Wehklagen ausbricht. Davon erwacht der junge Mann und spricht den Vater an: »Lieber Herr, möge mir am Leib kein Schaden geschehen.« Der Vater erwidert: »Euch geschieht nichts, wenn Ihr sie zur Frau nehmt. Da Ihr bei ihr gelegen seid, so gebt acht, daß es Euch ernst sei« (V. 253-258). Und alles endet gut. Daß der voreheliche Sexualverkehr wenig dramatisch genommen wird, falls er mit einem tatsächlichen Ehekandidaten stattfindet und später zur Ehe führt, hat ein institutionelles Korrelat im Vorgang einer normalen Eheschließung [vgl. unten, Kap. IV]. In der mehrstufigen Handlungsfolge, durch die – in höheren Gesellschaftsschichten – während des ganzen Mittelalters eine Ehe begründet wurde, kommt dem »Beilager«, das die sexuelle Leistungsfähigkeit der beiden einander Versprochenen unter Beweis stellen soll, traditionell eine zentrale Bedeutung zu. »So schlief Graf Johann IV. von Habsburg wohl über ein halbes Jahr bei der Herzlande von Rappolstein, mit der er verlobt war, und wurde erst dann von ihr, weil er zum Beischlafe untüchtig war, verschmäht« (Friedberg 1865, S. 84). Der Sachverhalt wurde ihr 1378 durch eine Urkunde ihres Onkels bestätigt (um ihre Unberührtheit, also ihre Vollwertigkeit für eine künftige Heirat, zu dokumentieren?). Andererseits konnte es auch geschehen, daß der erste Geschlechtsverkehr, wie in der zuletzt zitierten Reimdichtung, dem offiziellen Verlöbnis voranging. Ehebeginn und Beginn weiblicher Sexualbetätigung sind aufs engste zusammengerückt, fallen normalerweise in eins.

Man muß sich von neuzeitlichen Verhältnissen distanzieren, um zu erkennen, in welchem Ausmaß die Einleitung einer Ehe durch Sexualbeziehungen im Mittelalter möglich oder gar üblich war. Das »Beilager«, das zunächst (in den Paraphernalia) ein öffentlicher Akt war (Elias 1939, Bd. 1, S. 243), hatte geradezu formellen Charakter, konnte selbst gleichsam die Rolle eines Verlöbnisses spielen. Die Frage der Reihenfolge von Aufnahme des Sexualkontakts und endgültigem Abschluß einer Ehe mochte demgegenüber – verstärkt in niedrigeren Gesellschaftsschichten – zweitrangig erscheinen, was später zu einer Quelle schwerer Probleme wurde. Ein Reflex dieser formellen Rolle des ersten Geschlechtsverkehrs findet sich etwa in den Worten, mit denen um 1450 die Familienchronik eines Nürnberger Patriziergeschlechts eine Hochzeit verzeichnet (Tucher'sches Memorialbuch, S. 15): »Item 1416, am Abend von St. Agatha, legte man Berthold Tucher des Holzschuhers Tochter zu.« Der Beginn der Sexualverbindung ist in dieser Quelle, wie oft, das zweite wesentliche Moment des Eheschließungsvorgangs nach dem grundlegenden Familienvertrag: »Item 1434 gab Berthold Tucher seine Tochter Brigitta am St. Blasius-Tag dem Sebald Grolant, [um sie ihm] zwei Jahre später beizulegen« (ebd., S. 19). Auch die anfänglich explizite, später implizite Unschlüssigkeit des kirchlichen Eherechts über den konstitutiven Rang dessen, was man hier als »Vollzug der Ehe« bezeichnete, verweist auf diese soziale Bedeutung des sexuellen Verkehrs der prospektiven Eheleute. Sexualäußerungen waren, mit anderen Worten, so unmittelbar in ein geregeltes Gruppenleben eingebettet, so wenig privatisiert, daß moderne Vorstellungen (bis hin zum Begriff »vorehelich«) für jene Zeit kaum anwendbar erscheinen.

4. Das bisher beschriebene System der Regulierung des Sexualverhaltens – einseitige, direkte Kontrolle von Frauen, entschiedene Zielrichtung auf Sicherung der Ehechancen, relative Unbefangenheit gegenüber Sexualäußerungen *per se* – erfordert eine Instanz, die im Konfliktfall das gewünschte Verhalten bei Männern durchzusetzen vermag. Diese Instanz sind die männlichen Verwandten, vor allem Väter und Brüder, unverheirateter Frauen. Auf dem Schutz, den sie den Töchtern der Familie bieten können, beruht das Funktionieren des ganzen Systems. Der junge Ritter aus der Geschichte »Die Nachtigall« muß, vom Vater der Geliebten entdeckt, tatsächlich um sein Leben fürchten. Es ist die Angst vor den männlichen Angehörigen von Mädchen und Frauen und ihrer gewalttätigen Rache, die in Ergänzung zur Überwachung von Frauen als Regulativ *männlichen* Sexualverhaltens wirkt. Sexualbetätigung selbst kann an der Peripherie der gesellschaftlichen Kontrollbemühungen bleiben, solange die Möglichkeit besteht, durch notfalls bewaffneten Druck auch noch ein *fait accompli* zu einem akzeptablen Ergebnis, einer Eheschließung, zu führen. Anders gesagt: Die Kontrolle von Handlungen, im Gegensatz zu der von Handlungsimpulsen, ist an die unmittelbare soziale Nähe der Kontroll- und Strafinstanzen gebunden, die es erlaubt, Handlungen unter Umständen noch nachträglich in ihren Folgen zu korrigieren. – Daß die Entehrung eines weiblichen Familienmitglieds die Ehre der ganzen Familie in Mitleidenschaft zieht, entspricht derselben Sachlage.

Recht instruktiv sind in diesem Zusammenhang überlieferte Fälle, die um die Mitte des 14. Jahrhunderts vor dem geistlichen Gericht Augsburg verhandelt wurden und in denen z. B. die Brüder einer Frau dem Mann, der sich nach dem Geschlechtsverkehr mit ihrer

Schwester der Ehe zu entziehen suchte, buchstäblich das Messer auf die Brust setzten, um ihn zur Heirat zu zwingen (Frensdorff 1871, S. 18).[4] Auch wenn das Gericht auf seinem fortgeschritteneren Standpunkt eine solche Ehe nicht anerkennt, scheint in dieser Reaktion doch eine frühere Form der Durchsetzung sozialer Normen greifbar zu sein. In der sächsischen Stadt Pössneck geschah es um 1450, daß ein Bürger, dessen als Magd im Haus lebende (und damit einer Tochter gleichgestellte) Nichte ein Kind erwartete, den vom Mädchen genannten Erzeuger durch zwei Ratsleute zur Rechenschaft zog; später wurde der Beschuldigte ermordet, und der Verdacht fiel automatisch auf jenen Onkel des geschwängerten Mädchens (Grosch et al. 1957, S. 164, 168).

Es wäre offenbar ungenügend, an der hier erörterten Struktur lediglich den Aspekt einseitiger *Kontrolle* von Frauen hervorzuheben. Wie generell, wenn man über die Stellung von Frauen im Mittelalter nachdenkt, ist in bezug auf Sexualverhalten und Eheschließung bestimmend, daß Frauen in einer so hochgradig von physischer Gewalt regierten Gesellschaft wie der mittelalterlichen in besonderem Maße des *Schutzes* bedürfen. Das gilt auch und in gewisser Weise erst recht auf den höchsten Stufen des sozialen Gefüges. Eine adlige Mutter, Beatrix, deren Söhne geächtet worden waren, richtete ca. 1080 den folgenden Hilferuf an ihren Bruder, Bischof Udo von Hildesheim (Erdmann/Fickermann 1950, S. 66): »Meine bereits mannbare Sophia aber, deren Alter und Gestalt unwürdige Entführer (*raptores*) anreizen, da sie ja nicht mehr brüderlicher Schutz (*praesidium*) vor der Gewalt verteidigt, versuche bitte durch eine Ehe, wo sich eine ehrenhafte und geeignete bietet, zu verbinden, und tragt dafür Sorge, da ich es nicht kann, daß sie nicht zur Schmach ihres Geschlechtes [= ihrer Familie] unter ihrem Stand heirate; denn wie die Förderung ihrer Ehre der gemeinsamen Ehre ihres Geschlechtes dient, so gereicht ihre Erniedrigung zur gemeinsamen Schande.« Hier sind die wesentlichen Momente der Situation zusammengestellt: Eine unverheiratete Frau *braucht* männliche Verwandte, von deren Durch-

4 Rechtshistorisch, d. h. im System des mittelalterlichen Kirchenrechts, gehört dieser Sachverhalt in die Kategorie des *impedimentum vis ac metus* (Ehehindernis der Gewalt und Furcht). Die erwähnten Einzelfälle lassen etwas vom sozialen Hintergrund der allgemein formulierten Norm erkennen.

setzungskraft der Grad ihrer Sicherheit abhängt. Wo diese Schutzhelfer fehlen oder ausfallen, lauern die *raptores*, um durch einen Gewaltstreich (mit der Komponente sexueller Überwältigung[5]) zu einer für sie vorteilhaften Heiratsverbindung zu gelangen. Die Mutter mobilisiert den unauflöslichen Zusammenhang zwischen der Ehre der unverheirateten weiblichen Angehörigen einer Familie und der Ehre des ganzen Verwandtschaftskreises, um ihren Bruder zur Hilfe zu bewegen. Er ist die einzige oder wichtigste Instanz, an die sie sich wenden kann.

5. Ein System der Verhaltens- und Konfliktregulierung, das auf der Selbsthilfe von Verwandtschaftsgruppen beruht, kann nur horizontal, d. h. unter machtgleichen Gruppen, bzw. von oben nach unten wirken. Ein waffentragender Kriegerherr läßt sich, wie in der Geschichte »Die Nachtigall«, nur von seinesgleichen zur Ehe zwingen, während die Bauernfamilie (?) der Erwerberin des Häsleins gegenüber dem ritterlichen Verführer keine Handhabe zur Durchsetzung einer Heirat hat.[6] Die Landbewohner wiederum, die das Augsburger Gericht beschäftigen, werden nur gegen andere, gleichgestellte Landbewohner Gewalt üben. Eine solche Figuration, in der Ansprüche von unten nach oben nicht geltend gemacht werden können und darum auch kaum vorstellbar gewesen sein dürften, impliziert, daß die Grenzlinien zwischen den verschiedenen sozialen Schichten relativ fest und unangefochten sind. Besonders sexuelle Kontakte zwischen niedrigerstehenden Männern und höherstehenden Frauen müssen durch die Gewaltdrohung, die von machtstärkeren Familienoberhäuptern und Verwandtschaftsverbänden ausgeht, von vornherein ausgeschlossen sein. Denn eine Ehe, durch die gegebenenfalls die Entehrung eines Mädchens vermieden würde, kommt bei dieser Konstellation nicht in Betracht. Sozial zulässig sind nur Ehen, bei denen – in den Worten einer städtischen Quelle aus der Mitte des 14. Jahrhunderts – Mann und Frau »nach Abstammung, Leben, Stand, Würde, Verhältnissen, Vermögen und Ehren einander entsprechend und ähnlich« sind (Rössler 1852, S. 240). Daß er gegen diesen Code verstoßen hat, wurde dem Nürnberger Badersohn in dem eingangs zitierten Skandal zum Verhängnis.

---

5 Vgl. Anm. 13.
6 Daß es am Ende zu einer – doch wohl standesungleichen – Ehe kommt, bleibt ein offenes Problem der Interpretation.

Man trifft hier auf eine zentrale Funktion von Ehen in jener Zeit. Eheschließung war ihrerseits ganz maßgeblich ein Akt von Familien, durch den die nach Macht- und Besitzklassen differenzierte Ordnung des Gesellschaftsgefüges über die Generationen hin reproduziert wurde. Diese Struktureigentümlichkeit manifestiert sich ebenso im typischen Ablauf einer Eheschließung, in dem der Vertrag zwischen dem männlichen und dem Vater des weiblichen Partners das beherrschende Element ist, wie in dem fraglosen Erfordernis elterlicher Zustimmung zu einer Ehe. Durch Heiratsverbindungen wurde auf allen sozialen Ebenen die denkbar tragfähigste Solidarität gestiftet oder Gleichrangigkeit, etwa gegenüber Aufsteigern, anerkannt. Daß Ehen derart eine Schlüsselstellung im Verflechtungsnetz der Gesellschaft einnehmen, entspricht einem Stand der Entwicklung, auf dem die Verflechtungsketten zwischen Menschen weitgehend durch persönliche, darunter speziell Verwandtschaftsbeziehungen hergestellt werden – eine Verflechtung gleichsam auf Naturbasis, deren Zusammenhangseinheiten zwangsläufig relativ klein und instabil sind. Die Kontrolle des Sexualverhaltens unverheirateter Mädchen und Frauen, soweit sie reichte, stand im Dienst dieser Funktion von Ehen.

6. Wenn somit Sexualhandlungen beider Geschlechter durch die Überwachung und den abschreckenden Schutz von Frauen im Blick auf eine angemessene Ehe reguliert werden, angemessene Ehen aber ranggleiche Partner verlangen, stellt sich als letztes die Frage nach den Normen, denen Sexualkontakte zwischen höherstehenden Männern und tieferstehenden Frauen, z. B. Mägden, unterworfen sind. Unverkennbar fällt diese Konstellation, in der die Gewaltdrohung der betroffenen Väter und Brüder versagt, aus dem Rahmen der bisher aufgezeigten Mechanismen. Es überrascht daher nicht, daß ranghöheren Männern gegenüber rangniedrigeren Frauen wenig Zwang auferlegt wurde, daß hier ein ganzes Stück weit die Überlegenheit eines Mannes ausschlaggebend und sozial akzeptiert war. Der Aussteller des oben genannten Dokuments über die Impotenz eines Grafen von Habsburg findet nichts dabei zu erwähnen, daß die Verwandten der Braut dem Bräutigam eine Anzahl von Frauen zugeführt hätten, an denen er seine sexuelle Tüchtigkeit unter Beweis stellen sollte (Friedberg 1865, S. 85). Für jene Frauen mag eine solche Verwendung nicht einmal entehrend gewesen sein.

Doch ist diese machtbestimmte Freizügigkeit von oben nach unten nicht die einzige zeitgenössische Lösung. Man kann bemerken, daß auch in der mittelalterlichen Gesellschaft grundbesitzender Kriegerherren eine *reziproke* Abhängigkeit zwischen Männern und Frauen, machtstärkeren und machtschwächeren Gruppen bestand, die es ausschloß, daß rein auf Gewalt beruhende Beziehungen – von der Situation bei Kriegszügen abgesehen – zur Regel wurden. Vielmehr gab es eine feste Institution, die rangniedrigeren Frauen in Verbindungen mit ranghöheren Männern durchaus einen Schutz, eine gewisse Sicherheit gewährte: das Konkubinat.

Längerfristige Konkubinatsbeziehungen, die bis über die Schwelle des 16. Jahrhunderts hinaus gang und gäbe gewesen zu sein scheinen, verschafften den beteiligten Frauen eine einigermaßen sichere soziale Stellung und garantierten die Versorgung der gemeinsamen Kinder, die selbstverständlich Sache des Vaters bzw. seiner engeren oder weiteren Familie war. Sie erfüllten damit auf ihre Weise ebenfalls zwei der wichtigsten Aufgaben, die im Normalfall durch die Institution der Ehe bewältigt werden, und sind als Ehen minderen Rechts aufzufassen. Daß Konkubinen eine gesellschaftlich klar definierte, öffentlich anerkannte Position innehatten, zeigt sich bereits an der Bildung ihrer Eigennamen: Wie Frauen grundsätzlich durch ihr Verhältnis zu dem Mann, in dessen Gewaltabhängigkeit sie standen – als Tochter, Schwester, Gattin, Witwe etc. des NN – gekennzeichnet wurden, so heißen sie hier ganz analog etwa »Kunel, des Drechsels Schlafweib«.[7] Zur Versorgung der Kinder bieten erhaltene Testamente eine Fülle von Belegen: »Im gemeinsamen Testament Peter Wolfers und seiner Frau 1475 werden den natürlichen [d. h. unehelichen] Söhnen des Wolfer so gut Legate ausgeschrieben, wie Hans Waltenheims kinderlose Witwe 1479 die Kebskinder ihres verstorbenen Mannes, Anton und Elsbet, mit Vermächtnissen bedenkt« (Wackernagel 1907-24, Bd. II/2, S. 923). Das Musterbeispiel dieser Beziehung zwischen einem höherstehenden Mann und einer tieferstehenden Frau ist die Verbindung eines Geistlichen mit seiner Haushälterin.

Wo eine dauerhafte Konkubinatsbeziehung nicht zustande kam (oder aufgelöst wurde), war offenbar der Mann mehr oder weni-

---

7 Schultheiß (1960, S. 70: Eintrag von 1347). Dort *passim* zugleich vielfältige Beispiele für das allgemeine Benennungsprinzip.

ger verpflichtet, die Frau materiell zu entschädigen. Das galt besonders bei Defloration. In dem erwähnten Pössnecker Fall soll der Verführer dem Mädchen gesagt haben, »er wolle sie zur Ehe nehmen, und wenn er sie ins Gerede bringe, so habe er so viel, daß er sie wohl zu Ehren bringe und ernähren wolle« (Grosch et al. 1957, S. 164). Ehe und materieller Ausgleich erscheinen hier als äquivalent; man könnte nach dem Wortlaut des Satzes sogar annehmen, daß eine Entschädigungsleistung die verletzte Ehre eines Mädchens wiederherzustellen vermag. In dieselbe Richtung weist die Tatsache, daß die Entschädigung oft geradezu als Aussteuer bezeichnet wird[8] – d. h. die Ehre bleibt gewahrt, wenn eine Frau, obwohl nicht mehr Jungfrau, aufgrund einer entsprechenden materiellen Ausstattung trotzdem einen Mann findet. Noch in einem Schwank aus der Mitte des 16. Jahrhunderts wird, unter im übrigen sehr veränderten Bedingungen, die Magd eines »reichen Ratsherrn« zum Geschlechtsverkehr mit diesem durch das Versprechen bewogen, man wolle das Kind wie ein »eigenes Kind erziehen und sie reichlich aussteuern zu einem guten Gesellen« (Wickram, Rollw., S. 18).[9] Es ist nicht ausgeschlossen, daß eine Entschädigung dieser Art auch zwischen ranggleichen Partnern und auf höherer sozialer Stufe als ausreichend akzeptiert werden konnte.[10] Jedenfalls wird an Daten wie den genannten von neuem deutlich, daß der kritische Punkt der sozialen Regulierung nicht das Sexualverhalten als solches war, sondern die Versorgung von Frauen (und Kindern).

Die Betrachtung von Konkubinatsverbindungen des beschriebe-

---

8 Z. B. Köhler (1932, S. 241: Basler Reformationsordnung von 1529); hier beschränkt auf Defloration eines unbescholtenen Mädchens durch einen ledigen Mann.

9 Ich werte diesen jungen Beleg als Indiz für ältere Verhältnisse. Da besonders Rechtsquellen im Mittelalter nur behandeln, was in wechselnden Frontstellungen akut konfliktträchtig ist (vgl. Ebel 1971, S. 131), kann man bisweilen nicht umhin, selbstverständliche Normen des Zusammenlebens früherer aus Bestimmungen späterer Zeiten zu erschließen.

10 Vgl. etwa, außer dem Pössnecker Fall, Hach (1839, S. 337) oder Mollwo (1905, S. 233), wo die Alternative Heirat/Entschädigung ohne Hinweis auf Standesdifferenzen auftaucht. Vielleicht aber muß ein solcher Vorbehalt in die grundsätzlichen Formulierungen als stillschweigend mitgedacht eingetragen werden.

nen Typs legt die Schlußfolgerung nahe, daß Intensität und Bedeutung der Kontrolle des Sexualverhaltens unverheirateter Mädchen und Frauen mit der sozialen Stellung ihrer Väter und Brüder,
deren Obhut sie anvertraut sind, variieren. Bestimmend für diese
Variation wären dann einerseits die Gewaltmittel, die den männlichen Angehörigen einer Familie zu Gebote stehen, andererseits
das Maß, in dem Vermögenstransaktionen und die damit verbundene Statuserhaltung bei Eheschließungen eine Rolle spielen. Besonders von letzterem Faktor sind zweifellos Weitläufigkeit und
Dichte des Familienzusammenhalts selbst abhängig. Das System
der Familienmacht erweist sich zugleich als ein System abgestufter
Familienvorrechte und -verpflichtungen. Daß die Kontrolle weiblichen Sexualverhaltens – und Hand in Hand damit der Mechanismus der »Ehre« – entlang der Rangskala der sozialen Gruppen an
Bedeutung verliert, wird dadurch bestätigt, daß in macht- und
besitzschwächeren Gruppen für das Eingehen einer Ehe sehr viel
weniger strikte und ausgearbeitete Formen gegolten haben als in
gehobenen Schichten. Der das Einverständnis der beiden Partner
bekundende Sexualkontakt scheint hier stärker im Zentrum gestanden zu haben (siehe unten).
Es paßt in das gezeichnete Bild, daß Bordelle zu den regelmäßigen
Einrichtungen mittelalterlicher Städte gehörten. Bereits eine um
1020 in Worms verfaßte wörterbuchartige Summe des zeitgenössischen Wissens nennt im Abschnitt über Städte als »öffentliche
Gebäude« (u. a.) Stadtmauern, Straßen, Kloake, Markt, Gericht,
Hurenhaus, Bad, Weinhaus und Kerker (Summarium Heinrici,
S. 256-258); das Bordell ist demnach für eine Stadt nicht weniger
eigentümlich als Befestigungsmauer und Markt. Ein »Frauenwirt«
erscheint in der Zeugenreihe einer Basler Urkunde aus der zweiten Hälfte des 13. Jahrhunderts anstandslos neben anderen hono-
rigen Bürgern (Wackernagel 1907-24, Bd. 1, S. 97). Dirnen hatten
ihren zwar geringgeachteten, aber festen Platz im sozialen Gefüge
einer Stadt.

Die relative Entmachtung von Familiengruppen durch eine staatliche Zentralinstanz

1. Die bisherige Analyse ergab ein System der Verhaltensregulierung, das wesentlich von Verwandtschaftsgruppen getragen war und letzten Endes auf der Gewaltdrohung und -ausübung von deren männlichen Mitgliedern beruhte.[11] Dieses System gerät vom 13. bis 16. Jahrhundert in den Strom einer breiten Entwicklung, die dadurch charakterisiert ist, daß allmählich Zentralinstanzen, d. h. im häufigsten und für die Zukunft bestimmenden Fall mächtige Adelsfamilien, ein Gewaltmonopol beanspruchen und mit wachsendem Erfolg (und in größer werdenden Integrationseinheiten) auch durchsetzen.[12] Die Kehrseite des Prozesses ist, daß allen Partialverbänden innerhalb der jeweiligen Integrationseinheiten die Fähigkeit zur gewaltsamen Wahrung ihrer Interessen entzogen wird. Von diesem Entmachtungsprozeß sind vielleicht vorrangig Familienverbände betroffen. Was auf breiter Front, besonders augenfällig in der Ahndung von Gewaltverbrechen, sichtbar wird, äußert sich auch auf dem Gebiet der Sexualbetätigung: Familiengruppen verlieren denjenigen Teil ihrer Kontrollbefugnis, der mit der Ausübung physischer Gewalt verbunden war. Es sind nun nicht mehr die Betroffenen selbst bzw. ihre mit ihnen eine Prestigeeinheit bildenden Verwandten, die als *ultima ratio* auf Verstöße gegen Normen des Sexualverhaltens mit Sanktionen antworten, sondern übergeordnete Instanzen, deren Repräsentanten

---

11 Die zusätzliche Rolle von Nachbarschafts- und Standesverbänden, auf die bereits der dominierende Mechanismus der »Ehre« verweist, wird in diesem Artikel nur *en passant* berücksichtigt. Ganz unbeachtet bleiben, trotz ihrer großen Bedeutung, Patronatsbeziehungen.

12 Nach den Darlegungen von Elias zur Dynamik der Etablierung eines Gewaltmonopols (1939, Bd. 2) stellt sich für die weitere Arbeit die Aufgabe, diesen Prozeß und seine Auswirkungen auch auf Ebenen unterhalb der für lange Zeit größten Integrationseinheiten (der aufkommenden National- bzw. Territorialstaaten) und unterhalb der obersten Führungsschichten (sowie außerhalb Frankreichs) zu verfolgen. In diesem Sinn wird hier versucht, einerseits die Rolle von Verwandtschaftsgruppen als den vielleicht wichtigsten Gewaltträgern auf einer Stufe relativ geringer Zentralisierung, andererseits die Entwicklung speziell in deutschen Stadtstaaten herauszustellen (vgl. Schröter 1980a).

gegenüber den ihrer Herrschaft Unterworfenen in immer weitere persönliche Ferne rücken. Die Entfernung der Herrschenden von den Beherrschten kennzeichnet eine generelle Erweiterung, Objektivierung und Stabilisierung des gesellschaftlichen Verflechtungsnetzes, das nicht zuletzt zunehmend die Grenzen verwandtschaftlicher Beziehungen überschreitet. Im Zuge dieser Veränderungen erweist sich der Ansatz der Verhaltenskontrolle bei Handlungen und ihren Folgen immer stärker als ungenügend, was auch den Inhalt der Normen selbst beeinflußt und weitreichende Konsequenzen für den Persönlichkeitsaufbau der Menschen nach sich zieht.

Nachdem bisher – gleichsam als Folie, vor deren Hintergrund die weitere Entwicklung Konturen gewinnt – ein trotz aller Fortwirkungen spezifisch vor- und außerstädtischer Zustand beschrieben wurde, konzentriert sich die folgende Darstellung auf den Wandel der Verhältnisse in größeren Städten, die, jedenfalls in Deutschland, die Vorreiter des soeben skizzierten Prozesses gewesen zu sein scheinen.

Es war ein entscheidender Schritt in der Herausbildung von Stadtstaaten, daß die Stadtbürger darauf verpflichtet wurden, zur Austragung aller möglichen Streitigkeiten den Umweg über ein Gerichtsverfahren einzuschlagen, das sich nach mehr und mehr schriftlich fixierten Regeln richtete. Man kann diesen Vorgang als einen (ersten) Formalisierungsschub fassen. Abgesehen von der beständigen Abwehr äußerer Eingriffe war anfangs die Herrschaftsausübung des Rates als der städtischen Zentralinstanz weithin identisch mit der Pazifizierung im Inneren, der Erhaltung des Stadtfriedens, die in der Durchsetzung eines rechtsförmigen Modus der Konfliktaustragung beschlossen ist. Dieses Kardinalziel erreichte der (von Vertretern der führenden Familien gebildete) Rat wesentlich dadurch, daß er sich zum Anwalt der ihrer Gewaltmittel beraubten Verwandtschaftsgruppen machte und eigene Sanktionen an die Stelle von deren Selbsthilfe setzte. Das heißt, der Aufbau der städtischen Zentralregierung geschah in erster Linie auf die Weise, daß der Rat herkömmliche Rechte von Familienverbänden seinerseits garantierte, wobei Rangdifferenzen zwischen diesen selbstverständlich weitergalten. Bei allen Veränderungen blieben also hierarchisch abgestufte Familiengruppen, wenn auch mit verringerter Kompetenz, ein weithin dominierendes Strukturelement der Stadtgesellschaft.

2. Was den Bereich des Sexualverhaltens angeht, mußten die Stadt-regierungen vor allem den Schutz unverheirateter Frauen, der zu-vor maßgeblich in der Hand von deren männlichen Verwandten gelegen hatte, zu ihrer Sache machen. Schutz und Kontrolle von Frauen blieben zunächst die Hauptmechanismen, um die Sexual-betätigung beider Geschlechter in sozial zuträglichen Bahnen zu halten. Unverändert erscheinen Sexualkontakte nur im Blick auf standesgemäße Eheschließungen regelungsbedürftig. Es sind in diesem Zusammenhang hauptsächlich zwei Gruppen von Bestim-mungen, in denen der Rat einer Stadt seine eigene an die Stelle der Gewaltdrohung von Verwandtschaftsverbänden setzte; beide sind regelmäßige Bestandteile von Stadtrechten.

In der ersten Gruppe werden Ehen, und damit *eo ipso* auch der Beginn weiblicher Sexualtätigkeit, ohne Einwilligung besonders der Eltern unter Strafe gestellt.[13] Vorrangiges Objekt dieses Zu-stimmungsgebots sind (minderjährige) Frauen. Die Notwendig-keit entsprechender Strafandrohungen erwächst unmittelbar aus der zentralen Funktion von Ehen, das Schichtengefüge der Gesell-schaft über die Generationen hin zu reproduzieren; um diese Lei-stung sicherzustellen, können Eheschließungen nicht individuel-ler Entscheidung überlassen werden. Wie das eingangs angeführte Nürnberger Ereignis zeigt, sind es (neben Heiraten nach aus-wärts, die anfänglich sogar im Vordergrund zu stehen scheinen) vor allem standesungleiche Ehen, die hier abgewehrt werden sol-len. Die Tatsache, daß die wichtigste Strafe durchweg in Ent-erbung besteht, deutet darauf hin, daß derartige Regelungen auf die Bedürfnisse vermögender Familien zugeschnitten sind. Bis-weilen wird ausdrücklich gesagt, daß die Schädigung je nach Rang und Besitz unterschiedlich ist: »Da in etlichen Jungfrauen mehr Macht ist als in anderen, so soll es beim Rat liegen, ob man die Buße höher oder geringer bemessen will oder nicht« (Hach 1839, S. 362).

Relevanter für das Thema dieser Studie ist die zweite (jüngere?)[14]

13 Z.B. Hach (1839, S. 189: 1. Hälfte 13. Jahrhundert; vgl. Ebel 1971, S. 201 f.); Rössler (1852, S. 237-240: Mitte 14. Jahrhundert). In Brünn wird der inkriminierte Tatbestand als »Entführung«, »Raub« bezeich-net. Der letztere Begriff (*raptus*) steht dem Tatbestand der Notzucht zumindest nahe (vgl. ebd., S. 349: ... *vi oppresserit vel rapuerit*).

14 So jedenfalls in Lübeck, wo nur die erste Bestimmung in der älteren lateinischen Fassung des Stadtrechts erscheint (Hach 1839, S. 189).

Gruppe von Bestimmungen, die der unbewiesenen Behauptung eines angeblichen Eheversprechens entgegentritt, etwa: »Verklagt ein Mann eine Jungfrau oder Frau, daß er sie beschlafen habe und daß sie seine eheliche Frau sei ..., und wird er dessen überführt, daß es nicht so sei«, so wird ihm eine hohe Geldbuße auferlegt, von der die Frau zwei Drittel, die Stadt ein Drittel bekommen soll (ebd., S. 252; mit einer ähnlichen Rangdifferenzierung wie im letzten Zitat). Der Zweck dieser Bestimmungen ist derselbe wie bei der ersten Gruppe: es geht um die Unterbindung unerwünschter, d. h. gewiß zuerst standesungleicher Ehen. Prinzipiell sind dadurch beide Geschlechter analog getroffen, weshalb das soeben zitierte Lübecker Statut (vor 1300) auch fortfährt: »Ebenso soll es sein, wenn eine Jungfrau oder eine Frau diese Klage gegen einen Knaben oder einen Mann erhebt.« Aber die blasse Formulierung der Fortsetzung scheint das Anhängsel zu verraten, das einer ursprünglich (oder vorwiegend) einseitigen Regelung hinzugefügt wurde. Die primäre Gefahr droht zunächst von männlicher Seite, und hier vielleicht besonders von seiten niedrigerstehender Männer. Dazu ein weiteres Fallbeispiel (Brünn, Mitte 14. Jahrhundert): Eine Witwe aus ehrbarer Familie klagt vor dem Rat, daß der einstige Knecht ihres Mannes in der Stadt verbreite, er habe sexuell mit ihr verkehrt und sie habe ihm die Ehe versprochen. Damit wolle er verhindern, daß sie sich mit einem anderen Mann verheirate, und habe sie in ihrem Ruf irreparabel geschädigt. Der Knecht kann seine Behauptung nicht durch Zeugen erhärten. Das Urteil lautet auf Abschneiden der Zunge und Verweisung aus der Stadt (Rössler 1852, S. 285 f.).

Daß bei derartigen Eheansprüchen zunächst die Hauptgefahr von Männern ausgeht, hängt mit der besonderen Verletzlichkeit weiblicher Ehre zusammen. Während für Frauen die Nachrede eines Eheversprechens und der damit verbundenen Sexualbeziehung (die nicht umsonst in den beiden herangezogenen Quellen zusammen genannt werden) eine Vernichtung ihrer sozialen Existenz bedeutet, mögen Männer mit ihren Eroberungen prahlen: In Nürnberg wird 1345 eine Frau, Else, auf ewig verbannt, weil sie stadtfremden Besuchern eine reich gekleidete Dirne unter dem Namen einer der besten Familien zugeführt hatte, »und dessen rühmten sich dann die Gäste von demselben Geschlecht an anderen Stätten« (Schultheiß 1960, S. 69).[15] Solange männliche Verwandte die Belange unverheirateter Mädchen und Frauen gegebenenfalls mit Gewalt verteidigen konnten, dürften derartige rufschädigende Behauptungen vor allem niedrigerstehender Männer schwerer möglich gewesen sein – es sei denn, eine Frau hätte keine hilfreichen Verwandten gehabt. Mit der relativen Entmachtung von Verwandtschaftsverbänden entstand eine Lücke im bisherigen Kontrollsystem, die von denselben Stadtregierungen, die sie aufgerissen hatten, durch den stellvertretenden Einsatz ihrer eigenen Sanktionsmittel geschlossen werden mußte. Die Bestimmungen über das Eheversprechen dienen diesem Zweck.[16]

Während die Nachrede der Sexualbetätigung lediglich Frauen schädigte, traf die formelle Eheklage (die für Frauen jedoch üble Nachrede mit einschluß) beide Geschlechter. Je gangbarer der gewaltlose Weg der Eheklage wurde, desto mehr verschob sich die Zielrichtung der zuletzt diskutierten Regelungen (siehe unten).

3. Um die soziale Existenz von Frauen wirksam zu schützen, war es nicht genug, unehrenhafte Ehen etwa durch die Bestrafung rufschädigender Ehebehauptungen zu bekämpfen. Das bisherige – formal nicht sicher geordnete – Zusammenfallen von Ehebeginn und Beginn weiblicher Sexualtätigkeit machte es auch erforderlich, für die tatsächliche Durchsetzung sozial möglicher Ehen zu sorgen, wo Sexualkontakte bereits stattgefunden hatten. Hier blieb die Norm in Kraft, daß ein Mann eine Frau (mit der er geschlafen hatte) nicht »versetzen« durfte. Von dieser alten »Gewohnheit« spricht ein Ulmer Erlaß von 1420 (Mollwo 1905, S. 231-233), der sie explizit durch Regierungssanktionen unterstützt, sofern es sich um »ehrbarer Leute Kinder und sonderlich unverleumdete Töchter« handelt. Wer mit einem solchen (jungfräulichen) Mädchen sexuell verkehrt, soll sich nicht damit herausreden können, er habe ihr nicht die Ehe versprochen; er muß sie heiraten, andernfalls wird er aus der Stadt verbannt (das übliche Mittel, um gewalttätige Auseinandersetzungen in der Stadt, die sonst zu fürchten wären, zu verhüten). In diesem Dokument

15 Man beachte auch das Moment geographischer Mobilität und zunehmender Nachrichtenverbindung.
16 Was nicht verhinderte, daß weiter eine gewisse Spannung zwischen familiären, städtischen, aber auch kirchlichen Zwangsmitteln bestand.

tritt dieselbe Struktur von Jungfräulichkeit, Familienehre, Heiratschancen hervor, die oben herausgearbeitet wurde.

Die Sanktionen der Stadtregierung spielen jedoch nur eine ergänzende Rolle. In erster Linie werden Frauen bzw. ihre männlichen Verwandten, die eine entsprechende Beschwerde vorzubringen haben, an das geistliche Gericht – im Ulmer Fall: Konstanz – verwiesen. Nachdrücklich wird gesagt, daß mit dem Rechtsweg über Konstanz eine Sache erledigt sein soll (ebd.). Es ist also generell die Kirche, die durch ihre Gerichtsbarkeit – in bestimmter Hinsicht wiederum stellvertretend für Stadtregierungen – den Schutz von Frauen zu ihrer Aufgabe macht. Wie geschlechtsneutral und grundsätzlich die betreffenden Regelungen über das Eingehen einer Ehe auch formuliert sein mögen, in der sozialen Wirklichkeit werden geistliche Gerichte in Sexual- und Eheangelegenheiten ganz überwiegend von Frauen in Anspruch genommen. Das belegt ihre Praxis: 1349 wurde in Augsburg 111mal auf Einhaltung eines angeblichen Eheversprechens geklagt, davon nur zehnmal von Männern. Nicht weniger deutlich ist freilich, daß geistliche Gerichte das durch die Entmachtung von Familiengruppen entstandene Vakuum nur unzureichend zu füllen vermögen: von jenen Klagen waren insgesamt etwas mehr als 20 erfolgreich (Zahlenangaben nach Frensdorff 1871, S. 7). Oft hat man den Eindruck, daß Frauen sich vor der Einwilligung in den Geschlechtsverkehr auf eine traditionelle Weise – durch herkömmliche Formeln oder Riten – der Ernsthaftigkeit männlicher Ehezusagen zu vergewissern versucht hatten, damit aber bei den nach anderen, »gelehrten« Normen urteilenden kirchlichen Instanzen nicht durchdrangen (ebd., z. B. S. 11, 12, 14).[17]

Hinweise wie diese führen zu der Annahme, daß im Zuge des relativen Machtverlusts von Familiengruppen zugunsten einer städtischen (aber auch außerstädtischen) Zentralinstanz eine erhebliche Normenunsicherheit um sich griff. Es scheint tatsächlich, besonders gravierend bei Frauen, eine Ratlosigkeit bestanden zu haben, ab wann und durch welche Schritte eine geltende, d. h. den Mann an die Frau (und die Kinder) bindende Ehe begründet war. Diese Unklarheit bezog sich vor allem auf die konstitutive

---

17 Auf die wichtige Kompetenz der römischen Kirche (die ja ihrerseits eine Zentralmacht darstellt) im Bereich von Sexualverhalten und Eheschließung wird in diesem Artikel nicht weiter eingegangen.

Bedeutung des Geschlechtsverkehrs. Bisher war es, neben dem Druck der Nachbarschaft, vor allem die Sanktionsgewalt der männlichen Angehörigen von Frauen gewesen, die nicht nur niedrigerstehende Männer von höherstehenden Frauen abgeschreckt, sondern auch gleichrangige Männer nach Beginn einer sexuellen Beziehung, wo nötig, zur Ehe gezwungen hatte. Durch die zunehmende Entmachtung ihrer vormaligen Schutzhelfer wurden offenbar besonders Frauen in eine gewisse Desorientierung gestürzt, da sie andererseits ganz auf die handlungsbezogene Kontrolle ihres Sexualverhaltens im Blick auf Eheschließung abgestimmt waren.[18]

Diese Desorientierung scheint ein wesentlicher Grund für die so häufig betonten »düsteren Aspekte« des »sittlichen Volkslebens« im Spätmittelalter gewesen zu sein (zitierte Wendungen bei Geiger 1971, S. 176). Vor allem wurde erst durch sie die sogenannte »heimliche Ehe«, die zunächst vielfach nichts anderes ist als die ältere Gestalt einer durch Familien- und Nachbarschaftsverbände ohne Beteiligung kirchlicher oder obrigkeitlicher Instanzen gestützten Ehe, zu einem brennenden sozialen Problem.[19] Die hier vorgestellten Beobachtungen legen es nahe, derartige Gegebenheiten als Produkte einer Übergangssituation zu werten, in der ältere Mechanismen der Verhaltensregulierung hinfällig wurden, während neue, der veränderten Lage angepaßte, noch nicht sogleich entwickelt werden konnten.

4. Zu der speziellen Desorientierung von Frauen muß auch beigetragen haben, daß die bisherige Form ihrer Kontrolle unter den gewandelten Bedingungen vor allem in Städten nicht mehr mit gleicher Sicherheit funktionierte. Man kann zur Kennzeichnung des früheren Zustands sagen, daß die Überwachung von Frauen

18 Dies galt vielleicht weniger für die obersten Schichten, die freilich das System der Familienmacht am ausgeprägtesten verkörpert hatten. Dort, wo zugleich der Eheschließungsvorgang in tragfähigere Formen eingebettet war, mag der Entzug von Aussteuer und Erbe weiter ein hinreichendes Druckmittel gewesen sein.

19 Der Begriff der »heimlichen Ehe« ist eine Kategorie einerseits der Kirche und dann vor allem des 16. Jahrhunderts, gehört also in beiden Hinsichten einer fortgeschrittenen Stufe der Verhaltenskontrolle an. Zur Beschreibung der sozialen Wirklichkeit früherer Zeiten ist er nur mit Einschränkungen brauchbar. [Vgl. Schröter 1985a, S. 221-234 mit Anm. 9.]

und ihr (notfalls gewaltsamer) Schutz nach außen identisch waren. In der Notwendigkeit des Schutzes hatte die Kontrolle ihre unbezweifelbare Berechtigung. Mit der allmählichen Pazifizierung der Gesellschaft nach innen, wie sie sich (in Deutschland) zuerst und besonders erfolgreich in großen Städten durchsetzte, verschwand dieser vormals tragende Grund der Kontrolle, wodurch zeitweilig eine gewisse Entbindung weiblichen Sexualverhaltens begünstigt worden sein mag. Auch konnte die Zentralmacht zwar die Funktion des Schutzes von Frauen an sich ziehen, aber die mit ihrer Etablierung einhergehende Entpersönlichung von Herrschaft, ihr persönliches Wegrücken von den Regierten, schloß es aus, daß sie in gleicher Weise die bisher mit dem Schutz verkoppelte Aufgabe der direkten Aufsicht erfüllte.

Greifbarer als die soeben genannten ist ein weiterer Faktor, der in Städten die Regulierung weiblichen Sexualverhaltens komplizierte. Wie gezeigt, arbeitete die frühere Kontrolle als direkte Überwachung von Handlungen, als Augenkontrolle. Ein solches System setzt, wie man folgern kann, eine Gesellschaft mit einem relativ geringen Grad der Verflechtung und geographischen Mobilität voraus. Man kann sich ganz konkret vorstellen, wie es auf Lebensverhältnisse zugeschnitten ist, unter denen die Kontaktmöglichkeiten vor allem von Mädchen und Frauen jederzeit überschaubar sind. Unerwünschte Sexualverbindungen sind bereits aufgrund des begrenzten, gleichbleibenden Menschenkreises, in dem sich jeder bewegt, zumindest sehr erschwert. Es ist symptomatisch, daß der zuvor erwähnte Brünner Fall von einem – wohl im Haus lebenden – Knecht handelt.

Auch in dieser Hinsicht scheint in Städten eine Veränderung eingetreten zu sein. Ein Indiz sind nochmals die in Stadtrechtskodifikationen enthaltenen Bestimmungen gegen Eheschließungen ohne Einverständnis der Eltern. In allen untersuchten Beispielen sind die entsprechenden Verbote mit Strafandrohungen gegen diejenigen verknüpft, die eine solche Ehe anstiften, etwa indem sie die betreffenden Männer und Frauen zusammenbringen (z. B. Hach 1839, S. 362; Rössler 1852, S. 239). Die normalerweise sehr respektable Gestalt des Heiratsvermittlers (oder auch des Ehezeugen) hat in Städten ihr dunkles Gegenstück im Kuppler. Nicht umsonst ist die Kupplerin schon früh eine Standardfigur im Katalog der Bösewichter städtischer Moralpredigten. »Ihr Bürger«, eifert Berthold von Regensburg um die Mitte des 13. Jahrhunderts

(Bd. 1, S. 208), »ihr solltet sie aus der Stadt schlagen.« Die Gefahr, die Kuppler(innen) offenbar darstellten, könnte darauf hindeuten, daß die zunehmende Ohnmacht familiärer Verhaltenskontrolle nicht zuletzt eine Folge des Zusammenlebens einer stark gewachsenen und fluktuierenden Masse nicht mehr persönlich miteinander verbundener Menschen auf überaus engem Raum war, wie es für größere Städte typisch ist. Unter diesen Bedingungen wurden automatisch die Kontaktmöglichkeiten auch und gerade zwischen den Schichten zahlreicher, vielfältiger, schwerer überschaubar. Sosehr das gesellschaftliche Leben von Frauen sich auf das Haus und die Treffpunkte sozial homogener Gruppen (etwa Zunftstuben) konzentrierte, es gab doch regelmäßige Situationen, in denen diese Beschränkung durchbrochen wurde. Eine besonders ausgezeichnete Rolle scheint in dieser Hinsicht der Kirchgang gespielt zu haben; der Konstanzer Rat jedenfalls sieht sich 1436 genötigt, das Ansprechen von Frauen in der Kirche eigens zu verbieten (Feger 1955, S. 176).

Der Kampf von Stadtregierungen gegen Kuppler(innen) bzw. unzulässige Begegnungen von Männern und Frauen steht in einem breiteren Kontext. Zweifellos brachte das städtische Zusammenleben allein aus Gründen der Menschenballung gewaltige, bisher ungekannte Probleme der Verhaltenssteuerung mit sich.[20] Insofern dieses Zusammenleben eine Stufe fortgeschrittener Arbeitsteilung und Interdependenz repräsentiert, auf der unter anderem Verwandtschaftsbeziehungen in ihrer Bedeutung als wichtigstes soziales Bindemittel zurücktraten, läßt sich die Kupplerin geradezu als Inkarnation der spezifischen städtischen Verflechtung begreifen.

5. Ein bestimmendes Moment der neuen, durch Städte geprägten sozialen Verflechtung und vielleicht ihr deutlichstes Symbol ist die massive Erweiterung der Geldwirtschaft. Man kann wohl kaum überschätzen, in welchem Ausmaß dadurch die Fundamente der bisherigen gesellschaftlichen Statushierarchie erschüttert wurden. Das gilt einmal im Verhältnis von Stadtbürgern nach außen, zu Fürsten und Adligen des Landes. Aber auch innerhalb großer

20 Hier wäre etwa die regulierende Funktion von Zünften zu nennen. Derartige kleinere, sozial mehr oder weniger homogene Gruppen scheinen eine Zeitlang eine Art Zwischenform von familiärer (personaler) und obrigkeitlicher Steuerung ausgeübt zu haben.

Städte selbst führte die Möglichkeit eines relativ raschen Gelderwerbs durch Handel, die nicht zuletzt Handwerkern offenstand und von diesen genutzt wurde, zu einem energischen Aufbegehren bisher machtschwächerer Gruppen. Die in ganz neuer Weise erhöhte Chance der Vermögensakkumulation wurde zum Motor einer beachtlichen vertikalen Mobilität (Maschke 1969) und trug zumindest dazu bei, daß es im Verlauf des 14. Jahrhunderts allenthalben zu Machtkämpfen zwischen dem alten Stadtadel und aufsteigenden Kaufleuten und Handwerkern kam. Diese Kämpfe endeten oft mit einer Verfassungsänderung, die den führenden, d. h. reichsten Vertretern der Zünfte einen Anteil am Stadtregiment einbrachte (in Ulm etwa endgültig 1396/97).

Es spricht manches dafür, daß dieser Prozeß der Herstellung einer neuen innerstädtischen Machtbalance nicht nur Gestalt und Besetzung der Regierungsgremien, sondern auch die Form des Regierens selbst veränderte.[21] Offenbar löste er einen weiteren Formalisierungsschub aus, durch den die vergleichsweise willkürliche Herrschaftsausübung aufgrund von Abstammung und Besitz ihrerseits durch feste, schriftlich niedergelegte Regeln ersetzt wurde. Anders ausgedrückt: Das Stadtregiment wurde bis zu einem gewissen Grad von seiner ehemaligen Basis abgetrennt, einem System differenzierter Familienvorrechte und -verpflichtungen, das dadurch eine tiefe Erschütterung erfuhr. Die Anordnungen, die jetzt getroffen werden und in entsprechenden Stadtrechtssammlungen erhalten sind, zeigen gegenüber früher ein neues Gesicht. Vordringliches Ziel im Bereich der Binnenbeziehungen ist nun nicht mehr die Verhinderung der eigenmächtigen Gewalttat vor allem von Familiengruppen, deren gesellschaftsorganisierende Rolle seinerzeit noch anerkannt worden war, sondern die immer mehr ins einzelne gehende Regulierung einer Vielzahl von Lebensäußerungen.[22] Gleichzeitig wurde der behördliche Regierungsapparat erweitert und differenziert.

Man kann die nun erreichte Stufe der Staatsbildung so charakte-

---

21 Ein derartiger Zusammenhang wird durch die Beobachtungen von Feger (1955, bes. S. 31* ff.) an der Konstanzer Stadt- und Stadtrechtsgeschichte wahrscheinlich gemacht.
22 Die Ausbildung dieses Herrschaftsinstruments läßt sich plastisch an den als Serie von 1345 bis 1610 erhaltenen und publizierten »Bürgersprachen« der Stadt Wismar ablesen (Techen 1906).

risieren, daß nicht zuletzt im Gefolge des Machtgewinns bisher fraglos unterlegener Gruppen eine auf Gesetzesgrundlage herrschende Obrigkeit mehr und mehr einem eher lokal definierten Volk von Untertanen gegenübertrat (vgl. Naujoks 1958). Partialverbände wie Familien- und Berufsgruppen verloren ein weiteres Stück ihrer Wirkungskraft; ihre Rechte (und Vorrechte) wurden zwar nicht eingeebnet, aber einem strikteren Legitimationszwang unterworfen.

Die innerstädtische Machtverschiebung, die zum Aufkommen einer derart fortgeschrittenen Form des Stadtregiments beitrug, hatte zwei gegenläufige Konsequenzen, die für den Zusammenhang dieser Untersuchung bedeutsam sind. Einerseits drängte die Entwicklung offenbar zur Ausbildung generalisierter Normen, die gleichmäßig für alle Untertanen gelten sollten, also einen Abbau traditioneller Privilegien implizierten. Es ist ein Aspekt des so verstandenen neuerlichen Formalisierungsschubes, daß Angehörige machtschwächerer Gruppen dadurch eine Handhabe erhielten, um vorher aussichtslose und undenkbare Ansprüche anzumelden. In Reaktion auf diese Lage zeigen sich andererseits in Städten ab etwa dem Beginn des 15. Jahrhunderts vielfältige Anstrengungen offizieller wie inoffizieller Natur, um die damit bedrohte Rangordnung unter den Schichten, die bisher nicht zuletzt auf den abgestuften Privilegien von Familiengruppen beruht hatte, zu stabilisieren oder neu zu regeln.

In den Kontext der Bemühungen, das Schichtengefüge unter den gewandelten Bedingungen und auf höherer Ebene zu befestigen, gehört auch der oben herangezogene Ulmer Erlaß von 1420. Er wurde bisher nur insoweit ausgewertet, als er die Geltung der Gewohnheit unterstreicht, daß Sexualkontakt dem beteiligten Mädchen ein Anrecht auf Ehe verschafft. Sein eigentlicher Zweck aber liegt nicht in dieser Bestätigung, sondern in einer Einschränkung der alten Gewohnheit gegenüber »böswilligem« Mißbrauch (Mollwo 1905, S. 231): eine Frau, die sich mit ihrem Mann entzweit und glaubt, »der vorgenannten Gewohnheit genießen zu können, auch wenn sie nie an eine Ehe gedacht hat«, soll sich nicht auf deren Schutz berufen dürfen. Die hauptsächliche Frontstellung der Bestimmung über das Eheversprechen erscheint hier im Vergleich zu früher verschoben. Nicht mehr Frauen sollen vor Männern, sondern Männer sollen vor Frauen geschützt werden. Dieselbe Umorientierung zeigt sich um dieselbe Zeit auch anderswo.[23] Wie es aussieht, wurden einschlägige Klagen von weiblicher Seite für Stadtregierungen in neuer Weise zum Problem (was mit den obigen Beobachtungen zur Praxis geistlicher Gerichtsbarkeit übereinstimmt).

Ein Erlebnis eines arrivierten Augsburger Aufsteigers um 1450 mag helfen, den Grund für diese Frontverschiebung zu verstehen. Der Mann hatte sich als zweimaliger Witwer eine Konkubine genommen. Nachdem er zwei Kinder mit ihr gezeugt hatte, wollte er sie wegen angeblicher Veruntreuung wieder aus dem Haus schicken. Das »Fräulein« aber, berichtet er voll Empörung, »erdachte sich eines Sinnes und meinte, es wollte mir Geld abschrekken, und lud mich auf das Chorgericht [= das geistliche Gericht] und klagte mich an um die Ehe, woran sie mir doch wahrlich Unrecht tat« (Zink, S. 139 f.). Es dürfte nicht zuletzt diese Situation gewesen sein, in der plötzlich niedrigergestellte Frauen mit einem anderen Code des Sexualverhaltens aus einer Konkubinatsbeziehung alten Typs umstürzlerische Rechte abzuleiten versuchten, die eine Bestimmung wie das Ulmer Statut notwendig machte.

Wieder zeigt sich also, daß für Stadtregierungen Sexualverhalten dann zum Problem wird, wenn es standesungleiche Ehen zu produzieren droht. Daß die Gefahr sich anscheinend vergrößerte, hängt mit der Ersetzung von Macht und Vorrecht höherer Familien durch generalisierte, von einer Obrigkeit getragene Normen zusammen. In dieser Figuration konnte es leichter zu Zusammenstößen zwischen Angehörigen verschiedener sozialer Schichten kommen, die nun nicht mehr allein gewaltlos, sondern vor dem Forum eines dem Anspruch nach für alle gleich verbindlichen Rechts ausgetragen wurden. So jedenfalls ließe sich erklären, wie es geschah, daß rangniedrigere Frauen bzw. ihre männlichen Verwandten, die sie vor Gericht vertraten, sich nicht mehr einfach damit abfinden wollten, daß ein Konkubinat sang- und klanglos aufgelöst wurde, sondern die Heirat oder doch zumindest die

23 Eine ungewöhnlich wenig traditionshörige und darum wohl für ihre Gegenwart realistische Redaktion des Lübecker Stadtrechts um 1400 (zur Datierung und Bewertung: Ebel 1971, S. 207) begründet die Ermessensfreiheit des Rates bei der Strafzumessung im Fall einer haltlosen Eheklage nicht mehr wie noch 100 Jahre zuvor (geschlechtsneutral) mit dem Statusunterschied, sondern damit, daß »die Frauen leichtfertiger sind als die Männer« (Hach 1839, S. 252, Fn. 14 zu Nr. XII).

herkömmliche Entschädigung verlangten. Allgemeiner gesagt: Als Untertanen einer Obrigkeit, die selbst einigermaßen an die von ihr aufgestellten Normen gebunden war und nicht mehr so sehr aufgrund traditioneller Privilegien, sondern eher aufgrund eines Amtes, einer Verfassung herrschte, näherten sich die Menschen, die in Städten zusammenlebten, in ihrem Status in bisher ungekanntem Maß einander an. Der gleichförmige Untertanenstatus drängte in die Richtung einer sozialen Nivellierung, und es bedurfte kräftiger Anstrengungen, um dieser Tendenz entgegenzuwirken.

Obrigkeitliche Regulierung des Sexualverhaltens

1. Die Hochblüte städtischer Autonomie, diejenige Periode, in der große Städte im deutschsprachigen Raum die Vorreiter von Staatsbildungsprozessen darstellten, ging im 15./16. Jahrhundert zu Ende, als der strukturelle Konflikt zwischen Kaiser und Territorialherren zugunsten der letzteren aufgelöst wurde. Von nun an spielte sich Staatsbildung innerhalb der Grenzen des alten Reiches (nördlich der Alpen) mit wenigen Ausnahmen nur noch auf territorialer Ebene ab. Dennoch bleibt es lohnend, die Aufmerksamkeit auch für das 16. Jahrhundert auf städtische Zustände zu richten, wo sich im Zusammenhang der zuletzt skizzierten Entwicklungen die Abhängigkeit der herrschenden von den beherrschten Gruppen, die Bindung von Entscheidungsprozessen an festgelegte Regeln und Kontrollen, die Entwertung herkömmlicher Familienprivilegien, der Rückgang von Weitläufigkeit und Intensität des verwandtschaftlichen Zusammenhalts deutlicher bemerkbar machten als in den Territorien (vgl. Naujoks 1958). Im übrigen dürfte es auch in landesfürstlichen Städten noch eine ganze Zeit gedauert haben, bis sich die Zentralbehörde dort wirksam zur Geltung brachte.[24]

Das vorstehende Kapitel befaßte sich unter anderem mit zwei Formalisierungsschüben in der Herausbildung von Stadtstaaten. Während der erste auf die Ausschaltung der gewaltsamen Selbst-

24 Ein Beispiel sind die unten angeführten Auseinandersetzungen in Frankfurt/Oder. Hier wirkt, vielleicht typischerweise, die protestantische Geistlichkeit als Transmissionsriemen landesherrlicher Einflüsse.

hilfe von Verwandtschaftsverbänden zielte und die Etablierung eines rechtsförmigen Modus der Konfliktaustragung vornehmlich im Interesse relativ machtstarker und vermögender Familiengruppen herbeiführte, schuf der zweite im Gefolge einer Machtverschiebung zwischen innerstädtischen Gruppen eine neue Figuration von Obrigkeit vs. Untertanenvolk, in der ein breites Spektrum von Verhaltensäußerungen eher generalisierten Normen unterworfen wurde. Familienverbände hörten auf, die Rolle des fundamentalen Strukturelements einer in Standesklassen geschiedenen Gesellschaft zu spielen. Um die Rangdifferenzen zwischen sozialen Gruppen, die jetzt verstärkt durch Arbeitstätigkeit anstatt durch Familienzugehörigkeit definiert wurden, aufrechtzuerhalten, bedurfte es spezifischer Bemühungen der Obrigkeit. Dabei mußte dem Anspruch der Untertanen auf annähernde Gleichbehandlung Rechnung getragen werden.

Im Bereich des Sexualverhaltens bedeutete dieser Prozeß, daß alte »Gewohnheiten«, die einst unter der Voraussetzung der abgestuften Macht von Familiengruppen befriedigend funktioniert hatten, gleichsam in den Sog der Formalisierung gerieten und dadurch eine bedrohliche Sprengkraft entwickelten. Weder reichten die verbliebenen familiären Druckmöglichkeiten aus, um eine durch Geschlechtsverkehr angebahnte Ehe zuverlässig zum Abschluß zu bringen, noch waren Mittel verfügbar, um einen Mißbrauch des gewaltlosen Rechtsweges als Vehikel des sozialen Aufstiegs per Eheklage mit Sicherheit zu unterbinden. So war alles gefährdet, was bisher garantiert gewesen war: die Versorgung gezeugter Kinder, die Versorgung und Plazierung von Frauen sowie die Beschränkung von Eheschließungen auf gleichrangige Männer und Frauen. Vor allem der letztere Punkt verlangte dringend nach Abhilfe, wenn nicht unabsehbare Konsequenzen für die gesamte Sozialordnung riskiert werden sollten.

Es gab in dieser Zwangslage unter den veränderten Machtverhältnissen offenbar nur den Ausweg, *gleichmäßig* verbindliche Regelungen auszubilden, die auf ihre Weise die soeben aufgezählten elementaren Aufgaben erfüllten. Die Lösung, die vor allem im 16. Jahrhundert (in Ländern wie Städten) gefunden wurde und bis ins 19. und 20. Jahrhundert bestimmend blieb, fügt sich genau in die Linie der vorangegangenen Entwicklung. Wieder zog die Zentralinstanz ein wesentliches Stück bisher familiärer Kompetenz an sich, indem sie die Stiftung einer legitimen Ehe in ihre Regie nahm.[25] Insbesondere in protestantischen Bereichen wurde nun die Trauung in der Kirche für obligatorisch erklärt, etwa: »Um Argwohn, Hinterrede, Betrug zu vermeiden, so wollen wir, daß eine jegliche Ehe, die rechtmäßig eingegangen ist, öffentlich in der Kirche bezeugt und ... zusammengegeben werde« (Egli 1879, S. 328: Zürich 1525). Damit war eine Amtsperson von Obrigkeits wegen zwingend in den Prozeß der Eheschließung eingeschaltet. Es ist bezeichnend, daß die kirchliche Handlung, die im Zitat noch ganz traditionell als »öffentliche Bezeugung« oder Bestätigung des vor Zeugen geschlossenen Familienvertrags verstanden wird, sehr rasch die Bedeutung des ehebegründenden Akts gewann. Dies geschah, wie es scheint, gleichsam unter der Hand, ohne daß – selbst auf kirchlicher Seite – eine ausgesprochene Absicht in dieser Richtung zu erkennen wäre (vgl. Köhler 1932, S. 103 ff.). Demgegenüber verlor der (ältere) Familienvertrag immer mehr an Gewicht – die wohl entscheidende Stufe auf einem Weg, an dessen Ende die heute nahezu belanglos gewordene Verlobung steht.

Durch diesen Schritt wurde zugleich die Voraussetzung für die Einrichtung von Eheregistern geschaffen (Egli 1879, S. 328), die ein wichtiges Instrument waren, um den Folgen zunehmender geographischer Mobilität für das Sexualverhalten zu begegnen, vor denen die Familien- und Nachbarschaftskontrolle versagen mußte. Pfarrer sollten nur Ortsansässige trauen bzw. sich von Fremden vorher eine Bescheinigung aus der Herkunftsgemeinde vorlegen lassen, daß sie noch frei seien.

Daß es erst im 16. Jahrhundert zu einer solchen Formalisierung der Eheschließung kam, hängt damit zusammen, daß zuvor für Ehesachen offiziell die Kirche zuständig war, die andererseits von der aufsteigenden Staatsmacht mehr und mehr als Konkurrentin bekämpft wurde. Eine radikale Lösung der oben beschriebenen Problematik war auch aus diesem Grund erst zu einem Zeitpunkt möglich, als der Gegensatz zwischen den beiden Instanzen umfassend bereinigt, d. h. die Kirche in den reformierten Gebieten grundsätzlich der staatlichen Herrschaftsausübung dienstbar gemacht wurde. Institutioneller Ausdruck dessen sind die neugeschaffenen Ehegerichte, die in ihrer gemischten geistlich-welt-

25 Vorstufen dieses Prozesses lassen sich bereits im 14./15. Jahrhundert beobachten.

lichen Zusammensetzung ausdrücklich oder doch faktisch als staatliche Behörden fungieren.

Es widerspricht der obrigkeitlichen Orientierung des neuen Regulierungssystems nicht, sondern ergänzt sie nur, wenn im selben Atemzug gesagt wird, daß Ehen Minderjähriger nur mit elterlicher Einwilligung gültig seien (ebd.). Denn diese Kompetenz hat die Familie (die mittlerweile weithin auf die Kernfamilie reduziert ist) nicht mehr aus eigener Machtvollkommenheit, sondern sie wird ihr vom Staat als Recht zugesprochen. Für Sanktionen im Notfall ist das Ehegericht und schließlich der Rat zuständig. Gerade der Punkt, an dem diese Bestimmung über ähnlich lautende ältere hinausgeht, wirft ein Licht auf die veränderte Gewichtsverteilung zwischen Regierung und Familienoberhäuptern: Zuwiderhandeln zieht nicht nur die familiäre, vom Rat lediglich bekräftigte Strafe des Erbverlusts nach sich, sondern läßt die Ehe selbst nichtig werden – eine Konsequenz, die den Übergang der letztlichen Kontrollbefugnis an eine Zentralinstanz voraussetzt.

2. Im Blick auf das Thema dieser Untersuchung ist an dem soeben beschriebenen Formalisierungsschub vor allem hervorzuheben, daß er vielleicht hauptsächlich auf die Regulierung des Sexualverhaltens zielte, indem er legitime Sexualbetätigung kompromißlos auf eine vorschriftsmäßig eingegangene Ehe beschränkte. Besonders direkt ist diese Absicht in der Tatsache greifbar, daß sich sehr bald die Tendenz durchsetzte, den vorehelichen Geschlechtsverkehr – »das unordentliche und ungebührliche Beischlafen vor dem Kirchgang«, wie es in einer der ersten entsprechenden Verlautbarungen heißt (Richter 1846, Bd. 1, S. 28: Württemberg 1537) – unter Strafe zu stellen. Damit war die Rolle des »Beilagers« im Prozeß der Eheschließung, die durch den Rückgang der Familienmacht zweideutig und problematisch geworden war, energisch geklärt.

Noch in anderer Hinsicht diente die zwingende Vorschrift einer amtlichen Trauung der Ausschaltung nicht-ehelicher Sexualbetätigung, wenn nämlich gleichzeitig das »Zur-Unehe-Sitzen«, das Zusammenleben von Mann und Frau ohne formelle Eheschließung, verboten wurde. Man setzte einen definitiven, unumgänglichen, quasi-staatlichen Akt fest, durch den fixiert wurde, welche Beziehung ab wann als Ehe gelten konnte, um sexuelle Verbindungen jenseits dieser Grenze zu unterdrücken. »Wer, sei es Geistlicher, sei es Weltlicher, seine Metze bei sich hat oder in besonderem Hause aushält, soll sie in Monatsfrist entweder zur Ehe nehmen oder sich gänzlich von ihr trennen« (Köhler 1932, S. 242: Basel 1529; ebenso Egli 1879, S. 452). Das Ehegericht wachte als Sittengericht, unter denunziatorischer Mithilfe der Pfarrerschaft und vor allem der Nachbarn, über die Einhaltung dieser Bestimmungen und ging gegen Verstöße auch aus eigener Initiative vor (Köhler 1932, S. 144).

Es ist wahrscheinlich, daß die Regulierungsbemühungen, die in den zahllosen Reformations-, Zucht-, Ehe- oder Kirchenordnungen des 16. Jahrhunderts ihren Niederschlag finden, unter anderem den Zweck verfolgten, auch Angehörige relativ niedriger Schichten, die zuvor eher im Schatten des (schriftlich aufgezeichneten) Gesetzes gelebt hatten, auf einheitliche Normen der Sexualbetätigung zu verpflichten. Das Verbot der »Unehe« wird 1525 vom Rat der Stadt Zürich ausdrücklich an alle seine Mitbürger adressiert, »sie seien Frauen oder Männer, jung oder alt, arm oder reich« (Egli 1879, S. 521). Es gibt keine Gruppe, die vom Anspruch des Gesetzes ausgenommen ist. Dies entspricht der dargestellten Entwicklungslinie zur Ausbildung generalisierter Verhaltensnormen, die für alle Einwohner eines lokal begrenzten Gebietes gleichermaßen verbindlich sein sollen.[26]

Dieselbe Generalisierung hat aber noch eine andere Stoßrichtung. Die verbotene »Unehe« umfaßt nicht allein ehebrüchige Verbindungen zwischen einem verheirateten Mann und einer Frau oder Beziehungen, die nach dem neuen Verständnis formlos eingegangen waren, im Rahmen eines älteren Systems aber als vollgültige Ehen gewirkt hatten (»heimliche Ehen«); vielmehr ist damit speziell auch das gleichsam institutionalisierte, notorische Zusammenleben eines höherstehenden Mannes mit einer tieferstehenden Frau gemeint, zwischen denen eine Ehe von vornherein ausgeschlossen war – mit einem Wort: das Konkubinat herkömmlicher Prägung. Das belegt bereits die Tatsache, daß als Musterfall für die »offene Hurerei«, wie diese Verbindung auch genannt wird, in den Quellen regelmäßig das Verhältnis eines Klerikers zu seiner Magd oder Köchin erscheint (z. B. Egli 1879, S. 452). Das einschlägige Zürcher Statut erwähnt darüber hinaus eigens die Situation, daß »eines ehrbaren Bürgers Sohn mit Huren ein solches

26 Dem Sexualverhalten städtischer Unterschichten wird in diesem Artikel keine spezielle Aufmerksamkeit gewidmet.

schamloses, unzüchtiges und ärgerliches Leben führt, daß ehrbare Leute dadurch verletzt und geärgert werden«, und schreibt für diesen Fall Verwarnung und bei Hartnäckigkeit eine Geldstrafe vor (ebd.). In der Folgezeit können auch angesehene Witwer zur Ehe mit einer Magd verpflichtet werden (Spieker 1858, S. 345: ein Fall von 1654 aus Frankfurt/Oder).

Die verstärkte Intoleranz gegen uneheliche Sexualbeziehungen, die sich schon im 15. Jahrhundert ankündigt, wendet sich also nicht zuletzt gegen Privilegien der Mitglieder höherer Schichten. Straßburg z. B. sieht sich genötigt, ein allgemeines Verbot der »Unehe« von 1437 in einem besonderen Erlaß für Ratsherren und andere städtische Amtsträger einzuschärfen, die bei Zuwiderhandeln für den öffentlichen Dienst untauglich erklärt werden (Urkundenbuch Straßburg IV/2, S. 66, 138 f.). Wie es scheint, duldete die Stadtgesellschaft, sosehr sie im übrigen Abstufungen zwischen sozialen Gruppen und Rangsymbolen herausarbeitete, im Bereich des Sexualverhaltens keine offiziellen, durch Abstammung und Besitz begründeten Vorrechte mehr. Wieviel Zündstoff eine etwa fortdauernde Ungleichbehandlung in dieser Sphäre in sich barg, wird durch eine Rostocker Episode von 1527 beleuchtet: Ein gewisser Claus Rikenberch war, offenbar weil im Zuge einer aktuellen Normverschärfung ein Exempel statuiert werden sollte, mit seiner Konkubine an den Pranger gestellt worden. Dort rief er der umstehenden Bevölkerung zu, »man wolle das Recht mit ihm bestärken, aber da wären wohl Bürgermeister und Ratsleute, die ihren eigenen Mägden wohl Kinder machten und sie dann ihren Knechten gäben«.[27] Er wurde aus der Stadt verwiesen, kehrte aber rachedurstig zurück und erlitt die Todesstrafe (Ebel 1971, S. 247). Ohne Zweifel müssen solche Ereignisse der Autorität des Rates gefährlich gewesen sein.

Entsprechend gewinnt man den Eindruck, daß der neue, verallgemeinerte Code des Sexualverhaltens stärker von Zünften, d. h. jetzt der Masse der besitzschwächeren Handwerker, getragen wurde und wohl auch eine Spitze gegen die Mitglieder der ratsfä-

27 Dies ist also genau der oben anhand eines Wickram-Schwanks herausgestellte Normalfall älterer Zeiten. Wickram, dessen Geschichte in Freiburg angesiedelt ist, spiegelt im übrigen gleichfalls die hier behandelte Entwicklungsstufe wider: »Nun verfügt aber die Stadtordnung allda, so ein Ratsherr die Ehe bricht, wird er von allen Ehren gesetzt« (Rollw., S. 17).

higen Familien enthielt. Jedenfalls gehörte in Basel zu den Forderungen, mit denen die aufrührerische Weberzunft 1525 ihrem Verlangen nach konsequenter Reformation gegen den Rat Ausdruck gab, auch der mahnende Hinweis auf »die Frauen zur Unehe« (Guggisberg/Füglister 1978, S. 54). Mit etwas anderer Zielrichtung ist dieselbe restriktive Haltung der vom Stadtregiment weitgehend ausgeschlossenen Gruppen für Lübeck bezeugt: Dort kam es 1530 zu Unruhen, in deren Verlauf die Einführung der Reformation erzwungen wurde; der auf dem Höhepunkt dieser Geschehnisse zeitweilig eingerichtete Bürgerausschuß scheint sich vor allem durch Mandate gegen »lose Weiber« und gegen Ehebruch hervorgetan zu haben (Hach 1839, S. 148).

Ein Motor der forcierten Kontrolle des Sexuallebens mag nicht selten die protestantische Geistlichkeit gewesen sein, die sich durch Kanzelagitation mit dem Volk gegen die Stadtregierung verbündete und auf diese Weise wohl auch auf die strengere Sittenzucht hinarbeitete (eine derartige Opposition läßt sich besonders zu Beginn der Reformationszeit beobachten). Andreas Musculus, seit 1542 Prediger in Frankfurt/Oder, schreibt Hunderte von Beschwerdezetteln an den Rat der Stadt, darunter auch: »Etliche Bürger haben unzüchtige Weiber, halten mit ihnen Haus, zeugen Kinder außer der Ehe, wie Wolff Sporn. Er habe dem Rat wohl zehn dergleichen Bürger namhaft gemacht; anstatt sie zu bestrafen, hetzt sie der Rat ihm auf den Hals.« Der Rat dagegen führt vor dem Kurfürsten von Brandenburg Klage, daß Musculus »die unwürdigsten Dinge auf die Kanzel bringe, die Personen hart angreife und mit Namen nenne, den Magistrat beschimpfe« und »das Volk aufrührerisch mache«. In diesem Konflikt entscheidet der *Landesherr* zugunsten des Pfarrers: »Und soll der Rat sonst darauf achten, daß leichtfertiges Beiwohnen in unsrer Stadt Frankfurt nicht geduldet, sondern Zucht und Ehrbarkeit unter den Bürgern und Einwohnern erhalten werde« (Spieker 1858, S. 121, 133, 136 f.).

3. Man kann das um 1500 aufkommende städtische Regime der Kontrolle des Sexualverhaltens, das maßgeblich durch innerstädtische Machtkämpfe herbeigeführt wurde, dadurch kennzeichnen, daß der Ansatzpunkt der Kontrolle sich nun auf Sexualäußerungen als solche verschob. Das System der auf Frauen konzentrierten Handlungskontrolle, das in hohem Grad auf den unterschiedlichen Machtmitteln der männlichen Mitglieder von Verwandt-

schaftsgruppen beruht hatte, war obsolet geworden. Die neue Form *generalisierter Herrschaftsausübung* brachte es mit sich, daß der *generalisierte Sexualtrieb* als Gegenüber der Kontrollbemühungen hervortrat.

Anders gefaßt: In der Figuration von Obrigkeit vs. Untertanenvolk erscheint eine weite Kreise der Gesellschaft ergreifende Tendenz, die pointiert als sexualfeindlich zu beschreiben ist und für die es im davorliegenden Zeitraum keine Parallele gibt. Vielleicht gewann erst jetzt die Sexualität die Bedeutung einer vergleichsweise isolierten, ins Private abgedrängten, unter permanentem Aufwand sozialer (und psychischer) Energie bekämpften, weil als gesellschaftsfeindlich erfahrenen Macht, als die sie sich einer modernen Psychologie erweist. Innere Dauerkonflikte mit Abkömmlingen des Geschlechtstriebs, deren prägende Kraft für den Persönlichkeitsaufbau von Menschen der Gegenwart feststeht, wären dann erst durch dessen so bewirkte soziale Exponierung möglich geworden.

Daß vor allem im 16. Jahrhundert das Sexualverhalten an sich zum Objekt sozialer Kontrolle wird, zeigt sich etwa daran, daß die erwähnten Vorschriften über die »Unehe« und die Form der Eheschließung in einer breiten Front mit anderen, gleichgerichteten Bemühungen zur Unterbindung nicht-ehelicher Sexualbetätigung auftreten. Ein besonders eklatantes Beispiel dieser Politik ist die Schließung der Bordelle, die damals, als Abschluß einer längeren Entwicklung, in allen Städten angeordnet und durchgeführt wird.[28] In Wismar gebietet der Rat 1572, »daß alle losen Weiber, die sich nicht bessern und nicht in den Ehestand begeben wollen, die Stadt räumen sollen binnen acht Tagen«; ebenso werden »alle die Mägde, die frommen Leuten nicht dienen wollen, sondern um ihres freien Lebens willen sich auf ihre eigene Hand mit Nähen niederlassen«, aus der Stadt gewiesen, weil sie »unter diesem

---

28 Daß die Schließung der Bordelle sich zeitlich und sachlich in eine ganze Reihe sexualfeindlicher Maßnahmen einfügt, spricht gegen die landläufige Erklärung, sie sei (auch) zur Bekämpfung der sich ausbreitenden Syphilis angeordnet worden (z. B. Steinhausen 1904, S. 284). Diese Begründung mag weniger dem Quellenstudium als der Neigung des 19. (und 20.) Jahrhunderts entsprungen sein, alle möglichen Verhaltensstandards rational oder rationalisierend auf »hygienische« Erfordernisse zurückzuführen (vgl. Elias 1939, z. B. Bd. 1, S. 155, und allgemein Goudsblom 1979b).

Scheine oft große Unzucht treiben« (Techen 1906, S. 345). Das heißt, selbständige unverheiratete Frauen gelten jetzt *a priori* als eine Gefahr.

Ein wichtiger Aspekt dieser Entwicklung zur direkten Einschränkung von Sexualäußerungen, wie sie der obrigkeitlichen Herrschaftsausübung mittels generalisierter Normen entspricht, ist, daß damit im Vergleich zu früher der Abstand zwischen den Verhaltensanforderungen an Frauen und Männer verringert wird. Männliche Potenzbeweise hören definitiv auf, eine öffentlich anerkannte Auszeichnung zu sein. Nicht-eheliche Sexualbetätigung wird bei beiden Geschlechtern inkriminiert. Auch wenn die gegen Männer gerichteten Strafen nicht allzu wirksam gewesen sein mögen, bedeutet es doch einen enormen Einschnitt, daß nun auch ihnen grundsätzlich, also unabhängig von der Gunst oder Ungunst der Situation, eine Zügelung ihrer Sexualbetätigung abverlangt wurde.

Die Umlenkung der Verhaltenskontrolle auf Sexualäußerungen selbst impliziert, daß Menschen ein zunehmender »Zwang zum Selbstzwang« (Elias) zugemutet wird. Im Unterschied zur Eheschließung, dem früheren Ansatzpunkt der Kontrollbemühungen, die ein öffentlicher Akt von Gruppen war und bis auf weiteres, trotz aller Wandlungen, auch blieb, ist das Geschlechtsleben mehr eine Sache von Individuen. Wo es direkt in den Fokus gesellschaftlicher Regulierung gerät, rückt die Front der Verhaltenssteuerung stärker nach innen. Zugleich besagt diese Gewichtsverlagerung zwischen Fremd- und Selbstzwang, daß nun nicht mehr nur Handlungen, sondern bereits Impulse zu Handlungen der Steuerung unterliegen. Kontrolle von Handlungen bzw. ihren Folgen ist ein Mechanismus der Kontrolle von außen, Kontrolle von Impulsen ein solcher der Kontrolle von innen. Daß es zu einer derartigen Vorverschiebung der Front der Verhaltensregulierung kam, beruht nicht zuletzt auf der vergrößerten Entfernung der Kontrollinstanzen vom unmittelbaren Zusammenleben der Menschen, d. h. auch auf dem relativen Machtverlust von Familiengruppen als den vielleicht wichtigsten vorherigen Trägern der Kontrolle und auf der damit verbundenen Schwächung der Möglichkeiten einer unmittelbaren Überwachung von Frauen. – Man ist wohl berechtigt, in diesem sozial-psychischen Prozeß einen Schritt zu erhöhter Individualisierung zu sehen.

4. Obwohl sich so der Verhaltensdruck auf Angehörige beider

Geschlechter verstärkte, bleibt unverkennbar, daß die bei weitem größere Last zunächst den Frauen aufgebürdet wurde. Wie vorher die Kontrolle männlicher Sexualbetätigung durch die schützende Überwachung von Frauen erfolgte, so wird jetzt den Frauen letztlich die Verantwortung auch für das Sexualverhalten der Männer auferlegt. Weiterhin sind es nur Frauen, die durch Sexualkontakte in Verruf kommen können. Eine Klage auf Erfüllung eines Eheversprechens wird sofort aussichtslos, wenn der Beklagte etwa entgegenhält, »sie sei keine Jungfrau gewesen, andere seien auch bei ihr gewesen«, und dies durch Zeugen erhärtet. Dabei kann es beinahe schon genügen, wenn der Gemeindepfarrer aussagt, er habe »von ihr gesehen, daß sie mit einem Gesellen gegangen ist unter dem Kirchhof hin, der hat sie in den Mund geküßt, daß es schallte« (Köhler 1932, S. 85-87). Wo Frauen sich verteidigen, muß es wiederum durch »Kundschaft« *ihres* »züchtigen Wesens, Wandels und guten Leumunds« geschehen (Egli 1879, S. 712) – der umgekehrte Verweis auf ein etwaiges Sündenregister des Mannes liegt außerhalb des Vorstellungskreises der Zeitgenossen. Dem korrespondiert, daß gelegentlich speziell Mädchen ermahnt werden, »ihre Ehre zu wahren« (Köhler 1932, S. 241). Was auf dem Spiel steht, ist jetzt viel mehr ihre individuelle Ehre und nicht so sehr die ihrer Väter und Brüder. Zentrum dieser Mädchenehre ist nach wie vor die Jungfräulichkeit, deren Bedeutung noch gesteigert erscheint.

Es liegt auf der Linie dieser einseitigen Verantwortung von Frauen auch für das Sexualverhalten von Männern, daß Wismar das Problem nicht-ehelicher Sexualkontakte unter anderem durch die Entfernung alleinstehender (rangniedriger) Frauen, die potentiell verlockend wirken, zu lösen versucht. Die Situation stellt sich demnach in den Augen der Zeit so dar, daß die eigentliche Gefahr einer Überschreitung der verschärften Normen von Frauen ausgeht. Frauen werden offenbar zunehmend als Bedrohung erlebt – als Bedrohung der noch wenig zuverlässigen Selbstkontrolle von Männern. Sexualfeindlichkeit, so könnte man zugespitzt sagen, äußert sich als Frauenfeindlichkeit. In dieselbe Richtung deutet es, wenn die Weitergeltung der Gewohnheit, daß Sexualkontakt einen Anspruch auf Ehe begründet, mit entschiedenen Einschränkungen versehen wird (wie bereits 100 Jahre zuvor in Ulm). Immer wieder finden sich Vorschriften gegen »schamlose Töchter«, die Knaben zum Geschlechtsverkehr verleiten, um dann mit Hilfe des Gesetzes eine Ehe zu erreichen (z. B. Köhler 1932, S. 263). Solche Frauen sollen vor Gericht keinen Erfolg haben. Nicht besser ergeht es denen, die sich mit einem verheirateten Mann einlassen. Eine derartige Angst vor der Verführung argloser Männer durch gewissenlose Frauen wird kaum der ganzen Wirklichkeit entsprochen haben. Viel eher muß man vermuten, daß hier vorrangig Frauen den Preis für einen breiten Wandel von Standards des Sexualverhaltens und von Mechanismen seiner Kontrolle zu bezahlen haben.

Eine gleichsinnige Verstärkung des Drucks zeigt sich in der Behandlung des Problems unehelicher Kinder.[29] Vor der Reformation waren Sexualkontakte zwischen ledigen Personen nicht strafbar gewesen; für Kinder hatte der Vater aufzukommen. Diese Ordnung der Dinge erfuhr um die Wende des 16. zum 17. Jahrhundert eine einschneidende Veränderung. In Basel z. B. trat in dieser Zeit an die Stelle privater Vaterschaftsklagen ein Offizialverfahren, das nicht mehr dazu diente, einen Versorger für das Kind zu finden, sondern die »salva venia Hur« für ihre Unzucht büßen zu lassen (Zellweger 1947, S. 14). Es galt strikte Denunziationspflicht etwa für Hebammen und Pfarrer. Der Mann wurde zu einer Geldstrafe verurteilt; im übrigen zahlte er ein Minimum an Unterhaltskosten, das gerade sicherstellte, daß das Kind nicht der Gemeinde zur Last fiel. Das Kind aber blieb bei der Mutter, die als uneheliche Mutter für ihr Leben stigmatisiert und vom Verkehr mit ehrbaren Frauen ausgeschlossen war. Mit einem Wort: Die weit überwiegende Last fällt nun auf die beteiligten Frauen. Verglichen mit der Entehrung, die ihre soziale Existenz vernichtet, ist die Schande, die allmählich wohl auch den Vater eines unehelichen Kindes zu treffen beginnt, ein schwacher Schatten.

5. Weiterhin läßt sich also beobachten, daß die Regulierung des Sexualverhaltens einer geschlechtsspezifischen Variation unterliegt, die gewiß dadurch bedingt ist, daß Geschlechtsverkehr nur für Frauen biologische Folgen hat (während Männer sehr viel mehr durch gesellschaftliche Maßnahmen zur Mitverantwortung für ihre Kinder gezwungen werden müssen). Die auffälligste Verkörperung dieser Differenz sind nach wie vor die unterschied-

29 [Einiges mehr hierzu, bezogen auf ein italienisches Fallbeispiel aus dem 15. Jahrhundert – Leonardo da Vinci –, bei Schröter 1992, S. 52-58.]

lichen Strafen, die Männer und Frauen bei normwidrigem Verhalten erleiden. Gegen Männer richten sich bewußt eingeführte, in einem speziellen Akt ausgesprochene Sanktionen, die nun von der Obrigkeit ausgehen und in denen sich eine gezielte soziale Anstrengung ausdrückt. Für Frauen dagegen wiegt die strafende Initiative des Staates, die auch hier nicht fehlt, sicherlich weniger schwer als die primär im vorstaatlichen Bereich wirksame Schande, die fortan ihre ganze Zukunft verdüstert.

Es ist von Bedeutung, daß die empfindlichste Strafe von Mädchen und Frauen bei einem Verstoß gegen den Code des Sexualverhaltens im Ehrverlust, im sozialen Verruf besteht. Eine derartige Sanktion, deren Vorformen schon seit langem als ein Moment von Nachbarschaftskontrolle neben der familiären (besonders mütterlichen) Überwachung eine wichtige Rolle gespielt hatten, ist das Pendant zu einer bestimmten Art der Verinnerlichung von Zwängen. Was hier verhaltensregulierend wirkt, ist nicht so sehr die Angst vor der Kritik einer inneren Instanz, sondern die vor dem negativen Urteil anderer. Wer die Normen übertritt, empfindet nicht Schuld, sondern Scham. Dieser Mechanismus der Verhaltensregulierung durch Leumund bezeichnet eine spezifische Balance im Verhältnis von Außen- und Selbstkontrolle, von Handlungs- und Impulssteuerung. Gegenüber dem Verinnerlichungsgrad, den die Psychoanalyse mit dem Begriff des Über-Ichs erfaßt, ist er deutlich stärker auf Außenkontrolle von Handlungen ausgerichtet. Gegenüber dem dominierenden Außenzwang, wie er für die Zeit davor charakteristisch war, verlangt er eine deutlich höhere Selbstzügelung.[30]

Daß es zunächst in besonderer Weise Frauen sind, denen so ein Zwang zum Selbstzwang auferlegt wird, und daß diese Kontrolle über den Mechanismus der Schamangst wirkte, könnte weitreichende Folgen für den unterschiedlichen psychischen Aufbau von Männern und Frauen gehabt haben. Freud stellte fest (1925a, S. 29 f.), daß in seiner Klientel Frauen ein schwächeres Über-Ich hatten als Männer, ein Über-Ich, das weniger selbständig, das offener für Einflüsse von außen war.[31] Man möchte glauben, daß

30 [Siehe unten, Kap. III. Dort werden »Schammechanismen« von der Schuld her eher dem Fremdzwang zugeordnet, während sie oben von der Augenkontrolle her näher beim Selbstzwang zu stehen scheinen.]

31 Freud selbst führte diese Eigenart auf ontogenetische Faktoren, auf

dies mit der hier herausgearbeiteten Entwicklung zusammenhängt. Die Kontrolle des Sexualverhaltens beginnt, gewiß im deutschsprachigen Raum, als Kontrolle *weiblicher* Sexualhandlungen. Als der Schutz und die Aufsicht der Familienangehörigen an Wirksamkeit verloren, wurden Frauen statt dessen mit Macht gedrängt, mehr oder weniger selbst auf ihren guten Ruf als Zentrum ihrer sozialen Existenz zu achten. Üble Nachrede, die bei Frauen *eo ipso* sexuell definiert ist, konnte die schlimmsten Folgen haben und mußte um jeden Preis vermieden werden. So mögen sich Frauen zutiefst auf das Urteil anderer über sie eingestellt haben – ein Mangel an Autonomie, der in der früheren Form der Augenkontrolle bereits angelegt war und seine spezifischen sozialen Wurzeln hat. Diese Situation dürfte, für die entsprechenden Kreise, bis ins 19. Jahrhundert angedauert haben.

Demgegenüber spielte sich die Zügelung des Sexualverhaltens bei Männern ganz anders ab. Zuvor war es wesentlich die physische Gewalt der männlichen Verwandten einer Frau gewesen, die ihrer sonst freigegebenen Sexualbetätigung Grenzen setzte. Allmählich trat an deren Stelle eine staatliche Zentralinstanz, die (ein Stück weit) den Schutz der bis dahin auf ihre Familie angewiesenen Frauen übernahm. Was jedoch auf diese Weise eingeschränkt wurde, waren nach wie vor nur Beziehungen zwischen Gleichrangigen – und selbstverständlich Annäherungen an höherstehende Frauen. Mit der Zeit scheint die Strafdrohung ernsthafter und vor allem allgemeiner geworden zu sein. Träger der Kontrolle aber blieb die Obrigkeit selbst (während für Frauen der Nachbarschaftsverband von beherrschender Bedeutung war). Die Selbststeuerung des Sexualtriebs mußte demnach bei Männern einen anderen Weg nehmen als bei Frauen – einen Weg, der um 1900 zu dem geführt hat, was Freud als Über-Ich, als die Verinnerlichung einer Autorität und als eher männlich beschreibt.

den anatomisch determinierten Verlauf des Ödipusschicksals bei Mädchen, zurück. Die hier angedeutete Betrachtungsweise eröffnet die Perspektive auf ein Forschungsprogramm, das darauf zielen würde, verschiedene Gegebenheiten des menschlichen Seelenlebens, die Freud von der Arbeit mit einzelnen Patienten aus vielleicht etwas zu rasch als universell beschrieben hat, als Produkt bestimmter historisch-sozialer Entwicklungen zu erweisen (vgl. Elias 1939).

II. Wildheit und Zähmung
des erotischen Blicks
bei deutschen Adelsgruppen im 13. Jahrhundert*

Sozio-psychologische Gestalt des begehrenden Blicks

Man begegnet in der deutschsprachigen Epik des 13. Jahrhunderts immer wieder Episoden, die nach dem Muster verlaufen, daß ein Mann beim ersten Anblick einer (zumeist unverheirateten) Frau in wilder Liebe zu ihr entbrennt. Diese Liebe wird bisweilen eher sublimiert als Affektreaktion beschrieben, gibt sich aber in anderen Schilderungen auch ganz unverblümt als Sexualwunsch zu erkennen, etwa: »Als er sie zum ersten Mal ansah, brach ihre Schönheit durch seine Augen hin zu seines Herzens Grund. Er wollte Silber, Gold und all sein Gut darum geben, wenn er eine Stunde lang mit ihrem zarten Leib seine Zeit verbringen und mit ihr nach Belieben zusammensein (*nach willen leben*) könnte« (Schüler von Paris, V. 277-285). Und ob Trieb oder Affekt, in der Mehrzahl der Fälle führt die Liebe auf den ersten Blick ins Bett. Die Häufigkeit von Ereignisabläufen dieses Typs – ich habe ohne systematische Suche ein knappes Dutzend gefunden – läßt darauf schließen, daß hier nicht nur ein tradiertes literarisches Element, sondern zugleich ein Aspekt des sozialen Habitus von mittelalterlichen Kriegeradligen, den Helden und Rezipienten der betreffenden Literatur, greifbar wird.[1] Das sexuelle Begehren sitzt bei diesen Männern locker und wird oft genug durch den bloßen Anblick einer Frau entbunden. Zwischen Anblick und Sexualwunsch gibt es kaum innere Schranken. Der Automatismus als solcher, der vom einen zum anderen führt, mag auch Männern heutiger Gesellschaften nicht fremd sein. Daß er aber in pädagogisch in-

---

* Für Norbert Elias zum 90. Geburtstag [22. Juni 1987].
1 Philologen begnügen sich häufig mit dem Auffinden literarischer Zusammenhänge, während der Soziologe geneigt ist, bestimmte Topoi auf reale Erlebnismuster hin zu deuten – ein Streit der Fakultäten, der auf einem unterschiedlichen Erkenntnisbedürfnis beruht und sich allein vom Material her schwerlich schlichten läßt. [Zum Traditionshintergrund des hier behandelten Motivs vgl. Schnell 1985, S. 241-274.]

tendierten Texten für Mitglieder höchster Gesellschaftsgruppen, als die wir diese Groß- und Kleinepen ja weithin betrachten müssen, mehr oder weniger kritiklos benannt und vorausgesetzt wird, unterscheidet die mittelalterlichen Gegebenheiten von denen der Nachfolgegesellschaften. Selbst eine Anstandslehre für adlige Töchter, die *Winsbeckin*, geht ohne weiteres von der Regel aus: »Wenn ein Mann eine besonders schöne Frau sieht ..., der will sie haben«, »aufs Stroh«. Eine Frau, der dies widerfährt, soll stolz darauf sein und es als ein Zeichen der »Ehre« oder ihres »Werts« auffassen (Str. 14 f.). Wohlgemerkt: Hier handelt es sich um die Impulse vornehmer Männer gegenüber Frauen ihresgleichen, potentiellen Heiratskandidatinnen.

Es entspricht somit dem normalen und gebilligten Habitus mittelalterlicher Männer der betreffenden Gruppen, daß schon der Anblick einer Frau für sie in hohem Maße libidinös aufgeladen war.[2] Höfische Erzählungen berichten ohne Scheu, daß sich die edlen Helden, in Liebe entbrannt, ausmalen, wie eine entgegentretende Frau »unter ihrem Hemd« beschaffen ist (Wirnt von Grafenberg, V. 935). Die Verlötung zwischen dem Sehen und dem Wunsch nach sexueller Vereinigung ist so eng, daß im Extremfall beide miteinander identifiziert werden. Das möchte man zumindest dem Epos *Partonopier und Meliur* Konrads von Würzburg entnehmen, wo das gesellschaftliche Tabu vorehelicher Sexualtätigkeit von (vornehmen) Frauen geradezu durch ein Sehtabu ersetzt wird: der junge Partonopier darf mit der magisch begabten Meliur schlafen, sie aber nicht anschauen. Als er es doch tut, verliert die Frau ihre zauberischen Kräfte, wie in einem anderen Fall (Brünhild: Nibelungenlied, V. 681) durch die Defloration.[3]

Daß der Anblick einer Frau so umstandslos mit dem Aufflammen eines sexuellen Besitzwunsches verknüpft ist, der dann zumeist mit zielstrebiger Anstrengung verwirklicht wird, erinnert an Gegebenheiten, die wir als typisch für Kinder eines bestimmten Alters kennen. Bei Dreijährigen etwa läßt sich leicht und regelmäßig beobachten, wie das Sehen eines Spielzeugs im Schaufenster un-

2 Nach einer einleuchtenden Unterscheidung von Duby (1981, S. 252-261) wäre dieser Habitus speziell den »jungen«, ledigen Söhnen des Adels zuzuordnen, die anderen Standards folgten als verheiratete Familienoberhäupter.

3 Der Fall gemahnt an die Gleichung Auge = Phallus in der Traumsymbolik (Freud 1919, S. 243).

mittelbar den Wunsch, es zu haben, hervorruft. Es bedarf eines langen Trainings der Toleranz für Versagungen, bis diese Spontanreaktion allmählich zurücktritt und die Kette zwischen Anblick, Besitzwunsch und motorischem Zugriff durch vielfältige Zwischenstufen der Realitätsprüfung und -anpassung verlängert und gelockert wird.[4] Bei den Kriegeradligen, um die es in unserem Fall geht, ist diese Kette offenbar noch kürzer und fester. Der Vergleich mit heutigen Kindern macht klar, daß der begehrliche Blick ein weiteres Beispiel für das »soziogenetische Grundgesetz« ist, von dem Norbert Elias spricht (1939, Bd. 1, S. LXXIV f.) und das besagt, daß der Zivilisationsprozeß, den Kinder in Gesellschaften einer späteren Entwicklungsstufe durchlaufen, wie im Zeitraffer einen jahrhundertelangen sozialen Zivilisationsprozeß rekapituliert.

Nun ist dieses »Grundgesetz« gewiß nicht so zu verstehen, als ob der Erwachsenenhabitus in weniger entwickelten Gesellschaften schlicht und einfach mit einem infantilen Habitus in entwickelteren identisch wäre. Man wird sich die Sachlage folgendermaßen zu denken haben: Merkmale von Entwicklungsphasen, die auf einer späteren Gesellschaftsstufe als kindlich klassifiziert werden, bilden auf einer früheren das Material eines Erwachsenenhabitus, der sich als solcher zwangsläufig von einem kindlichen Habitus jeder Art *auch* unterscheidet. Entsprechend gibt es z. B. in weniger entwickelten Gesellschaften Formen der Realitätsprüfung, zu denen ein Kind *per se*, aufgrund seiner biologisch bedingten Unreife, nicht imstande ist – wenngleich ihre Kriterien andere sind als die uns geläufigen.

Auf mein Thema gewendet, zeigt sich eine solche Anpassung der Triebreaktion an die sozialen Verhältnisse etwa im *Demantin* Bertholds von Holle: Ein Ritter erblickt ein Mädchen, dessen Schönheit ihn bezaubert. Nach dem zuvor beschriebenen Ablaufmuster wäre zu erwarten, daß nun in blumigen oder klaren Worten geschildert wird, wie der Anblick sein Herz mit Liebe und heißem Begehren erfüllt. Aber nein, geradezu antiklimaktisch in seiner Trockenheit folgt der Satz: »Sogleich begann er nach ihrer Verwandtschaft zu fragen« (V. 105 f.). Das heißt, der Ritter erkundigt sich nach dem Rang und den sonstigen sozialen Vorzügen des

---

4 *»Niet mit je handjes kijken«*, heißt eine holländische Erziehungsmaxime. – Mit Dank an Cas Wouters.

Mädchens, getreu den zeitgenössischen Kriterien für eine Eheschließung (siehe Faber 1974, S. 56-64; Schröter 1985a, S. 148 f.). Erst nachdem er befriedigende Auskunft bekommen hat, erlebt er den stereotypen Liebesausbruch, der in den Worten gipfelt: »Ich will und kann nie mehr von Sorgen frei werden, wenn ich nicht unbewacht (*sunder hûte*) mit ihr zusammenkomme« (V. 116-118). Hier ist, kurzum, zwischen Anblick und Sexualwunsch eine regelrechte, gesellschaftstypische Realitätsprüfung eingeschoben. Das Begehren (wenn es denn zur Ehe führen soll) erhält erst eine Chance, nachdem sichergestellt ist, daß das Objekt allen Statuserfordernissen entspricht. Materiell-soziale und libidinöse Anziehungskraft sind bemerkenswert ungeschieden.

Ähnliches gilt für die stereotypen Beschreibungen weiblicher Schönheit, die den Szenen vom liebenden Anblick fast durchweg vorangehen. In dem Erzählungsfragment *König Etzel* tritt ein junges Mädchen auf und verwirrt durch ihre Erscheinung allen Männern der Hofrunde die Sinne, so daß sie »nicht mehr wissen, wo sie sitzen«, daß sie vor lauter Gaffen statt ins Brot in ihre eigene Hand schneiden und sich mit Wein begießen, daß jeden »nach ihr gelüstet« und mancher nur noch denken kann: »Wär sie doch mein« (in: Keller 1855, S. 3/4-5/8). Was diesen Triebschub produziert, ist vor allem – ihre »reiche Kleidung«, auf die der Löwenanteil der das Bild schildernden Verse entfällt. Weibliche Schönheit ist, wie man hier sieht, keine individuelle Eigenschaft. Um im höchsten Maße sexuell zu erregen, muß sie zum Symbol eines hohen Ranges gesteigert sein. Schönheit gehört zu den Repräsentationsmerkmalen, die bei einer vornehmen Frau erwartet werden.

In vielen mittelalterlichen Geschichten vom aufwühlenden Anblick einer (unverheirateten) Frau fließen also mehr oder minder manifest Sexual- und Karrierewünsche zusammen. Die sexuelle Eroberung einer hochstehenden Frau hat in einer sozialen Formation, in der Eheverbindungen ein entscheidendes Instrument der Statusdefinition bzw. Vermögensmehrung darstellen, für Männer unmittelbar die Rangerhaltung oder -erhöhung zur Folge und zum Zweck. Der Libidohaushalt scheint bis zu einem gewissen Grad auf diese Struktureigentümlichkeit abgestimmt zu sein. Und umgekehrt bedient sich die Gesellschaft ganz unbefangen auch physischer Triebaspekte, um soziale Distinktionen zu wahren und auszudrücken.

Frauen (wie Männer) werden, mit anderen Worten, relativ ungesondert als Sexual- und als Standeswesen wahrgenommen und erlebt. Gemeinsam ist beiden diesen Reaktionen, von der Warte weiter entwickelter Gesellschaften aus, ihr kaum personalisierter Charakter. Die durchschlagende Gebundenheit aller Menschen an Rang und Familie oder, was dasselbe besagt, ihre vergleichsweise schwache Individualisierung verträgt sich nicht mit einer Individualisierung ihrer Beziehungen und ist so auch eine Voraussetzung dafür, daß sich Sexualwünsche im Normalfall nicht auf einzigartig geprägte Personen hin ausformen. Der geringe Sublimierungsgrad des Sexualtriebs und der Gesellschaftsaufbau in Ranggruppen entsprechen einander.

Unter der Voraussetzung geringer Individualisierung kann sich der Schautrieb, der so rasch vom Anblick eines Sexualobjekts zum Streben nach körperlichem Besitz übergeht, relativ ungehemmt entfalten. Er ist in der beschriebenen Struktur, verglichen mit Kindern oder der »Perversion« des Voyeurismus, in volle Genitalität und, verglichen mit späteren Gesellschaftsstufen, in ein sozial angepaßtes Reaktionsmuster integriert. Deshalb stellt er auch nicht im selben Sinn einen »Partialtrieb« dar, wie Freud ihn zu Beginn des 20. Jahrhunderts beobachtet und theoretisch definiert hat (1905b). Die Fragmentierung der Libido-Entwicklung – eine Vorbedingung auch der Entstehung von sexuellen Perversionen im klinisch-forensischen Sinn – erwiese sich von daher als ein Resultat des okzidentalen Zivilisationsprozesses und so der Gesellschaftsentwicklung.

Der erotische Blick, wie er bisher charakterisiert wurde, ist eine ausgesprochen männliche Angelegenheit. Er ist entkleidend, aggressiv, fast vergewaltigend und fügt sich ein in eine Persönlichkeitsstruktur von Kriegeradligen, deren soziale (und physische) Existenz auf der Mobilisierbarkeit aggressiver Potentiale beruht (vgl. Schröter 1985a, S. 178-192). Dazu paßt, daß er mit geringfügigen Ausnahmen (etwa Berthold von Holle) nie im Zusammenhang einer regulären Eheanbahnung erscheint. Anderes ist freilich kaum zu erwarten in einer Gesellschaft und Gruppe, in der normgerechte Eheschließungen zwischen männlichen Familienvertretern ausgehandelt und vereinbart, in der die betroffenen Frauen, wenn überhaupt, spät in den Prozeß eingeschaltet werden und ihren Gemahl vielleicht sogar erst bei der förmlichen Heiratszeremonie zu sehen bekommen (ebd., besonders S. 54 ff.).

Beziehungen dagegen, in denen erotische Blicke eine Rolle spielen, gehören in der Literatur des 12./13. Jahrhunderts fast regelmäßig zu zwei anderen Kategorien, die von der normalen Familienvertrags-Ehe zu unterscheiden sind. Entweder handelt es sich um eine nicht-eheliche Liebschaft (z. B. Schüler von Paris; Konrad von Würzburg, Troj. Krieg: Achilles/Deidamia) oder zwar um eine Eheanbahnung, jedoch in einer Form, die der Raubehe oder einer, sagen wir, gewaltsamen Einheirat nahesteht (z. B. Heinrich von Veldeke; Reinfried von Braunschweig). Ich umreiße den letzteren Typus in einem kurzen Resümee der Befunde:

Ein auf Heeres-, Abenteuer- oder Turnierfahrt befindlicher Ritter kommt in ein fremdes Haus und gewinnt dort – etwa durch Waffentaten als Helfer im Krieg, durch formalisierte Kampfleistungen im Turnier, durch seine vollendet adlige Erscheinung – die Liebe einer vornehmen und begüterten Frau, zumeist einer Tochter des Gastgebers. Vielleicht steht er dem Rang nach unter ihr. Seinen Versuch, auf die Frau und ihren Vormund Eindruck zu machen, bekräftigt er nicht selten durch Gewaltakte oder -drohungen (z. B. Nibelungenlied, V. 110). Beispiele individueller (im Gegensatz zu familiärer) Partnerwahl, die in größeren und kleineren Epen vorgeführt werden, scheinen insbesondere an diese Konstellation gebunden zu sein. Die Liebe zwischen Mann und Frau mag hier eingesetzt werden, um eine Standeskluft zu überbrücken.[5] Mit der tatsächlichen Heiratspraxis der Zeit, in der Ehen gleichsam zwischen Familien geschlossen werden, hat das alles wenig zu tun. Die betreffenden Geschichten lassen sich wohl als Aufstiegsphantasien begreifen, als Produkte einer Phase der Gesellschaftsentwicklung, in der gewaltsame Eroberungen einer Frau durch die zunehmende Staatsbildung und Pazifizierung mehr oder weniger obsolet geworden sind, während sich der soziale Habitus der Kriegeradligen noch nicht auf die gewandelten Verhältnisse eingestellt hat.[6]

5 Was daran erinnert, daß Elias die Entstehung des mittelalterlich-höfischen Liebesdiskurses aus eben der Begegnung eines niedrigerstehenden Mannes und einer höherstehenden Frau abgeleitet hat (1939, Bd. 2, S. 102 ff.).
6 Als möglichen Realitätshintergrund kann man auf Kreuzzüge, mehrjährige Turnierfahrten oder Erziehungsaufenthalte junger Adliger an fremden Höfen verweisen (vgl. Duby 1981, z. B. S. 257, 275-281, 325-329). [J.-D. Müller (1974) stellt speziell das *Nibelungenlied* in den Kontext

Der Konstellation einer (phantasierten?) individuellen Partnerwahl zwischen einem eher tieferstehenden Mann und einer höherstehenden Frau ist also häufig der erste Standardschritt einer Liebesbeziehung, der erotische Blick des Mannes, zugeordnet. Es ist ein erobernder Blick, im sexuellen wie im materiellen Sinn. Nicht nur bemächtigt er sich der Frau, sondern Hand in Hand damit auch des Vermögens, über das sie gebietet, und der vorteilhaften Bündnisse, zu denen sie den Zugang eröffnet, deren Symbol sie geradezu ist. Einmal mehr sind libidinöse und Karrierewünsche untrennbar verwoben, steht das Lustprinzip zugleich im Dienste des Realitätsprinzips.

Die sexuelle Besitzergreifung, eröffnet durch den erobernden Blick, gewinnt in der Vorstellung adliger Männer vielleicht gerade dann an Bedeutung, wenn die Chancen einer realen Eroberung schwinden. Vielleicht wird der Anblick erst in Verhältnissen, in denen der gewaltsame Zugriff verpönt ist, derart libidinisiert, wie die untersuchten Geschichten es zeigen. Wenn das richtig ist, begegnet man hier einem Beleg – und einer relativ frühen Stufe – der langfristigen Zivilisationsbewegung, die Elias in den Sätzen zusammenfaßt (1987b, S. 162): »Augenfreuden, und Ohrenfreuden, werden intensiver, reicher, subtiler und auch allgemeiner. Gliederfreuden werden mehr und mehr durch Gebote und Verbote eingehegt und auf wenige Bezirke des Lebens beschränkt. Man nimmt vieles wahr, ohne sich zu bewegen. Man denkt und beobachtet, ohne sich zu rühren.«

Wie nun verhalten sich Frauen, aktiv und passiv, in bezug auf diesen begehrlichen Blick – d. h. in den Augen der männlichen Autoren, von denen die Berichte natürlich stammen?[7]

Eher selten findet man, daß eine Frau den ersten Schritt im Spiel der Blicke und Begehrlichkeiten tut bzw. daß ihr Blick an erster Stelle erwähnt wird (z. B. Lavinia bei Heinrich von Veldeke, V. 10031 ff.). Es besteht dann wohl ebenfalls ein Ranggefälle von ihr

einer »stürmischen Entwicklung« (seit dem 12. Jahrhundert), »in der die ›wilde Abenteuerlust‹ des alten Dynastenadels trotz dessen persönlicher Tapferkeit den aufstrebenden territorialen Gewalten erliegt« (S. 123). Das Epos reflektiere den Gegensatz zwischen einer traditionellen Vorstellung, daß »der Tapferste Herrscher sein müsse«, und den »komplexeren Herrschaftsstrukturen« der neueren Höfe (S. 93).]

7 Andererseits schrieben diese Autoren primär für ein weibliches Publikum (Bumke 1986, S. 704-706).

zum Mann hin.[8] In solchen Szenen möchte man auf eine ältere Form der Gestaltung von Geschlechterbeziehungen schließen, wo nicht das biologische Geschlecht, sondern der relative soziale Stand den Verkehr von Männern und Frauen vorwiegend bestimmte.[9] Der Schritt zu einer auf Frauen qua *Frauen* gerichteten Verhaltensregulierung entspräche einem Wandel des Gesellschaftsaufbaus, bei dem die prägende Kraft einer Rangskala von Familiengruppen für deren weibliche Abkömmlinge zurückging und *pari passu* ihre Familien- durch eine Geschlechtsidentität überlagert wurde.

An einem Beispiel läßt sich zeigen, daß weibliche Blick- und Liebesinitiative um 1200 gegen den guten Ton verstieß (zum Folgenden siehe Schnell 1975a). Herbort von Fritzlar schuf damals nach einer französischen Vorlage einen *Trojaroman*, in dem er auch die Geschichte von Jason und Medea erzählte. In seiner Vorlage war bei der ersten Begegnung der beiden die Erregung Medeas, als sie Jason sah, klar geschildert, die Reaktion des Mannes hingegen übergangen worden (ebd., S. 133 f.). Der Ablauf erschien dem deutschen Nachdichter offenbar so lückenhaft, daß er die Liebesreaktion Jasons nicht nur ergänzte, sondern überdies voranstellte (V. 633-641). Einen solchen Eingriff kann man als Indiz für eine geltende soziale Norm werten, der sich der Nachdichter nicht zu entziehen vermag. Das Äußerste, was er in der Aktivitätsbalance einer Liebesbeziehung zugesteht, ist eine Gleichverteilung der Gewichte zwischen den Partnern, wobei das Privileg des ersten Schritts für den Mann gewahrt bleibt.

Es gibt Fälle, wo dem Liebesblick des Mannes nichts Analoges auf seiten der Frau entspricht (z. B. Wirnt von Grafenberg),[10] aber nie

---

8 So auch in der Geschichte *Der Jungherr und der treue Heinrich* (v. d. Hagen 1850, Bd. 3, S. 187-255: V. 669 ff.), wo eine Königstochter einem »Junker« gegenübersteht.

9 Vgl. Schröter (1985a, S. 165 f., 172). Ein Realbeispiel einer Frau, die kraft Herkunft und Besitz eine stolze (»virile«) Selbständigkeit an den Tag legte, findet sich bei Duby (1981, S. 268-270). Die Macht einer zweiten, die durch sexuelle Freizügigkeit auffiel, beruhte faktisch »auf dem Adel ihres Blutes, auf ihrem Reichtum«, während die Kirchenleute vor allem an ihre »weiblichen Reize« dachten (ebd., S. 183).

10 Inständiges Werben führt im *Schüler von Paris* (V. 321 ff.), Werben durch reiche Geschenke bei Dietrich von Glaz, *Der Gürtel* (v. d. Hagen, Bd. 1, S. 449-478: V. 321 ff.) zur Gegenliebe des Mädchens, ohne daß auf ihrer Seite ein erotischer Blick erwähnt würde.

das Gegenteil, soweit die mir bekannten Geschichten der Zeit reichen. Häufiger ist eine Korrespondenz der Reaktionen beider, mit Initiative des Mannes. Wo auch die Liebe einer Frau auf den ersten Blick entbrennt, wird der Vorgang als eigenständig hingestellt (z. B. Reinfried von Braunschweig, V. 1352 ff.). Nie ist in solchen Konstellationen davon die Rede, daß die Frau sogleich an die sexuelle Vereinigung gedacht hätte: das ausgesprochen physisch-sinnliche Begehren, das mit dem Sehen assoziiert ist, bleibt eine spezifische Sache der Männer. Auch Medea, die aktivste und triebfreundlichste Frau im hier herangezogenen Material,[11] durchbricht nicht die Struktur, die in einem formelhaften Begriffspaar ausgedrückt wird: der Mann »begehrt«, die Frau »gewährt« (z. B. ebd., V. 3249 f.). In diesen Reimworten ist auf den Punkt gebracht, daß Frauen in den betreffenden Texten und in der Gesellschaft, die sie produziert, kein genuines Sexualverlangen zuerkannt oder zugebilligt wird. Ihr Sinnen und Trachten hat sich darauf zu richten, daß die Erfüllung des männlichen Verlangens innerhalb der Grenzen, wie Herbort sagt (V. 892), »rechter Ehe« geschieht.

Wie sich dieses gebrochenere Verhältnis von Frauen zu ihren Triebwünschen in einen weiblichen Zivilisationsprozeß einordnen läßt, muß hier offenbleiben. Vereinzelte Anzeichen sprechen dafür, daß etwa ab dem 12. Jahrhundert weibliche Sexualwünsche einer fortschreitenden Zügelung unterworfen wurden, vielleicht im Zusammenhang einer sozialen Entwicklung, durch die sich die Chancen einer von außen unkontrollierten Begegnung zwischen Männern und Frauen erhöhten (vgl. Schröter 1985a, S. 167-174).

11 Der Liebesaffekt verknüpft sich bei Medea recht bald mit der Vorstellung von der Liebesnacht, auf die *sie* Jason anspricht und deren Realisierung *sie* ins Werk setzt. Aber diese Vorstellung hat eine typisch passivische Form: Medea fragt sich, was geschähe, »wenn ich seinen Willen tue« (Herbort von Fritzlar, V. 890; ähnlich Konrad von Würzburg, Troj. Krieg, V. 8452 f.). Bei beiden deutschen Bearbeitern der Geschichte (Herbort, V. 954 ff.; Konrad, V. 9074 ff.) ergibt sie sich erst in Jasons Willen, nachdem er – auf ihren Wunsch – einen Eheschwur geleistet hat (vgl. Schröter 1985a, S. 224 f., 237).

Mechanismen der Fremdkontrolle

Eine männliche Persönlichkeitsstruktur, in der ein kurzer Weg vom Sehen einer Frau zum sexuellen Besitzwunsch führt, erfordert soziale Mechanismen, die mit hinreichender Wirksamkeit verhindern, daß der Wunsch ohne weiteres in die Tat umgesetzt wird. Das gilt jedenfalls für Gruppen wie die des mittelalterlichen Adels, deren Perpetuierung wesentlich durch Vater-Sohn-Ketten geschieht und die darum höchsten Wert auf die verläßliche Zurechenbarkeit von Kindern zu Vätern und so auf die Unterdrückung weiblicher Sexualtätigkeit legen müssen. (Es gilt übrigens nicht in gleicher Weise zwischen hochstehenden Männern und tieferstehenden Frauen oder in Situationen wie der des Kriegs.)

Was in der hier betrachteten Welt der Verwirklichung begehrlicher Wünsche entgegensteht, ist zunächst kein Zwang, den die Personen sich selbst antun, sondern ein Fremdzwang. Das standardisierte Sprachsymbol für ihn ist die »Hut«, der besonders unverheiratete Mädchen unterliegen. Im *Schüler von Paris* heißt es: »Die edle Jungfrau fürchtete so sehr die Überwachung (*hute*), daß sie dem Jüngling nicht gewährte, was er von ihr begehrte« (V. 349-352). Ausgeübt wird die Aufsicht meist von den Eltern. Als in der zitierten Geschichte Vater und Mutter eines Tages »ausfahren«, kommt es unverzüglich zur Vereinigung der Geliebten im »Kräutergarten« (V. 359 ff.). Es ist dies eines von zahlreichen Beispielen für ein System der Triebregulierung, das ich als eines der »Augenkontrolle«, d. h. der Zügelung durch die leibhaftige Gegenwart anderer, charakterisiert habe (oben, Kap. 1, S. 13). Die Kontrolle richtet sich dabei typischerweise auf Frauen; das Sexualverhalten der Männer wird durch Überwachung der Frauen eingeschränkt.

Neben den Eltern (oder speziell der Mutter) läßt sich ein zweiter Personenkreis mit einer vergleichbaren Funktion fassen: die Kammerfrauen hoher Damen. Eine solche Frau ist etwa im *Reinfried von Braunschweig* als Anstandswächterin bei einem heimlichen Stelldichein ihrer Herrin anwesend und verhindert, daß es sich allzu lange hinzieht oder allzu hitzige Formen annimmt (V. 3766 f.). Während hier die Aufsicht die begünstigende Mitwirkung, die nicht fehlt, überwiegt, findet man andere Fälle, in denen solche Gefährtinnen, Zofen oder ältere Bedienstete als Helferinnen bei den Liebschaften ihrer Herrin auftreten (z. B. Konrad von

Würzburg, Troj. Krieg, V. 8946 f.). Auch dieser Situation ist noch abzulesen, daß Frauen nicht ohne die Billigung ihrer Geschlechtsgenossinnen mit Männern zusammenkommen konnten.

Der ganze Sachverhalt verweist auf ein grundlegendes Strukturelement mittelalterlicher Gesellschaften. Frauen, in den entsprechenden Adelsgruppen, bilden innerhalb des Hauses, an das sie weithin gebunden sind, eine eigene Welt, die »Kemenate« (vgl. Duby 1981, S. 297, 302 f.).[12] In diesem Frauenkreis, auf Burgen und an Höfen, konstituiert sich eine gesonderte Öffentlichkeit, vor der Liebschaften kaum geheim bleiben können. Kein Lebensbereich, auch nicht die Sexualsphäre, ist ihr gegenüber privatisiert.

Männer hatten zu dieser Frauenwelt – soweit sie nicht zur engsten Familie gehörten und vielleicht nicht einmal dann – normalerweise keinen oder keinen informellen Zutritt. Ihre Phantasie wurde dadurch sehr angereizt.[13] Und das war es wohl, was (vornehme) Frauen am wirkungsvollsten vor ihrem begehrlichen Blick und dem nachfolgenden Zugriff schützte: eine institutionalisierte Form der Geschlechtertrennung, die männlichen Sexualwünschen durch Mangel an Gelegenheit Paroli bot. Zu erklären ist die relative Abschottung der Frauensphäre in den betreffenden Gesellschaften sicherlich aus deren hohem Gewaltniveau, auch in aggressiv-sexueller Hinsicht, das noch aus den sublimsten Schöpfungen der höfischen Epik mit einiger Brutalität hervortritt.

Manchmal freilich wurden Ausnahmen gemacht und Frauen doch mit Männern zusammengebracht. Zwei solche Gelegenheiten sind öfters bezeugt: daß ein Hauswirt einen Gast ehrt, indem er ihn »die Frauen schauen« läßt (z. B. Schröter 1985a, S. 70), und höfische Feste. Hier wie dort handelt es sich um prinzipiell kontrollierte Situationen, wo die Gegenwart der Eltern, der Gatten, des Frauenzimmers etc. jeden sozial unerwünschten Annäherungs-

---

12 Elias hat einen ähnlich getrennten weiblichen Verkehrskreis im alten Rom erkannt und einige seiner Kennzeichen herausgearbeitet (1986b, S. 436-440).

13 Z. B. in bezug auf Geistliche, für die das Tabu nicht galt (Schüler von Paris, Red. B, V. 275 ff.). Manche Erzählungen malen aus, wie man sich in Frauenkleidern oder als Narr getarnt dort würde einschleichen können (z. B. ebd., V. 495 ff.; Konrad von Würzburg, Troj. Krieg, V. 14926 f.; Schröter 1985a, S. 184 f.).

versuch schwierig macht oder vereitelt. Aber die Aufsicht ist nicht lückenlos. Immer wieder wird erzählt, daß es Männern bei eben diesen Standardgelegenheiten gelang, ihren durch den Anblick einer Frau entzündeten Sexualwunsch zu befriedigen. Das gilt für den »Schüler von Paris«, der seine Gaststellung im Haus ausnützt,[14] ebenso wie für Reinfried von Braunschweig, der sich mit der dänischen Königstochter Yrkane bei einem Hoffest unter dem Schutz des Trubels in eine Hütte absetzen kann.

Ein reiches, plastisches Beispiel für die Handhabung der beiden genannten Situationen bietet die Liebesgeschichte von Siegfried und Kriemhild im *Nibelungenlied*. Ein Jahr lang war dem jungen Mann, der am burgundischen Hof die Königsschwester Kriemhild erringen wollte, ihr Anblick vorenthalten worden (V. 138). Sie hingegen hatte seine Leistungen in diversen Kampfwettspielen »durch die Fenster« beobachtet und sich ebenfalls in ihn verliebt (V. 133). Dann findet eine großartige Siegesfeier statt, bei der Gunther seine Gäste »die schönen Mädchen schauen« läßt. Er befiehlt, seiner Mutter und Schwester zu melden, »daß sie mit ihren Jungfrauen bei Hofe erscheinen möchten« (V. 273-275). In der Erwartung, die vornehmen Frauen zu sehen und von ihnen gesehen zu werden, vibrieren alle Männer vor Spannung. Als Siegfried die Ehre zuteil wird, Kriemhild begrüßen und an der Hand führen zu dürfen, werden zwischen beiden sogleich »heimliche« Blicke gewechselt und Hände gedrückt. »Da dachte mancher Held:›Hei, wäre mir dasselbe geschehen, daß ich neben ihr ginge ... oder bei ihr läge‹« (V. 293-296). Als Siegfried kurz darauf abreisen will, wird er durch das Angebot zum Bleiben bewegt: »Hier sind viele schöne Frauen, die soll man Euch gern sehen lassen«, Kriemhild eingeschlossen (V. 321).

14 Er kann mit der Geliebten relativ frei verkehren, weil er wie ein »Kind« der Familie behandelt wird (Schüler von Paris, V. 222). Als der Vater bemerkt, daß der junge Ritter kein geschwisterliches Inzesttabu respektiert, handelt er als Herr des Hauses: er sinnt »auf sichere Hut« und sperrt das Mädchen in eine »Kemenate«, in Gesellschaft von drei Gefährtinnen (Red. B, V. 140, 156, 159). – Als Verwandten der Frau gibt sich im 200 Jahre älteren *Ruodlieb* ein Ritter aus, um von ihrem Mann, einem Bauern, die Erlaubnis zum Gespräch unter vier Augen zu erlangen. Auch hier heißt es: »Als er sie sah, entbrannte er im Herzen vor Begierde, er lachte sie freudig an«, so wie sie ihn (VII, V. 55 f.).

In dieser Ereignisfolge sind viele der zuvor dargestellten Struktur-merkmale vereint: ein libidinös gespanntes Verhältnis der (unver-heirateten) Männer zu den (unverheirateten) Frauen, das bei jeder Gelegenheit, kraft optischer Induktion, entflammt; Kontrolle die-ser Begehrlichkeit durch Rationierung der Kontakte zwischen den Geschlechtern; die Existenz einer abgesonderten, institutio-nalisierten Frauengruppe, mit der auch die Herren des Hauses durch Boten verkehren; Zugang zu den Frauen als besondere Auszeichnung (speziell für etwaige Heiratskandidaten). Ein Leit-motiv des ganzen Ablaufs ist das Sehen und Gesehenwerden. Gunther bereitet bei der Siegesfeier seinen Gefolgsleuten bewußt eine erotische Augenweide. Und im Medium des Blicks zeichnet sich eine Skala von Fortschritten ab, die Siegfried der Erfüllung seiner Wünsche näherbringen.

Die Bedeutung, die das Sehen in dieser höfischen Welt gewinnt, hängt offenbar mit dem lokalen Aspekt der Trennung einer Män-ner- und Frauensphäre zusammen. Das Bild von Kriemhild am Fenster zeigt: der Blick überbrückt die sozial hergestellte Distanz. Wo andere Kontakte spärlich oder gar ausgeschlossen sind, mag das Auge, das Organ eines Fernsinns, eine besondere Rolle als Träger sexueller Erregung erlangen. Auch die Situationen von Mahl und Fest begünstigen die Libidinisierung des Blicks, soweit sie anderen Kommunikationen Grenzen setzen. Man kommt bei den beschriebenen mittelalterlichen Verhältnissen, wie hier von neuem deutlich wird, nicht schlankweg näher an einen vorsozia-len Rohzustand des menschlichen Triebhaushalts heran. Was man findet, läßt sich als »weniger entwickelt« begreifen, aber es ist seinerseits durch bestimmte soziale Gegebenheiten geprägt. Ge-sellschafts- und Triebverfassung sind aufeinander abgestellt und *wechselseitig* voneinander abhängig.

Mechanismen der Selbstkontrolle

Nicht nur durch äußeren Druck oder äußere Regulative, die vor allem auf Frauen zielen, wird das Sexualbegehren adliger Männer in sozial zulässige Bahnen gelenkt. Darüber hinaus kann man ei-nige Mechanismen der Selbstkontrolle entdecken, die zu diesem Zweck mehr und mehr eingesetzt werden. Sie betreffen wieder vorrangig Frauen, lassen aber schließlich auch Männer nicht unberührt. Als Ort, an dem sie sich entwickeln, erscheinen speziell fürstliche Höfe.

Ein erster solcher Mechanismus bezieht sich direkt auf das Auge. »Schieß nicht zu viel wilde Blicke um dich«, rät in der *Winsbeckin* die adlige Mutter ihrer Tochter, »wo freche Beobachter *(lôse merkaere)* bei dir sind« (Str. 5/9 f.); das habe sie »bei Hofe« gelernt (Str. 7/2). Die Vorschrift reiht sich ein in eine Mehrzahl gleichsinniger Normen,[15] als Teil eines Kanons der Mäßigung und Schamhaftigkeit, dem sich Frauen aus gutem Haus um der Sicherung der (männlichen) Erbfolgelinie willen zu fügen haben (vgl. Schröter 1985a, S. 170). Sie entspringt gewiß der Sorge, daß das umherschweifende Auge Männern ein erotisches Interesse verraten und so ihre leicht entzündliche Begierde reizen könnte; deshalb sollen die Mädchen eine Art mimischen Schleier anlegen. Die Unterdrückung weiblicher Triebregungen, die damit verknüpft ist, steht im Dienst der Hemmung männlicher Aktivität.

Disziplin des Auges ist also ein wesentliches Element weiblicher Selbstzucht: das Mädchen selbst soll seine Blicke zügeln. Wenn freilich die Selbstkontrolle an die Gegenwart »frecher Beobachter« gebunden wird, weist das zugleich darauf hin, daß sie eingebettet bleibt in ein System aktueller Fremdkontrolle.[16] Was die Ehre eines Mädchens gefährdet, ist nicht so sehr das regelwidrige Verhalten an sich, sondern seine Wahrnehmung durch andere. Die »Beobachtung« vor allem muß vermieden werden, da sie erst das Verhalten in einem sozialen Sinn real macht. Entsprechend wechseln Kriemhild und Siegfried ihre liebevollen Blicke »heimlich« – ein Zug, der anderswo speziell am Blick der Frau haftet (Reinfried von Braunschweig, V. 984). Eine Struktur der Verstohlenheit, bei der akzeptiert werden kann, was niemand bemerkt, zeugt von einer wenig verinnerlichten Form weiblicher Selbstkontrolle, die nicht immer von bewußter Schauspielerei abzuheben ist.

Während bei jenem »mimischen Schleier« der Grad der Verinnerlichung zweifelhaft bleibt, gibt es andere Indizien, die für einen wirklichen Umbau des Persönlichkeitshabitus im 13. Jahrhundert

---

15 Siehe den unten erörterten Katalog aus dem *Trojanerkrieg* Konrads von Würzburg.

16 Das wechselseitige Begehren von Erec *und* Enite, vor der Hochzeit, war so stark, daß sie ihm gefolgt wären, »hätte es niemand gesehen« (Hartmann von Aue, V. 1854-56).

sprechen, verbunden mit einer Erhöhung der Schamschwelle gegenüber zugreifender Sexualität. Auf einen solchen Vorgang möchte man jedenfalls schließen, wenn man die schon erwähnte Version der Jason-Medea-Episode bei Herbort von Fritzlar mit einer zweiten vergleicht, die Konrad von Würzburg knapp hundert Jahre später in seinem *Trojanerkrieg* bietet (vgl. wieder Schnell 1975a, besonders S. 134f.).

– Bei Herbort entwickelt sich die Geschichte Schlag auf Schlag: Liebe auf den ersten Blick, glühende Worte (des Mannes), Vereinigung noch in derselben Nacht (nach einem Eheschwur Jasons in Medeas Bett), am nächsten Tag die Erringung des Goldenen Vlieses. Es folgt noch eine weitere Liebesnacht und dann sogleich der heimliche Aufbruch; »die Frau nahm er mit sich« (V. 1147). Das Ganze ist, mit einem Wort, eine Raubehe in Reinkultur. Herbort hat dem Ablauf diese rüde Straffung selbst gegeben: in seiner Vorlage verstreicht immerhin eine Woche zwischen erster Begegnung und Liebesverkehr, und nach getaner Arbeit bleiben die Griechen noch sechs Wochen im Land.

– Demgegenüber wird bei Konrad die Wartefrist bis zur sexuellen Erfüllung, zeitlich nicht präzisiert, vor allem als unerträglich lang gekennzeichnet (V. 7984 ff.); der Makel der Verbindung im Bett wird durch eine nachgeholte norm- und formgerechte Eheschließung (mit Zustimmung des Brautvaters) wettgemacht (V. 10188-99).

Die Eingriffe der beiden deutschen Bearbeiter, die auf der Basis derselben französischen Vorlage arbeiten, sind je für sich konsistent und bewegen sich in gegenläufiger Richtung: während der ältere Herbort den Aspekt männlicher Aggressivität verschärft, mildert der jüngere Konrad ihn ab. Die Abfolge vom Anblick zur Trieberfüllung wird bei Konrad durch den gesellschaftlich vorgeschriebenen Heiratsvorgang neutralisiert. Man möchte vermuten, daß diese Differenz vor allem auf einem entsprechenden Wandel in der Sensibilität der Autoren und ihres Publikums beruht; zwischen beiden Versionen liegt dann sowohl ein Pazifizierungs- wie ein Zivilisationsschub. Das gilt auch und gerade dann, wenn Herbort mit seiner Darstellung den Hergang der Dinge als ungehörig qualifizieren wollte. Die krasse Zuspitzung, die er zu diesem Zweck vornahm, läßt noch eine gewisse Nähe zu den Ereignissen erkennen.

Ähnliches ist für einen zweiten Zug zu sagen, der ebenfalls Herborts Eigentum ist. Nach dem beiderseitigen Liebesblick, so erzählt er, setzt sich Medea zu Jason, der alsbald handgreiflich wird: »Und als er die Zeit und die Gelegenheit bei ihr fand, griff er ihr ans Gewand. Den Staub las er ihr ab, wo gar kein Staub war ... Das machte er in der Absicht, weiterzugreifen: Er griff ihr unter das Kleid« (V. 704-713). Hier kann man in szenischer Komprimierung sehen, wie kurz der Weg zwischen dem sexuellen Blick und der sexuellen Tat bei diesen Kriegeradligen war. Man wird wieder annehmen dürfen, daß Herbort seinen Zusatz aus pädagogischen Gründen einfügte, um seinem Publikum vorzuführen, wie sich ein Mann *nicht* betragen solle. Aber seine Schilderung hat doch auch etwas spürbar Lustvolles. Und daß er einen solchen Fingerzeig für nötig erachtete, verrät, daß das von ihm wohl implizit getadelte Verhalten seinen männlichen Zeitgenossen nicht fremd war.

Die wachsende Empfindlichkeit gegenüber aggressiv-erobernder (männlicher) Sexualität, die an der Divergenz zwischen Herbort von Fritzlar und Konrad von Würzburg zu ermessen ist, läßt sich als Einschaltung einer Art Widerstand zwischen Sexualwunsch beim ersten Blick und motorischer Tat bestimmen. Genau einen solchen Vorgang beschreibt Herbort, als szenisches Geschehen, im Anschluß an Jasons Griff »unter das Kleid«. Medea nämlich erteilt dem Mann eine Abfuhr: »Sagt«, lautet ihr Verweis, »was Ihr zu sagen habt, ich halte nichts von dem Greifen« (V. 719 f.).

Hier wird unverkennbar das verbale Liebesgeständnis dem Triebablauf Sehen-Habenwollen entgegengesetzt. Der nackte Zugriff, ohne daß durch süße Worte der Boden dafür bereitet wurde, ist verpönt. Jason bricht folgerichtig nach der Verwarnung in eine lange Liebesrede aus (V. 732 ff.) – während Medea das Pendant nur *denkt* (V. 802 ff.). In der Monotonie, die wir beim Lesen der endlosen Liebesgespräche und -reflexionen mancher Epen des 13. Jahrhunderts spüren mögen, teilt sich deren zivilisatorische Funktion immer noch mit: sie sind ein Mittel des Triebaufschubs und der allmählichen Sublimierung. Die Dichter, die sie verfaßten (mit Hilfe älterer Autoritäten wie Ovid), waren Protagonisten und Befürworter eines solchen Prozesses. Ihre angestrengte Minnetheorie bot gewiß auch dem Publikum Modelle für die Verbalisierung und psychische Gestaltung eigener Empfindungen. Frauen sind es wohl, muß man Herbort glauben, und zwar vornehme Frauen im Verkehr mit tiefer- und gleichstehenden Männern, die diese Form des Umweghandelns und der Distanzierung durch Reden fordern.

In der Minnetheorie der Dichter wird noch ein zweiter Mechanismus beschrieben, der den Kurzschluß vom begehrenden Blick zum »Greifen« hemmte: das Gefühl. Dies sei an einem weiteren Beispiel ausgeführt, das für unseren Zusammenhang von besonderem Interesse ist, weil darin explizit über die Rolle des Auges bei der Liebesreaktion nachgedacht wird.[17]

Reinfried von Braunschweig hatte, in dem gleichnamigen Epos, sich auf bloßes Hörensagen in die Königstochter Yrkane verliebt. Der Autor stellt das als eine Seltenheit hin: »es geschah kaum je, daß ein Herz sich binden ließ, bevor das Auge sein ... Verlangen hätte stillen können« (V. 492-495). Man ahnt in diesen Worten eine Kritik an gängigen Praktiken der Eheanbahnung in höheren und höchsten Kreisen, wobei offenbar bereits Liebe als Voraussetzung einer Ehe gilt. Die Liebe bedarf der optisch-sinnlichen Vermittlung, »Sinn und Herz folgen dem Strahl der Augen« (V. 500 f.). Dem Auge wird hier dieselbe Funktion zuerkannt wie dem Mund beim Kuß: die eines »Boten an das Herz« (V. 499, 2428-30). Im Gegensatz jedoch zu dem oben behandelten Muster (das nicht qua Reflexion, sondern qua szenischer Gestalt faßbar wurde) führt der libidinisierte Anblick im *Reinfried* nicht zur Tat, sondern er schafft Liebesgefühle und -gedanken im Herzen.

Wenn sich Mann und Frau von Angesicht zu Angesicht gegenübertreten, muß das Auge gezügelt bleiben. Reinfried und Yrkane haben sich in einer Hütte unter vier (bzw. sechs) Augen getroffen. Zunächst schweigen sie wie gelähmt. »Ob ihre Blicke ungehemmt siegen?« kommentiert der Autor. »Nein, sie [die Blicke] werden von der Liebe dazu gezwungen, daß sie in das [eigene] Herz dringen« (V. 3076-79). In diesem vorbildlichen Fall reißt die durch die Augen vermittelte Erregung nicht zum Handeln hin, sondern sie wird nach innen gewendet und verstärkt die Liebe als psychische Erfahrung – eine veritable Theorie der Sublimierung. Das Herz fungiert als Widerstand gegen die direkte Triebabfuhr. Die Koppelung zwischen Blick und Sexualwunsch ist gelockert. Wenn an-

---

17 Der *Reinfried von Braunschweig* ist so reich an Reflexionen über die erotische Bedeutung des Auges wie keine andere Quelle der Zeit, die ich kenne. Die folgende Auswertung wird diesem Reichtum nicht gerecht.

dererseits die optisch induzierte Erregung nach innen geht, so ist damit gesagt, daß auch die Triebhemmung mit der Kraft der Triebe arbeitet.[18]

Nach einiger Zeit gelingt es Yrkane, der Ranghöheren in dieser Beziehung, den Bann zu brechen. Es kommt zum Austausch verbaler Liebesbeteuerungen, schließlich zu Küssen und Umarmungen – aber nicht mehr. Die Anstandswächterin hilft, daß der Triebaufschub gesichert bleibt. Anders als in der älteren Geschichte von Jason und Medea (bei Herbort) erscheint das Liebesgespräch hier nicht als Einleitung der Liebesnacht, sondern gleichsam als deren Ersatz. Reinfried selbst will »nichts begehren, als was Ihr mir ohne Schande gewähren möchtet« (V. 3249-51): zielgehemmte Liebe bis zur Ehe. Allerdings ist dieses Niveau halbwegs verinnerlichter Triebkontrolle in der Gesellschaft, die das Epos hervorbrachte, sehr avantgardistisch. Die weitere Handlung wird durch das Motiv vorangetrieben, daß niemand dem Liebespaar (das beim Verlassen der Hütte beobachtet wurde) seine tatsächliche Zurückhaltung glaubt.

Auf dem Niveau aber, das der Autor als vorbildlich beschreibt, erscheinen Reden und Fühlen als zwei Wege, um Triebhaftigkeit im allgemeinen und den erotischen Blick im besonderen zu zähmen. Es geht, mit einem Wort, um eine Psychologisierung des Liebesimpulses. Wo eine psychische Ebene als Hemmschicht etabliert ist, vermag man auch zwischen Phantasie und ihrer Verwirklichung zu unterscheiden und kann, in bezug auf männliche Sexualwünsche, gelassen feststellen (*Winsbeckin*, Str. 15/1 f.): »Gedanken sind den Menschen frei und Wünsche ebenso.«[19] Kontrollbedürftig sind die Augen als Träger der Sinnlichkeit nicht

18 Analog wie in der psychoanalytischen Theorie das Über-Ich seine Energie dem Es verdankt.

19 Wenn die Angst nach außen schwächer wird, mag die vor einer »natürlichen« Strafe geschürt werden. So in der Geschichte *Der Schüler von Paris*, die speziell von »Liebesblicken« handelt (Red. B, V. 2). Hier stirbt der Mann, der seinen Augen gefolgt ist, auf dem Höhepunkt der Liebesvereinigung (je nach Fassung an der Unmäßigkeit seiner Lust oder an einer aufplatzenden Wunde). *Fabula docet*: der rohe Trieb ist lebensgefährlich (wie auch die Kirche wußte: Duby 1981, S. 170). Das Mädchen stirbt ebenfalls, aber nicht an Impulsivität, sondern an Trauer über den Tod des Geliebten.

nur, weil sie zur sexuellen Tat, sondern auch, weil sie zum Leicht-
sinn bei der Partnerwahl reizen.

Im *Reinfried von Braunschweig* wird an einer Stelle über die Un-
zuverlässigkeit des Blicks räsoniert, wenn er allein als Wegweiser
dient: »Ein Auge«, heißt es da, »kann sich verrennen, so daß ein
unbewachtes Herz (*ein herze unbehuot*) oft gegen seinen Willen
handelt und unbesonnen liebt« (V. 534-537). Später erfahren wir:
die Gefahr der Voreiligkeit besteht darin, daß die Sinne »die rechte
Liebe verfehlen und sich mit Nicht-Standesgenossen verbinden«
(V. 2412-15). Frauen wie Männer müssen die Mesalliance meiden.
Kaum eine andere Vorschrift in bezug auf Sexualität und Ehe ist in
jener Gesellschaft so grundlegend und mit Sanktionen bewehrt
wie die der ranggleichen Verbindung. Das Auge allein führt dies-
bezüglich rasch ins Verderben.

Für ein Herz, das sich zu einer nicht-standesgemäßen Liebe hin-
reißen läßt, verwendet der Autor das Wort *unbehuot*. Er spielt
damit gewiß auf die »Hut« an, die traditionelle Außenkontrolle,
die sich besonders auf Frauen richtet. Im Vergleich zu ihr ist nun
die Instanz der Aufsicht verschoben; das Herz wird von innen
bewacht. Lobenswert ein Mensch, der »sich so in der Hut hat, daß
er sich nicht mit Sinnen verrennt« (V. 2404-06). Die Maxime wird
hier geschlechtsneutral formuliert oder ausdrücklich auf den
Mann bezogen (vgl. V. 534 ff.). Anderswo erscheint sie auf Frauen
zugespitzt, im Sinn der sexuellen »Ehre«. In der *Winsbeckin*
mahnt die Mutter ihre Tochter, sie müsse sich selbst vor den Gefahren der Liebe schützen: »Ich will dich, Tochter, nicht bewachen (*hüeten*); dein stetiger Sinn muß dich bewachen« (Str.
29/1 f.). Die Kontrollfunktion, die in einer früheren Figuration
der Mutter zukam, wird von ihr der Tochter selbst anvertraut.

Diese Verlagerung läßt auf einen Wandel der sozialen Bedingungen schließen. Offenbar greifen die früheren Regulative nicht
mehr gut, weil sich die Verflechtung der Menschen und Gruppen
intensiviert hat, so daß es nicht mehr genügt, Verhaltenskontrolle
auf die leibhaftige Präsenz der Kontrollinstanzen zu gründen.
Viele der hier behandelten Geschichten sind an Vorgänge geographischer Mobilität geknüpft. Insbesondere Städte und Höfe erscheinen als Zentren einer Erweiterung der Interdependenzge-
flechte. Höfische Feste drohen, durch die bloße Zahl der versammelten Personen, eine effektive Augenkontrolle der Mädchen zu
vereiteln. Im *Reinfried von Braunschweig* wird anläßlich eines

Festes gesagt, es habe eine solche »Unruhe« geherrscht, daß »keiner auf das Tun und Lassen des anderen acht hatte« – »wie das auch heute noch bisweilen bei Hofe geschieht« (V. 2918-25).

Unter diesen Umständen mag sich auch der Charakter der Liebesblicke verändert haben. Einst eine Vorstufe des Zugriffs, werden sie zu einem Medium der Kommunikation zwischen Verliebten, die geschützt sind durch die Menge. Nicht nur Siegfried und Kriemhild suchen bei einem Hoffest Augenkontakt; auch im *Reinfried* heißt es in gleicher Situation etwa: »ihre Augen schwangen sich zueinander . . .«, bis sie ihn »mit den Augen winkte«, zum Rendezvous (V. 2881, 2937). In solchen Fällen ist der Liebesblick kein einmaliges und vielleicht einseitiges Ereignis, sondern ein Mittel, durch das sich Mann und Frau immer wieder ihre Zuneigung beweisen. Auch beim Stelldichein können sie ihre Erfüllung eine Zeitlang in innigen Blicken finden (V. 3008 f.). Das Medium des Sehens, das einmal so grobsinnlich aufgeladen und mit dem Triebwunsch verlötet schien, dient hier selbst dem Aufschub der Triebbefriedigung.

Der aufkommende Zwang zum Selbstzwang zielt, wie gesagt, eher auf Frauen und wird von diesen an Männer weitergegeben. Auf welchem genauen Weg Männer die ihnen auferlegte Triebkontrolle in ihren Habitus eingebaut haben mögen, will ich an einem letzten Beispiel erläutern, einem weiteren Auszug aus dem *Trojanerkrieg* Konrads von Würzburg (vgl. zum Folgenden Schnell 1975b). Es handelt sich um die bekannte Geschichte von Achilles und Deidamia, die Konrad diesmal nach einer römisch-lateinischen Vorlage erzählt: Thetis, die Mutter Achills, steckt ihren Sohn in Frauenkleider und bringt ihn in die Gruppe der Töchter des Königs von Skythos. Achill hat sich in eine von ihnen, eben Deidamia, verliebt und nutzt seine Verkleidung aus, um sich ihr sexuell zu nähern.

Wichtig für unser Thema ist an dieser Geschichte, in Konrads Fassung, daß der mittelalterliche Bearbeiter in der Szene, in der Thetis ihrem Sohn erklärt, warum er Frauenkleider anlegen soll, eine *eigene* Begründung einschiebt, bevor er die überlieferte Motivierung mit der Angst um das Leben des Sohnes nachträgt. Alle Fertigkeiten des Kampfes, bemerkt die Mutter, habe Achill perfekt gelernt, was ihm aber fehle, sei die »Kunst, mit der man auf Erden die Gunst reiner Frauen erwirbt« (V. 14201-03). Um diesem Mangel abzuhelfen, wolle sie ihn, der bisher nur unter Männern aufgewachsen war, in eine Kemenate geben: »Dein Leib und dein Gemüt sind gar zu wild geworden. Darum will ich dich Frauen sehen lassen. Möge dir das Glück geschehen, daß du von ihnen gezähmt wirst« (V. 14210-15). Dem Kontakt mit Frauen wird *eo ipso* eine zivilisierende Wirkung zugeschrieben, und es sind zivilisatorische, nicht kriegerische Vorzüge, von denen die Chancen eines Mannes bei den Frauen abhängen. Mit der Hinzudichtung dieses Motivs unterlegt Konrad den tradierten Ereignissen eine Funktion, in der sie für ihn sinnvoll werden (wahrscheinlich denkt er an die reale Weggabe adliger Söhne an fremde Höfe, zu Erziehungszwecken).

Achill wehrt sich gegen die Zumutung der Mutter, die im Kern seiner männlichen Identität zuwiderläuft und ihn zum »Spott« seines Lehrers machen würde (V. 14327). Das Schwert stehe ihm zu, nicht die Spindel; er wolle seinen »ungebundenen Sinn« bewahren (V. 14346f., 14500). Erst der Anblick Deidamias auf dem Weg zum Tempel und die sogleich aufflammende Liebe zu ihr stimmen ihn um. Der junge Mann wird dadurch »zerhauen und todwund« (V. 14708); einem »kraftlosen Mädchen« gelingt es, »sein wildes Herz mit ihrer Augen Blicke zu zähmen« (V. 14732-35). Insoweit bedeutet der zivilisierende Einfluß der Frauen eine Bändigung oder gar Schwächung durch Liebe. Sie hängt wohl damit zusammen, daß der Triebwunsch an der Verwirklichung gehindert wird. Als Achill, bereits verkleidet, in Deidamias Nähe kommt, hätte er sie um ein Haar »an sich gerissen und genommen«; aber er sah seine Mutter an und unterdrückte um ihrer Ehre willen seinen Impuls (V. 15102-15).

Es ist auch hier der erste Anblick eines Mädchens, der die Verliebtheit erzeugt, den Sexualwunsch weckt. Ohne Scheu zeigt Achill seinen Zustand, indem er Deidamia »wieder und wieder anblickte« (V. 14668, 14835f.). In der Hoffnung auf künftige Freuden gibt er seinen Widerstand auf und läßt sich von Thetis als Frau einkleiden (V. 14846-51). Aber mit dem bloßen Anlegen der Gewänder ist es nicht getan; die Mutter lehrt ihn auch, wie er sich als Frau zu betragen hat – es ist ein Katalog der zivilisatorischen Mäßigung (V. 14984ff.): gesammelter Gang, Gleichbehandlung von Arm und Reich, kein Spott und Gelächter, behutsames, wohlbedachtes Reden und nur auf die Anrede von Männern hin, »keusches« Essen und Trinken, An-sich-Halten der Hände, Befolgung des Vorbilds anderer Mädchen in der Gruppe. In diese Liste gehört auch die Vorschrift: »Hüte deine Augen vor wilden Blicken, wo dich die Leute schauen ... Sieh gefaßt (*tougen* = heimlich) vor dich hin und halte den Kopf still« (V. 15008-13).

Erinnern wir uns, wie Achill eben noch seine Augen um sich geworfen hat. Wildheit und Zähmung des erotischen Blicks: hier hat man beides in der Nußschale beisammen. Achill wird die Disziplinierung seines sexuellen Verlangens zugemutet – als weibliche Sitte. Das scheint die psychologische Quintessenz der Szene zu sein. Was Thetis ihrem Sohn auferlegt, damit er »höfische Zucht« gewinne, ist eine Art Identifizierung mit höher- und gleichrangigen Frauen, hervorgebracht durch den häufigen Kontakt mit ihnen. Auf diese Pointe hin hat Konrad von Würzburg die ihm überlieferte Geschichte von Achilles und Deidamia um- und ausgeschrieben, oder anders gesagt: das war, jenseits des pikanten Reizes, der Sinn, den er aufgrund der Erfahrungen, der Erwartungen seiner selbst und seines Publikums in sie hineinlas.

Man soll die Deutung an diesem Punkt nicht zu weit treiben: Es hat viel von der Instruktion eines Schauspielers an sich, wenn die Mutter dem Sohn gleichsam die Tricks der Frauen verrät, und der Dichter erzielt einigen Effekt mit der Beschreibung des Gegensatzes zwischen der weiblichen Erscheinung Achills und etwa seinem ausgreifenden Schritt oder dem ständigen Abschweifen seiner Augen (V. 15122 f.). Im Fortgang der Geschichte stillt er recht roh seine Lust. Das Haften an Äußerlichkeiten, an der manifesten Oberfläche des Verhaltens, ist einmal mehr zu erkennen. Aber trotz alledem wird hier ein Mechanismus männlicher Zivilisierung angedeutet, der über die Aneignung sozial geprägter Weiblichkeit läuft. Um die »Gunst« der Frauen zu erwerben, müssen Männer in pazifizierteren Zeiten lernen, selbst ein Stück weit wie Frauen zu werden.

III. Scham im Zivilisationsprozeß
Eine Diskussion mit Hans Peter Duerr

Norbert Elias ist, ähnlich wie etwa Freud, ein Autor, dessen Werk einem breiten Kreis vor allem jüngerer Menschen Mittel der Orientierung über sich selbst und die Welt, in der sie leben, bereitstellt. Das hat Folgen für die Rezeption. Zum einen beschränkt sie sich nicht auf ein einzelnes Fach, sondern spielt sich weithin im Raum einer »gebildeten Öffentlichkeit« ab. Zum anderen wird ein solcher Autor in besonderem Maße zum Objekt engagierter Tendenzen.

Ein Muster fällt dabei ins Auge: Solange der Autor selbst den Status eines Außenseiters hat, eignet er sich als Identifikationsfigur jüngerer Generationen und anderer Gruppen, die eine Außenseiterposition in der Gesellschaft einnehmen. Wenn er den Schritt zum Etablierten vollzogen hat – der verbunden ist mit dem Etablierungsprozeß seiner einst jugendlichen Leser –, äußern sich dieselben oppositionellen Tendenzen oft genug in Versuchen des Denkmalssturzes. Ein derartiger Vorgang läßt sich in der Freud-Rezeption der letzten 20 Jahre beobachten. Das Buch *Nacktheit und Scham* (1988a), mit dem Hans Peter Duerr eine auf vier Bände geplante Generalabrechnung mit dem vermeintlichen »Mythos vom Zivilisationsprozeß« eröffnet, könnte einen entsprechenden Wendepunkt in bezug auf Elias markieren. Gegenüber beiden Neigungen, der Verehrung wie der Herabsetzung, die sich beide im Modus des affektiven Engagements bewegen und einander insofern nichts voraus haben, muß der Sachbezug als dominanter Standard wissenschaftlicher Arbeit aufrechterhalten werden. In diesem Sinn sollen im folgenden die häufig polemischen Argumente, die Duerr gegen die Zivilisationstheorie vorbringt, geprüft und theoretisch verarbeitet werden.

Spannungen im Begriff der Zivilisation

Es gehört zur Größe mancher Wissenschaftler im Bereich der Menschenwissenschaften, daß sie ihre Zentralbegriffe aus dem gewöhnlichen Sprachschatz ihrer Gesellschaft auswählen und nur im Notfall Kunstbegriffe prägen. Ihr Rückbezug auf eine gebildete Umgangssprache ist ebenso ein Zeichen der Verbindung ihrer Problemstellung mit breiteren Diskussionen wie eine Voraussetzung für das Einfließen ihrer Ergebnisse in solche Diskussionen jenseits der engeren Fachgrenzen. Das gilt in hohem Maße für Freud, das gilt auch für Norbert Elias (hier kompliziert durch dessen erzwungene Zweisprachigkeit). Wenn Wissenschaftler etwas Neues, Relevantes scharf gesehen haben, wird es ihnen nicht selten gelingen, den vorgefundenen Worten ihren Stempel aufzudrücken. Vom »Unbewußten« kann heute kein Gebildeter mehr reden, ohne die psychoanalytische Theorie, wie rudimentär auch immer, mitzudenken. Analoges ist seit den 70er Jahren mit dem Zivilisationsbegriff geschehen, der an der Universität wie im Feuilleton mehr und mehr im Sinne der klassischen Untersuchung von Elias benutzt wird. Es ist lehrreich zu verfolgen, wie der Prozeß der Aneignung und Umdefinition eines vorwissenschaftlichen Begriffs in diesem Fall verlaufen ist. Man kommt dabei auch einem Mißverständnis auf die Spur, das in Duerrs Attacke gegen die Zivilisationstheorie eine wesentliche Rolle spielt (und das Duerr mit anderen Lesern teilt).

Im vorwissenschaftlichen Sprachgebrauch des 19. Jahrhunderts drückte der Begriff »Zivilisation« das Überlegenheitsgefühl »abendländischer« Gesellschaften gegenüber früheren oder »primitiveren« zeitgenössischen Gesellschaften aus (PZ 1, S. 1 f.).[1] So von positiven, wir- und gegenwartsbezogenen Wertungen durchsetzt, wurde er von Elias aufgenommen und zu einem Instrument der Forschung umgeschmiedet. »Ich konnte«, stellt Elias im Rückblick fest (1988a), »nach ideologisch weniger belasteten Begriffen für langfristige Veränderungen der Verhaltensstandarde Umschau halten oder aber versuchen, den Zivilisationsbegriff von seinen ideologischen Belastungen loszulösen und mit Hilfe von sachdienlichen Belegen in einen ideologisch neutralen Begriff zu

---

1 Verweise auf die beiden hier vorrangig erörterten Werke werden mit Kürzel geboten: PZ = Elias 1939; NuS = Duerr 1988a.

verwandeln« (ähnlich schon 1969b, S. XI). Diese »Verwandlung« scheint sich eher unausgesprochen und unter der Hand vollzogen zu haben.[2] Gewiß geht es dabei auch um ein pragmatisches Problem, wo der Erfolg – ob der neue Wortsinn den alten zu überdecken vermag – über die Nützlichkeit der Lösung entscheidet. Aber die Wahl des vorhandenen Begriffs zeigt zugleich zentrale Sachprobleme an, die sich bei der Ausarbeitung der Theorie zunehmend hervordrängten.

Die Probleme liegen in einer zeitlichen und einer räumlichen Dimension. Nach beiden Seiten kann man bei Elias eine gewisse Ambivalenz oder richtiger: eine Entwicklung seiner Terminologie ausmachen.

»Zivilisiert« oder »zivilisierter«

Zuerst der zeitliche Aspekt: In *Über den Prozeß der Zivilisation* finden sich öfters Passagen, wo der Ausdruck »Zivilisation« Verhältnisse auf einer bestimmten Stufe der europäischen (dann auch europäisch-amerikanischen) Gesellschaftsentwicklung bezeichnet. Es trägt sehr zum dauerhaften Wert des Buches bei, daß sich Elias sein Thema weniger von akademischen Forschungstraditionen (vgl. 1990, S. 73) als von aktuellen Erfahrungen hat vorgeben lassen – dem Empfinden eines »Unbehagens in der Kultur« (PZ 1, S. LXXX), dem Miterleben des »Zusammenbruchs der Zivilisation« im nationalsozialistischen Deutschland (1989a, S. 45 f., Fn. 8). Entsprechend blieb auch sein Hauptbegriff ein Stück weit dem vorwissenschaftlichen Sprachgebrauch verhaftet.

Der heutige Straßenverkehr z. B. vermittelt nach Elias »einen Eindruck davon, wie das, was dem psychischen Habitus des ›zivilisierten‹ Menschen in so hohem Maß sein Gepräge gibt, die Beständigkeit und Differenziertheit der Selbstzwänge, mit der Differenziertheit der gesellschaftlichen Funktionen, mit der Mannigfaltigkeit der Handlungen, die hier beständig aufeinander abge-

2 Auch Stephen Mennell (1989, S. 30) findet, daß »Elias in seinem Buch nicht eindeutig den Punkt [bezeichnet], an dem er aufhört, das Wort ›Zivilisation‹ im eingebürgerten, populären Sinn zu gebrauchen, und es in einer technischen, sozialwissenschaftlichen, distanzierteren Weise zu verwenden beginnt – den Punkt sozusagen, an dem er die Anführungsstriche fallenläßt«.

stimmt werden müssen, zusammenhängt« (PZ II, S. 319). Hier ist unverkennbar von einem »zivilisierten« Standard des 20. Jahrhunderts die Rede, und nur die Anführungsstriche verraten das Bewußtsein eines terminologisch-theoretischen Problems (ähnlich PZ I, S. 135 u. ö.). Das Problem selbst wird vielleicht am klarsten an einer anderen Stelle – nicht eigentlich formuliert, sondern abgebildet: »Der *Begriff* der ›Zivilisation‹«, heißt es da (PZ I, S. 139), »weist im Gebrauch des 19. Jahrhunderts ganz stark darauf hin, daß der *Prozeß* der Zivilisation – oder genauer gesagt eine Phase dieses Prozesses – vollzogen und vergessen ist«. Daß es sich bei dem, was die begriffsbildenden Gruppen absolut als »die« Zivilisation verstanden, um eine *Phase* in einer gerichteten, längerfristigen Entwicklung handelt, wird lediglich in Parenthese nachgetragen.

De facto jedoch ist die Einbettung eines zeitlich begrenzten Stadiums, dem der Zivilisationsbegriff zunächst zugeordnet war, in einen unabsehbar langfristigen Prozeß eines der erklärten Ziele des ganzen Werks. In einer Schlüsselschrift des Erasmus von Rotterdam stößt Elias »auf die Spuren des Zivilisationsprozesses selbst, auf die Spuren der tatsächlichen Verhaltensänderung, die sich im Abendland vollzogen hat« (PZ I, S. 73). Man muß in diesem Satz noch ergänzen: vollzogen im 16. bis 19. Jahrhundert. »Unsere Art des Verhaltens ist aus jener, die wir ›unzivilisiert‹ nennen, hervorgegangen. Aber«, fährt Elias sogleich fort, »die Begriffe fassen die tatsächliche Veränderung zu statisch und zu unnuanciert. In Wahrheit handelt es sich bei dem, was wir als ›zivilisiert‹ und ›unzivilisiert‹ einander gegenüberstellen, nicht um einen Gegensatz von der Art des Gegensatzes zwischen ›Gutem‹ und ›Schlechtem‹, sondern ganz offenbar hat man es hier mit Stufen einer Entwicklungsreihe zu tun« (S. 74). Praktische Gründe mögen die Beschränkung des Blicks auf wenige Vorphasen erzwingen, hier auf die mittelalterliche. Aber man soll dabei doch im Auge behalten, daß auch diese »nicht ohne innere Bewegung und ganz gewiß nicht ein ›Anfang‹ [ist] oder gar ›die unterste Stufe‹ des Prozesses der ›Zivilisation‹ darstellt, auch nicht, wie es gelegentlich behauptet worden ist, den ›Stand der Barbarei‹ oder den der ›Primitivität‹« (S. 78). Folgerichtig endet das Werk mit dem emphatischen Hinweis, daß der Prozeß der Zivilisation, wie vor allem die Wiederkehr von Kriegen zeigt, auch nach der Zukunft hin nicht abgeschlossen ist (PZ II, S. 453 f. [siehe außerdem unten, Kap. VI, S. 219, Anm. 43]).

Elias bezeichnet, soweit erkennbar, die mittelalterliche Form der Verhaltenskontrolle nicht ausdrücklich als eine in spezifischer Weise »zivilisierte«, wie es sein erweitertes Verständnis des Begriffs nahegelegt hätte; dafür waren ihm dessen hergebrachte Konnotationen wohl zu gewichtig und auch zu wichtig. Aber er fügt sie, ebenso wie die darauf folgende, an der er die Eigentümlichkeiten eines »zivilisierten« Habitus abliest, entschieden in einen »anfangslosen Prozeß« ein (PZ I, S. 75). Zahlreich sind die Stellen, an denen er betont, es gebe in solchen Prozessen keinen »Nullpunkt«. »Unsere Denkgewohnheiten«, schreibt er (PZ II, S. 378 f.), »machen uns leicht geneigt, nach ›Anfängen‹ zu suchen; aber da ist nirgends ein ›Punkt‹ in der Entwicklung der Menschen, von dem man sagen könnte: Bisher ... gab es noch [keine ›Ratio‹,] keine Selbstzwänge und kein ›Über-Ich‹, und nun, in diesem oder jenem Jahrhundert, sind sie plötzlich da. Es gibt keinen Nullpunkt aller dieser Erscheinungen«; nirgends fehlt es unter Menschen »an gesellschaftlichen Triebregulierungen und -restriktionen oder an einer gewissen Voraussicht« (S. 380).[3] *In* der Anknüpfung an einen selbsterhöhenden Mythos von Menschen des 18./19. Jahrhunderts, die sich als Krönung der Menschheit und ihre Errungenschaften als etwas absolut Neues und anderes empfanden, betätigt sich Elias als »Mythenjäger« (vgl. 1970, S. 51).[4] Seine Sichtweise eröffnet die Perspektive auf einen bis zu den Frühstufen der Menschwerdung zurückreichenden Zivilisationsprozeß, dessen empirische Erforschung Goudsblom (1987) in Angriff genommen hat.

Man kann die begriffliche Spannung, die derart im Text von *Über den Prozeß* hervortritt, auf die Formel bringen, daß der nackte Gebrauch der Worte »Zivilisation« und »zivilisiert« noch weithin statisch an neuzeitlich-europäische Gegebenheiten gebunden ist. Die theoretisch angestrebte Verflüssigung wird vor allem durch die Kombination mit »Prozeß« ausgedrückt. Im Rahmen des Eliasschen Denkens stellt dies eine Zwischenstufe dar, die nicht zuletzt offenbart, wie schwer es ist, Prozesse sprachlich angemessen zu repräsentieren (vgl. Elias 1970, S. 118-121).

---

3 Weitere frühe Belege: PZ I, S. 218, 298; II, S. 408; Elias 1987b, S. 90
4 Schon die Wahl des Begriffs »Zivilisation«, und nicht »Kultur«, war im deutschen Kontext, von dem Elias herkommt, ein Akt der Distanzierung, der Entzauberung.

Was bisher in exegetischer Manier aufgewiesen wurde, ist vielleicht im einzelnen neu, aber nicht im Kern. Besonders holländische Soziologen, die in der Nachfolge von Elias arbeiten, haben die Vielschichtigkeit des Begriffs der Zivilisation längst entfaltet (Goudsblom 1984; Wilterdink 1984). Die deutsche Diskussion ist demgegenüber zurückgeblieben. Man betrachte die Art und Weise, wie Duerr die angebliche Quintessenz der Eliasschen Theorie zusammenfaßt (NuS, S. 7): »Dieser Mythos [vom Zivilisationsprozeß] besagt, daß die derzeitige Domestikation unserer tierischen Natur das Ergebnis eines langwierigen Prozesses sei, der im westlichen Europa gegen Ende des Mittelalters und bei den ›Primitiven‹ . . . erst in allerjüngster Zeit begonnen habe«. Oder in einer anderen, spezifischeren Wendung (S. 366, Anm. 5): »Elias . . . meint, daß das biblische ›und sie sahen, daß sie nackend waren, und schämten sich‹, also der Sündenfall im Sinne der Belegung der Nacktheit mit Scham, im 16. Jahrhundert beginne«. Die oben gebotenen Zitate zeigen das Ausmaß seines Mißverständnisses wie auch die Gründe, die es veranlassen konnten. Rätselhaft bleibt, daß jemand sich dezidiert mit Elias zu beschäftigen und dabei einen der grundlegenden Impulse seines Denkens, das Beharren auf anfangslosen Prozessen, zu übersehen vermag (vgl. weiter 1983, S. 188).

Elias benutzt verschiedene Instrumente, um dem Prozeßcharakter der »Zivilisation« beizukommen. Zu ihnen gehören Bewegungsmetaphern, wenn er etwa von einem »Vorrücken der Schamgrenze«, einem »Schub der Triebverhaltung« ab dem 16. Jahrhundert spricht (z. B. PZ 1, S. 224).[5] Diese Art der Begriffsbildung gibt ihm schließlich die Möglichkeit, jede Zweideutigkeit abzustreifen und die mit der Renaissance einsetzende Phase, die zunächst als »Zivilisation« schlechthin galt, als einen »Zivilisations*schub*« zu fassen (1969b, S. LXII).[6]

Besonders charakteristisch für den früheren Stand der Theoriebildung ist die Figur des *Komparativs* oder *Vergleichs* (die Elias mit

5 Ein solches »Vorrücken« wird an der angeführten Stelle schon für biblische Zeiten angenommen; dem dient der Hinweis auf die von Duerr zitierte Genesis-Stelle. Gerade hier ist nun wirklich keine Rede vom »Beginn« einer Belegung der Nacktheit mit Scham im 16. Jahrhundert.

6 Im ursprünglichen Corpus des Prozeß-Buches erscheint dieser Ausdruck ebenfalls (etwa PZ 11, S. 387), aber Elias wendet ihn wohl noch nicht, wie er es später tut, auf die Phase des 16.-18./19. Jahrhunderts an.

einer bisweilen schon den Sprachfluß hemmenden Anstrengung durchhält). Man wird auf sie aufmerksam, wenn man die Stellen nachschlägt, mit denen Duerr sein Verständnis der Zivilisationstheorie untermauert. Mittelalterliche Menschen, so resümiert er einige Passagen des Prozeß-Buches (NuS, S. 9), erscheinen uns »zu Recht kindlich, ungezwungen, einfältig, roh und naiv«. Alle Belege jedoch, die er anführt, beschreiben anstelle der von ihm konstruierten Dichotomie eine Relation: die früheren Verhältnisse seien »einfacher«, »erscheinen *uns* ›kindlicher‹«, sind *»gemessen an den späteren* ungezwungen«.[7] Was Elias im Auge hat, ist ein Weniger und Mehr, nicht ein Vorher nein, Nachher ja. Sein Denken läßt keinerlei Raum für einen »Sündenfall« zu Beginn der Neuzeit.

Es wird mit dem wachsenden Leiden unter wachsenden zivilisatorischen Zwängen zusammenhängen, daß die einstige Hochbewertung der »Zivilisation« inzwischen in ihr Gegenteil umgeschlagen ist, daß gerade die (»von innen«) weniger kontrollierte Art, wie etwa mittelalterliche Menschen mit sich und der Welt umgingen, sehnsüchtige Bewunderung erregt. Die Unfähigkeit Duerrs, eine distanziertere Sicht auch nur einigermaßen adäquat nachzuvollziehen, verweist auf die Gefühlsmomente, die hier – nun mit umgekehrtem Vorzeichen – im Spiele sind. Sie werden in *Nacktheit und Scham*[8] umgeformt zu einer intellektuellen Einstellung, der alle Zeitalter (und Kulturen) gleich nah zu Gott sind. Der bloße Gedanke einer sozialen Entwicklung entspringt für Duerr *eo ipso* aus Lob- oder Schimpftendenzen. Aber, um bei einer einzigen Gesellschaft zu bleiben: Gibt es keine beobachtbare Entwicklung von Eltern- zu Kindergenerationen? Vom 19. zum 20. Jahrhundert? Mit welchem Recht könnte man diese Kette irgendwo nach rückwärts unterbrechen?

Und: Spricht nicht einiges für die Feststellung von Elias, daß der Habitus mittelalterlicher Erwachsener, verglichen mit dem heutigen in unseren Gesellschaften, dem Habitus unserer Kinder in vieler Hinsicht näher steht? Die Schwarz-Weiß-Zeichnung von

---

7 In der Reihenfolge der Wiedergabe: PZ 1, S. 80, LXXIV, 142 (verdichtet zitiert; Hervorhebungen M. S.). Vgl. ferner PZ 1, S. 79, 91, 181, 223 f., 243 u. ö.

8 Anders als in Duerrs älterem Buch *Traumzeit* (1978), wo die Parteinahme deutlicher hervortritt.

Gut und Böse (PZ I, S. 79), der kurze Weg zwischen einem aufflammenden Triebwunsch und seiner (versuchten) Erfüllung, die Angewiesenheit auf äußere Autoritäten, Götterfiguren, als Repräsentanten des Über-Ichs (vgl. Elias 1990, S. 90), aber auch die Gesellschaftsspiele von Menschen der damaligen Zeit – alles dies und vieles mehr läßt die Aussage, daß hier relativ »kindliche« Verhältnisse vorliegen, nicht unbegründet erscheinen. Entsprechend dauerte das (potentielle, keineswegs immer das tatsächliche) Erwachsenwerden vor 500-800 Jahren auch bei weitem nicht so lange wie heute (PZ II, S. 335 f.; etwas ausführlicher Elias 1989a, S. 349-352). »Kindlichkeit« mag unter bestimmten Aspekten ein irreführender Ausdruck sein: er läßt außer acht, daß die betreffenden Verhaltens- und Reaktionsweisen in einem, ja auch von biologischen Reifungsprozessen abhängigen, Erwachsenenhabitus verarbeitet und mit einer, ja auch von der Realität und spezifischen Traditionen abhängigen, Gesellschaftsstruktur verzahnt waren.[9] Aber das große Zusammenhangsmuster, auf das hin er gewählt wurde, das »soziogenetische Grundgesetz« (PZ I, S. 174), gibt ihm doch eine gewisse Berechtigung.

Die Zivilisationstheorie ist sicher nicht fix und fertig aus dem Haupt ihres Autors entsprungen. Man kann es etwa daran erkennen, daß die Figur des Komparativs im Prozeß-Buch noch kaum den Begriff der »Zivilisation« selbst erfaßt. Nur selten und eher spät ist von »zivilisierteren« (PZ II, S. 445) oder »weniger zivilisierten« (I, S. LXXX) Menschen die Rede;[10] sonst beherrscht der Positiv »zivilisiert«, meist in Anführungsstrichen, die Szene (z. B. II, S. 320, 335, 358, 379, 405). Dieser Sachverhalt fällt besonders im Vergleich zu jüngeren Elias-Texten auf, wo nur noch der Komparativ erscheint (so in der »Einleitung« des Prozeß-Buches von 1969: S. VIII, XX). Bisweilen mag es nützlich sein, das Werk *Über den Prozeß der Zivilisation* als direkten Niederschlag einer Theoriebildung *in progress* zu lesen (und damit das Prozeßdenken auch auf die Produktion von Elias anzuwenden). Die Beobachtung, wie

9 Siehe oben, Kap. II, S. 50-52. Es ist charakteristisch, daß Duerr diesen Versuch eines Weiterdenkens nur als Apologie eines Schülers wahrzunehmen vermag (NuS, S. 340, Anm. 4).

10 [Das auf »September 1936« datierte Vorwort, aus dem der letzte Beleg stammt, wird jedenfalls nach Abschluß des 1. Bandes von *Über den Prozeß* geschrieben worden sein. Es ist auch im »Vorabdruck 1937« des Bandes enthalten (vgl. unten, Kap. VI, S. 202, Anm. 20).]

der Zivilisationsbegriff – sichtbar am späten Auftauchen von Wendungen wie »Zivilisationsschub« oder »zivilisierter« – im Fortgang des Buches von seiner Beschränkung auf eine bestimmte Phase abgelöst und zu einem umfassenderen *terminus technicus* umgebildet wird, wäre ein erster Ertrag eines solchen Verfahrens.

Auf derselben Linie liegt ein zweiter Wandel, der sich im Zuge der Untersuchung durchsetzt: zunehmend scheint die Figur eines Mehr-Weniger zurückzutreten und der von verschiedenen *Organisationsmustern* der Trieb- und Affektkontrolle Raum zu geben (vgl. hierzu Bogner 1989, S. 42 f.). Diese Akzentverschiebung macht sich erstmals bemerkbar, wo Elias das Feld der Manieren, auch das der Geschlechterbeziehungen verläßt und Äußerungen der »Angriffslust« erörtert (PZ I, S. 277, dann S. 297): die Erweiterung des Blickfelds, das zunächst durch die Freudsche Analyse der Sexualität und ihrer Komponenten abgesteckt war, auf das ganze Ensemble spontaner Regungen führt zu einem höheren Syntheseniveau, zu einem Zuwachs an Komplexität. Am Anfang des letzten Teils, des »Entwurfs zu einer Theorie der Zivilisation«, wird die bleibende Formel vorgetragen, daß »die Regelung des gesamten Trieb- und Affektlebens durch eine beständige Selbstkontrolle immer allseitiger, gleichmäßiger und stabiler« wird (PZ II, S. 313; siehe auch S. 328). Hier betreffen die komparativ gefaßten Unterschiede offensichtlich nicht mehr die Quantität, sondern die Struktur der Selbstzucht. Die damit vollzogene Umstellung der Theoriebildung bot dann eine Handhabe, den Bezug auf die Entwicklungsabfolge einer einzigen Gesellschaft abzustreifen und dem Zivilisationsbegriff eine anthropologische Wendung zu geben.

»Der« Prozeß der Zivilisation oder viele Zivilisationsprozesse

»Es gibt keinen Nullpunkt von Zivilisationsprozessen«, heißt es in Elias' Buch *Über die Zeit* (1984a, S. 128 f.), »keinen Punkt, an dem Menschen unzivilisiert sind und gleichsam anfangen, zivilisiert zu werden. Jeder Mensch hat das Vermögen zum Selbstzwang. Keine Menschengruppe könnte über einen nennenswerten Zeitraum funktionieren, deren erwachsenen Mitgliedern es nicht gelingt, in die wilden und zunächst völlig ungezügelten kleinen

Lebewesen, als die Menschen geboren werden, Muster der Selbstregulierung ... einzubauen. Was sich im Lauf eines Zivilisationsprozesses verändert, sind die sozialen Muster individuellen Selbstzwangs und die Art und Weise, wie sie in die einzelne Person in der Form dessen eingebaut werden, was wir heute als ›Gewissen‹ oder vielleicht ›Vernunft‹ bezeichnen.« Und danach: »Auf den früheren Stufen eines Zivilisationsprozesses, so könnte man sagen, ist die Gewissensbildung im allgemeinen partikulär: extrem stark und streng in mancher Hinsicht oder bei manchen Gelegenheiten, extrem schwach und milde in anderer Hinsicht. Charakteristisch für das Selbstzwangmuster von Zivilisationsprozessen auf den späteren Stufen ist dagegen die Tendenz zu einer maßvollen und ebenmäßigen Disziplin in fast jeder Hinsicht, bei fast allen Gelegenheiten.«

Dies ist eine junge Äußerung von Elias über sein altes Problem. Sie ist im vorliegenden Zusammenhang von besonderer Bedeutung, weil sie sich implizit gegen einen ähnlichen Angriff richtet, wie ihn nun auch Duerr führt.[11] Hier wird ausgesprochen, daß Menschen nach der Eliasschen Theorie auf zivilisatorische Zwänge geradezu biologisch angewiesen sind, zum Ausgleich für die, im Verhältnis zu Tieren, fehlende oder nur in Resten vorhandene Instinktsteuerung. Zivilisation, der Einbau von Mechanismen der Selbststeuerung durch soziales Lernen, ist eine Überlebensnotwendigkeit der Gattung Homo sapiens und all ihrer Teilgruppen. Daraus folgt, daß die Zivilisationstheorie auf alle menschlichen Gesellschaften anzuwenden wäre.

Man stößt hier auf die, wie sie oben genannt wurde, räumliche Dimension der Ambivalenz des Eliasschen Zivilisationsbegriffs. Ausgehend von dem vorwissenschaftlichen Sprachgebrauch wird im Prozeß-Buch noch meistens von dem einen, europäischen Zivilisationsprozeß gesprochen, der zunächst in aristokratischen Oberschichten ablief, sich dann von ihnen auf tieferstehende Schichten der gleichen Gesellschaft und schließlich von den »abendländischen« Gesellschaften überhaupt, als einer Art

---

11 Ausgelöst wurde diese Kontroverse durch den niederländischen Kulturanthropologen A. Blok. Zusammenfassende Berichte bei Wilterdink (1984, S. 287-292) und Mennell (1989, S. 228-234). [Daß er bei der zitierten Stelle an die Blok-Debatte dachte, hat Elias mir gegenüber erwähnt.]

»Oberschicht« der Welt (PZ II, S. 341), auf andere Völkergruppen ausdehnte. »Dies, die beginnende Umformung orientalischer oder afrikanischer Menschen in der Richtung des abendländischen Verhaltensstandards, repräsentiert das bisher letzte Vorfluten der Zivilisationsbewegung, das wir sehen können« (S. 348). Und in späterem Zusammenhang: »Es ist nicht wenig bezeichnend für den Aufbau der abendländischen Gesellschaft, daß die Parole ihrer Kolonisationsbewegungen ›Zivilisation‹ heißt ... Man braucht nicht nur den Boden; man braucht auch die Menschen; man wünscht die Einbeziehung der anderen Völker in das arbeitsteilige Geflecht des eigenen [Landes] ...; das aber zwingt ... zu einer Züchtung von Selbstzwang- oder Über-Ich-Apparaturen bei den Unterlegenen nach dem Muster der abendländischen Menschen selbst; es erfordert wirklich eine Zivilisation der unterworfenen Völker« (PZ II, S. 427).

Alles dies wird von Elias nüchtern, als ein faktischer Vorgang vermerkt. Wieder läuft das Geschehen selbst den Wünschen heutiger Generationen (und zugleich dem schlechten Gewissen von Nachkommen der einstigen Kolonisatoren) so sehr entgegen, daß es offenbar schwerfällt, seine bloße Feststellung unverzerrt zu rezipieren. Man sieht es an dem Kommentar, den Duerr der oben wiedergegebenen Stelle über die »beginnende Umformung orientalischer und afrikanischer Menschen« beifügt (NuS, S. 10): »Nachdem sich das Abendland schließlich selbst zivilisiert hätte, sei es« – laut Elias – »darangegangen, auch den fremden Völkern die frohe Botschaft der Zivilisation zu verkünden«. Die Diskrepanz spricht für sich. Von dem missionarischen Eifer, den Duerr ihm unterschiebt, ist bei seinem selbstgewählten Gegner nichts zu spüren. In der Sache aber trifft Elias auch hier eine Realität: es werden Geschäfte gemacht mit dem Verkauf gebrauchter Kleidungsstücke von Europa nach Afrika – eben weil sich die dortigen Kleidungsgewohnheiten an die europäisch-amerikanischen anpassen, und das ist doch wohl ein Indiz für die Ausbreitung der zugehörigen Verhaltensstandards. Und die Einführung parlamentarischer Systeme in Ländern der Dritten Welt verweist, über die manifesten geopolitischen Absichten hinaus, auf den bemühten Export der mit solchen Systemen verbundenen Formen der Selbstkontrolle.[12] Die globale Vorherrschaft Europas (und Nord-

12 Ausführungen über die parlamentarische Regierungsform als Zeichen

amerikas) ist nicht eine imperialistische Ideologie, sondern eine Tatsache und zu einem Teil der akzeptierten Identität nicht-europäischer Völker geworden.

An anderem Ort und seltener tauchen in *Über den Prozeß* Vorstellungen auf, die das Verhältnis der »Zivilisation« verschiedener Gesellschaften nicht im Sinne der Ausbreitung *eines* dominanten Prozesses denken. Während der gelegentliche Hinweis auf antike – griechisch-römische und frühere – »Zivilisationen« (PZ I, S. 75) die europäische Entwicklungskontinuität noch nicht überschreitet, wird der Begriff später auch auf unabhängige nicht-europäische Entwicklungen, etwa in »Ostasien«, angewandt (II, S. 352 f.). Eine unverkennbare Erweiterung, die gleichwohl durch den Bezug auf das Ausgangsparadigma bestimmt und beschränkt bleibt: die Übertragungsmöglichkeit hängt an der Voraussetzung, daß jene anderen Zivilisationsprozesse demselben Muster wie der »abendländische« folgen, vor allem was die Rolle von Höfen und einer »Verhöflichung der Krieger« betrifft. Umgekehrt unterscheidet Elias Gesellschaften wie die indische oder abessinische, die den europäisch-mittelalterlichen Verhältnissen näherstehen, explizit von den »zivilisierten« (II, S. 358).

Eine sprachliche Spur des Rechnens mit einer Pluralität von unabhängigen Zivilisationsprozessen ist das allmähliche Vordringen des unbestimmten gegenüber dem bestimmten Artikel: Elias beginnt sein Werk nun weniger als Analyse »der«, mehr als Analyse »einer« Zivilisation zu begreifen (z. B. PZ II, S. 312 vs. S. 316) – d. h. als Ausarbeitung eines Modells, mit dessen Hilfe sich auch andere, ähnlich strukturierte Prozesse erklären lassen.[13] Der Titel des Buches, in dem »die« Zivilisation ganz unrelativiert prangt, blieb dadurch unberührt. Die Rede von mehreren und die von dem einen, »abendländischen« Zivilisationsprozeß laufen bis 1939 unvermittelt nebeneinander her.

Beiden gegenüber bedeutet die anthropologische Wendung des Zivilisationsbegriffs, den das oben angeführte Zitat aus *Über die Zeit* bezeugt, einen neuen Schritt. Die These selbst ist im Prozeß-Buch angelegt (PZ II, S. 380) und wird in dem frühen Aufsatz

eines weiter fortgeschrittenen Zivilisationsprozesses finden sich bei Elias (1989a, S. 378-386 mit Fn. 92).

13 Als methodologisches Prinzip ausdrücklich formuliert bei Elias (1985b, S. 276 f.).

»Die Gesellschaft der Individuen«, der das Buch fortsetzte (siehe unten, Kap. VII, S. 235 mit Anm. 10), klar genug formuliert: »Was dem Menschen«, heißt es da (1987b, S. 59), »an ererbter Festgelegtheit der Selbststeuerung beim Umgang mit anderen Wesen fehlt, das muß ihm eine gesellschaftliche Festlegung, eine soziogene Ausprägung der psychischen Funktionen ersetzen.« Aber der Begriff der Zivilisation war für Elias damals offenbar noch so sehr durch seine vorwissenschaftliche Herkunft geprägt, er haftete noch so fest an spezifischeren Gegebenheiten, daß er ihn noch nicht für den allgemein-menschlichen Sachverhalt benutzte.

Erst später ist Elias dazu übergegangen, »Zivilisation« terminologisch als Kennzeichen von Gesellschaft schlechthin zu fassen (und damit dem unbestimmten Artikel definitiv den Vorrang zu geben). Der Entwicklungsaspekt, der zuvor durch den Gegensatz »zivilisiert«-»unzivilisiert/primitiv« (in Anführungsstrichen) eher verdeckt wurde, wird nun durch eine Gradierung von »früheren« und »späteren« Stufen eines Zivilisationsprozesses deutlicher zum Ausdruck gebracht. Zum Signum dieser neuen Ebene der Begriffsbildung wird das pluralische Reden von Zivilisationsprozessen, das sich auch in den Arbeiten der Elias-Schüler auszubreiten scheint (z. B. Goudsblom 1984). Elias selbst trennt neuerdings einen »menschheitlichen Zivilisationsprozeß« von den »speziellen Zivilisationsprozessen, die von Stamm zu Stamm, von Nation zu Nation, kurzum von Überlebenseinheit zu Überlebenseinheit im Zusammenhang mit den Eigenheiten ihres sozialen Schicksals verschieden sind« (1986c, S. 384).

Der theoretische Gewinn dieser begrifflichen Neuerung, die Hervorhebung des Erfordernisses von Selbstzwangmechanismen für menschliches Zusammenleben überhaupt, ist evident. Andererseits aber verliert der Zivilisationsbegriff so den Zuschnitt auf die Perspektive eines einzigen, zunächst auf Europa konzentrierten und von da aus weitergreifenden Prozesses, der sich doch auch beobachten läßt (ganz zu schweigen davon, wie sich beide Vorstellungen mit der eines menschheitlichen Zivilisationsprozesses vereinbaren lassen). Zweifellos bringt die »abendländische« Form der Zivilisation einen Selektionsvorteil im Konkurrenzkampf der Völker mit sich. »Die Gewöhnung an eine Langsicht«, schreibt Elias in diesem Zusammenhang (PZ II, S. 346), »die strengere Regelung des Verhaltens und der Affekte ... bilden ..., zum Beispiel für die kolonisierenden Europäer, wichtige Instrumente ihrer

Überlegenheit über andere«. Ob beide Probleme, das des Sieges-zugs europäischer Muster der Selbstkontrolle und das der indivi-duellen Selbstkontrolle als einer Grundbedingung menschlicher Gesellschaft, mit Hilfe ein und desselben Sprachmittels zu bear-beiten sind, muß die Forschungspraxis erweisen.

Im übrigen trägt natürlich eine terminologische Verschiebung nichts zur Lösung der eigentlichen Aufgabe bei, die Merkmale stufenspezifischer Muster der Selbststeuerung (ob im Rahmen ei-nes besonderen oder eines menschheitlichen Zivilisationsprozes-ses) aufzuzeigen. Früher war es gerade die »verinnerlichte«, sta-bile, die »maßvolle und ebenmäßige Disziplin in fast jeder Hin-sicht, bei fast allen Gelegenheiten«, für die der Zivilisationsbegriff reserviert blieb. Nun fällt »Zivilisation« gleichsam mit Selbst-zwang zusammen.[14] Wenn man den Vorzug dieser Begriffsbil-dung, also auch die Schärfung des Bewußtseins für den Phasen-charakter dessen, was ursprünglich »Zivilisation« hieß, höher schätzt als ihre Nachteile, muß man die Unterschiede zwischen den bisher überlegenen späteuropäischen Formen der Verhaltens-kontrolle und anderen Formen mit neuen gedanklichen Werkzeu-gen fassen. Der Begriff verschiedener »Zivilisationsmuster« wäre ein Beispiel (Elias gebraucht ihn etwa 1986c, S. 384). Das Problem bleibt sich gleich, so oder so. Aber vielleicht hilft ein Abstecken des terminologischen Feldes, gewisse Reibungsverluste durch un-nötige Kontroversen zu verringern.

Wandlungen des Schamverhaltens in europäischen Gesellschaften

Elias behandelt in seinem Werk mehrere Verhaltensbereiche, in denen sich zivilisatorische Veränderungen etwa vom 13./15. zum 16./18. Jahrhundert erkennen lassen. Einer von ihnen ist die Sphäre von Nacktheit und Scham (im Sinne der Scheu vor körper-licher Entblößung). Auch hier konstatiert er eine Zunahme der gesellschaftlich geforderten Zurückhaltung. Gegen seine relatio-

14 [Aus persönlichen Diskussionen zur Zeit der Entstehung des Prozeß-Buches heraus schreibt schon Foulkes (1939-41, S. 317), Elias habe einen »allgemeinen Begriff der Zivilisation«, der »dem Begriff etwa der Domestikation« nahekomme.]

nale Aussage, fehlgedeutet als Sprung von einem Nullpunkt aus, bietet Duerr ein breites Material aus den verschiedensten Zeitaltern und Kulturen auf, um zu demonstrieren, daß »vieles für die Wahrheit des biblischen Mythos spricht, nach dem die Scham vor der Entblößung des Genitalbereiches keine historische Zufälligkeit ist, sondern zum *Wesen* des Menschen gehört« (NuS, S. 335). Diese These, mit ihren behaupteten Implikationen für die Zivilisationstheorie, soll nun ins Auge gefaßt werden.

Ihre anthropologische Pointe muß dabei außer acht bleiben. Nur soviel sei notiert, daß Scham jedenfalls keine angeborene menschliche Reaktion ist, sondern von jedem Kind neu gelernt werden muß. Schon ein kurzer Blick auf die Kinderentwicklung zeigt, daß man als ererbte Mitgift lediglich ein *Potential* zu Schamreaktionen ausmachen kann, das durch soziale Einflüsse aktiviert werden muß und so seine unterschiedliche Ausgestaltung erfährt. Erst in der Dimension eines Zusammenspiels von biologischen Gegebenheiten und ihrer je spezifischen gesellschaftlichen Formung wird das Problem spannend und das Nachdenken darüber fruchtbar und realitätsgerecht. Duerr verschiebt die Diskussion ganz ohne Not auf das sterile Feld einer *nature-nurture*-Debatte, wie man sie etwa aus der Psychiatriegeschichte kennt.

Im übrigen ist es prinzipiell unbefriedigend, daß sich Duerr mit der These von einem Wesenszug des Menschen bescheidet, ohne die sofort auftauchende Frage, was dann die Funktion der Scham für Gesellschaft überhaupt sei, auch nur aufzuwerfen. Hier macht sich eine durchgehend beobachtbare Schwäche seines theoretischen Impetus besonders empfindlich bemerkbar.

Die Argumentation der nächsten Abschnitte wird Duerr nicht überallhin folgen, wo er sein Material aufspürt, sondern sich auf Mittelalter und frühe Neuzeit in europäischen (besonders deutschsprachigen) Gesellschaften beschränken. Eine solche Konzentration ist nicht nur durch Grenzen des Sachwissens erzwungen. Sie entspringt zugleich der Einsicht, daß Erkenntnisinteresse und Forschungsdesign unabtrennbar zusammenhängen. Wer etwas über Entwicklungen herausfinden möchte, wird gut daran tun, sein Augenmerk zunächst einmal auf Material zu richten, das auch real in einer Entwicklungskontinuität steht. Umgekehrt hat man, je mehr man seine Streifzüge auf die Zeiten und Räume der Menschheit ausdehnt, eine desto geringere Chance, zu einer anderen als einer statischen Theoriebildung zu gelangen, die Gemeinsamkeiten in dem sozial so heterogenen Stoff hervorhebt.

Es gibt heute wohl keinen Wissenschaftler mehr, der im Ernst erwartet, daß sich verschiedene, mehr oder weniger entwickelte Gesellschaften auf ein lineares Entwicklungsschema abbilden ließen; und ein Raster, das sie dieser oder jener Stufe von wiederkehrenden Sequenzen zuordnen könnte, liegt bisher allenfalls in Ansätzen vor. Elias hat sich erst seines prozeß-soziologischen Instrumentariums an einer bestimmten, in Schriftquellen dokumentierten Entwicklung vergewissert, bevor er begann, aufbauend auf Forschungen etwa von Levy-Bruhl, an einem solchen Raster zu arbeiten (z. B. 1983, S. 86-120 mit Anm. 2, S. 180 f.; auch 1984a). Aber obwohl er nicht müde wird, den Aspekt eines permanenten, gerichteten Wandels zu unterstreichen, fällt doch auf, daß er ihn immer wieder durch *eine* hochgeneralisierte »frühere Stufe« verdeutlicht, für die ihm antike, europäisch-mittelalterliche, indianische oder afrikanische Gesellschaften gleichermaßen als Beleg dienen können. Die anschließenden Aufgaben, *verschiedene* Frühstufen in ihrer Abfolge verständlich zu machen und einerseits das Typische, anderseits das Eigentümliche an spezifischen Zivilisationskurven relativ wenig entwickelter (aber auch entwickelterer nicht-europäischer) Gesellschaften herauszustellen, sind noch kaum in Angriff genommen worden.[15] Die Besonderheiten der Materiallage, vor allem in schriftlosen Kulturen, spielen dabei gewiß eine Rolle. Ein weites Feld für künftige Forschungen, das freilich eine systematisch vergleichende Herangehensweise erfordert.

Poggio im Bade

Wie nun verhält es sich mit »Nacktheit und Scham«?
Was die europäische (deutsche) Entwicklung betrifft, ist zunächst festzuhalten, daß die Entblößung des Genitalbereichs auch im Mittelalter einer sozialen (und individuellen) Kontrolle unterlag. Schon die Wortgeschichte läßt keinen Zweifel zu: die Verwendung des Wortes »Scham« im Sinne von Sexualorgan ist ebenso früh

---

15 Selbst die Untersuchung der jeweiligen Eigenart nationaler Zivilisationsprozesse in Europa steckt noch sehr in den Anfängen. Einiges dazu in bezug auf Deutschland bei Elias (1989a); in bezug auf England bei Elias/Dunning (1986, S. 26-40).

belegt (11./12. Jahrhundert) wie die im Sinne von »Bewußtsein, gegen die Gesetze des Wohlanstandes zu verstoßen« (Dt. Wörterbuch, 8. Bd., Sp. 2107, 2110).[16] Der Affekt und der Körperteil, dem er mit besonderer Betonung gilt, tragen dieselbe Bezeichnung. Von etymologischen Nachschlagewerken erhält man keine sichere Auskunft, welcher Bezug dabei der primäre war.

Die Beobachtung, daß Nacktheit in allen zugänglichen Phasen unserer Gesellschaft von einer spezifischen Angst umwoben war, schließt jedoch Verschiedenheiten in Grad und Ausprägung dieser Angst nicht aus. Duerr selbst bringt zahlreiche Beispiele, die solche Differenzen bezeugen, auch wenn er sie fast nur im Blick auf eine anthropologische Konstante von Entblößungsscham auswertet. Ein Leser, der seine Präokkupation nicht teilt, wird durch sein Material zu anderen Fragen angeregt. So etwa im Fall der Badesitten.

Die wohl berühmteste (und reichste) Quelle, die uns über das Leben in spätmittelalterlichen Heilbädern informiert, ist ein Bericht des italienischen Humanisten Poggio Bracciolini, der 1416 das schweizerische Baden besuchte.[17] Poggio erzählt, daß es öffentliche Bäder für das »gemeine Volk« und private für die besseren Leute gibt. Hier wie dort sind Männer und Frauen getrennt, durch »eine Art Zaun (*quidam interrarus*) wie zwischen friedlichen Nachbarn« bzw. durch ein von Fenstern durchbrochenes »Bretterwerk (*tabulatum*)«; die Schranken verhindern nicht, daß die Angehörigen der beiden Geschlechter einander sehen und sogar berühren können. In den Separées der Reicheren sitzen weibliche und männliche Verwandte oder Freunde auch gemischt zusammen. Vielfach ist bei ihnen der Eingang für Männer und Frauen der gleiche, »so daß es sehr häufig vorkommt, daß ein Mann einer halbnackten Frau und eine Frau einem nackten Mann begegnet«. Das Volk in den öffentlichen Bädern ist allem Anschein nach unbekleidet; jedenfalls beschreibt Poggio, wie dort »verblühte ältere Frauen und auch junge Mädchen nackt vor den Augen der Männer ins Wasser steigen, wobei sie den Männern ihre

16 In althochdeutschen Texten taucht »Scham« nur in der Affekt-Bedeutung auf.

17 Die in diesem Absatz gebotenen Zitate und Angaben nach Poggio (ed. Harth, S. 130-132, 134). – Die Übertragung bei Schultz (1892, Bd. 1, S. 238-242) ist in hier einschlägigen Details unvollständig oder aus Prüderie entstellt.

Schamteile und Hinterbacken zeigen«. Die vornehmeren Männer und Frauen dagegen tragen eine »Schambinde (*campestre*)« bzw. ein an den Seiten des Oberkörpers offenes »Leinenhemd (*linteum*)«. In den Privatbädern der Reichen ist es ein häufiges Vergnügen, daß männliche Zuschauer von einer Galerie herab Münzen in das Becken werfen, die von den Frauen nicht nur mit den Händen, sondern auch »mit ausgebreiteten Hemden« aufgefangen werden, wobei sie bisweilen »verborgenere Körperteile entblößen«. Der Besucher aus dem Ausland betrachtet dieses Treiben mit einer merklichen Befangenheit, die sich teils in Gelächter, vor allem aber in idealisierenden Kommentaren (mit Rückgriffen auf antike Lesefrüchte) äußert: »Der Name des Eifersüchtigen, der auf fast all unseren Ehemännern lastet, hat bei ihnen keinen Platz; das Wort selbst ist unbekannt«. Man wird diesen Deutungen mit Skepsis begegnen, zumal Poggio der deutschen Sprache unkundig war. Wo er aber als Augenzeuge spricht, tut er das mit einer Genauigkeit, die großes Vertrauen in seine Zuverlässigkeit einflößt.[18]

Schon ein solcher Blick auf eine einzelne, wenn auch besonders ergiebige Quelle verweist auf eine Fülle von Differenzen des Schamverhaltens, die viel mehr zum Nachdenken anreizen mögen als die unbestreitbare Tatsache, daß ein Kern von Scham nirgendwo fehlt:

- Verschieden ist der Standard der Scham bei den deutschen Badenden und dem italienischen Beobachter.
- Verschieden ist der Grad der Scham bei Frauen und Männern (»halbnackt« vs. »nackt«).
- Verschieden ist die Strenge der Geschlechtertrennung, je nach der Präsenz und Geschlossenheit einer überwachenden Wir-Gruppe (Verwandte und Freunde).
- Verschieden ist der Schamstandard bei ranghöheren und -niedrigeren Gruppen – ein Faktum, das mit der These von Elias übereinstimmt, daß das Verhalten von Unterschichten normalerweise »weniger genau reguliert« ist als das von Oberschichten (PZ II, S. 342). In diesem Fall wird ein wesentlicher Grund der Abstufung darin bestehen, daß die Bedeutung einer Kon-

---

18 So urteilt auch Voigt (1973, S. 60). Duerr (NuS, S. 59 f.) macht sich die Abwertung dieser Quelle, die seine These zu falsifizieren droht, zu leicht.

trolle des Sexualverhaltens (die zur Sicherung der Legitimität/Erbberechtigung des Nachwuchses diente) in mittelalterlichen Gesellschaften je nach Besitz erheblich variierte.

– Verschieden ist der *Grad* der Scham in diesem gegenüber späteren Jahrhunderten. Man sieht es etwa an der Badekleidung: Gewiß, auch Frauen des 15. Jahrhunderts trugen (in den entsprechenden Gruppen) ein Hemd (und Männer eine Art Hose). Aber das Frauenhemd war aus einem fließenden Stoff, der sich dem Körper anschmiegte (vgl. NuS, S. 46: ein Gemälde von 1532), während es etwa in einer Vorschrift des 18. Jahrhunderts heißt: »Weißes zartes Tuch schickt sich nicht dazu [sc. zur Badekleidung], weil es sehr an dem Leib klebt, und dadurch dessen ganze Beschaffenheit zeigt; sondern man nimmt ungebleichtes oder gar hanfenes Tuch dazu« (zit. NuS, S. 111). Alles dies scheint die Annahme von einem Weniger an Scham im 15. und einem Mehr im 18./19. Jahrhundert in der Hauptsache zu bestätigen.

– Verschieden ist schließlich das *Muster* der Scham in früheren und späteren Gesellschaften. Wenn in Bädern des Spätmittelalters nackte Männer und Frauen durch einen blickdurchlässigen Zaun, in solchen des 19. Jahrhunderts bekleidete Männer und Frauen durch eine Bretterwand voneinander geschieden werden, so ist im ersten Fall wohl die handgreifliche Annäherung verpönt, im zweiten bereits das Ansehen. Die Sexualisierung des reinen Blicks aber entspricht einem höheren Niveau der Triebkontrolle, dem Aufbau einer Hemmschranke zwischen Schauen und Greifimpuls: »Die Kinder lieben es«, heißt es in einem französischen Benimmbuch des 18. Jahrhunderts, »an die Kleider und nach allem, was ihnen gefällt, mit ihren Händen zu greifen. Es ist nötig, diese Gier zu korrigieren und sie zu lehren, *das, was sie sehen, lediglich mit dem Auge zu berühren*« (zit. PZ 1, S. 280; siehe auch oben, Kap. II). Ein Teil der abgelenkten Energie fließt so in den Modus des Sehens.[19]

Es ist Duerrs Verdienst, daß er, geleitet von seinem anthropologischen Blick, mit Nachdruck auf das Vorhandensein erheblicher Schamschwellen

19 Die Beispiele für Voyeurismus aus Quellen des 15. und 16. Jahrhunderts, die Duerr beibringt (NuS, S. 41 f.), scheinen auf höher- und gleichgestellte Frauen zu zielen. Die Dynamik der Geschlechterbeziehung wird hier noch durch eine der Rangbeziehung überlagert.

in mittelalterlich-europäischen (wie in weniger entwickelten außereuropäischen) Gesellschaften aufmerksam macht. Damit arbeitet er einem Sog zur Vereinfachung entgegen, der besonders in der Elias-Rezeption zur Wirkung kommt. Und nicht nur dort: Man muß sich von ihm belehren lassen, daß auch Elias bisweilen allzusehr an unbefangene Entblößung bei mittelalterlichen Menschen denkt (so PZ 1, S. 184, 192, 224, 227).[20] Dessen dominante Vorstellung eines anfangslosen Prozesses ist stark genug, solche Berichtigungen im Detail aufzufangen.

Duerr hingegen scheint in bezug auf alteuropäische Verhältnisse umgekehrt zu übertreiben. Zwei weitere Beispiele, zum nicht-öffentlichen Baden: In einer grobsinnlichen Reimerzählung (»Von dem Preller«, in: Keller 1855, S. 409-411), die auf ca. 1400 datiert wird und in landadligen Kreisen spielen dürfte, wird ein nacktes Zusammentreffen der Geschlechter, wohl in einem Hausbad, vorausgesetzt. Nacktheit bedeutet in dieser Geschichte, daß ein männlicher Gast die Tochter des Hauses an den Stellen betrachten kann, »da man die Frauen heißet Weib« (S. 409/30), und daß die Frau von der sichtbaren Erektion des Mannes erschreckt wird (S. 410/2-6). Ähnlich erzählt eine »lächerliche« Anekdote vom Anfang des 16. Jahrhunderts, wie zwei Hofadlige im »Kasten« einer Herberge baden und sich, völlig nackt und bloß, vor den Augen kichernder Frauen daraus aufrichten – herrische Geste gegenüber der Familie eines Augsburger »Doktors«, für die das Bad eigentlich angerichtet gewesen war (Zimm. Chronik, Bd. 2, S. 135). Die Schamhaftigkeit beim privaten Bad, für die Duerr Belege aus dem Mittelalter anführt (NuS, S. 24-26), war zumindest nicht so universell, wie er unterstellt.

Quellenbefunde und ihre Verarbeitung

Man kann, wie sich an der Erörterung des Poggio-Briefes exemplarisch zeigt, eine enorme Bandbreite des Schamverhaltens sowohl in verschiedenen Gruppen und Entwicklungsphasen derselben Gesellschaft als auch in verschiedenen Gesellschaften beobachten. Jeder Forscher ist frei, in dieser Fülle der Variationen entweder das Gleiche oder Differenzen hervorzuheben. Es gibt Gründe, die zweite Betrachtungsweise für die schwierigere und,

20 Elias arbeitet unverkennbar gerade in den Passagen zur Nacktheit stärker als sonst aus zweiter Hand; vor allem was die Bade- (und Nacht-) bekleidung betrifft, übernimmt er vereinzelt überzogene Angaben seiner Literatur (vor allem PZ 1, S. 224; der Gewährsmann Rudeck hat kaum Belege). Für zusätzliche Quellenbeobachtungen, die seine Sicht eher bekräftigen, siehe unten, S. 96 f.

etwa im Blick auf heutige Praxis, relevantere zu halten. Aber hier mögen Wertungsfragen ins Spiel kommen, die sich wissenschaftsimmanent nicht leicht entscheiden lassen. Diesseits aller Wertungen steht jedoch fest: Die Aussage, daß ein Apfel rot ist, vermag die andere, daß er süß schmeckt, nicht zu entkräften.

Wer Veränderungen und Unterschiede prinzipiell aus seinem Denken ausklammert, wie Duerr es tut,[21] und bei der Materialerhebung so verfährt, daß ein anderes Ergebnis als das einer etwaigen Rest- oder Basisgemeinsamkeit von Menschen aller Zeiten und Räume gar nicht herausspringen kann, verfehlt von vornherein das Gespräch mit einem Forscher wie Elias, der erklärtermaßen seine ganze Anstrengung darauf richtet, Strukturen des Wandels wie gleichzeitiger Unterschiede herauszuarbeiten. Duerrs Angriff gegen die Zivilisationstheorie stößt ins Leere. Er setzt sich das Ziel, eine irrige Theorie durch die Konfrontation mit Zeugnissen der Realität zu erledigen, aber sein Anspruch bleibt unerfüllt. Nicht so sehr, weil seine Paradebelege für den nachlässigen Umgang von Elias mit Quellen unzutreffend sind (siehe unten); auch nicht, weil sich eine große Theorie, als eine Leistung der gedanklichen Synthese *sui generis*, durch den Rückbezug auf Einzelfakten nicht so einfach umstürzen läßt (Greiner 1988); sondern, weil er sich der Fragestellung seines erkorenen Gesprächspartners verweigert.

Dies ist der befremdlichste Aspekt an dem Buch von Duerr: daß er seine Ausführungen als Kritik an einem Autor anlegt, auf den er sich gar nicht einläßt. Greiner (1988) hat dafür die schöne Metapher von zwei Schachspielern gefunden, »die verschiedene Partien an verschiedenen Brettern spielen«. Und doch braucht Duerr offenbar das Gegenüber. Warum?[22] Es scheint, als ob seine eigentliche Fähigkeit und Neigung dem Sammeln von Fakten gelte und als ob er sich den ordnenden Rahmen dadurch zu ver-

21 So in seinem Zeitungsartikel (1988b): »Jawohl! Selbst meine Oma in Mannheim lebt anders als ich. Aber ich interessiere mich nun mal für das, worin die verschiedenen Lebensformen sich – trotz aller Unterschiede – gleich sind.« Diese zugespitzte Erklärung stimmt mit dem Duktus der Duerrschen Untersuchung besser überein als die dort gelegentlich eingestreute salvatorische Anerkennung »geschichtlicher« (also wohl unstrukturierter) Veränderungen der Schamreaktion (z. B. NuS, S. 341, Anm. 19).
22 [Auf einer mehr psychologischen Ebene bin ich dieser Frage anhand eines ähnlich gelagerten Falles nachgegangen: Schröter 1992, S. 71-76.]

schaffen suche, daß er sich – und sei's in der Negation – an einen genuin theoretischen Denker anlehnt. Daß Duerr Schwierigkeiten mit dem Wechselbezug von Theorie und Empirie hat, zeigt jedenfalls der ganze Aufbau seines Buches. Eine äußerst knappe Theorie ist dort einem Materialteil vorangestellt, der durch eine bisweilen chaotische Fülle besticht, in der Hauptsache aber nur deskriptiv-reihend verfährt.[23] Die Theorie strukturiert weder die Darbietung der Quellenbefunde, noch wird sie durch die letzteren erkennbar befruchtet.

Befremdlich ist aber nicht nur die große Anlage der Elias-Kritik in *Nacktheit und Scham*, sondern auch der niedrige Standard des Handwerks, der darin zum Ausdruck kommt.

Wenn man der Duerrschen Emphase des Quellenkenners, der mit seiner harten Empirie einer angeblich windigen Theorie den Weg verstellen möchte, eher wohlwollend begegnet, sieht man sich genötigt, wenigstens an einigen Beispielen auf seine Detailargumente einzugehen und deren Tragfähigkeit zu prüfen. Das soll hier zunächst in drei exponierten Fällen geschehen.[24] Duerr betont bei der Werbung für sein Buch immer wieder (z. B. 1988b), daß Elias 1. eine Quellenmitteilung, wie sich Männer und Frauen halbentblößt von der Wohnung zum Bad begeben, ins falsche Jahrhundert plaziere; 2. Abbildungen von Badebordellen als die einer normalen Badestube mißdeute; und 3. mittelalterliche Zeichnungen, »die nach dem damals weithin üblichen ›Simultanprinzip‹ aufgebaut sind«, wie Photographien betrachte. Wie steht es um Recht oder Unrecht dieser Vorwürfe?[25]

ad 1. Dies, die Verlegung eines Textes vom Anfang des 17. in die Zeit vor dem 16. Jahrhundert (NuS, S. 62 f.; PZ 1, S. 223 f.), ist das *einzige* eindeutige Versehen von Elias, das Duerr gefunden hat. Man wird daraus nur folgern können, was ohnehin niemand leugnet: daß der europäische Zivilisationsprozeß nicht monolithisch ist.

ad 2. Duerrs Hinweis, daß bestimmte Bildquellen aus der zweiten Hälfte des 15. Jahrhunderts (siehe NuS, S. 48 f.), die in älteren Kulturgeschichten gern für mittelalterliche Badesitten verwertet werden, in Wirklichkeit Szenen aus Badebordellen wiedergeben, überzeugt. Daß seine Beobachtung

---

23 Die assoziative Versammlung von unverarbeitetem und heterogenem Material wird besonders deutlich in Kap. 11 des Duerrschen Buches (NuS, S. 177-196). Zu Recht bemerkt Maurer (1989, S. 235): »Duerrs Wirkung ist also ... nicht strukturierend, sondern auflösend« – ein »Rückschritt«.

24 An z. T. denselben Beispielen tut dies, mit ähnlichen Ergebnissen, auch Jerouschek (1990).

25 Ein vierter, betreffend die »niedrige und verachtete« Stellung von Huren in mittelalterlichen Städten, beruht auf einer schlichten Mißachtung des Eliasschen Kontextes (vgl. NuS, S. 300 f. mit PZ 1, S. 242).

etwas gegen die Zivilisationstheorie ausrichtet, ist zweifelhaft, denn solche Bordelle, ihre Gebräuche und analoge unlüsterne Abschilderungen im Bild verschwinden bald. Davon abgesehen ist seine Argumentation gegenüber Elias unsauber. Ihm zufolge »bezieht« sich Elias auf jene (zwei) burgundischen Miniaturen und leitet aus ihnen den Schluß ab, »daß die Menschen des Mittelalters sich nicht schämten, in größerer Anzahl nackt zu baden, und zwar oft genug beide Geschlechter zusammen« (S. 47). Elias aber »bezieht« sich – in einer Anmerkung (PZ 1, S. 324 f., Anm. 80) – auf den Kulturhistoriker Alwin Schultz (1892, Bd. 1, S. 68 f.), an dessen Umgang mit den beiden Bildern er die »Ratlosigkeit« eines Forschers gegenüber anderen Verhaltensstandards als seinen eigenen demonstriert. Die Schultzsche Fehldeutung der Miniaturen als normale Badeszenen wird von ihm nicht erkannt. Aber für seine Note ist die Sachfrage ohne Belang; sie wird dort auch explizit offengelassen.

ad 3. Hier geht es um eine Zeichnung des sogenannten Hausbuchmeisters (um 1480; siehe NuS, S. 35),[26] auf der zu sehen ist, wie eine Frau zu einem Mann in den Badezuber steigt; dieser greift »begierig« nach der Nackten. Ringsum werden noch andere Szenen vorgeführt. Elias beschränkt sich bei seiner Analyse auf die einfachste Bildbeschreibung: er schildert, was der Betrachter »vorne«, »dahinter«, »auf der gegenüberliegenden Seite«, »im Vordergrund« und »im Hintergrund« erblickt. Sein Gedankengang läuft auf die Aussage hinaus: »Auch die erotische Beziehung zwischen Mann und Frau ist in der Darstellung hier, wie man sieht, sehr viel unverdeckter als in der späteren Phase, wo man sie im gesellschaftlichen Verkehr der Menschen, wie in den Bildern, zwar für jeden verständlich, aber doch allenfalls halbverdeckt durchscheinen läßt« (PZ 1, S. 294 f.). Vergleichspunkt dabei sind etwa Aktdarstellungen – Nacktheit »als Kostüm der Griechen und Römer« – oder »Privatzeichnungen« von schwüler Obszönität. Diese Pointe, als soziologisch-psychologische Interpretation einer kunstgeschichtlichen Entwicklungslinie, ist wohl schwer zu bestreiten und durch ähnliche Beobachtungen an ganz anderem Material zu erhärten (vgl. Schröter 1985a, S. 184-192). Duerr dagegen erweckt den Eindruck, als ob Elias das *Nebeneinander* der abgebildeten Szenen als Indiz für die *Öffentlichkeit* der Badeszene nehme. »›Wie man sieht‹«, so sein Referat, »steigt vor aller Augen das nackerte Weibsbild zu seinem Schatz in den Zuber« (NuS, S. 37). Von einer solchen These (»vor aller Augen«) findet sich bei Elias keine Spur.

So schädigt Duerr nur sich selbst, wenn er aufgrund seiner sorglosen Lektüre erklärt, Elias habe »naiv« verkannt, daß eine mittelalterliche Miniatur

---

26 Dieselbe Handschrift bringt eine weitere Badeszene, die Elias ebenfalls diskutiert (PZ 1, S. 295). [Duerr trägt die Begründung, warum er auch in diesem Bild ein Badebordell erkennt (NuS, S. 353), im 2. Band seines Anti-Elias nach: 1990, S. 276-289.]

keine Photographie ist – vielmehr habe der Hausbuchmeister idealisierend die Eigenschaften von Menschen darstellen wollen, die im Zeichen der Venus geboren sind; und überhaupt sei der Raum in dieser Zeichnung kein geometrischer, sondern ein »Bedeutungsraum«. Den ersten Punkt aber nennt Elias selber, der zweite spielt für ihn keine Rolle, da er überhaupt nicht auf die räumliche Simultaneität abhebt.

Dennoch läßt das neue Material, das Duerr zuammenträgt, den Zivilisationstheoretiker nicht unberührt. Forscher, die bei der empirischen Arbeit auf theoretische Hypothesen abzielen und *pari passu* deren Anleitung folgen, laufen unwillkürlich Gefahr, daß sie ihren Blick auf die mehr oder weniger exklusive Wahrnehmung von Daten einstellen, die ihre Hypothesen bestätigen. Daher ist es für den Umgang mit historischen Quellen, die ja anders als Menschen nicht widersprechen können, eine nützliche Regel, mit bewußter Aufmerksamkeit gerade nach *widersprechenden* Einzelbelegen auszuschauen und sich durch sie zur Korrektur oder Ergänzung der eigenen Synthese zwingen zu lassen. Wer diese Regel anerkennt, vermißt bei Duerr allzuoft eine Diskussion der Quellenstücke, die Elias doch anführt. Umgekehrt werfen viele seiner Belege die Frage auf, wie sie sich mit den anderen von Elias in einen umfassenderen Rahmen fügen könnten. Einige Beispiele für ein solches fortgesetztes Hin und Her zwischen Beobachtungen und Verknüpfungsmodellen wurden oben anhand der Badesitten gegeben. Zwei weitere Überlegungen ähnlicher Art mögen das, was damit erreichbar ist, noch verdeutlichen.

1. Es gibt in *Über den Prozeß der Zivilisation* ein Kapitel, das die Entwicklungslinie einer allmählichen Zurückdrängung des Defäzierens und Urinierens hinter die Kulissen der Öffentlichkeit umreißt und sie in Parallele zu dem ontogenetischen Zivilisationsprozeß setzt, den Kinder unserer Kulturen zu durchlaufen haben (PZ 1, S. 174-194). Die These, soweit sie nicht nur auf ein unbefangeneres *Sprechen* über die betreffenden Körpervorgänge abhebt, stützt sich vor allem auf zwei Hofordnungen des 16. Jahrhunderts, die für Entleerungen den Gebrauch der »gebührlichen, verordneten Orte« vorschreiben – im Gegensatz zu der Gewohnheit von »Bauern« (S. 177).[27] Duerr hält dem eine Reihe von Quellen-

27 Defäzieren eines Mannes in ländlicher Szenerie vor den Augen eines anderen wird in einer Abbildung von 1489 gezeigt; wiedergegeben bei Wolter (1988, S. 55).

zitaten entgegen, aus denen hervorgeht, daß schon im England des 14. Jahrhunderts die öffentliche Verrichtung der Notdurft anstößig war und daß es im Mittelalter spezialisierte Aborte gab, deren Namen wie »Privete« oder »heimliches Gemach« auf ihren Platz »hinter den Kulissen« verweisen (NuS, S. 211 f.). Wenn man seine Befunde mit denen von Elias in ein Gesamtbild zu integrieren versucht, scheint sich ein Muster abzuzeichnen: das Material von Elias bezieht sich dominant auf die Welt des Hofes, das von Duerr auf Städte. Es wäre immerhin eine naheliegende und prüfenswerte Hypothese, daß der Zivilisationsprozeß in den beiden Bereichen, bedingt nicht zuletzt durch die unterschiedliche Enge des Zusammenlebens von mehr oder weniger Menschen, verschieden verlief. Eine Untersuchung auf dieser Bahn würde die Zivilisationstheorie vielleicht differenzieren, gewiß nicht aus den Angeln heben.

So evident im übrigen jene Namen eine Norm der Nicht-Öffentlichkeit bezeugen, sie sagen noch nichts darüber aus, wie dicht die Kulisse im einzelnen vorgezogen war: Auch das eheliche Schlafzimmer war nach mittelalterlicher Terminologie ein Ort der »Heimlichkeit«, und doch wird in Epen der Zeit über die Vorgänge dort unverhüllter geredet, als es im 16. Jahrhundert, vor allem in städtischen Gruppen, möglich oder üblich war, und dem entsprach in der sozialen Wirklichkeit die selbstverständliche Anteilnahme eines größeren Menschenkreises an ihnen (siehe unten, Kap. IV; Schröter 1985a, S. 125-142 mit Anm. 81). Analoges gilt hinsichtlich der Notdurft. Durchaus nicht alle Stadthäuser verfügten über eine eigene »Privete«; oft genug teilten sich, wie wir aus gerichtsnotorischen Streitigkeiten wissen, Nachbarn dasselbe Häuschen (Ebel 1954, S. 53 f.).[28] Die »Heimlichkeit« bezog sich ferner, zumindest für das Urinieren, nicht unbedingt auf einen speziellen, abgesonderten Lokus, sondern konnte (an Höfen, vor dem Disziplinierungsschub des 16. Jahrhunderts) lediglich die Abwesenheit von Zuschauern meinen.[29] Noch um 1780 gingen in

28 In der von Ebel ausgewerteten Urteilssammlung finden sich noch mehrere einschlägige Fälle.
29 So in einer Geschichte, die sich um 1500 ereignete (Zimm. Chronik, Bd. 2, S. 483 f.): Ein Adliger wird bei einem Gelage des Konstanzer Bischofs von heftigem Harndrang befallen und läßt sich von einem seiner Diener »in locum secretum« führen, »damit er von niemand gesehen«. Er sucht einen solchen Ort in der »Pfalz« selbst, in den engen Gassen der Stadt, auf einem Klosterhof und findet ihn schließ-

Hamburg Frauen oder Männer mit einem Eimer durch die Straßen, in den sich Passanten, durch den Mantel dieser wandelnden Aborte geschützt, gegen Geld entleeren konnten (Sachse, S. 80). Sicher eine Kulisse – aber die eines Mantels am Körper eines anderen Menschen. Wieder wird man den Gegebenheiten schwerlich gerecht ohne die Annahme eines Gefälles sowohl zwischen verschiedenen Entwicklungsphasen als auch zwischen verschiedenen Gesellschaftsgruppen.

2. Das andere Beispiel betrifft die Frage, ob die Menschen im Mittelalter nackt schliefen. Mehrere Textseiten des Duerrschen Buches und zahlreiche Abbildungen (NuS, S. 177-181, 407-414) sind dem Nachweis gewidmet, daß man im Mittelalter eine Nachtbekleidung kannte – was Elias auch gar nicht verneint (PZ 1, S. 222 f.); dieser spricht vor allem davon, daß es noch keine »spezialisierte« Nachtbekleidung gab, und das ist zweifellos richtig: Hemd und »bruoche«, die in Duerrs Material vorkommen, sind die normale Unterkleidung des Tages. Strittig kann somit eigentlich nur sein, wie *verbreitet* das Nacktschlafen war (auf das Duerr überhaupt nicht eingeht).

Daten zu solchen Sachverhalten des täglichen Lebens – also zu Problemen, die etwas quer zu Schreib- und Forschungstraditionen liegen und denen daher weder eine gegebene Ordnung der Quellen noch eine breite Vorarbeit vieler Wissenschaftlergenerationen entgegenkommt – sind im Dickicht des Materials nicht einfach zu finden; und wer diese Erfahrung gemacht hat, wird der Sammlerleistung von Duerr (die sich freilich vor allem auf Sekundärliteratur bezieht) hohen Respekt zollen. Es mag daher auch in einer Arbeit wie dieser, die eher konzeptionelle Ziele verfolgt und Empirie nur exemplarisch heranzieht, sinnvoll sein, einige beiläufig aufgelesene Zeugnisse für Nacktschlafen im Mittelalter anzuführen (vgl. außerdem Wolter 1988, S. 43, Abb.): Ein Bericht über eine kaiserliche Eheschließung von 1452 unterscheidet den symbolischen vom realen Vollzug der Hochzeitsnacht dadurch, daß die Brautleute beim ersten Ereignis »bekleidet«, beim zweiten »in Nacktheit« zusammenlagen (zit. unten, Kap. IV, S. 121, 127). Daß ein Mann »nackend« bei einer Frau »in einem Bette« gefunden wurde, taucht als Ehescheidungsgrund auf (Wasserschleben 1860/92, Bd. 1, S. 117; um 1400). Und ein Theologe des 15. Jahrhunderts erledigt das Problem, daß die Kirche drei Nächte der Enthaltsamkeit nach der Hochzeit empfiehlt, während die biblische Autorität im Tobiasbuch von einem Beieinander der Jungvermählten in der Hochzeitsnacht erzählt,

lich in einem Garten. Später verarbeitet er das Erlebnis zu einer mehrfach erzählten Anekdote.

mit dem Argument, sie hätten nicht nackt in einem Bett geschlafen (Gamberoni 1969, S. 187, Fn. 343).

Auch in diesem Fall läßt sich ein Muster denken, das die Duerrschen Beobachtungen mit vielen gegenläufigen zusammenbringt. Manches spricht dafür, daß das Nacktschlafen von Mann und Frau in einer aktuellen oder potentiellen Sexualbeziehung die Regel war. Geschlechtsverkehr scheint ohne Bekleidung durchgeführt worden zu sein (Abb. bei Wolter 1988, S. 55; ebenso NuS, S. 181). Die Feststellung, daß ein Paar *nudus cum nuda* und allein in einem Bett zusammengelegen habe, gilt mittelalterlichen geistlichen Richtern *per se* als Indiz für Geschlechtsverkehr (zit. Schröter 1985a, S. 224 f.).[30]

Bekleidetes Schlafen dagegen war wohl an spezielle Umstände gebunden, als intendiertes Zeichen einer mangelnden Sexualbereitschaft bzw. eines Sexualverbots. In einer Predigt des 13. Jahrhunderts heißt es, daß Frauen während der Menstruation (eine kirchlich »verbotene Zeit«) »ein Hemdlein« anlegten (zit. ebd., S. 300 f.) – was doch wohl bedeutet, daß sie es sonst nicht taten. Duerrs Abbildungen (von bekleideten Frauen im Bett) betreffen, soweit ersichtlich, fast durchweg Situationen von Krankheit oder Geburt und erschüttern daher die hier vorgeschlagene These nicht. Vielmehr bestätigen sie, was eine Reimerzählung des späteren 15. Jahrhunderts explizit formuliert (Zimm. Chronik, Bd. 1, S. 592): »In Kleidern legte er sich auf das Bett/ Als ob er ein große Krankheit hätt'.« Wenn die Frau in der Brautnacht ein Hemd trägt (NuS, S. 177), bezieht sich das auf eine kulturell geprägte Situation, in der es geradezu Aufgabe des Mannes war, das derart symbolisierte Widerstreben der Jungfrau zu durchbrechen: die Braut legt sich am Abend im Hemd zu Bett und wird am Morgen von der weiblichen Hochzeitsgesellschaft nackt angetroffen und begrüßt (Schröter 1985a, S. 127; vgl. S. 128-138). Ihre Entblößung ist Teil der »Gebärden«, an denen eine größere Öffentlichkeit den nun vollzogenen Wechsel, wie man sagte, vom »jungfräulichen Nein« zum »weiblichen Ja« abliest (zit. ebd., S. 131).

In dieser Weise könnte man mit Hilfe des Duerrschen Materials

---

30 Ein bloßes *solus cum sola* dagegen verweist auf das bekleidete Zusammenliegen, etwa angehender Eheleute, in allen Züchten, das in der zweiten Hälfte des 15. Jahrhunderts auch für höhere stadtbürgerliche Gruppen bezeugt ist (ebd., S. 235, 237).

einige strukturierte Einsichten gewinnen, die unser Bild vom Entwicklungsstand mittelalterlicher Menschen, verglichen mit dem in späteren Phasen, bereichern und die von der Zivilisationstheorie zu verarbeiten wären.

Stufen und Entwicklungstendenzen des Zivilisationsprozesses

In dem Entwicklungsprozeß, den Elias analysiert, spielt die Wende vom 15. zum 16. Jahrhundert eine besondere Rolle; und auch Duerr weist darauf hin, daß »Reformation und Gegenreformation gegen die Bäder vorgingen« (NuS, S. 92), daß die zuvor verbreiteten Badebordelle, wie Bordelle überhaupt, weithin geschlossen wurden (S. 58). Man kann andere Beobachtungen hinzufügen: die Vertreibung alleinwohnender Frauen aus Städten (oben, Kap. 1, S. 43 f.) oder die Tatsache, daß in bürgerlichen Autobiographien des 16. Jahrhunderts innerhalb von ein bis zwei Generationen die Erwähnung der tatsächlichen Hochzeitsnacht verschwindet (unten, Kap. IV, S. 132 ff.).[31] Diese und ähnliche Sachverhalte bestätigen die Eliassche These, daß es damals zu einem markanten Disziplinierungsschub kam (PZ 1, S. 89-109), in dessen Verlauf sich auch die Einstellung zur Nacktheit wandelte. Ungeklärt bleibt freilich, wie sich die Impulse zu diesem Schub zwischen Hof und Stadt verteilen oder verschlingen (wobei die Verhältnisse in Deutschland anders liegen mögen als etwa im stärker zentralisierten Frankreich, von dem das Prozeß-Buch vor allem handelt).

Duerr selbst hat 1978 in seiner *Traumzeit*, wo er sich noch für Veränderungen interessierte, geradezu ein Dreistufenmodell vorgeschlagen (S. 86 ff.): Kontrolle der »Sinnlichkeit« im Hochmittelalter, relative Lockerung im Spätmittelalter, neue »Repression der Sinne« im 16. Jahrhundert.[32] Seine Hypothese lädt dazu ein,

31 Ebenfalls auf eine Verschärfung der Sexualkontrolle ab dem 16. Jahrhundert – im katholischen Bereich – verweist Pallaver (1989), der Ergebnisse einer eigenen Regionalstudie (Tirol) gegen Duerr ins Feld führt.

32 Nach diesem Modell ist es von vornherein abwegig, daß er jetzt den Schluß aus dem oben besprochenen Poggio-Brief auf relativ ungezwungene Badesitten im frühen 15. durch Belege aus dem 16. Jahrhun-

das Problem verschiedener Zivilisationsmuster nochmals aufzu-
greifen, in einem Versuch, über die bei Elias nicht sogleich über-
wundene Vorstellung eines bloßen Mehr-Weniger an Scham theoretisch hinauszukommen.

Mechanismen der »Scham« in früheren Zivilisationsmustern

Für das Weitere wird vorausgesetzt, daß Duerrs altes Dreistufenmodell etwas Richtiges trifft. Dafür sprechen auch Befunde wie
der, daß im 14./15. Jahrhundert, prononciert von Frauen her, die
Konflikte um Eheversprechen und voreheliche Sexualverkehr
zuzunehmen scheinen und daß dann im 16. Jahrhundert die Kontrolle von neuem anzieht (siehe oben, Kap. 1). Oder ein ganz anderes Beispiel von schlagender Anschaulichkeit – die Entwicklung
der Männertracht (in Friedenszeiten, zuvörderst bei Adligen): Ein
knöchellanges, hängendes Gewand weicht ab der zweiten Hälfte
des 14. Jahrhunderts einem immer kürzeren und enger anliegen-
den Rock, unter dem die nun zusammengefügten Strümpfe, das
ehemalige Unterkleid des Ritters, hervortreten, mit einem sich
bauschenden Latz als »eigentlichem Blickfang«, während im
16. Jahrhundert die Hosen pludriger und die Schamkapseln allmählich verpönt werden (Wolter 1988, S. 26 ff.; Zitat S. 33).
In das Bild einer linearen Erhöhung der Verhaltensschranken läßt
sich ein solcher Dreischritt mit seinem manifesten Auf und Ab
nicht einfügen. Aber eine geradlinige Erhöhung dieser Schranken
wird, genau betrachtet, von der Eliasschen Zivilisationstheorie
keineswegs behauptet. Ihre Schlüsselerkenntnis ist vielmehr, was
die hier erörterte Problematik angeht, die Steigerung von Selbst-

dert zu entkräften sucht (NuS, S. 60 f.). – Auch die Darstellung in
Traumzeit (die bereits einige der Haupteinwände in NuS gegen die
Empirie von Elias vorbringt: Duerr 1978, S. 87 f., 382 f.) ist in einen
anti-Eliasianischen Rahmen eingespannt: sie richtet sich gegen die angebliche These von einem »recht kontinuierlichen Prozeß der Zivilisation« (S. 87, 95). Der Vorwurf gegen Elias ist kaum berechtigt: dieser
rechnet seit jeher mit Schüben und Gegenschüben. Aber es fällt auf,
daß Duerr keine Anstalten macht, sein früheres, anders fundiertes Modell zu seinem späteren in Beziehung zu setzen. Als *tertium compara-
tionis* bleibt eigentlich nur die Elias-Kritik als solche.

anstelle von Fremdzwängen und eine fortschreitende Automatisierung der ersteren durch Erziehungseinflüsse. Manifeste Schärfe der Zwänge ist durchaus mit einer früheren Stufe des Zivilisationsprozesses vereinbar, soweit die Steuerung von außen erfolgt oder in erheblichem Maß von außen gestützt wird.

In seiner am Anfang von *Nacktheit und Scham* vorgetragenen Theorie vertritt Duerr die Ansicht, »daß die Menschen in kleinen, überschaubaren, ›traditionellen‹ Gesellschaften mit den Angehörigen der eigenen Gruppe viel enger verflochten waren, als dies bei uns Heutigen der Fall ist; was bedeutet, daß die unmittelbare soziale Kontrolle, der man unterworfen war, viel unvermeidbarer und lückenloser gewesen ist«. Die Verlängerung der Interdependenzketten, von der Elias spricht, begünstige daher nicht schlankweg »Zurückhaltung und Triebverzicht«, sondern: »Es mit vielen anderen Personen zu tun zu haben bedeutet auf der anderen Seite ... auch eine Unverbindlichkeit und damit eine Verhaltensfreiheit, die sich in einer Senkung von Scham- und Peinlichkeitsschwellen bemerkbar machen kann« (NuS, S. 10 f.). Diese knappen Sätze sind so ziemlich das Äußerste an soziologisch-theoretischer Reflexion, was Duerr (im 1. Band seiner geplanten Tetralogie) bietet.

Der Antagonismus zu Elias, der darin aufgebaut wird, ist oberflächlicher Art. Wenn man mit der Substanz von dessen Theorie arbeitet und besonders den Kardinalunterschied zwischen Fremd- und Selbstzwängen berücksichtigt, läßt er sich überbrücken. Jene »unvermeidbare und lückenlose Kontrolle in kleinen, überschaubaren ›traditionellen‹ Gesellschaften« funktioniert nämlich weithin als Fremdzwang. Zum einen durch die Allgegenwart von signifikanten Anderen: kaum je ist ein Mensch allein; permanent sind Verwandte, Nachbarn, Standesgenossen um ihn, die sein Verhalten wahrnehmen und überwachen.[33] Das gilt speziell für Frauen. Sie sind im Hochmittelalter einer »Augenkontrolle« unterworfen, die sich etwa darin äußert, daß junge Mädchen, besonders aus begüterten und ranghohen Gruppen, kaum ohne Aufsicht, ohne »Hut«, mit Männern zusammenkommen. Auch läßt

33 In der Gemeindestudie von Elias/Scotson (1965, S. 103 f.) werden manche Züge dieser vorindustriellen, vorstädtischen Form des Zusammenlebens an einem zeitgenössischen Beispiel sehr dicht und wirkungsvoll beschrieben.

sich nachweisen, wie bestimmte Verhaltensvorschriften explizit an die Gegenwart von Zeugen geknüpft werden (siehe oben, Kap. 11, S. 58 f., 62). Andere Disziplinierungsinstanzen einer relativ frühen Stufe der sozialen Entwicklung sind Herren, deren persönliche Nähe zu den Abhängigen ihren Einfluß um so wirksamer macht – im Gegensatz zu den anonymeren, durch Behördenapparate etc. vermittelten Herrschaftsformen in großräumigeren Territorialstaaten.

Solange diese vertikalen und horizontalen Kontrollen von Personalverbänden in Kraft sind, kann die Trieb- und Affektunterdrükkung in der Tat sehr weit gehen, ohne daß deshalb auf eine späte Zivilisationsstufe zu schließen wäre. Es liegt hier eine ähnliche Situation vor wie bei heutigen Kindern, die in einem bestimmten Alter durch Strafangst zu einem sehr angepaßten Verhalten gebracht werden können, ohne schon ein ausgeprägtes, d. h. relativ autonomes Über-Ich zu besitzen – dessen Ausbildung vielmehr durch eine derartige Konditionierung geradezu gehemmt wird.

Der Seitenblick auf die individuelle Über-Ich-Entwicklung ist zivilisationstheoretisch bedeutsam. Ein Beispiel zur Illustration: Verschiedene Quellenbeobachtungen legen die Annahme nahe, daß in Gesellschaften wie der mittelalterlich-europäischen, die in Personal- und vor allem Familienverbänden organisiert sind, der Selbstzwang von Männern gegenüber Frauen an das Maß von Angst vor der drohenden Rache des Gewalthabers einer Frau, ihres Grund- oder Dienstherrn bzw. ihres Vaters oder Ersatzvaters, gebunden ist. Diese Gewalthaber sind es etwa, die gegebenenfalls einen Mann, der mit einer ledigen Frau geschlafen hat, mit gezücktem Schwert zur Ehe zwingen (siehe oben, Kap. 1, S. 17-19).[34] Wenn dagegen fahrende Ritter in Artus-Aventiuren (d. h. notabene: Idealgestalten) auf Frauen stoßen, die ohne Beschützer in einem Waldsee baden, fühlen sie sich vielfach durch nichts an der Vergewaltigung gehindert (Duby 1981, S. 258). Siegreiche Kriegerscharen springen entsprechend aufs grausamste mit den Besiegten (unterhalb ihres eigenen Ranges) um. Die Sozial- und Persönlichkeitsstruktur, auf die solche Gegebenheiten verweisen, beruht auf einer anderen Balance von Fremd- und Selbst-

---

34 Ein rares Zeugnis für den gewiß nicht seltenen Fall, daß ein Herr (eine Herrin) in ähnlicher Funktion tätig wird, findet sich bei Duby (1981, S. 303).

zwängen, als wir sie heute kennen. Man benötigt ein theoretisches Raster, um sie im Chaos der Informationen des Materials als Gestalt wahrzunehmen.

Wer nach solchen Mustern sucht, ist gut beraten, sich nicht, wie Duerr es tut, mit isolierten Einzelbeispielen zu begnügen, sondern seine Aufmerksamkeit auf breitere Zusammenhänge der sozialen Realität und damit auch auf den breiteren Kontext von Primärquellen zu richten. Duerr verschließt sich den Zugang zu ihnen durch sein Verfahren der themenzentrierten Auswertung von Sekundärliteratur.

Wichtiger noch als die vertikalen sind im Rahmen dieser Erörterungen die horizontalen Instanzen der Verhaltenssteuerung, die Menschen unserer Gesellschaften kaum weniger fern stehen als die Allgegenwart physischer Gewalt. Der Fremdzwang, der von ihnen ausgeht, ist der einer überschaubaren und in einzelnen oder mehreren Vertretern jederzeit präsenten Wir-Gruppe; auf ihn mag auch Duerr in seinen zuletzt zitierten Andeutungen zielen. Elias arbeitet in *Über den Prozeß der Zivilisation* diese spezifische Form der Verhaltenskontrolle, die für frühere Stufen der sozialen Entwicklung besonders charakteristisch sein dürfte, nicht eigens heraus (vgl. aber PZ 1, S. 186). Hier könnte sich eine der fruchtbarsten Perspektiven des Weiterdenkens vom Plateau seiner Theorie her auftun (so auch van Stolk/Wouters 1987, S. 225 f.). Ein Ansatzpunkt wäre die bekannte Unterscheidung zwischen Scham- und Schuldkulturen; ein anderer Elias' eigenes Modell von den Wandlungen der Wir-Ich-Balance (1987b, S. 207-315). Theoretisch würden solche Überlegungen auf eine Unterscheidung zwischen zwei Typen von Fremdzwängen hinauslaufen. Vielleicht stößt man, wenn man diese Denkrichtung weiter verfolgt, auf spezifische Muster einer Trieb- und Affektsteuerung durch Schammechanismen: etwa auf ihren mangelnden Generalisierungsgrad, d. h. auf die zentrale Bedeutung situativer Elemente oder aktueller Machtverhältnisse (*quod licet Iovi, non licet bovi*),[35] auf ein typisches Schwanken zwischen Exzessen der Triebentbindung und Triebunterdrückung (Elias 1984a, S. 133-144), auf eine Spaltung zwischen Normen und Freiheiten, die gegenüber Angehörigen von Wir- und Sie-Gruppen gelten (klassisch hierzu PZ 1,

35 Ein wesentliches Moment dieses hierarchischen Gepräges hat Elias als »Formalitäts-Informalitäts-Spanne« begrifflich gefaßt (1989a, S. 38-44).

S. 186-189), auf ein Bedürfnis der Absicherung durch die Ge- und Verbote gruppenbezogener Geisterwesen (1983, S. 99-102), auf ein Haften der Standards vorgeschriebenen oder verpönten Verhaltens an Gesten und Worten (z. B. Grußformeln) statt an Einstellungen (oben, Kap. II). Derartige Erweiterungen seiner älteren Theorie scheint der späte Elias, etwa in seinem Zeit-Buch, im Auge zu haben. Schammechanismen, als eine Fremdzwangsstruktur *sui generis*, könnten ein wesentliches Merkmal von Zivilisationsmustern einer früheren Stufe sein.

Möglicherweise läßt sich auch das, was Duerr an Beispielen von Entblößungsscham in weniger entwickelten, nicht-europäischen Gesellschaften versammelt, auf dieser Linie in das Modell der Zivilisationstheorie einfügen. Klar ist jedenfalls, daß seine Belege wenig aussagekräftig sind, solange er nicht mitbeschreibt, in welchem sozialen Zusammenhang welcher Grad von Nacktheit toleriert wird, welche Instanzen die Verhaltenskontrolle ausüben. Man erinnere sich an die Mitteilung bei Poggio, daß zu seiner Zeit weitgehend entkleidete Männer und Frauen ohne Trennwand im Bad zusammensaßen, wenn es sich um Verwandte und Freunde handelte. Die »Hut« war hier durch die gegenwärtige Wir-Gruppe gewährleistet. Der Entblößungsschub an modernen Badestränden dagegen wird vielfach von vereinzelt oder in kleineren Peergruppen auftretenden Personen getragen, die sich unter einer Vielzahl von unbekannten Menschen bewegen. Offenbar kommen ähnliche Erscheinungen unter grundverschiedenen Bedingungen zustande. Sie haben demnach eine ebenso verschiedene sozio-psychologische Bedeutung. –

Ein Zwischenruf zur Terminologie: Der zuvor gebrauchte Begriff von Scham, im Gegensatz zu Schuld, ist zu trennen von der Scham, die Duerr meint und die eine Reaktionsbildung gegen eine besondere Triebkomponente bezeichnet, nämlich gegen das, was bei abendländischen Menschen des 19./20. Jahrhunderts als Partialtrieb des Exhibitionismus/Voyeurismus faßbar wird.[36] Ob der sprachliche Zusammenhang auf einen sachlichen verweist, im

---

36 In noch anderem Sinne definiert Elias »Scham« als »eine Form der Unlust oder Angst, die sich dann herstellt und sich dadurch auszeichnet, daß der Mensch, der die Unterlegenheit [gegenüber anderen] fürchten muß, diese Gefahr ... [durch keine] Art des Angriffs abwehren kann« (PZ II, S. 397).

Sinne, daß die Scham vor der Entblößung des Genitalbereichs (bei sich und anderen) die Quelle der Scham als eines generellen sozialen Regulationsmechanismus wäre, muß hier offenbleiben. Da die verallgemeinerte Bedeutung des Wortes schon sehr früh bezeugt ist, drängt sich eine solche Vermutung jedoch auf.

Umrisse einer Dreistufen-Entwicklung vom 12. bis 16. Jahrhundert

Wenn man sich die zuvor beschriebenen Zusammenhänge vor Augen hält, kann man die hypothetische Dreistufenfolge der sozialen Entwicklung vom 12./13. zum 15. und dann wieder zum 16. Jahrhundert, von der die Rede war, in ein konsistentes Bild bringen (vgl. zum folgenden Schröter 1985a, S. 379-398):

Im 12./13. Jahrhundert waren europäische Gesellschaften wie die deutsche noch weithin in relativ kleinen Personaleinheiten organisiert – Beispiele sind Familien, Nachbarschaftsverbände, Grundherrschaften. Die Zentralherren als Exponenten übergeordneter Staatlichkeit waren vergleichsweise schwach. Bis zum 15. Jahrhundert lockerte sich der Zusammenhalt dieser *face-to-face*-Gruppen sowohl in der horizontalen als auch in der vertikalen Dimension, vor allem unter dem Einfluß der erstarkenden Landesherren und, davon abhängig, als Resultat einer gewaltigen Wanderungsbewegung, für die das Aufblühen der Städte als Stichwort dienen mag. Die soziale Verflechtung, symbolisiert etwa durch die Monetarisierung der Beziehungen zwischen Menschen, erfaßte immer größere Kreise, über immer mehr Knotenpunkte, und verdichtete sich in diesem größeren Raum. Eine Folge der ganzen Entwicklung war zunächst eine an den Quellen ablesbare Schwächung der bisher geltenden Verhaltenskontrollen qua persönliche Herren und Wir-Gruppen, ohne daß sofort andere Mechanismen die Lücke hätten füllen können.

Im 16. Jahrhundert kam es dann zu einem Schub der Staatsbildung, dessen bekanntester Ausdruck die Reformation ist, also die regional erfolgreiche Einbindung des klerikalen Apparats, etwa als Sittenpolizei, in das Staatsgefüge. Dieser Machtgewinn zentralstaatlicher Instanzen brachte neue Chancen der Disziplinierung mit sich und führte u. a. zu einer wahren Springflut von

»Zuchtordnungen« aller Art oder auch zur Durchsetzung der priesterlichen Trauung als Ratifizierung der einzig legitimen Sexualgemeinschaft von Mann und Frau: vertikale Fremdzwänge verstärkten sich auf Kosten der horizontalen (also der »Scham«), in einer spezifisch anonymisierten Form. Zugleich mit dem steigenden Druck von der Spitze der größeren Integrationseinheiten her, der durch zunehmend differenzierte Vermittlungsorgane – neben der Kirche: Gerichte, Polizei etc. – ausgeübt wurde und damit auch neue Chancen individueller Freiheit eröffnete, wuchs die Tendenz zu einer »Verinnerlichung« der Verhaltenssteuerung durch Selbstzwang. Die lutherische Rechtfertigungslehre, mit ihrer zugehörigen Beichtpraxis, könnte ein Beleg dafür sein.

Die so skizzierte Entwicklung verweist auf eine Dialektik von Staatsbildung und Individualisierung. Dieser Gedanke läßt sich einmal mehr an einem Duerrschen Mißverständnis erläutern: Ihm scheint es so, als bestehe ein Gegensatz zwischen der Verdichtung des sozialen Verflechtungsnetzes, von der Elias redet, und der augenscheinlichen Enge der wechselseitigen Verflechtung von Angehörigen kleiner Gruppen auf einer früheren Entwicklungsstufe. Nein, sagt er an der oben wiedergegebenen Stelle, was sich beobachten läßt, ist gerade keine Intensivierung, sondern eine Lockerung der menschlichen Interdependenz und damit der gesellschaftlichen Verhaltensregulierung. Sein Argument aber beruht auf einem Kurzschluß, insofern er es versäumt, die *Reichweite* der jeweiligen Interdependenzketten systematisch in Rechnung zu stellen. In der Tat, die Bindung der Menschen an ihre Familie, ihr Dorf, ihren Kirchsprengel, ihre Zunft, ihre Grundherrschaft etc. war in mittelalterlichen Gesellschaften ungleich viel stärker als später oder gar heute. Aber schon die nächstgelegene Stadt konnte Ausland sein, in das man nie auch nur den Fuß setzte. Vielfach spielte sich das ganze Leben innerhalb der kleinen, mehr oder weniger autarken Wir-Gruppe ab, auf die das Identitätsgefühl wie die Verhaltenskontrolle abgestellt waren. Man kann es vielleicht als eine feste *Regelmäßigkeit* formulieren, daß sich die Dichte der Interdependenz in den, sagen wir, primären Wir-Gruppen vermindern muß, wenn sich die Interdependenz über größere Räume verstärkt. Die Lockerung kurzer und die Intensivierung langer Interdependenzketten laufen geradezu Hand in Hand.[37]

37 Ähnliche Gedanken entwickelt, ausgehend nicht nur von Elias, son-

Durch diesen kombinierten Prozeß werden einerseits die bisherigen Wir-Bezüge schwächer, andererseits entstehen neue Bezüge einer höheren Ordnung, etwa ein Nationalgefühl. Es kommt zum Aufbau einer Hierarchie von Wir- und Sie-Gruppen, der eine Hierarchie von Instrumenten der Verhaltenssteuerung entspricht (man denke an das Auseinandertreten von Recht und Gewohnheit). Dabei gehen die affektive Besetzung und die Durchschlagskraft der Gruppen höherer auf Kosten der Besetzung und Durchschlagskraft der Gruppen niedrigerer Ordnung. Es ist eine naheliegende Folge des größeren Umfangs und der höheren Komplexität der ersteren, daß die Bindung an sie schwächer und in der Breite weniger verhaltensbestimmend ist als die Bindung an die letzteren. Die Überlagerung der zuvor allein relevanten oder doch ganz dominanten primären durch sekundäre Gruppenbezüge verstärkt, mit anderen Worten, den Ich-Bezug und damit auch individuelle Instanzen der Verhaltenskontrolle.

Zur Generalisierung von Verhaltensanforderungen

Im Zuge der Individualisierung, die sich mit der Bildung größerer Integrationseinheiten durchsetzt, werden vielfältige Unterschiede zwischen den Verhaltensnormen verschiedener Bevölkerungsgruppen eingeebnet: die vertikal-vermittelten Anforderungen des Staates sind in höherem Maße generalisiert. Die Entwicklung läuft zu Beginn über stärker vereinheitlichte Fremdzwänge und kulminiert in der Ausdehnung von relativ selbsttätigen Selbstzwangmechanismen, der Form individualisierter Kontrolle *par excellence*. Man kann, was hier hervortritt, als ein Beispiel für den Prozeß verstehen, den Elias auf die Formel gebracht hat: »Verringerung der Kontraste, Vergrößerung der Spielarten« (PZ ii, S. 342).
Die Generalisierung betrifft zunächst Differenzen zwischen den Ranggruppen. Sie bedeutet zum einen, daß tieferstehende Gruppen die strengeren Normen höherstehender teils freiwillig adoptieren, teils gezwungenermaßen adoptieren müssen. Verhältnisse wie in Bädern des 15. Jahrhunderts, wo die vornehmen Leute be-

dern z. B. auch von Tönnies, van Ussel (1970, besonders S. 35-38). Sie stehen dort freilich unter der Überschrift »Verbürgerlichung«, womit der Kern des Vorgangs schwerlich getroffen ist.

kleidet sind, während das einfache Volk nackt ist, verschwinden; eine Badekleidung wird allgemeine, durch Gewaltmittel der Obrigkeit gestützte Regel und dann allmählich ein »inneres« Bedürfnis der Menschen. Auf derselben Linie liegt, daß das einstige Nebeneinander zwischen einem hochformalisierten Ablauf von Eheschließungen auf der einen und einer Eheschließung unter vier Augen bzw. durch das notorische Faktum des Zusammenlebens auf der anderen Seite im 16. Jahrhundert aufgelöst wird zugunsten *eines* staatlich-kirchlichen Trauerituals für alle (Schröter 1985a, S. 221ff., 383f.). Beide Male spiegeln die Gegebenheiten der früheren Stufe die größere oder geringere Bedeutung einer Sexualkontrolle in besitzenden bzw. besitzlosen Sektionen der Bevölkerung wider. Gegenüber den staatlichen Zentralinstanzen treten solche Abstufungen in den Hintergrund.

Schon im 16. Jahrhundert zeigt sich, daß die Angleichung auch in umgekehrter Richtung gehen kann, wenn etwa mächtigere, zuvor privilegierte Gruppen gewisser Lizenzen beraubt werden (siehe oben, Kap. 1, S. 40-42). Diese Tendenz, bei der sich einmal nicht Regelwerke und Zivilisationsmuster von oben nach unten, sondern von unten nach oben ausbreiten, wirkt später fort, z. B. in der Anbindung einer noch im 19. Jahrhundert duellierenden Adelsschicht an das generelle Verbot nicht-staatlicher Gewaltausübung. Es handelt sich hier gleichzeitig um eine Verschärfung von Verhaltensanforderungen und um eine Lockerung besonderer Normen, denen sich eine ranghöhere Gruppe zum Zeichen ihrer Distinktion unterwarf. Wenn der Eindruck richtig ist, daß die Nudistenbewegung der 20er Jahre primär von Arbeiter- und Kleinbürgergruppen getragen wurde (Andritzky 1989), könnte man auch den Triumph der Nacktheit an vielen heutigen Badeständen, dem jene Bewegung vorarbeitete, im Rahmen eines derartigen Wandels von unten her begreifen. Relative Machtverluste einst herrschender Formationen würden in diesem und ähnlichen Fällen ältere, gruppenbezogene Formen des Selbstzwangs, die sehr rigoros sein konnten, obsolet machen und neue, verallgemeinerte, individualisierte Formen herbeiführen (vgl. Elias 1989a, S. 100f.). Dem Auftrieb von jugendlichen Außenseiter- gegenüber erwachsenen Etabliertengruppen kommt dabei eine eigentümliche Bedeutung zu (siehe Wouters 1979; 1986).

Der im Zusammenhang der Entblößungsscham auffälligste Prozeß einer solchen Generalisierung, der sich in europäischen Gesellschaften – unter unseren Augen – abspielt, ist die Annäherung der betreffenden Standards zwischen den Geschlechtern. Die Dramatik dieses Entwicklungsschritts wird vielleicht erst sichtbar, wenn man als Kontrast vor Augen hat, wie im Mittelalter der ganze Habitus (höhergestellter) unverheirateter Mädchen um einen Schamkanon kreiste (Schröter 1985a, S. 167-178). Dieser weibliche Kanon verbot bereits das öffentliche Zeigen eines Stücks Bein, während bei Männern sogar die Entblößung des erigierten Penis – wenn auch nicht ohne das Überschreiten einer Hemmschwelle – aggressiv-lustvoll genossen werden konnte (ebd., S. 184 ff.). Noch heute assoziieren wir das Adjektiv »schamhaft« spontan mit Mädchen. Solche Sachverhalte gemahnen daran, daß das Thema Duerrs einem realitätsgerechten Zugriff verschlossen bleibt, solange man nicht die jeweils spezifische Ausprägung der Scham bei Männern und Frauen ins Zentrum rückt.

Was immer Gesellschaften in dieser Hinsicht verbindlich machen, es dient wohl durchweg dem Schutz von Frauen vor männlichen Angriffen. Dieser Schutz, der auf früheren Stufen durch die Gegenwart von Vertretern einer kleinen Wir-Gruppe (oder auch durch eine institutionalisierte Geschlechtertrennung), dann durch Fremdzwänge von oben – z. B. Polizeivorschriften – gewährleistet wurde, wird an heutigen Badestränden viel mehr durch die anwesenden Individuen selbst erreicht. Schamgesten, speziell von Frauen, als persönliches Korrelat des sozialen Drucks, finden sich auf sämtlichen Stufen. Sie sind zunächst auf Beobachter, dann auf einen mehr verinnerlichten Habitus bezogen und verkümmern schließlich zu vergleichsweise schwachen Resten. Der »allseitigere und stabilere« Selbstzwang begünstigt eine Egalisierung der Geschlechter, indem er die Körpergewalt, bei der Männer im Vorteil sind, mehr und mehr zurückdrängt. Er ist inzwischen so zuverlässig geworden (und die Bedeutung der legitimen Erbfolge für den Fortbestand der Gesellschaft so gering), daß sich nun auch der Staat wieder ein ganzes Stück weit aus der Regelung dieser Sphäre zurückziehen kann.

Man steht hier vor dem scheinbar paradoxen Befund, daß der Aufbau individueller und generalisierter Selbstzwangmechanismen, der mit dem Erstarken des Staates Hand in Hand geht, zu einer partiellen Ermäßigung staatlicher Fremdzwänge führt. Die große Linie dieser Entwicklung wird durch das Auf und Ab der aktuellen Kämpfe, unter denen sie sich verwirklicht und die den

Blick der Mitlebenden gefangen nehmen, leicht verdeckt; in der Langsichtperspektive zeichnet sie sich deutlich ab. So erweist sich die gegenwärtige Lockerung des manifesten Sexual- (und Scham-)verhaltens, ganz im Sinne der von Elias aufgegriffenen Informalisierungsthese (Wouters 1979; Elias 1989a, S. 33-60), gerade als Zeichen einer höheren Zivilisationsstufe.[38] Allerdings ist die weithin unsichtbare und doch machtvolle Präsenz der Staatsgewalt einstweilen eine unverzichtbare Bedingung dafür, daß der Selbstzwang funktioniert und die aus Primärgruppen freigesetzten Frauen geschützt bleiben.[39]

---

38 Während Duerr sie als Zeichen einer schlichten Herabsetzung der Triebkontrollen ansieht (NuS, S. 162). In einem Arbeitspapier [aufgenommen in Wouters 1994, S. 204-208] macht Cas Wouters darauf aufmerksam, daß der Gedanke, größere Nacktheit könne auf (wie immer gesicherte) höhere Schamschranken hindeuten, Duerr an anderer Stelle, wo er ihn von nicht-europäischen Gesellschaften her *gegen* Elias wenden kann, durchaus nicht fremd ist (NuS, S. 135).

39 [*Zusatz 1996:* Seit der vorstehende Aufsatz erstmals erschien, hat Duerr zwei weitere Bände seiner monströsen Kampfschrift gegen Elias veröffentlicht (1990; 1993). Der jüngere enthält einige Hiebe gegen mich (S. 13-15) und kündigt die eigentliche Anti-Kritik für den »nächsten Band« an (S. 464, Anm. 18). Ich habe darauf verzichtet, meinen Text durch eine vorläufige Anti-Anti-Kritik zu erweitern oder sonst auf die neuen Ausführungen Duerrs Bezug zu nehmen, da die Diskussion mit einem Autor, der sein Gegenüber in ein politisch-moralisches Zwielicht rückt, nur weil er keinen Unterschied zwischen analytischen und wertenden Aussagen erkennt (vgl. 1993, S. 14 f.), offenbar sinnlos ist.]

IV. Zur Intimisierung der Hochzeitsnacht
im 16. Jahrhundert

Wenn man Veränderungen von Standards des Verhaltens und Empfindens fassen will, ist es ratsam, nach Quellenserien zu suchen, die sich möglichst über Jahrhunderte auf einen begrenzten, gleichbleibenden Ereignisbereich beziehen und darin strukturierte Unterschiede zwischen früher und später erkennen lassen. Norbert Elias hat eine solche Serie in Manierenbüchern gefunden. Sie gaben ihm (und uns) Aufschluß über Wandlungen in einigen Sektoren des Feldes, das Freud in seinen *Drei Abhandlungen zur Sexualtheorie* abgesteckt hat, vor allem hinsichtlich der oralen und analen Komponenten des Sexualtriebs.[1] Um das ganze Ensemble der spontanen menschlichen Impulse abzudecken, dehnte Elias seine Forschungen zum »Prozeß der Zivilisation« auch auf die Gebiete der genitalen Sexualität und der Aggression aus, wo ihm das Material schriftlich fixierter Etiketteregeln immer weniger behilflich war. Bei der Analyse sexueller Verhaltensweisen im engeren Sinn stützte er sich zum Teil, und mehr als sonst, auf Sekundärliteratur; hier ist für die empirische Überprüfung, Absicherung oder Differenzierung der Zivilisationstheorie noch manches zu tun.

Quellenserien aus Mittelalter und früher Neuzeit, die ausgesprochen von genitaler Sexualität handeln, sind nicht leicht zu finden.[2] Die folgende Studie sucht ihr Material, das prozeß-soziologisch

---

1 Das Ausmaß, in dem sich Elias, vor allem im 1. Band von *Über den Prozeß der Zivilisation* (1939), sein theoretisches Raster von der psychoanalytischen Trieblehre (grundlegend: Freud 1905b, 1930) hat vorgeben lassen, ist bisher wohl nicht genügend erkannt worden.

2 Es gibt die quasi rechtsförmigen Handbücher für Beichtväter, die einschlägige Bestimmungen enthalten und sich seriell auswerten lassen (vgl. Jerouschek 1991). Sie bieten aber für den soziologischen Blick zwei schwer lösbare Probleme, betreffend zum einen die Spannung zwischen zentral-römischem Ordnungsanspruch und regionalen Gebräuchen und zum anderen das Verhältnis von Sollen und Sein, wobei sich die Normen gegenüber dem Verhalten als konservativ und zunehmend konservativer erweisen dürften.

ergiebige Vergleiche erlaubt, auf andere Weise. Ihr umgrenztes Feld ist ein Ereignis, das ein gleichbleibender Markstein in der normalen Sexualkarriere vieler Menschen war und das in den Dokumenten (z. B. Autobiographien) auch dann, wenn sie nicht darüber reden, wenigstens durch Abwesenheit glänzt: die Hochzeitsnacht. Wo und soweit die Ehe als diejenige Form des sexuellen Zusammenlebens von Mann und Frau, der erbfähige Kinder entspringen und die damit den Fortbestand der Gesellschaftsordnung über die Generationen gewährleistet, eine überragende Rolle spielt, hat zugleich der Beginn dieses Zusammenlebens eine besondere Bedeutung sowohl in der Regelung des Ablaufs einer Eheschließung als auch im Empfinden der Menschen. Wandlungen in der Gestaltung der Hochzeitsnacht, und im Reden darüber, lassen wie im Brennspiegel Wandlungen des Verhältnisses zur Sexualität erkennen. Für zivilisationstheoretische Zwecke eignet sich das Thema Ehe besonders gut, weil hier an ein und demselben Stoff Muster und Entwicklungen der sozialen (incl. der staatlichen) und der individuellen Steuerung sowie die Verschränkung beider zu greifen sind.

Bei einer Sichtung der Quellen zeigt sich rasch, daß die Form der Hochzeitsnacht und der Umgang mit ihr im 15./16. Jahrhundert eine merkliche Veränderung durchmachten. Dieser Veränderungsschub soll im weiteren belegt und analysiert werden.[3]

3 Verweise auf meine früheren Befunde zur Hochzeitsnacht (Schröter 1985a, S. 125-142) und zum allgemeinen Charakter von Eheschließungen im Mittelalter (vgl. besonders ebd., S. 379-398) führe ich zunächst nicht im einzelnen an.
Die knappen Angaben zum Thema bei Elias (1939, Bd. 1, S. 243) beruhen auf zwei Titeln Sekundärliteratur und sind in ihrer Pointierung kaum haltbar. Von voreingenommener Einseitigkeit zeugen die einschlägigen Befunde seines Kritikers Duerr (1988a, S. 327-329). [Die folgende Abhandlung kann auch als konstruktives, empirisch-detailliertes Gegenstück zu meiner eher theoretisch orientierten Duerr-Kritik (oben, Kap. III) gelten.]

Öffentlichkeit der Hochzeitsnacht
im 13.-15. Jahrhundert

Bis zum 14./15. Jahrhundert, und darüber hinaus, war die Hochzeitsnacht zwar nicht in ihrem Vollzug, wohl aber in ihrer Ein-
(und Aus-)leitung ein öffentlicher Vorgang. Ein Beispiel für viele:

In der Reimerzählung »Der Striegel« heißt es über den Hochzeitsabend,
nach Festmahl und Tanz (in Keller 1855, S. 416/7-28, 417/14-19): »Dem
preütgam wart man wincken,/ Das er sich nider leyt .../ Do ging er vil
dratte/ Jn ein kemnote./ Ab czog er die cleider sein,/ Bis in ein hemd
seydein .../ Nicht lenger man do beyt,/ Die jungfraw man czu leyt./ Man
leyt ims an den arm .../ Do hieß man aus gan/ Beyde frawen vnd man./
Die tür man vil hart/ Mit einem riegel spart./ Die sein frawen er gevie./ Er
halst sie vnd küst sie,/ An den rück er sie leyt« etc. Und weiter: »Des
morgens, do der tag vff brach,/ Die leüt man zue lauffen sach./ Sie eilten
vil drat/ Zu der kemnot./ Den breutgam sie alle/ Huben sie auff mit
schalle.«

Was hier beschrieben wird, ist wohl der weithin normale Ablauf:
Der Bräutigam legt sich am Abend der Hochzeitsfeierlichkeiten
ins Bett, und »man« – d. h. möglichst hochrangige Vertreter der
Festgesellschaft, darunter vor allem die Brauteltern – führt ihm
die Braut zu. Die Szene ist die Einleitung des ersten Geschlechts-
verkehrs der Neuvermählten, der nun hinter verschlossener Tür
stattfindet.[4] Am Morgen danach erscheinen wieder Exponenten
der Hochzeitsgesellschaft am Bett und begrüßen das Paar. Die
Braut signalisiert fortan ihren Wechsel von den »Jungfrauen« zu
den »Frauen« durch das Hochbinden des Haupthaars.
Eine solche öffentliche Vereinigung im Bett entsprach einem
Stand der gesellschaftlichen Kontrolle, bei dem die Gültigkeit von
Rechtshandlungen nicht durch eine mit Strafgewalt ausgestattete
Zentralinstanz, Kirche oder Staat, sondern durch die Augenzeu-
genschaft (und Strafgewalt) der relevanten Gruppen selbst, Fami-
lie, Herrschaft, Nachbarschaft etc., gewährleistet wurde. Die

---

4 Wenn in dem Zitat gesagt wird: »auf den Rücken legte er sie«, so klingt
darin das Echo einer gewaltsamen Bemächtigung der Frau durch den
Mann nach, die in anderen Quellen deutlicher als der erwartete Regelfall
hervortritt. So auch bei Wittenwiler: »Die pain seu huob ze samen ser:/
Daz was der junchfrauwen er/ ... do tett er sam ein man/ Und graiff sei
chrefticleichen an!/ Wie schier er ier die pain auf kert ...« (V. 6992 f.,
7040-42). Dazwischen liegt allerdings eine Überredungsszene.

Kontrolle in diesen Personalverbänden zielte auf die substantiellen Schritte des Zusammenkommens von Mann und Frau insgesamt, statt mit isolierten Formalakten zu arbeiten. So stach nicht ein einziger Rechtsakt (wie später die staatlich-kirchliche Trauung) als *das* Ereignis der Ehestiftung hervor, sondern der ganze, mehrstufige Vorgang unterlag der teilnehmenden Überwachung von signifikanten Anderen. Das gilt also auch, und in besonderem Maße, für die Brautnacht.

Bei dieser prozeßbezogenen Form der sozialen Regulierung kam es nicht einmal entscheidend darauf an, daß die Aufnahme der Sexualgemeinschaft, als Hochzeitsnacht, wirklich am Ende des rituellen Ablaufs einer Eheschließung lag; sie konnte bisweilen auch einer förmlichen Heiratszeremonie vorausgehen (siehe oben, Kap. 1, S. 15 f.; Schröter 1985a, S. 214-241). Ländliche »Probenächte«, die diesem Muster folgen, sind noch lange bezeugt. Die betreffende *face-to-face*-Gruppe, die informiert war und als Appellationsinstanz zur Verfügung stand, hatte genug Macht, um in einer solchen Situation, wenn es erforderlich wurde, die Vollendung der Ehe zu erzwingen.

Die Hochzeitsnacht bildete zum einen den *point of no return* im Prozeß einer Eheschließung, weil in ihr – vor allem, wenn die Braut Jungfrau war – Unwiderrufliches geschah. Wenn ein Mann glaubte, er müsse sich einer ihm angetrauten Braut gegen drohende Einsprüche versichern, vollzog er rasch das Beilager mit ihr (ein einschlägiger Fall zit. ebd., S. 48: ca. 1400). Erst durch diesen Schritt wurde die Ehe unumkehrbar, wobei das Recht weithin die reale, physische Zäsur einfach nachzeichnete.

Legendenhaft spiegelt sich der Sachverhalt in der mehrfach überlieferten Geschichte vom »alten Möringer« wider, die nach der Fassung der *Zimmerischen Chronik* erzählt (Bd. 1, S. 300-304): Der »edle Möringer«, eine Gestalt aus unvordenklicher Vergangenheit, befand sich in »Indien«, seine Frau wurde, da er als tot galt, von einem anderen geheiratet. Durch ein Wunder kehrt der Landfahrer am Hochzeitstag zurück. Er sieht als Pilger, unerkannt, allen festlichen Freuden zu. Erst am Abend lüftet er sein Inkognito: »dann es eben an dem, das man die frawen zu bet wolt füeren, und möcht im leichtlich sein gesell . . ., do er lenger verzogen, in die schanz sein gefallen«. So aber kann das definitive Inkrafttreten der Ehe noch verhindert werden.

Ein Bericht über eine fürstliche Heirat gegen Ende des 15. Jahrhunderts, die der Kaiser nach dem Vertragsabschluß noch hatte aufhalten wollen, meldet lakonisch (Zimm. Chronik, Bd. 1, S. 515): »sollichs aber aus ursachen, diweil das beischlafen ... geschehen, nit mer verzogen mögen werden«. Man kann den Unterschied zwischen einer Form der sozialen Kontrolle qua Personalverbände, die am tatsächlichen Ablauf, und einer anderen qua Zentralinstanz, die an einem vorgeschriebenen Formalakt ansetzt, *in nuce* greifen, wenn man dieses »diewil das Beischlafen geschehen« mit einem mittelrheinischen Gerichtsurteil (Ingelheim) vom Anfang des 15. Jahrhunderts vergleicht, in dem ebenfalls der Punkt der Unumkehrbarkeit bezeichnet wird. Es heißt dort: »Diewil es [sc. das Mädchen] *gekirchgenget* war, so war eine rechte Ehe da« (zit. Schröter 1985a, S. 342). Auch in diesem Fall war der »Beischlaf« bereits vollzogen worden, aber für das (weltliche) Gericht spielt er keine explizite Rolle. Das Muster, das hier relativ früh in einer rechtlich avancierten Region faßbar wird, setzt sich später als Norm durch.

Zum zweiten war die Hochzeitsnacht in gewisser Weise die Krönung einer Eheschließung – die ja dem Zweck diente, die Erzeugung legitimer, also erbfähiger Kinder sicherzustellen. Von diesem Moment ab datierten wesentliche juristische Wirkungen wie die eheherrliche Gewalt, die Erbberechtigung der Frau gegenüber ihrem Mann oder der Übergang ihrer Aussteuer in die Verfügungsgewalt des Bräutigams (siehe z. B. Frensdorff 1918, S. 11).

Zahlreiche Rechtsformulierungen bringen das zum Ausdruck, so im *Mühlhäuser Reichsrechtsbuch* vom Anfang des 13. Jahrhunderts (22.1): »Suo zuei zusamini cumin an rechtir ewi: is dan daz die vroiwi einin vatir heit, die sal zu rechti die vormuntscaph uflazi, suanni su uri huisherri bislaphin heit eini nacht«. Oder, aus dem ländlich-grundherrschaftlichen Bereich (Schwerin 1925, S. 66): »Wenn oich ain man vnd ain fröw ... sich in der mainung entgürten, das sy eelich by ain ander liggen wellen, si syen zesamen geben, oder sy haben ain ander selb genomen, so sind sy morndes, so sy uffstond, ain ander geerb vnd genoss über alles das güt, das sy yendert hand«.

Zusammengefaßt wird diese Bedeutung durch das bekannte Rechtssprichwort: »Ist das Bett beschritten, ist das Recht erstritten« (Dt. Wörterbuch, Bd. 1, Sp. 1596).

Ein Ereignis von solcher Tragweite erforderte, daß sich in Fällen, wo nennenswerte Vermögens- und Prestigewerte berührt waren, Vertreter der interessierten Gruppen vergewisserten, daß alles ordnungsgemäß vonstatten ging. Darum die Öffentlichkeit. Umgekehrt paßt es ins Bild, daß der aus ärmeren Verhältnissen stammende Stadtbürger Burkard Zink bei keiner seiner drei Eheschließungen (1420/1454) ein Beilager erwähnt (S. 128, 138, 140). Aus der Perspektive der aufsteigenden Zentralmächte hatte das rechtliche wie faktische Gewicht des Geschehens zur Folge, daß es den Priestern lange nicht gelang, den Kirchgang der Brautleute *vor* die Hochzeitsnacht zu rücken (Schröter 1985a, S. 293-296, 335 f.). Das soziale Regulationsbedürfnis erlaubte ihr Hinzutreten erst, nachdem die Ehe fest und unwiderruflich geworden war.

Die Eigentumsaspekte von Eheschließungen waren besonders konfliktträchtig und wurden daher wohl besonders früh und entschlossen der Kompetenz spezialisierter (weltlicher) Gerichte unterstellt. Wo das geschah, schwächte sich offenbar die quasi rechtliche Funktion der Hochzeitsnacht ab. Die gesellschaftliche und die juristische Sicht des Eheschließungsvorgangs traten auseinander. Ein Beleg ist das zitierte Ingelheimer Urteil, in dem der »Kirchgang« als entscheidende Schwelle erscheint und die öffentliche Bedeutung der Brautnacht nur darin anklingt, daß der »Beischlaf« nicht unerwähnt bleibt.[5]

Ehedem mag eine soziale Funktion der Hochzeitsnacht auch die sexuelle Erprobung gewesen sein: einerseits hatte der Mann seine Potenz (vgl. oben, Kap. 1, S. 16), andererseits die Braut ihre Jungfräulichkeit zu erweisen.[6] Das letztere Problem tritt in den Quellen stärker hervor. Aus Verboten läßt sich erraten, daß es die Lizenz gab, eine »beschädigt« gefundene Frau zurückzuweisen. Für

---

5 Strukturell ähnlich ein Magdeburger Schöffenspruch (wohl um 1400: Wasserschleben 1860/92, Bd. 2, S. 75 f.). Hier steht der Vertrag zwischen Brautvormund und Bräutigam im Zentrum: er entscheidet über die Gültigkeit der Vereinbarungen zur Aussteuer, während die Tatsache des »Beschlafens« zwar in der Schilderung des Hergangs, aber nicht in der Urteilsbegründung auftaucht. – Ein Gegenbeispiel, wo der Vollzug der sexuellen Gemeinschaft zumindest neben einer verbalen Vertragshandlung eine Rolle spielt, ist ein gleichzeitiges Urteil, wieder aus Magdeburg (Schwerin 1925, S. 67): eine Frau hat sich ihrem »Knecht« anverlobt, aber da er ihr Gut nicht in seine Vormundschaft genommen »unde sy sin bette nicht beschreten« hat, behält sie die Verfügungsgewalt über ihren Besitz.

6 Ob einmal, wie es in manchen türkischen Gegenden noch heute geschehen soll, nach der Hochzeitsnacht das Deflorationsblut zur Schau gestellt wurde?

Gruppen, deren Identität auf der Tradierung von Grundbesitz in einer Vater-Sohn-Linie beruhte, war die Sicherheit der generativen Abfolge eine unverzichtbare Voraussetzung ihres sozialen Lebens. Die Kirche hat eine solche Verstoßungspraxis (*error qualitatis*) früh unterdrückt, aber verhindern konnte sie allenfalls eine anschließende Zweitehe. Die »Morgengabe«, Teil des Heiratsgutes einer Braut und »einem mit dem Körper verdienten Lohn (*pretium*) gleichwertig« (Rössler 1852, S. 94 f.), mag nicht nur als *pretium virginitatis*, sondern auch als eine an die *Bedingung* der Virginität geknüpfte Gegenleistung aufgefaßt worden sein, die erst erbracht wurde, wenn man sich von der Erfüllung der Bedingung überzeugt hatte.

Sie wurde, nach einer Augsburger Formulierung des 13./14. Jahrhunderts (Stadtbuch, S. 163 f.), »einer junckfrowen [ausdrücklich nicht einer Witwe] des morgens an dem bette gegeben, e daz er [der Bräutigam] von ir chome, da ir friunde sint, ez sin frowen oder man«. Die öffentliche Ausleitung der Hochzeitsnacht hatte, wie man an diesen Gegebenheiten erkennt, klaren Kontrollcharakter, war eine betonte Angelegenheit der Brautverwandtschaft und sollte die Einlösung männlicher Sachverpflichtungen gegenüber der Frau überwachen. Sie verschwand wohl früher als die öffentliche Einleitung, was mit der Unterwerfung der Güteraspekte von Eheschließungen unter gerichtliche Zuständigkeit verknüpft war, vielleicht auch mit einem Peinlichwerden der Nähe zum sexuellen Vollzug.

Ein starker Beleg sowohl für die Öffentlichkeit des ersten ehelichen Sexualverkehrs wie für dessen Bedeutung ist die Terminologie der Zeit. Häufig gab der Vorgang dem Hochzeitsereignis – dem Fest des leibhaftigen Zusammenkommens der Brautleute im Unterschied zum vorangehenden Vertrag, bei dem die Ehe, in besitzenden Gruppen, von Männern als eine güterrechtlich definierte Familienverbindung geschlossen wurde – geradezu den Namen. Von allen Elementen der Hochzeitsfeier, die derart *pars pro toto* stehen konnten (z. B. das Festmahl), scheint die Hochzeitsnacht die breiteste Verwendung gefunden zu haben. Wenn zeitgenössische Schilderungen immer wieder das »Beilager«, den »Beischlaf« oder auch, im Niederdeutschen, die »Brutlacht« (= Brautlegung[7]) nennen, so bezeichnet das manchmal wie in Ingelheim

7 Diese Ableitung wird durch etymologische Wörterbücher etc. nicht ge-

den genauen Partialakt. In zahlreichen Fällen aber sind diese Worte gleichsam mit »Hochzeit« zu übersetzen.

Zwei Beispiele: »Item 1398 jar am eritag vor liechtmeß gelobt man Perchtolt Tuchers des eltern sein frawen Elspeten, Ulrich Grolantz tochter, zu der ee. Item 1404 jar am montag vor sant Elspeten tag legt man Perchtolt Tucher die Grolatin zw« (Tucher'sches Memorialbuch, S. 14). – Oder: »Anno 1428 nam H. detleff to der ehe H. ludeken lutowen dochter ..., vnd slepen by sondag vor viti« (Moller, S. 32).[8]

Das Verb, dem beide Texte den Vorzug vor dem Substantiv geben (»man legte zu«, »schliefen bei«), gemahnt wieder daran, wie sehr das Ereignis als reales Geschehen und nicht abgelöst als eine juristisch relevante Formalhandlung empfunden wurde.
Schon Zeugnissen aus dem 13./14. Jahrhundert ist zu entnehmen, daß die Öffentlichkeit des Beginns der Hochzeitsnacht, die von der rechtshistorischen Forschung auf germanische Zeiten zurückgeführt wird (z. B. Mikat 1971, Sp. 814), nicht frei von Peinlichkeitsgefühlen war. Ein Indikator für deren Grad könnte sein, in welchem Zustand der Be- oder Entkleidung die Hochzeitsgäste das junge Paar zu sehen bekamen. In den eingangs zitierten Versen ist der Bräutigam bereits oder noch im Hemd; anderswo kann man lesen, daß sich auch die Braut im Hemd zu Bett legt und am nächsten Morgen nackt vorgefunden wird. Das Zusperren der Tür deutet in der Erzählung vom »Striegel« darauf hin, daß das nächtliche Geschehen zwischen den Brautleuten als ihre »heimliche«, also Privatsache erlebt wird. Weitere Ausdrucksformen derselben Schamreaktion sind, daß die neuvermählte Frau ihrem Mann speziell von einer Frauenschar zugeleitet werden kann oder daß die Braut als erste die Festgesellschaft verläßt, während sich der Bräutigam danach verstohlen zu ihr begibt.[9]
Da breite Beschreibungen von Eheschließungen im späteren 14.

deckt. Sie setzen *brutlacht* und *brutloft* identisch (und bringen beide mit der Heimführung zusammen). »Beilacht« im Niederdeutschen = Beilager.

8 Weitere relativ frühe Beispiele bei Schröter (1985a, S. 126: Nürnberg 1366; S. 344: Lübeck 1465); Jegel (1953, S. 244, 248: Nürnberg Ende 14. Jahrhundert); Diesbach (S. 185: Bern 1477).

9 Belege für die Aussagen dieses Abschnitts bei Schröter (1985a, S. 125-133). Die Tatsache, daß Wittenwilers *Ring*, im Gegensatz zu seinen Quellentexten, den Zug zur Brautkammer nicht mehr erwähnt, mag die Erhöhung einer solchen Schamschwelle bis ca. 1400 anzeigen.

und früheren 15. Jahrhundert selten zu sein scheinen, kann man den Fortgang einer Verlegung der Hochzeitsnacht »hinter die Kulissen« (Elias) in dieser Periode nicht im einzelnen verfolgen. Eine Schilderung Heinrich Kaufringers (Bd. 1, S. 166, V. 469 ff.), der aus städtischen Kreisen stammt und sein Werk ca. 1400-1450 verfaßte, verweist auf eine reduzierte Öffentlichkeit: Hier wird die fürstliche Braut von ihrem Bruder und Vormund zum Bräutigam, der sie im Bett erwartet, in die Kammer geführt. Sie bittet eine Frau ihres Frauenzimmers, »das Volk« hinausgehen zu heißen. Erst als sie mit ihrer Vertrauten und dem Bräutigam allein ist, geht die Braut zu Bett.[10]

Partielle Trennung einer öffentlich-symbolischen und einer privat-realen Hochzeitsnacht im 15./16. Jahrhundert

Für das 15. (und in geringerem Maße das 16.) Jahrhundert ist zunächst hervorzuheben, daß die ältere Gestaltung und Bedeutung der Hochzeitsnacht ein ganzes Stück weit erhalten blieb. Dafür spricht besonders klar die Tatsache, daß jene Terminologie, die den ersten ehelichen Geschlechtsverkehr zur Bezeichnung des ganzen Hochzeitsaktes verwendet, bis mindestens Anfang des 17. Jahrhunderts zwar zurücktritt, aber nicht verschwindet.

So schreibt der Hofmeister Maximilians I. am 24. Mai 1497 an seinen Herrn, betreffend eine Frau, die, offenbar aus niedrigerem Stand kommend, einen adligen Mann geheiratet hat und deshalb der Geringschätzung anderer hoher Damen ausgesetzt ist (Chmel 1845, S. 189): »... hat mich die Zengerin mer maln ersucht, nach dem sy den peischlaff gethan hab, jr den stand als andern fraun zu gebn«.[11]

Im selben Sinn gehört es im 15. und noch am Anfang des 16. Jahrhunderts zur Topik autobiographischer Eheschließungsnotizen und -schilderungen, daß über die Nacht des initialen Beilagers berichtet wird.

10 Sosehr dieser Ablauf durch die Pointe der Geschichte bedingt ist (die Braut will ihrem Mann im Dunkeln eine andere Frau unterschieben), er kann gerade der Pointe wegen nicht ungewöhnlich gewesen sein.

11 Weitere Nachweise zu dieser Terminologie (15.-18. Jahrhundert): Dt. Rechtswörterbuch, s. v. »Beilacht«, »beilegen«, »Beischlaf«, »beschreiten«, »Bett«, »Bettbringung«.

»Dar nach gab orlob in gemeyn/ Und legt mych zu der iuncfrawn fyn«, bemerkt Johann von Soest über seine 1494 geschlossene Ehe (S. 132). Der süddeutsche Ritter Michel von Ehenheim schreibt (S. 184), an welchem Sonntag des Jahres 1502 und wo er »zu nacht« mit seiner Frau »elichen beigeschlafen« habe, »und morgens frue mit ir zu kirchen gangen mit meinen herrn und gueten freunden«. Und bei dem Frankfurter Patrizier Bernhard Rorbach heißt es ganz analog (Froning 1884, S. 175 f.): »Anno domini [1466, am 21. Januar] ... do worden Eilgin, Conrat von Hulzhusen ... dochter, und ich Bernhard Rorbach zu der heiligen ee zusamen verlobt und gap uns zusamen Johan von Hulzhusen des egenanten Conrats brueder [ein Ratsherr] ... Anno [1466, am Freitag, den 19. September] ... do gingen wir zu der kirchen des morgens nach der pharmesse und hatten darnach uf den nehisten montag ... unser hochzit und sliefen auch dieselbige nacht irst bi einander in miner swegerfrauen huß.«

Gerade die chronikalische Knappheit, mit der in der letzten Quelle die wichtigsten Schritte der Eheschließung aufgezählt werden, deren Vollständigkeit den ordnungsgemäßen Ablauf des Ganzen verbürgt, weist darauf hin, wie sehr auch diese Menschen die Hochzeitsnacht als zentrales Ereignis betrachteten, dem die Anteilnahme anderer angemessen war. Kein Schamgefühl hindert den Ritter oder den ranghohen Patrizier daran, ihren Nachkommen das genaue Datum zu nennen, an dem sie erstmals bei ihrer Frau schliefen und damit die Ehe endgültig wurde. Im Gegenteil: dadurch, daß sie Jahr und Tag und selbst den Ort angeben – bei Zeugen nachprüfbar –, vermitteln sie ihnen die Gewißheit ihrer legitimen Geburt. Es ist diese fortdauernde Bedeutung der öffentlich demonstrierten sexuellen Vereinigung von Braut und Bräutigam, die in der Hochzeitsterminologie durchschlägt.

Die Mechanismen einer vor-zentralisierten Sozialkontrolle qua Personalverbände blieben somit weiter wirksam. Dennoch fehlt es in den zitierten Berichten nicht an Indikatoren eines allmählichen Wandels. Vor allem spiegeln sie, noch uneinheitlich, relativ späte Stufen im Kampf der Priester um die Etablierung einer kirchlichen oder zumindest geistlichen Eheschließungszeremonie wider (siehe Schröter 1985a, S. 291-378).

Bei Michel von Ehenheim scheint die Hochzeitsnacht dem Zug zur Kirche voranzugehen, aber der letztere gehört doch für ihn zur Serie der erwähnungsbedürftigen Schritte einer Eheschließung. Bernhard Rorbach dagegen vollzieht das Beilager gemäß jüngerem Brauch *nach* einer kirchlichen Zeremonie, und Johann von Soest, bei dem man genauere Angaben vermißt, nennt seine Hochzeit insgesamt »den kirchgang« (S. 131).

Die Umstellung der kirchlichen Handlung, aus der dann die kirchlich-staatliche Trauung wurde, vor die Hochzeitsnacht scheint im 15. Jahrhundert weithin zur Regel geworden zu sein. Sie markiert einen entscheidenden Umschlagspunkt in dem Prozeß, durch den sich die Kirche des Zentrums von Eheschließungen bemächtigte. Übergeordnete Instanzen, zunächst eher die Kirche, dann eher der Staat, drängten die unmittelbar beteiligten *face-to-face*-Gruppen als Kontrolleure und Garanten eines normkonformen Verhaltens an den Rand. Reflex dessen war die Aufwertung des »Kirchgangs« zum eigentlichen Akt der Ehebegründung und (unter anderem) eine rechtlich-offizielle Abwertung der Hochzeitsnacht. Die Gewichtsverschiebung zwischen den beiden Ereignissen äußerte sich in der Umkehrung ihrer Reihenfolge. Je mehr die bedeutsamen öffentlichen Funktionen, die einst am Beginn der ehelichen Sexualgemeinschaft hafteten, von anderen Handlungen und deren Trägern übernommen wurden, desto weniger bedurfte dieser Beginn der Überwachung. Bezeichnend außerdem, daß Kirche und Staat nicht einen physischen, sondern einen *verbalen* Vorgang zur maßgeblichen Schwelle erklärten – das wechselseitige Jawort der Brautleute.

Dieselbe Entwicklung, in der die soziale Regulierung des legitimen Zusammenkommens von Männern und Frauen an Zentralinstanzen überging und nicht mehr am ganzen, auch physischen Ablauf einer Eheschließung ansetzte, sondern an einem verbalpunktuellen Formalakt, führte zu einer Individualisierung, Intimisierung und Psychologisierung des Geschehens in der Hochzeitsnacht. Die sexuelle Vereinigung der Brautleute wurde gleichzeitig entfunktionalisiert und privat.

Ein eigenständiges symbolisches Beilager

Man kann die Verdrängung der Hochzeitsnacht aus dem Licht der Öffentlichkeit an den Quellen ablesen – so an den Zeilen Johanns von Soest, der sich erst nach Verabschiedung der Hochzeitsgäste zu seiner Braut »legt«. Eine besonders prägnante Station auf dem Weg wird ab der Mitte des 15. Jahrhunderts bemerkbar: An manchen Orten verselbständigte sich das Ritual der Bettbeschreitung gegenüber der Aufnahme des ehelichen Geschlechtsverkehrs. Die einstige Einleitung der tatsächlichen Hochzeitsnacht mutierte zu einem *Concubitus symbolicus*[12], der in die Hochzeitsfestlichkeiten eingebaut und vom realen sexuellen Geschehen abgetrennt war.

Ein bekanntes Beispiel (das früheste in meinem Material) findet sich in der Schilderung, die der italienische Humanist und spätere Papst Aeneas Sylvius von der Eheschließung Kaiser Friedrichs III. 1452 in Neapel gibt (Schwerin 1925, S. 70): »Jussit igitur teutonico more stratum apparari, iacentique sibi Leonoram in ulnas complexusque dari, ac praesente rege cunctisque proceribus astantibus superduci culcitram. Neque aliud actum est, nisi datum osculum. Erant autem ambo vestiti, moxque inde surrexerunt.« [Er (Friedrich) befahl, daß man nach deutscher Sitte das Bett bereite und ihm, sobald er darauf liege, Leonora in die Arme gebe und in Gegenwart des Königs (= Brautvaters) und aller umstehenden Verwandten die Decke über sie schlage. Weiter aber geschah nichts, außer einem Kuß. Denn sie waren beide bekleidet und standen alsbald von dem Bett wieder auf.]

Klare Beschreibungen einer solchen symbolischen Bettsetzung finden sich im *Diarium* des Hildesheimer Bürgermeisters Henning Brandis, der dreimal verheiratet war und den Vorgang jedesmal erwähnt. Bei seiner ersten Hochzeit (1475) heißt es, im Anschluß an Haustrauung und Tanz (H. Brandis, S. 32 f.): »De brut wort mick int bedde gesettet dorch oren vader. Ick gingk ersten sitten, darna brochten se de brut. Alse se mick bevolen was, nam ick se in minen rechteren arm, de vruwen slogen de laken unde decken nicht half over uns her unde slogen van stunt wedder up. Do gaf men uns, alse men plecht bym brutbedde. Do stunde wy wedder up, unde myn vader dantzede mit or einen kleinen reig.« Der Kirchgang folgt am Montag danach.

Ganz ähnlich ist der Ablauf bei der zweiten (1480) und dritten Hochzeit (1508). Bei der letzteren wird etwas deutlicher gesagt, was man »beim Brautbett zu geben« (und zu tun) pflegte (ebd., S. 191): »Tohant darna sette se oer vader mick int bedde unde sede: ›Im namen des vaders, des sones unde des hilligen geistes, unde dat juck got gelucke unde heil geve‹. By der halve, dar ick sat, weren ... [männliche Verwandte], sunst over de gantzen kameren vele vruwen unde keine jungkvruwen. Men gaf uns confect unde schenkeden wyn unde embeckesch beer.« Danach setzte man sich wieder zu Tisch. Die Braut »dantzede do vort in den losen haren« (vgl. außerdem S. 178).

An einen solchen zeremoniellen Akt wird man auch denken müssen, wenn Luther über seine Eheschließung mit Katharina von Bora in einem Brief vom 15. Juni 1525 berichtet (S. 531; vgl. Böhmer 1925): »So hab ich auch nu ... mich verehlicht und umb

12 Dieser Ausdruck bei Adler (1957, S. 101); nach einer Rechtsabhandlung von 1738.

dieser Mäuler willen, daß nicht verhindert würde, mit Eile beigelegen«; die Hochzeit solle erst in 14 Tagen folgen. Offenbar hat noch im 16. Jahrhundert das »Beilager« eine besondere Dignität des Endgültigen: Luther zieht es, ganz ungewöhnlich, in den Zusammenhang der vertraglichen Eheschließung, vor dem Hochzeitsereignis. Er tut dies, damit seine Verbindung mit der adligen ehemaligen Klosterfrau nicht mehr hintertrieben werden kann.

Umgekehrt wurde im 16. Jahrhundert eine Heirat in der kleinen Stadt Meßkirch, über die am Abend »unverbüntlich« geredet worden war, dadurch zum Abschluß gebracht, daß die Brauteltern den erkorenen Bräutigam mit Wein traktierten und ihn überredeten, im Haus zu übernachten (Zimm. Chronik, Bd. 3, S. 478): »Die jung dochter ward ime, also ser beweinten und schlaffenden, an die seiten gelegt. Er schlief die nacht durch. Morgens unversehenlich, wie er erwacht, do findt er sein Greta neben sich und muest wol zu friden sein.« Die List empfahl sich, da »seine Greta« im Ruf stand, bereits geboren zu haben. Der Beischlaf war nicht sexuell vollzogen worden, also quasi symbolisch geblieben, dennoch machte er die Ehe unwiderruflich.

F. Frensdorff spricht im Zusammenhang des *Concubitus symbolicus* von einer »Verfeinerung der Sitten, die es nicht mehr duldet, den intimsten Vorgang des Familienlebens den Mißbräuchen der Öffentlichkeit auszusetzen«, während man zugleich »das alte Recht der Öffentlichkeit und ihre Vorteile wahren« wollte (1918, S. 12). Der Schub einer Erhöhung der Schamschwellen, einer Privatisierung springt ins Auge: nicht nur die »Mißbräuche« aller möglichen rüden Sitten, sondern die bloße Anwesenheit anderer im unmittelbaren Vorfeld der ersten sexuellen Begegnung des Paares würde das weiter entwickelte Feingefühl nun verletzen.[13] Das ganze Ritual belegt, wie Veränderungen der Formen sozialer Kontrolle im Zuge der staatlich-kirchlichen Zentralisierung und Ver-

13 In dieselbe Richtung deuten die Beobachtungen (an den zuvor zitierten Berichten), daß sich Friedrich III. und Leonora ins Bett »legen«, während der jüngere H. Brandis und seine Bräute darauf »sitzen«, oder daß der Hildesheimer Patrizier hervorhebt, es seien sogar bei dem züchtigen, religiös überhöhten Vorgang seiner (dritten) Bettsetzung »keine Jungfrauen« zugelassen gewesen. Vielleicht will auch das »Zudecken« des Paares, von dem diese Symbolhandlung den häufig bezeugten Namen des »mit der Decke Beschlagens« gewann, die Assoziation zum nackten Vorgang des sexuellen Zusammenschlafens gestisch verleugnen.

änderungen des persönlichen Empfindens Hand in Hand gehen. Zugleich behauptet sich das ältere Prinzip, wonach nur die Zeugenschaft anderer beim Geschehen selbst Gültigkeit verbürgt, noch lange gegen das Vordringen eines förmlichen Trauungsaktes. Das symbolische Beilager erweist sich als Kompromißlösung und so als Symptom einer Übergangszeit.

Zumeist bleibt der Beginn der realen Hochzeitsnacht öffentlich

Bisweilen ist apodiktisch zu lesen, daß sich die öffentliche Beschreitung des Ehebetts »im Verlaufe des MA. in eine Symbolhandlung verwandelte« (Frensdorff 1918, S. 12). Damit ist das eigenständige, von der realen Hochzeitsnacht getrennte Ritual gemeint, das eben beschrieben wurde. Man kann aber feststellen, daß ein solches isoliertes symbolisches Beilager im 15./16. Jahrhundert durchaus nicht allgemein üblich wurde. Vielerorts blieb es dabei, daß ein Einleitungsakt vor Zeugen unmittelbar zum intimen Beginn des ehelichen Sexuallebens hinführte.

Keine diesbezügliche Frage läßt eine Anekdote aus der *Zimmerischen Chronik* über eine Hochzeit in Frankreich offen. Der erste, symbolisch-zeremonielle Teil des Geschehens, »Zulegen« genannt, geht hier in den real-privaten Geschlechtsverkehr über: »Uf die nacht do ward sie [die Braut] dem herren von Laval mit groser ceremoni zugelegt. Wie sie nun allain, do wolt der herr erfaren, ob sie zuvor auch in den scharmitzeln gewest [d. h. sexuell erfahren sei]«. Er stellt sie auf die Probe, indem er seinen Penis an ihren Mund führt, aber sie weiß es besser – und er Bescheid (Bd. 3, S. 270; vgl. außerdem Bd. 2, S. 148 f.).

Zahlreiche Quellen deuten in dieselbe Richtung. So heißt es in den 1561 veröffentlichten Brautpredigten von Cyriacus Spangenberg (Bl. 178^r, 179^r): »Ist auch an etlichen orten brauch / das man nach vollbrachter freüde / Braut vnd Breütigam zuo Bethe bringet« – oft genug bezecht und »mit Trummeln vnd pfeiffen«. Was in dieser Weise fröhlich und lärmend zelebriert wird, ist ganz offenbar, wie schon Jahrhunderte zuvor, der Zug zum Brautbett selbst.

Wenn der Stralsunder Bürgermeister Gentzkow erzählt, er sei 1561 bei einer Hochzeit geblieben, »bet dat de brudgam jm bedde was« (S. 147), wird man bezweifeln können, daß sich das Paar danach wieder erhob und weitertanzte und -tafelte. – Der Frankfurter Geistliche aus vornehmstem

Bürgergeschlecht, Job Rorbach, erwähnt in stichworthafter Kürze mehrere »Beilegungen«. Was er von einer Eheschließung des Jahres 1497 erzählt, zeigt an, daß die »Beilegung« jedenfalls in derselben Nacht war, in der die Neuvermählten erstmals zusammenschliefen (Froning 1884, S. 289 f.):[14] »deinde 8 Novembris benedictionem matrimonii in ecclesia sumpserunt et die illa fuit sponso sponsa apposita ... et unica modo nocte concubuerunt simul: a prima nocte quo sponsa apposita fuit, egrotare cepit sponsa, que et obiit mortem ...« [Dann am 8. November empfingen sie den Ehesegen in der Kirche, und an jenem Tag wurde die Braut dem Bräutigam beigelegt. Sie lagen aber nur eine einzige Nacht beieinander: von der ersten Nacht, in der die Braut beigelegt wurde, begann sie zu kränkeln, und sie starb] – ein Vierteljahr später.

Nehmen wir schließlich die Autobiographie des schlesischen Hof- und Landadligen Hans von Schweinichen. Er berichtet von seiner ersten Eheschließung 1581, nachdem eine Haustrauung im Schloß seines herzoglichen Herrn durchgeführt worden war (S. 254 f.):

»Es war das Rosenzimmer von IFG. [Ihro Fürstlichen Gnaden] eingegeben, darin ich beilag in Freuden und mit Ehren ... FG. die Herzogin, die Frau Kurzbachin [herzöglicher Abkunft], neben der Jungfrau Mutter, brachten mir die Braut zu Bette geführt, gaben mir eine Lehre, ich sollte die Nacht friedlich leben, welches von mir auch geschahe, dazu denn der starke Rausch auch wohl half, friedlich zu leben.«

Es ist unbestreitbar das Nachtlager selbst, zu dem hier die Braut von einer Frauenschar geleitet wird, in die Arme des wartenden Bräutigams. Die Mahnungen der (Ersatz-)Mutter zielen auf die sexuelle Vereinigung, die wohl der Regel oder Hoffnung nach gleich in derselben Nacht geschah. Daß Schweinichen selbst nicht soweit kam, lag an akzidentellen Umständen. Bei seiner zweiten Eheschließung äußert er sich offen genug über seine Koitusversuche in den ersten drei Hochzeitsnächten, die jedesmal seiner Betrunkenheit wegen fehlschlugen (siehe unten).

14 Auch der Begriff *consummatio*, den er zur Charakterisierung des Hochzeitsgeschehens verwendet, läßt auf den tatsächlichen »Vollzug« der sexuellen Vereinigung schließen (vgl. ebd., S. 243 mit S. 176, S. 303; ferner S. 305). – J. Rorbach macht übrigens deutlich, daß es eine Auszeichnung ist, wenn ein Mann das Vorrecht erhält, die Braut dem Bräutigam zu bringen: »Vor dieser Braut«, schreibt er über eine Hochzeit von 1496, »hatte ich noch keine zur Kirche geführt und keine außer jener dem Bräutigam beigelegt« (ebd., S. 263).

Die Gesamtheit der ausgewerteten Zeugnisse läßt erkennen, daß die Verwandlung der öffentlichen »Bettbeschreitung« in einen eigenständigen *Concubitus symbolicus* bis ins 16. Jahrhundert keinesfalls die Norm, vielleicht eine regionale Spezialität war. Sie scheint auch weithin auf soziale Spitzengruppen beschränkt gewesen zu sein.[15] Die Tatsache, daß Heiraten in den allerhöchsten Kreisen subtile Planungen über große zeitliche und geographische Räume erforderten und daß andererseits die Fürsten ja Inkarnationen der staatlichen Obrigkeit waren, also in geringerem Maße den in der breiteren Gesellschaft wirksamen Regulativen unterlagen, könnte eine solche Zuordnung verständlich machen.[16] Gut vorstellbar, daß sich das Ritual in diesen Kreisen ausbildete und daß es von dort etwa auf Patriziergruppen übergriff, die in vieler Hinsicht die Hochzeitsgepflogenheiten des Adels (z. B. pompöse Aus- und Einritte mit liviertem Geleit) nachahmten.

Im großen und ganzen mag sich im 15./16. Jahrhundert der Wandel gegenüber früheren Gewohnheiten zunächst darauf beschränkt haben, daß das Brautpaar bei der öffentlichen Einleitung der Sexualgemeinschaft voll bekleidet war – und daß sich für den Vorgang Sonderausdrücke wie »mit der Decke beschlagen« einbürgerten, die ihn dezidiert von der anschließenden Intimität abhoben. Allmählich nahmen wohl auch weniger Menschen daran teil und vielleicht nur noch Frauen. Der Unterschied ist kleiner, als manchmal angenommen wird, verweist aber dennoch auf gewichtige Veränderungen des Peinlichkeitsempfindens.

15 Adler (1957, S. 101) vermerkt, der Brauch habe sich »im niederdeutschen Raum am längsten gehalten«. Aeneas Sylvius bezieht die – im italienischen Ausland hervorstechende – »Gewohnheit der Deutschen« ausdrücklich auf die Situation, »wenn Fürsten zum erstenmal zusammengegeben werden« (a. a. O.).

16 Sehr genau ist der Zusammenhang mit räumlichen Verhältnissen zu fassen in der Gepflogenheit eines *stellvertretenden* (also gewiß symbolischen) Beilagers durch einen Gesandten; sie soll »under den fürsten und hochen pottentaten in sollichen fellen die gewonhait« gewesen sein (Zimm. Chronik, Bd. 2, S. 622 f.).

Der zuvor erwähnte Fall Luthers schien zu zeigen, wie ein *Concubitus symbolicus* die Unwiderruflichkeit einer Ehe gegen befürchtete Opposition gewährleisten sollte.[17] Da dem angedeuteten Akt aber die physische Realität (zumal der Defloration) fehlte, konnte er diese Aufgabe nicht wirklich erfüllen.

Bei der Heirat zwischen einem Herzog von Jülich und einer Nichte des französischen Königs (Zimm. Chronik, Bd. 3, S. 267-269) machten die Eltern des 12jährigen Mädchens scheinbar gute Miene zu einem Spiel, das der König gegen ihren Willen inszeniert hatte. Die Hochzeit nahm ihren Lauf, bis zum vorletzten Schritt: »Nachts do ward der herzog und die jung königin mit der deckin, wie gepreuchlichen, beschlagen. Aber hernach do name sie ir muetter ... wider zu iren gewalt« – mit der Begründung, das Mädchen sei für Sexualverkehr noch zu jung. Dem Mann wurde »zugesagt, er solt mit dem beischlaff noch ain jar verzihen, hiezwischen möcht sie im gerecht werden ..., nachgends welt man sie ime erst verfolgen lasen«. Tatsächlich hatte er »sein weib, die im versprochen und warlichen verehelichet war, zum ersten und zum letzten mal gesehen«.

In dieser Geschichte sind – wegen der Jugend der Braut oder aus politischen Gründen, gewiß aber gegen die Regel, wie sie der Chronist sonst kennt – die Handlungen des »mit der Decke Beschlagens« und des »Beischlafs« zeitlich separiert. Die erstere allein vermag dem Bräutigam nicht den Besitz der Frau zu sichern.
Vom sexuellen Geschehen getrennt, hatte also das symbolische Beilager keine durchschlagende Wirkung mehr. Es signalisiert eine Entfunktionalisierung der Hochzeitsnacht in einer Phase, in der die maßgebliche soziale Kontrolle nicht mehr den ganzen Heiratsablauf erfaßte. Die Ambivalenz wurde offenbar von den Zeitgenossen selbst empfunden. Nicht nur der Symbolcharakter, auch der explizite Kontext, in dem von einem *Concubitus symbolicus* die Rede ist, erweist diesen als ein Übergangsphänomen: In jedem der oben angeführten Paradefälle findet sich eine Bemerkung, die außer dem öffentlich-zeichenhaften Geschehen auch den real-privaten Vollzug der ehelichen Vereinigung aktenkundig macht.

17 Man vergleiche jenen Fall von ca. 1400 (siehe oben), wo ein Mann in analoger Situation den tatsächlichen Beischlaf vollzog.

Bei der Hochzeit Kaiser Friedrichs III. heißt es (Schwerin 1925, S. 70): »Nocte quae instabat, futurus erat concubitus ex nudis« [in der unmittelbar folgenden Nacht war das Beilager in Nacktheit].[18] – Ähnlich schreibt Henning Brandis bei allen seinen drei Ehen, welches die Nacht war, da er wirklich das erste Mal bei seiner Braut schlief (S. 33, 43, 192 f.), etwa: »Des avendes gingen de brut unde ick tohope to bedde unde slepen do unse erste nacht tohope«; oder: »Umme teine de klocke gingk ick to bedde. Tohant darna brochte ore moder se to mick«.

Das Nebeneinander eines hier öffentlichen, da zumindest veröffentlichten Ereignisses verlangt nach Erklärung. Man kann diese Verdoppelung als Symptom eines noch ungelösten Problems der sozialen Regulierung begreifen – einer Spannung zwischen alten, beharrenden und neuen, aufsteigenden Ordnungsinstanzen, deren Macht sich eine Weile die Waage hielt. Ein Übergangskompromiß, wie das symbolische Beilager selbst.[19] Wenn man sich die Sequenz der Handlungsschritte anschaut (bei Brandis' erster Ehe: Sonntag Bettsetzung, Montag Kirchgang, Mittwoch reale Hochzeitsnacht), entdeckt man, wie hier bewußt oder *de facto* erreicht wurde, daß die sexuelle Hochzeitsnacht hinter den Kirchgang rückte, ohne daß die alte Voranstellung des zeremoniellen Ereignisses verlorenging. Andererseits scheint das bloß symbolische Beilager dem fortdauernden Erfordernis einer öffentlichen Kontrolle nicht Genüge zu tun. Der Bericht über den realen Beginn der Geschlechtsgemeinschaft trägt nach, was dem Ereignisablauf mangelte.

Sosehr das soziale Öffentlichkeitsbedürfnis in bezug auf die tatsächliche Brautnacht in Kraft blieb, die eher narrative als szenische Form, in der man ihm gerecht wurde, zeigt seine Abschwächung an und eine parallele Verstärkung von Schamgefühlen, die sich vielleicht von oben (höfischer Adel, Patrizier) nach unten (Handwerker, Bauern) ausdehnte. Es bleibt zu prüfen, ob dieser

18 Dieser Satz, der auf das vorangehende »erant ambo vestiti« bezogen ist, sagt *verbatim*, daß ein Unterschied zwischen den beiden Formen des Beilagers für die Zeitgenossen im Unterschied von Be- und Entkleidung bestand.

19 Vgl. das frühere Muster, wo die Brautleute *zweimal* ein Ehegelöbnis leisteten, im weltlichen und im kirchlichen Rahmen, getrennt durch die Hochzeitsnacht (Schröter 1985a, S. 330-334). Solche Verdoppelungen stellen offenbar einen normalen Mechanismus sozialer Entwicklung im Mittelalter dar.

zweigleisige Wandel auch anderswo zu einer geschlechtsspezifischen Aufteilung der Funktionen führte, wie sie bei Brandis' dritter Hochzeit hervortritt: daß das private Geleit der jungen Frau zum Bett der Defloration von der Brautmutter übernommen wird, während die symbolische Bettsetzung als Residuum eines Rechtsaktes weiter in der Hand von Männern, vor allem des Brautvormunds, liegt.[20]

Intimisierung der Hochzeitsnacht im 16. Jahrhundert

Vom »Beilager« zur »Hochzeit«: Terminologischer Wandel

Im 16. Jahrhundert setzte sich die kirchliche Trauung, besonders nachdem sie staatliche Vorschrift wurde, als obligatorisches Ereignis der Ehebegründung generell durch. Alle anderen Schritte des legitimen Zusammenkommens von Mann und Frau (z. B. auch die »Verlobung«) wurden langfristig in einen Bereich der Privatheit abgedrängt. Während auf einer früheren Entwicklungsstufe das, was als Recht galt, vom tatsächlichen Geschehen zwischen den beteiligten Menschen wenig abgelöst war, trat ihnen nun die eigentlich rechtverbindliche Handlung ebenso von außen und oben entgegen wie die sich etablierende Staatsmacht selbst (oder auch die Kirche). Die Hochzeitsnacht, die sonst ein *fait accompli* geschaffen hätte, rückte fest hinter den zentralen Formalakt; der physische Vorgang des Ehebeginns wurde zugunsten des verbalen öffentlich entwertet.

Manche Indizien deuten darauf hin, daß sich *pari passu* mit dem Schub der Staatsentwicklung auch die Schamschwellen gegenüber der Hochzeitsnacht (bzw. genitaler Sexualität) weiter erhöhten. Es wirkte damit dieselbe Dynamik fort, die sich schon zuvor in

---

20 Brandis (wie auch Bernhard Rorbach) praktizierte bei seinen ersten beiden Hochzeiten mehr oder weniger wörtlich die kirchlich geforderten Tobiasnächte ehelicher Abstinenz. Die Gewohnheit eines symbolischen Beilagers kann auch in diesem Zusammenhang gesehen werden, wieder als Kompromiß. Aber ernsthaft wird die Spezialvorschrift der Priester im hier verwendeten Material nie erwähnt. Nur Schweinichen läßt sich den Scherz nicht entgehen, daß ihn der Alkohol wider Willen zu einem »Bräutigam wie der liebe Tobias« machte.

der partiellen Einführung eines *Concubitus symbolicus* geäußert hatte. Innerhalb dieser Zeremonie, ob sie von der realen körperlichen Vereinigung getrennt war oder zu ihr hinleitete, verstärkte sich die Entfernung sexueller Konnotationen: das Brautpaar legte sich nicht einmal mehr voll bekleidet zu Bett, sondern setzte sich nur noch darauf oder stellte sich davor auf (Adler 1957, S. 101). Derart geschwächt, verlor das Ritual offenbar rasch seine Überzeugungskraft; ab 1631 ist es in pommerschen Städten nicht mehr nachweisbar. Wo sich ein »mit der Decke Beschlagen« des zusammenliegenden Paares erhielt, wird dabei »eine christliche Sermon gehalten und das Gebet gesprochen«; in dieser disziplinierten Form kann dann auch ein Prediger der Mitte des 17. Jahrhunderts den »feinen Brauch« loben (zit. Dt. Wörterbuch, Bd. 1, Sp. 1573).

Gewichtiger noch als solche Befunde sind für den Soziologen strukturierte Veränderungen der Hochzeitsterminologie, da sich in ihnen – wie in begriffsgeschichtlichen Vorgängen überhaupt – breite soziale Prozesse niederschlagen, ohne daß dabei Spezialintentionen eines bestimmten Autors oder einer bestimmten obrigkeitlichen Instanz in Rechnung zu stellen wären. Die große Richtung der diesbezüglichen Veränderung ist, daß Worte wie »Beilager« oder »Beischlaf« als Bezeichnung für die Hochzeit insgesamt stark in den Hintergrund treten oder verschwinden.

Es gibt Gegenbeispiele bis nach der Jahrhundertmitte. Wenn der Stralsunder Bürgermeister Bartholomäus Sastrow ein Kapitel seiner Autobiographie mit dem Titel »Von meinem ehelichen Beilager« überschreibt (Bd. 3, S. 8), so ist das weiter gleichbedeutend mit »Von meiner Hochzeit« (im Jahr 1551)[21] – und entspricht der Praxis einer öffentlichen Einleitung der Brautnacht in seiner Heimatstadt (siehe oben, S. 124). Eine gewisse Verschiebung ist aber auch hier erkennbar: bei Sastrow erscheint das Wort im alten *pars-pro-toto*-Sinn nur als Substantiv, während noch der Nürnberger Patrizier Christoph Fürer notiert (S. 80): »Anno 1512, im 33. jar meines alters bin ich ehrlich mit Hansen Imhoffs tochter beygelegen.«

21 Sastrow hat im 1. Bd. ein Kapitel, das ebenso mit »Von meiner Eltern ehelichem Beilager ...« überschrieben ist und nicht mehr als die kargen Daten ihrer Hochzeit vermeldet. In beiden Fällen sagt er im Text dann »Hochzeit«. Wie sehr er die zwei Worte als Synonyma empfindet, zeigt ein drittes Kapitel mit dem Titel »Von hertzog Philipsen ... eheliche Hochzeit ...«, das diesmal im *Text* sagt, das Paar habe »Beilager gehalten«. – Diese Klarstellungen gegen Bachorski (1988, S. 34).

In anderen Quellen, wo das Wort weiterbenutzt wird, beschränkt sich seine Bedeutung (wie bisweilen schon früher) auf den speziellen Teilakt und erfaßt jedenfalls nicht das ganze Hochzeitsereignis; das gilt für das »Zulegen« in der *Zimmerischen Chronik* und das »Beiliegen« bei Schweinichen (siehe oben) wie für das »beylaeger oder vollziehung des ehestandes«, von dem Cyriacus Spangenberg spricht (1561, Bl. 161ᵛ).

Eine häufige Zwischenstation des Weges, auf dem Worte wie »Beilager« (= Hochzeit) außer Gebrauch kommen, scheint zu sein, daß sie in Kombinationen auftauchen, etwa in der Wendung »die hochzeit und das beischlafen« (Zimm. Chronik, Bd. 1, S. 89).[22] Ähnlich dämpft der Ausdruck »eheliches Beilager« den Beiklang des Physischen. Die pure Nennung des sexuellen Vorgangs, der inzwischen seiner rechtlichen Relevanz entkleidet und insofern entfunktionalisiert ist, wird demnach als anstößig empfunden.

In dieser Zeit steigt wohl überall im deutschen Sprachgebiet unser heutiges »Hochzeit« zum Standardausdruck für das betreffende Ereignis auf. Das Wort verdrängt nicht nur die älteren Termini »Beischlaf«, »Beilager«, »Brutlacht«, sondern zugleich andere wie »Wirtschaft« oder »Kost«, »Brauthaus« und »Brautlauf«, die alle im selben umfassenden Sinn verwendet worden waren. Daß es dem ebenfalls gleichbedeutenden »Kirchgang« vorgezogen wurde, imponiert als ein Sieg der unmittelbar-sozialen gegenüber der vermittelt-rechtlichen Sicht: Auch das Wort »Hochzeit« (= Fest) war eine regionale ältere Bezeichnung gewesen; seine Neutralität gegenüber bestimmten Einzelaspekten (außer der Hochzeitsnacht vor allem das Festmahl, daneben der Ort der Feier oder die Heimführung) mag seinen Aufstieg mitbedingt haben.[23] – Was sich so als summarischer Befund referieren läßt, soll an einem Einzelbeispiel verdeutlicht werden.

Vertreter der Hildesheimer Patrizierfamilie Brandis haben über drei Generationen Familien- und Stadtchroniken geführt, die erhalten sind. An einer solchen Serie lassen sich Entwicklungen be-

22 In der zugehörigen Überschrift (ebd., S. 88) steht nur »Beischlaf« (vgl. S. 321). Das Wort »Hochzeit« überwiegt in dieser Quelle, auch für die ferne Vergangenheit (z. B. S. 337). Außerdem »Heimführung und Hochzeit« (z. B. S. 246).

23 Zugleich ist der Vorgang, in dem der Wildwuchs einer Fülle von regionalen Hochzeitstermini zugunsten eines einzigen Ausdrucks beschnitten wurde, Symptom einer sprachlichen Zentralisierung infolge des Buchdrucks wie der Reformation.

sonders beweiskräftig ablesen, da man hier orts- und schichtspezifische Eigentümlichkeiten, die sonst immer das Bild zu verzer-
ren drohen, ausklammern kann. Eine Prüfung ihrer Hochzeitsterminologie ergibt, daß der Großvater und der Onkel noch »beischlafen« (vorwiegend in der Verbform) als Kurzbegriff für die
Hochzeitsfeier verwenden. Die Belege reichen von 1484 bis 1564
(H. Brandis, S. 63; J. Brandis, S. 103). Sie beschränken sich aber
auf die erste und zweite Generation, während der Vertreter der
dritten diese Begrifflichkeit mit ihrem sexuellen Unterton nicht
mehr gebraucht. Er sagt (juristisch gebildet) fast nur noch »Hochzeit«.

Es gibt allerdings einen Sonderfall, in dem der Ausdruck »Beilager« auch bei dem jüngsten Brandis als *terminus technicus* weiter-
lebt: fürstliche Hochzeiten (J. Brandis, S. 138, 198, 281). Man
kann daraus schließen, daß sich im 16. Jahrhundert anbahnte, was
im Grimmschen Wörterbuch lakonisch zusammengefaßt wird:
»*Beilager*, eigentlich concubitus, dann nuptiae, von vornehmen
Leuten« (Bd. 1, Sp. 1377).

Hans von Schweinichen, der im selben Zeitraum des späten 16. und frühen
17. Jahrhunderts schreibt, sagt normalerweise »Hochzeit« (S. 22, 35, 45
etc.); »Beilager« = *nuptiae* scheint vor allem in der Form »Fürstlich Beilager« standardisiert zu sein (S. 24, 324, 430). Bei einer seiner Eheschließungen freilich spricht er von »hochzeitliche Freuden und ehelich Beilager« (S. 537; vgl. S. 11). Das Wort »Beilager« wird in seinen Adelskreisen
wohl nicht so entschieden verdrängt, obschon die Kombination mit anderen, feierlichen Wendungen es ebenfalls aus der Sphäre des nackten Leibes
heraushebt.[24]

Warum blieb das Wort »Beilager« bei »vornehmen Leuten« länger
im Schwange? Offenbar haben sich im Adel ältere Formen einer
sozialen Organisation in Familien- und Peerverbänden, mit den
zugehörigen Kontrollmechanismen, zäher als in anderen Kreisen
gegen den Einfluß zentraler Instanzen behauptet; und die Spitzen
des Adels, die Fürsten, waren ja die Spitzen des Staates selbst.
Adlige ordneten sich ihrem Herrscher zu, nicht dem Staat. Das
Duell und ein eigener Kanon der »Ehre« zeigen das Maß ihrer

24 Daß die Fugger-Chronik von 1599 bei 108 verzeichneten Eheschließungen neben 17 Nennungen einer bloßen »Hochzeit« 36mal von der
»Hochzeit samt dem Beischlaf« bzw. von »Hochzeit, Einritt und Beischlaf« redet, verweist auf den Ranganspruch einer erfolgreichen Par-
venü-Familie.

fortdauernden, exzeptionellen Bindung an ihre Personalgruppen (siehe Elias 1989a, Teil 1/B). Derselbe Sachverhalt könnte dazu geführt haben, daß die Bedeutung einer relativ öffentlichen Hochzeitsnacht, bezeugt durch die Hochzeitsterminologie, auf den obersten Gesellschaftsstufen zwar abgeschwächt wurde, aber nicht verschwand; sie bestand hier ebenso fort wie etwa das (offizielle) Konkubinat zwischen einem ranghöheren Mann und einer rangniedrigeren Frau.

Ein Pendant dieser Lage auf der persönlichen Ebene war, daß sexuelle (und aggressive) Impulse bei Adligen weniger unterdrückt wurden. Ihr Schamstandard blieb ein anderer, was sich auch im Reden über die Hochzeitsnacht äußerte (siehe unten).

Die sexuelle Hochzeitsnacht verschwindet aus (bürgerlichen) Autobiographien

Im Gros der Bevölkerung scheint, soweit die Belege reichen (und sie stammen auch hier vor allem aus höherstehenden Gruppen), ein Schatten der Peinlichkeit auf den Beginn des ehelichen Sexuallebens zu fallen. Ein weiteres Indiz dafür ist, daß Autobiographen des 16. und frühen 17. Jahrhunderts den älteren Usus, im Bericht über die eigene Eheschließung das Ereignis zu erwähnen, ganz überwiegend aufgeben. Ab ca. 1530 (bezogen auf das Hochzeitsdatum) ist mir außerhalb des Adels kein widersprechendes Beispiel bekannt.[25]

Der Augsburger Kaufmann Lucas Rem verzeichnet alles, was ihm bei seiner Hochzeit mitteilenswert erscheint (S. 44): »adi 30 Mayo 1518, an aim montag, hetten wir hochzeit ... ausgang ... kirch ... die mäll ... uncosten ... was Ich verschenkt hab, und darnach die gabong darbey ... wer geladen ist« – der »Beischlaf« gehört für ihn nicht in die Liste. Er fehlt ebenso bei dem bremischen Bürgermeister Detmar Kenckel (zwei Ehen 1539 und 1576: S. 5, 16), bei dem fränkischen Pfarrer Balthasar Sibenhar

---

25 Nicht einmal der sonst wenig zimperliche Leonhard Thurneysser (siehe unten) erwähnt im Rahmen seiner Eheschließungsberichte die Hochzeitsnacht mit einer seiner beiden Gattinnen (S. 14, 77 ff., bes. 93-95). – Wenn der Lübecker Bürgermeister Henrik Brokes im Zusammenhang seines »hochzeitlichen Ehrentags« 1598 erwähnt, von wem »die Braut beigeleget ward« (S. 180), muß man an den traditionellen Symbolakt denken.

(Hochzeit 1577: S. 36), bei dem Graubündener Honoratior Enderlin Liesch (zwei Ehen 1581 und 1596: S. 76, 78) und bei dem Augsburger Baumeister Elias Holl (zwei Ehen 1595 und 1608: S. 15, 17). Dieselbe Leerstelle, wenn der Kölner Bürger Hermann Weinsberg über die Eheschließungen von Verwandten berichtet (»hoichzitlicher und bruloffstag« einer Schwestertochter 1580: Bd. 3, S. 75).

Dieser Befund ist kaum akzidentell. Er wird erhärtet durch zwei Serien, in denen Autobiographien von Vater und Sohn bzw. von Großvater und Enkel überliefert sind. In beiden Fällen erwähnt der Vertreter der älteren Generation die reale Hochzeitsnacht, der Vertreter der jüngeren nicht mehr oder allenfalls verhüllt. Beide verweisen recht genau auf denselben Zeitraum, in dem sich der Umschwung vollzogen hat, beide haben den Vorteil, daß der Orts- und Schichtfaktor bei ihnen mehr oder weniger invariant ist, beide demonstrieren eine Zunahme des Schamgefühls in bezug auf das Reden über Sexualität.

Die erste Serie betrifft einmal mehr die Hildesheimer Familie Brandis. Daß der ältere Henning bei allen seinen drei Ehen (1475-1508) neben dem *Concubitus symbolicus* das Datum seiner sexuellen Hochzeitsnacht nennt, wurde oben gesagt.[26] Auch der Enkel Joachim berichtet ausgiebig über seine erste und zweite Eheschließung (1577, 1587). Dabei erzählt er immer noch von einem symbolischen Beilager (J. Brandis, S. 151, 246):

»Alse se vam dantze ingekomen, wort die bruit ... [von zwei Männern] to mick in dat bedde gesettet wo gebruklich. Min vader nam sie darna up ut dem bedde und dantze mit oir ...«. Und beim zweiten Mal: »... wort mich na gewonheit die bruit van irem vader und fründen in das bedde gesettet, dar ok alles geschak, wat sich to den eren geboren wolle.«

Über die wirkliche Aufnahme des Geschlechtsverkehrs mit seiner Braut jedoch schweigt Joachim Brandis. Diese Generation von Männern spricht nicht mehr ohne weiteres über die Geschehnisse der Hochzeitsnacht selbst. Und auch von dem symbolischen Ritual beginnt sie sich vielleicht, durch den Verweis auf die »Ge-

26 Tilo Brandis, ein Sohn des Henning, verliert bei seiner eigenen »Wirtschaft« vom Jahr 1531 kein Wort über das »Beilager« (J. Brandis, S. 17). Aber das besagt wenig, da auch andere wichtige Ereignisse wie die symbolische Bettsetzung oder die Brautmesse bei ihm unerwähnt bleiben.

wohnheit«, sachte zu distanzieren.[27] Man wird annehmen können, daß sich in den 100 Jahren, die zwischen den beiden Heiraten von Großvater und Enkel Brandis liegen, ein sozialer Verdrängungsschub ereignet hat.

Ein Einzelbeleg trägt nicht weit. Um so wertvoller, wenn man eine analoge Abfolge zwischen den Generationen in einer anderen Gegend beobachten kann.[28] Es handelt sich um die Basler Familie Platter, Vater Thomas und Sohn Felix, die ebenfalls beide eine Autobiographie hinterlassen haben. Die des Vaters sticht aus dem ganzen hier herangezogenen Material (städtischer Provenienz) dadurch hervor, daß sie nicht nur das *brutum factum* der Hochzeitsnacht (ca. 1530) vermerkt, sondern auch von den damit verbundenen Empfindungen und Ängsten spricht, in einer psychologischen Direktheit, die in den Quellen der Zeit sonst recht selten ist (was vielleicht mit der kleinbäuerlichen Herkunft des Autors zusammenhängt).

»Ueber ettlich tag giengen wier«, berichtet Thomas Platter ironisch (S. 168 f.), in einem Dorf nahe bei Zürich »zkilchen und huolten uns dhochzyt mit sölichem pracht, das lüt by uns am tisch waren, die wußten nit, das ein hochzyt was. Znacht giengen wier wider in dstatt und gieng ich in min herberg gan ligen, den wier woltens bede heimlich han.« Er wanderte in seine Bergheimat, um seinen Verwandten seinen neuen Stand mitzuteilen. »Zoch wider gan Zürich«, fährt er dann fort; »was noch 6 wuchen do, das ich min wib nie beruort, das Myconius [sein und seiner Frau Dienstherr] zuo mier seit: ›Wen wiltu by dim Anni ligen? Es were nun zyt ...‹ Wier fragten bede nütz darnach, dan wier waren bede schamhafftig.« Das Paar reiste in Platters Heimat und übernachtete unterwegs bei einem Bekannten, der in seiner Ahnungslosigkeit den Jungverheirateten ein gemeinsames Zimmer zuwies und sie so dazu brachte, ihre Scheu zu überwinden: »Der wußt nit, das wier noch nie bywonung zammen ghan hatten; schämpten uns bede, mit einandren nider zuo gan; doch mießt das ein mall sin.«

So der Bericht eines hochangesehenen Schulrektors und Humanistenfreundes. Er unterstreicht, daß die eher kargen Sachverhalte

27 Auch die *Zimmerische Chronik* betont, wo sie das Ritual des »mit der Decke Beschlagens« nennt, man habe »wie von alter herkommen« (Bd. 2, S. 149) oder »wie gepreuchlichen« (Bd. 3, S. 267) gehandelt.
28 Eine Gemeinsamkeit zwischen beiden Fällen besteht allerdings darin, daß in Hildesheim wie in Basel der jüngere Mann erstmals in der Familie eine akademische Ausbildung durchgemacht hat.

terminologischer und ritueller Art, die bisher im Vordergrund der Erörterung standen, mit bestimmten Verkehrsformen und einem sozial-psychologischen Gepräge verknüpft waren, das einen von späteren Zeiten verschiedenen Standard der Peinlichkeit einschloß. Mit der Öffentlichkeit, in der sich bis ins 16. Jahrhundert die Einleitung der Hochzeitsnacht häufig abspielte, mit der Tatsache, daß sie den zusammenfassenden Begriff für den ganzen Hochzeitsakt abgeben konnte, und der anderen, daß Familienchronisten das Ereignis ohne Scheu verzeichneten, ging zusammen, daß über diese körperlichen Dinge *gesprochen* wurde. Thomas Platter erzählt jedenfalls seinen Nachkommen, für die er die Autobiographie schreibt, von den Hemmungen, die ihn und seine Frau lange nicht miteinander schlafen ließen; der väterliche Dienstherr beobachtet das Verhalten seiner Hauskinder und redet ihnen notfalls ins Gewissen.[29] Zumindest eine Familien- und Verwandtschaftsöffentlichkeit – oft nach Geschlechtsgruppen getrennt – nimmt weiter an den intimsten Ereignissen, wie Spätere es empfinden, eines Menschenlebens teil.

Die relative Offenheit des Redens über Sexualität fällt bei dem älteren Platter freilich nur von der Zukunft her auf. Von der Vergangenheit her bezeugt er, wieviel Sexualunterdrückung in seinen Habitus eingebaut ist. So deutet er lediglich an, wann er die Vereinigung mit seiner jungen Frau vollzogen hat – von jener zuvor erwähnten öffentlichen Bedeutung, die eine mit exaktem Datum versehene Notiz erforderte, ist hier nichts zu finden. Er macht klar, daß er wie seine Braut das Bedürfnis hatte, die erste gemeinsame Nacht »heimlich« zu begehen. Der Satz »Es mußte einmal sein« ist umschreibend und klingt wenig triebfreundlich. Vielleicht ist es für Bürgerkreise – oder die Zeit oder die Region – charakteristisch, daß es vor allem die *Ängste* und nicht die Freuden der Liebe sind, die er zur Sprache bringt. Das Verschwinden des Rechtscharakters, die Privatisierung der Hochzeitsnacht scheint einer Psychologisierung und damit auch einer erhöhten Konflikthaftigkeit des Sexualerlebens den Weg zu bahnen.

Zum Inhalt der Ängste, die Thomas Platter als »Schamhaftigkeit«

---

29 Recht ähnlich stellt der Bruder von Isolde Weißhand Tristan zur Rede, als er erfährt, daß der die Ehe mit seiner Schwester noch nicht physisch begonnen hat (Heinrich von Freiberg, V. 3823 ff.).

beschreibt, kann man von einer anderen Quelle her eine Vermutung äußern.

Froben Christoph von Zimmern erzählt (Zimm. Chronik, Bd. 3, S. 270 f.), »das einst vor vil jaren die jugendt zu Ulm gemainlich so einfeltig gewest, wann sie verheirat worden und die hochzeit gehalten, so hab den abendt, so man die hochzeiternen zulegen wellen, der vatter oder nechst fründt sein son underricht, wie er sich gegen der hochzeiternen halten solle; also hab die schwiger ir dochter auch underwisen, wie sie gegen dem man sich erzaigen ... die söne het man underricht, das sie zu niesung dises hailigen sacraments die bruch über den sünder abziehen müesten, dergleichen hetten die schwiger iren döchtern drei underweisungen fürgehalten, nemlich das sie sollten sein schemig, demietig und streitig.«

Die Nähe dieser Geschichte zu manchen Schwänken (die in der Regel von der Unerfahrenheit nur *eines* Partners handeln) ist augenfällig. Doch kann man glauben, daß bei religiös disziplinierten städtischen Gruppen die Hochzeitsnacht auch aus sexueller Unwissenheit angsterregend war. Väter »klärten« ihre Söhne, Mütter ihre Töchter »auf«; möglicherweise hat sein Herr gegenüber Thomas Platter, der verwaist war, denselben Dienst erfüllt. Sie redeten über das Thema – aber erst, wenn es aktuell wurde; und sie taten es, dem Chronisten zufolge, nicht ohne Scham (»die Hose über den Sünder abziehen«). Der verächtliche Gestus, mit dem der gräfliche Gewährsmann die Gewohnheiten »zu Ulm« anführt, verweist auf einen tatsächlichen Unterschied gruppentypischer Einstellungen zur Sexualität, über den noch etwas mehr zu sagen sein wird.

Ganz anders als der Vater Platter, was den hier entscheidenden Punkt betrifft, berichtet der Sohn, der spätere Stadtarzt und Medizinprofessor Felix Platter, von seiner Hochzeitsnacht im Jahr 1557 (S. 327):

»Nach dem nachteßen ... gnodet [dankt, verabschiedet] man ein ander und, domit eß nit vil geschär und vexatz geb, verbarg ich mich in meins vatters kammeren, dohin man auch stilschweigendt mein hochzyteren verzuckt, deren ir vatter mit weinen dermoßen gnodet, das ich meint, sy wurde sich gar verweinen, fuort sy in meins vatters stüblin darnebendt und kamen ettlich wiber der iren zuo ir, dröstent sy.« Als die Frauen nach einem Claret-Trunk verschwunden waren, »kam mein muoter ... und sagt, die junge burß suochte mich, wir sollten uns verbergen und schlofen gon, fuort uns heimlich die hinder stegen uf ... in mein kamer ..., do wir ein wil saßen und, wil es kalt, uns übel fror, legten wir uns im namen gottes schlofen und wußt nieman von der purß, wo wir weren hinkomen. Wir horten über ein wil mein muoter hinuf kommen über daß heimlich gmach, darob sy sitzend haupthelig sang ..., darob mein hochzyteren hertzlich lachen thet.«

Hier begegnet man einer familienöffentlichen Einleitung der Brautnacht, recht weit in deren Vorfeld. Aber das Publikum umfaßt nur engste Angehörige – sowie die »Burse«, die Gruppe der unverheirateten jungen Männer, die das Ausscheiden eines der Ihren mit groben Scherzen zu begleiten pflegen (und die in diesem Fall um ihr Vergnügen gebracht werden). Informelle Gesten und ein funktionsloses Brauchtum sind an die Stelle getreten, wo sich einmal ein geprägter, rechtswirksamer Vorgang abspielte. Der soziale Wandel der Hochzeitsnacht, das Überflüssigwerden einer die Gültigkeit der Ehe verbürgenden Öffentlichkeit, geht einher mit einer Intimisierung, die sich zunächst auf den Binnenraum der Familie und dann wohl vermehrt auf die beteiligten Individuen selbst bezieht. Der Wunsch nach »Heimlichkeit« war auch beim Vater Platter vorhanden gewesen, der Sohn aber ist darin radikaler: während Thomas die Aufnahme der sexuellen Gemeinschaft mit seiner Frau immerhin noch (familienintern) zur Sprache bringt, wird dasselbe Ereignis von Felix fromm und idyllisierend übergangen. Wenn er das »Sich-Schlafenlegen« mit der Kälte im Zimmer begründet, kann man seine Verlegenheit und Verleugnung spüren. Im verschobenen Lachen einer Anallust freilich, als die bejahrte Bräutigamsmutter auf dem Abort ihr Lied schmettert, entlädt sich die Spannung vor allem der jungen Frau angesichts der angstbesetzten Erfahrung, die ihr nun bevorsteht.

Die Intimisierungsthese

So wird im 16. Jahrhundert die Hochzeitsnacht, als Geschehen *und* als Gesprächsthema, weitgehend aus der Öffentlichkeit verbannt. Ihre Privatisierung und Intimisierung ist verknüpft mit der grundlegenden Umorganisation der Gesellschaft, bei der *face-to-face*-Gruppen – zumal unterhalb des Adels – ihre soziale Ordnungsmacht an die aufkommende Zentralinstanz, den Staat verlieren. In dieser Bewegung tritt, wie gesagt, die kirchlich-staatliche Trauung aus dem Ablauf von Eheschließungen, der zuvor insgesamt der gesellschaftlichen Kontrolle unterlag, als der *eine* Kontrollakt und legitimierende Vorgang hervor. Mehr als andere Elemente des Hochzeitsgeschehens (Festmahl, Tanz, Heimführung) wird die Hochzeitsnacht von dem Wandel betroffen. Sie wird zu einer Sache des engsten Familienkreises, der sich nun gegen die übergreifenden Verbände von Verwandtschaft und Nachbarschaft schärfer absetzt. Und auch hier legt sich allmählich ein Schleier über das eigentlich sexuelle Ereignis.

Man kann die Intimisierung der Hochzeitsnacht damit in Zusammenhang bringen, daß der Funktionsverlust von Personalverbänden die Individuen als solche entbindet. Individualisierung und soziale Zentralisierung sind zwei Seiten einer Medaille. Im Zuge dieses breiten Prozesses, der sich nicht zuletzt in einer wachsenden Betonung der individuellen Partnerwahl greifen läßt, scheint sich auch ein Standard des Empfindens herauszubilden, der die erste gemeinsame Nacht den beiden Brautleuten selbst zuordnet. Eine Folge ist die erhöhte psychische Aufladung von Sexualbeziehungen. Je mehr aber solche Beziehungen zu einer intensiven Angelegenheit von zwei Personen werden, je mehr sie im Sprechen und Handeln aus dem Bereich der Öffentlichkeit ausscheiden, desto größer wird die Bedeutung einer persönlichen Verarbeitung der zugehörigen Reaktionen. Mit der Intimisierung wird die Sexualsphäre zugleich zum Spielplatz aller möglichen inneren Konflikte und Spannungen, die ein Kennzeichen zunehmender psychischer Differenzierung sind.

Die beiden zuletzt analysierten Serien von Autobiographien sind eine besonders eindrucksvolle Stütze der Intimisierungsthese. Aber deren Überzeugungskraft beruht nicht so sehr auf irgendwelchen Einzelanalysen, sondern auf der *Konvergenz* verschiedener Entwicklungslinien im Bereich der Wort-, Ritual-, Rechts- und Literaturgeschichte, die *cum grano salis* alle in dieselbe Richtung deuten. Ein interdisziplinärer Mehr-Perspektiven-Ansatz mag am ehesten die Chance bieten, jenseits der Eigenart bestimmter Quellen oder Quellengattungen zu einer sozialen Realität vorzustoßen und ihre Strukturen zu erkennen.

Klatsch und Jungfräulichkeitsprobe:
Soziale und individuelle Konflikte
um die Hochzeitsnacht im 16. Jahrhundert

Es ist eine Crux prozeß-soziologischer Arbeit und so auch der Zivilisationstheorie, daß sie keine scharf konturierten Dichotomien zutage fördert, etwa von der Art: vorher Barbarei, Unbändigkeit, Fremdzwang, nachher Zivilisation, Disziplin, Selbstzwang. Was sie sucht und findet, sind gleitende *Verschiebungen* innerhalb eines Entwicklungsstroms, der weder geradlinig noch einförmig verläuft, und hier über ein bloßes Mehr-Weniger hinaus komplexe Veränderungen in den psychischen und sozialen *Mustern* der Verhaltenskontrolle. Gewiß kostet es mehr Mühe, Gradverschiebungen oder Strukturwandlungen im Material zu sichten und theoretisch zu verarbeiten, als einfache Kontraste (vgl. oben, Kap. III).

Die These von einer Intimisierung des Sexuallebens im 16. Jahrhundert, abzulesen am Schicksal der Hochzeitsnacht, scheint eine Realität zu treffen. Aber im selben Atemzug ist zu betonen, daß die damalige Intimität weit entfernt war von späteren Stufen. Ihre Fortgeschrittenheit ergibt sich im Vergleich zu früher; von später her fällt ihre Begrenztheit auf. Felix Platter zum Beispiel muß sich (und seiner Frau) das Alleinsein im Brautgemach, das ihm ein Bedürfnis ist, erkämpfen. Die Normalität war es noch nicht oder nicht bei allen Leuten, sogar seiner eigenen Gruppe.

Auch anderswo war der Grad einer öffentlichen Anteilnahme am Geschehen der Hochzeitsnacht im 16. Jahrhundert umstritten. Ältere und neuere Regelungsformen lagen im Streit miteinander. Der Streit spielte sich nicht nur auf einer Kleingruppenebene ab, sondern zugleich auf der staatlichen Ebene. Man lese, was Cyriacus Spangenberg 1561 über die geforderte und gefährdete Privatheit der Aufnahme des ehelichen Geschlechtsverkehrs predigt (Bl. 180ʳ):

»Wann nuon die guoten jungen leüte ein mal also auß dem gewuel/ geschrey vnd getümmel/ an jre ruoge kommen seind/ so findet man solche vnzüchtige/ vnbaendige/ vnnd vnmenschliche leüte/ die noch nicht genuogsam geschwermet haben/ die doerffen jnen aller erst rotten weise vnd mit hauffen/ für die kammer ziehen/ daselbst wueste vnd grobe lieder singen/ bißweilen auch die kammer auffbrechen/ sie [die Brautleute] wider auffheben/ vnd zuom trunck mit gewalt fueren/ das seind nicht menschen/

sondern rechte lebendige besessene Teüffel« – die Schimpfrede geht noch 4¹/₂ Zeilen weiter.

Hier werden sichtlich dieselben Gepflogenheiten (derselben unverheirateten jungen Männer?) geschildert, denen sich Felix Platter zur gleichen Zeit entzieht. Der laute Ton von Empörung und Verachtung, den der Prediger anschlägt, verweist auf die institutionelle *und* die psychische Energie, mit der die hergebrachten Bräuche unterdrückt werden; ebenso verweist er auf deren Resistenz. Nach diesem Zeugnis ist es der als Sittenpolizei agierende protestantische Klerus, der den Kampf um die Privatisierung der Hochzeitsnacht führte. Vor allem in Städten.

Die Öffentlichkeit der Hochzeitsnacht, die nun fragwürdig wird, bezieht sich nicht nur auf das Ereignis als szenisches Geschehen, sondern auch auf seine Thematisierung im Gerede. Eine einschlägige Geschichte (Mitte 16. Jahrhundert) um einen Ulmer Bürger zeigt, wie die staatliche Obrigkeit auf diesem Feld ihre avancierten Normen durchaus im eigenen Namen zur Geltung bringt.

Der Mann hatte seine (reiche) Braut in Verdacht, daß sie keine Jungfrau mehr sei. Nachdem er sie zur Ehe genommen, »hat er di erst nacht ein bloß schwert zun haupten gelegt und getrawet [gelobt], so er sie nit recht finde, was er thuen welle«. Aber ein einschlägig berühmter Arzt hatte sie »wol verheilet«. Daraufhin rief der scheinbar rehabilitierte Mann »allenthalben uß, man thete seim weib unrecht«. Aber andere spotteten dagegen, »er wer in ein sollichs gedreng kommen, als da einer mit eim igelskolben« eine Gasse hinabliefe. »Solche leuchtfertigkait des gecken hat ain rath alda zu eim solchen misfallen ufgenommen, das man ine der stuben hat entsetzt« (Zimm. Chronik, Bd. 3, S. 543 f.).

Der gesellschaftliche Steuerungsmechanismus, dem wir hier begegnen, ist der Leumund, die Ehre oder, um es mit soziologischem Realismus zu sagen, der *Klatsch*.[30] Die Ulmer Braut war vom Gerücht als Nichtmehr-Jungfrau stigmatisiert worden; der frischvermählte Gatte versucht ihren Ruf auf derselben Ebene zu heilen. Es kommt zu einem Hin und Her von Selbstverteidigung und Gegensticheleien, das offenbar Unfrieden schafft. Vermutlich

30 Norbert Elias hat den Klatsch als eines der wichtigsten Kontrollmittel von Personalverbänden beschrieben (Elias/Scotson 1965, S. 166-186). Vielleicht gewann er gerade in einer Periode an Gewicht, in der den älteren *face-to-face*-Gruppen physische Sanktionsmöglichkeiten genommen wurden.

deshalb, in pazifizierender Absicht, greift der Rat ein und bestraft den Mann mit Ausschluß aus seiner Zunft. Denn solche Streitigkeiten konnten leicht um sich greifen. Bei einem ernsten Zwist zwischen Eheleuten wurde generell auch die Herkunftsfamilie der Frau einbezogen und aktiv (siehe den unten behandelten Fall Thurneysser). Faktisch macht sich in der Ulmer Episode eine Stadtregierung des 16. Jahrhunderts zum Anwalt der Intimität des Geschehens in der Hochzeitsnacht. Sie arbeitet damit einer vorstaatlichen Form der Kontrolle, die auf Personalverbände wie Peer-, Familien- oder Nachbarschaftsgruppen bezogen war, entgegen.[31]

Das Thema der Jungfräulichkeit einer Braut war besonders sensibel und daher für den Klatsch besonders geeignet. Denn die Verletzung des Deflorationsprivilegs, das ein Bräutigam gegenüber seiner Braut beanspruchte, traf den Kern männlich-sozialer Identität. Das Privileg selbst spielte eine desto größere Rolle, je mehr Besitz bei einer Heirat involviert war, je schwerer also das Problem der physischen Zuordnung eines Erben zu seinem Vater wog (vgl. Schröter 1985a, S. 172-178). Verschiedene soziale Mechanismen dienten dem Zweck, unangenehmen Überraschungen bei der Jungfräulichkeitsprobe in der Hochzeitsnacht vorzubeugen. So konnte die Virginität vielleicht nicht bei den Heiratsverhandlungen, aber doch im voraus zur Sprache kommen.

Bei der Hochzeit eines Grafen geschah dies am Abend des Festes, von seiten der Brautmutter (Zimm. Chronik, Bd. 3, S. 474): »Wie nun die hochzeit und uf die nacht die zeit herzu geruckt, das man die hochzeiterna verzucken und zulegen sollen, hat die schwiger den dochterman uf ein ort genommen, ine in gehaim bericht, das sein gemahl, ir dochter, ein anliegen hab ..., dann die dochter seie vor jarn an der muetter [Gebärmutter] krank gewesen, das ußer rath der arzet und verstendigen man zue ir in leib mit instrumenten greifen müesen; domit seie ir domals geholfen worden; darum soll er nichs args gedenken oder sie was entgelten lasen. Das hat der guet herr angenommen und guetlichen glaupt. Aber, wie man sagt«, fährt der Erzähler fort, »so ist es kein eisern instrument, sonder der rechten lebendigen pessaria eins gewesen, welches derselbigen zeit auch so vil gewürkt, das was lebendigs darauß worden.«

31 Ebenso wird über Basel im 16. Jahrhundert gesagt: »daß kein ehrlicher Mann seines Weibes schändliches Leben ... bei Pön des Wasserturms und Verbietung der Stadt weder eifern noch melden darf« (Thurneysser, S. 147).

Das Ergebnis der Jungfräulichkeitsprobe bleibt, wie man sieht, in der (diesmal adligen) Verkehrsgruppe der Brautleute nicht verborgen. Daß dadurch ihr späterer sozialer Status mitbestimmt wurde, wird auf unverheiratete Mädchen einen stark disziplinierenden Einfluß ausgeübt und die Entwicklung eines spezifisch weiblichen Über-Ichs begünstigt haben (vgl. oben, Kap. 1, S. 47 f.). Aber die Schande, wo die Zügelung nicht gelungen oder durchgehalten worden war, schlug zugleich auf die jungvermählten Gatten zurück. Männer, die als Hahnrei in die Ehe traten, wurden unter ihresgleichen zum Objekt des »Schmähklatsches« (Elias), mußten »den spot zum schaden haben« (Zimm. Chronik, Bd. 3, S. 470). Daher standen sie auch von sich aus unter Druck, eine schmachvolle Entdeckung bei ihrer Braut als Privatsache zu behandeln und nicht an die große Glocke zu hängen.

Mit resignierter Besonnenheit empfiehlt Froben Christoph von Zimmern (Bd. 3, S. 473): »Weislich ist es aber gehandlet, welcher, da im glaich was überbain zukompt und das nit mer endern kan, sein schmerzen verdrucken kan; dann was wil er weiter mit ußrichten, dann sein aigen schandt und dorheit, so verborgen megte bleiben, noch weiter und mer an tag bringen?«

Die Disziplin, die der Kanon der Privatheit erforderte, ob im eigenen Interesse oder unter Regierungsdruck, wurde nicht allgemein aufgebracht. Leonhard Thurneysser, aus Basel stammender Hofarzt in Brandenburg, verletzte sie vehement. Er hatte sich in seiner Hochzeitsnacht (Basel 1580) »als mit einem rechten Schandfleck und mit einer ausgefahrenen Karrennabe an einem Rad, beschissen und betrogen« gefunden (S. 144) und prangerte später die Schande seiner Frau in einem gedruckten Buch an. Mit dramatischen Worten schildert er (ebd.), wie er »von dem ersten Tag an keine fröhliche Stunde mehr gehabt, sondern nur eitel schwere Gedanken«. Weil es hier um die heikelsten Themen männlicher und weiblicher Ehre geht, verschweigt der Graf von Zimmern in dem Kapitel seiner Chronik, wo er einschlägige Fälle assoziiert, vielfach die Namen (Bd. 3, S. 469, 476 f.). Und eben deshalb fiel es den Betroffenen oft schwer zu schweigen.

Die Frage, ob sich die Braut als Jungfrau erweisen wird oder nicht, ist ein zweites großes Angstthema in bezug auf die Hochzeitsnacht, das in zeitgenössischen Quellen faßbar wird (sie reden, von Männern geschrieben, fast nur von männlichen Ängsten).

Diese Angst war wohl vor allem in adligen Gruppen virulent, wo das Thema am häufigsten auftaucht, auch und gerade als Stoff der Klatschmühlen.[32] Aber reichere Stadtbürger kannten sie ebenfalls. Das belegt die Autobiographie von Bartholomäus Sastrow (Bd. 3, S. 10). Obgleich Sastrow über den ersten Geschlechtsverkehr mit seiner Frau schweigt und insofern dem zeitgenössischen Standard der Intimität gehorcht, zitiert er im Kontext (als Anekdote aus eigenem Hörensagen) einen Schwank, der von der Entdeckung einer »Beschädigung« der Braut in der Brautnacht handelt.[33] Somit scheint die »Angstvorstellung auch ihn zu beschäftigen, ebenso wie auch er der Angstabfuhr im Lachen bedarf« (Bachorski 1988, S. 35).

Leonhard Thurneysser, der sich zwischen Stadt und Hof bewegte, mußte eine solche Entdeckung wirklich machen. Er schreibt seinem Schwiegervater (S. 143 f.): »Denn nachdem ich, ehelicher Pflicht nach, mich mit ihr, als meiner ehelich angetrauten, aber nur vermeinten, Jungfrau, hab vereinigen wollen, habe ich sie an sonderlichen Orten so seltsam beschaffen verspürt, daß ich in großem Zweifel gewesen, ob ich sie für eine Witwe oder Jungfrau halten und achten ... sollte.« Als nachdenklicher Mann habe er keine vorschnellen Konsequenzen gezogen, sondern erst erkundet, ob es medizinische Gründe gebe, worauf ein Verwandter der Frau, ihr Vater, ihre Mutter und zuletzt sie selbst, »daß sie eine Jungfrau und ehrlich sei, mir hoch und teuer und bei eurer Seligkeit versichertet«. Das will er geglaubt haben; später erfuhr er es besser.

In puncto Virginität war die Hochzeitsnacht die Stunde der Wahrheit. Vielleicht auch die Stunde der Verzeihung. Eine Stelle aus einem Brief seiner Frau, den Thurneysser in der Streit- und Schmähschrift zu seinem Eheprozeß abdruckt (S. 130), macht deutlich, daß ein Bräutigam bei dieser Gelegenheit zumindest erwartete, daß seine Braut ihm reinen Wein einschenkte und sich gegebenenfalls seiner Großmut unterwarf. Ihr »Herr« habe, schreibt die Frau, »vermeinet/ ich solt so redlich an jhm sey gesein/ vnd solt ihms an der Hochzeit bekendt han/ so hette mein Herr weiter nicht darnach gefragt«. Sie aber habe es aus Furcht nicht zu tun gewagt.

---

32 Im Material des 16. Jahrhunderts besonders bei dem Grafen von Zimmern.
33 Vgl. auch Schröter (1985a, S. 178-182), betr. das analoge Reimgedicht vom »Betrogenen Blinden«.

Im Zusammenhang einer königlichen Hochzeit berichtet die *Zimmerische Chronik* von einer solchen Enthüllung in der Nacht der Wahrheit (Bd. 3, S. 470); die Frau soll bei der Heimführung von einem Mann ihres Gefolges, der sich für ihren Bräutigam ausgab, betrogen worden sein. Während diese Braut ihrem Gemahl das Geschehene unter Tränen eröffnet, ermannt sich ihre Leidensgenossin in einer analogen Erzählung Kaufringers (»Von der unschuldigen Mörderin«) erst nach 32jähriger Ehe zur Beichte. In der Hochzeitsnacht begeht sie einen Mord und setzt einen Teil des Schlosses in Flammen – alles aus Angst vor der Aufdeckung ihrer Schmach. Ob der Unterschied zwischen den beiden Geschichten einen Unterschied in den Sanktionen signalisiert, die Männern früherer und späterer Zeiten in dieser Lage zur Verfügung standen?

Die archaische Sanktion, wenn sich eine Braut als *virgo tacta* erwies, mag Verstoßung auf dem Fleck gewesen sein. Durch das (zunächst kirchliche) Verbot der Wiederheirat in solchen Fällen wurde der Option gewiß viel an Attraktivität genommen. Im 16. Jahrhundert finde ich keinen Beleg für sofortige Trennung. Aber auf längere Sicht war auch die radikale Strafe nicht ausgeschlossen, vor allem wenn eine Frau evident vor der Ehe geschwängert worden war. Im Fall einer vornehmen Augsburgerin, die »eim herren in deutschen landen« vermählt worden war und vorzeitig niederkam, wollte der Gemahl sie »den fründen wider heimschicken«. Er sei aber »mit einer statlichen addition zum heiratguet wider begüetiget worden und hats ein guete sach sein lasen« (Zimm. Chronik, Bd. 3, S. 477).
Auch Thurneysser überlegt sich gleich nach seiner bösen Entdeckung in der Hochzeitsnacht, ob er seine Frau »aus meinem Ehebette verstoßen« und damit »entehren« solle (S. 144).

Er tut es zunächst nicht. Aber 1¼ Jahre später, nachdem er sich hatte überzeugen müssen, daß sie an ihren lockeren Einstellungen und Umgangsformen festhielt, versuchte er sie in der Tat zu ihrem Vater zurückzuschicken. Im März 1582 schreibt er an ihn (S. 147 f.): »Auf solches begehr ich, daß ihr eure Tochter wieder entweder selbst persönlich oder durch jemand andern … abholt, denn ich sie keineswegs für mein Eheweib halten oder ihr einige eheliche Pflicht oder Gemeinschaft mehr leisten … will. Wenn das nicht geschieht … [innerhalb einer Frist], will ich sie frei öffentlich ausstoßen und ihr den Weg weisen …«

Den Prozeß, den sein Schwiegervater nun vor dem Basler Ehegericht gegen ihn anstrengt, verliert er; die Frau wird in sein Vermögen eingesetzt. Ihm selbst bleibt nichts übrig, als mit aller Gewalt den Ruf seiner Frau (und ihres Vaters) in den Schmutz zu ziehen (zum Verlauf des Prozesses siehe Moehsen 1783, S. 160-175). Während Thurneysser die Klatschmühle anwirft, behandelt die städtisch-obrigkeitliche Instanz das Geschehen der Hochzeitsnacht wiederum als Privatsache, ohne juristische Relevanz.

Weil das Ergebnis der Jungfräulichkeitsprobe wichtig und ein etwaiger Schaden nicht mehr zu kurieren war, suchten sich Männer schon vor der Eheschließung der Virginität ihrer Braut zu versichern. Auch dazu bedienten sie sich des Klatsches. Potentielle Heiratskandidatinnen wurden auf dem Klatschmarkt wesentlich (obwohl nicht allein) nach ihrem Sexualverhalten taxiert, und Interessenten taten ihr Bestes, diesen Marktwert (ihren »Ruf«) herauszufinden. Es sei »ain hele hab [ein heimliches Gut] umb junkfrawen« und bedürfe »vil ufsehens und nachfragens«, meint der Graf von Zimmern (Bd. 3, S. 469).[34] Diese Abhängigkeit von der Klatschöffentlichkeit wird auf jungen Frauen desto schwerer gelastet haben, je mehr sich die einmal hohen Schranken des Verkehrs zwischen Männern und Frauen senkten (vgl. oben, Kap. II, S. 59); desto stärkere Ansprüche wurden an ihre Selbstdisziplin gestellt, in der spezifischen Form von Schamhaftigkeit.

Klatschmechanismen funktionieren nur, wenn die Gruppen, um die es geht, relativ klein und festgefügt sind; sie werden wirkungslos bei größeren sozialen Einheiten und wachsender geographischer oder sozialer Mobilität. Der zur Formel geronnenen Erfahrungsweisheit des 15./16. Jahrhunderts war die Tatsache bekannt: »nahe heirat und ferre herrendienst seien die bösten«, zitiert der gräfliche Chronist von Zimmern ein altes Sprichwort und erläutert mit eigenen Worten (Bd. 3, S. 473): »Wer nun zu verheiraten hab, der sehe wol für sich, hab seiner vertraweten und getrewen freundt rath und heirate nit ferr von seiner heimat.« Genau deshalb mißlang Thurneyssers Heiratsprojekt: Er heiratete auf Distanz, wählte sich seine Braut durch Vermittler und nach einem gemalten »Konterfei« (S. 79); weil er aber nur kurz in Basel anwesend und nicht genug in die Klatschkreise eingeschaltet war, wurde er betrogen, ein Opfer seiner lokalen Mobilität. Zugleich scheiterte er, der Sohn eines Basler Goldschmieds, an seinem so-

34 Etwas später erzählt er (S. 475), wie ein schwäbischer Adliger eine Gräfin heiraten wollte und hörte, daß sie bereits ein Kind gehabt habe: da schrieb er »mit böstem glimpf den heirat ab und nam ain andere«.

zialen Aufstieg, den er sich durch akademische Bildung ermöglicht hatte.[35] Bei dieser Heirat zwischen einem *homo novus* in fremdem Hofdienst und einer verarmten Adelstochter waren die sozialen wie die individuellen Steuerungsformen allzu schlecht aufeinander abgestimmt.

Weitergeltung einer öffentlichen Hochzeitsnacht in Adelsgruppen des 16. Jahrhunderts

Es wäre zu schön, um wahr zu sein, wenn man aus den bisher gebotenen Beobachtungen einfach schließen könnte, daß etwa zwischen der Mitte des 15. und des 16. Jahrhunderts ein klarer, allseitiger Schub der sozialen Sexualverdrängung stattgefunden hat. Indizien sind da: die Veränderungen der Hochzeitsterminologie, des zeremoniellen Ablaufs von Ehebegründungen, des Redens über die Hochzeitsnacht in Autobiographien. Auch Elias hat die Schwellenbedeutung des 16. Jahrhunderts im europäischen Zivilisationsprozeß hervorgehoben (vgl. oben, Kap. III, S. 98-106). In der (qualifizierten) Erhärtung dieser Aussage, mit neuem Material, besteht ein wichtiger Ertrag der vorliegenden Studie.

Andererseits verlangen Vielfalt und Eigenart der historischen Zeugnisse ihr Recht. So muß man, bei allem Bemühen um theoretische Modellbildung, in Rechnung stellen, daß gerade die für die Intimisierungsthese ergiebigsten Belege aus einer bestimmten Gesellschaftsgruppe, einem hochrangigen städtischen Bürgertum, kommen. Vertreter bäuerlicher Gruppen haben m. W. aus dieser Zeit keine Autobiographien hinterlassen; was wissen wir über ihre Hochzeitsgebräuche und deren Wandlungen? Deutlich aber ist, daß im Adel besondere Verhältnisse herrschten.

In mancher Hinsicht vollzog er die beschriebene Entwicklung mit. Man findet auch und vielleicht zumal in adligen (fürstlichen) Kreisen die Gewohnheit eines »symbolischen Beilagers«, und die Nachstellung der Hochzeitsnacht hinter eine kirchliche Handlung setzte sich dort ebenfalls durch. Dagegen aber stehen Tatsachen wie das Weiterleben des Wortes »Beilager« als Hochzeitster-

---

35 Seine Frau war eine Adlige, und man spürt, daß ein Teil der Zerwürfnisse zwischen den Eheleuten auch auf verschiedenen Standards des Sexualverhaltens beruhte.

minus oder der wenig gehemmte Klatsch über den Ausgang der Jungfräulichkeitsprobe. Sie weisen darauf hin, daß die Verdrängung des ersten Sexualverkehrs von Neuvermählten »hinter die Kulissen« bei »vornehmen Leuten« längst nicht so strikt war wie bei Stadtbewohnern. Diese gruppenspezifischen Unterschiede zwischen Zivilisationsprozessen *innerhalb* einer Gesellschaft verdienen gezielte Beachtung.

In stadtbürgerlichen Quellen des 16. Jahrhunderts versiegen rapide und fast durchweg die Fälle, wo in der selbstverständlichen, unbeschwerten Manier des 15. Jahrhunderts über die Aufnahme des ehelichen Geschlechtsverkehrs geredet wird. Innerhalb von ein bis zwei Generationen richtet sich eine Mauer des Schweigens um dieses Ereignis auf. Das paßt zu dem Eindruck, daß die unabsehbare Fülle didaktischer und normativer Äußerungen über Ehe und Sexualität, die nach der Reformation zutage tritt, dominant an Untertanen, wohl vorwiegend in Städten, adressiert ist.

Ganz anders liegen die Dinge in Dokumenten adliger Provenienz. Hier begegnet man auch bei Autoren des 16. Jahrhunderts einer weitgehenden Offenheit des Redens über sexuelle Vorgänge, einschließlich der Hochzeitsnacht. Die *Zimmerische Chronik* erweist sich als eine Fundgrube von einschlägigen Anekdoten. Ebenso reich, und vielleicht noch lebensnäher, ist die Autobiographie Hans von Schweinichens, des Hofmeisters der Herzöge von Liegnitz.

Schweinichen erzählt manche Details seiner ersten Hochzeitsnacht (siehe oben). Er schildert, wie er, vom Wein gezwungen, »friedlich« blieb. Und er vergißt in diesem Kontext auch nicht einen Hinweis auf das Ergebnis der Virginitätsprobe. Die Direktheit, mit der er sich darüber äußert, gewinnt ein scharfes Profil, wenn man daran denkt, wie der Stadtbürger Sastrow dasselbe Thema auf dem Umweg über einen traditionellen Schwank-Topos abhandelt: »... und bin«, schreibt Schweinichen (S. 254), »gleich wie die Braut, ein rein Jungfrau gewesen, haben also einander das wenigst aufzurücken gehabt«. Daß sich der Bräutigam hier, als Mann, denselben Maßstäben unterwirft, wie sie sonst eher einseitig für Bräute gelten, stimmt gut mit der religiösen und vorausschauenden Disziplin zusammen, durch die dieser Verwalter eines Hofes und vielfache Friedensstifter generell aus einer ziemlich wilden Adelswelt hervorsticht.

Nach der Hochzeitswoche seiner ersten Ehe verweilt Schweini-

chen 14 Tage zu Hause »und pflegete dies, wie es mit neuen Eheleuten zugehet, darin ich denn fleißig war und mir angelegen sein
lassen« (S. 256).

Von seiner zweiten Hochzeitsnacht berichtet er (S. 539): »Bin also alle drei
Abend mit guten Räuschen zu Bette gegangen und bin ein Bräutigam wie
der liebe Tobias bei seiner Braut gewesen; begehre nicht mehr, in Fürsten-
kammern Bräutigam zu sein, denn wenn ein Kriegsmann drei Tag und
Nacht alle Stürme verleuret vor der Festung, so bekommet er nicht einen
guten Muth; *ergo*.« Erst für den Folgetag kann er notieren: »Diese Nacht
ist glückseliger als die vorigen gewesen, denn die Festung ward mit 3
Fähnlein Knechten genommen; *ergo*.«

Das ist, auch wenn sich Schweinichen vor der Ehe gruppenunty-
pisch zurückgehalten haben mag, die etwas renommistische Un-
bekümmertheit kriegeradliger Männer, deren sozio-psychologische Zurichtung auf zupackende Aggressivität die sexuelle Sphäre
mit einschloß. Man findet sie ähnlich in der höfischen Literatur
des 13./14. Jahrhunderts (Schröter 1985a, S. 178-192). Die Parallele oder fast Identität zwischen der Bewährung in beiden Bereichen physisch-impulsiven Verhaltens, Liebe und Kampf, wird von
Schweinichen ebenso betont wie in der früher zitierten Geschichte vom »alten Möringer«. Seine witzige Ausdrucksweise
scheint eher einer Steigerung des Vergnügens zu dienen als einer
Abwehr (wie sie in der Schwankassoziation Sastrows anklingt).
Eine Angst jedoch wird auch hier spürbar, die für diese Adels-
kreise, zum Unterschied von Stadtbürgern, charakteristisch gewesen sein dürfte: die um die Potenz. Schweinichen verrät sein Versagen, das ihm den »guten Mut« raubte, nur darum, weil er den
wenig späteren (gloriosen) Erfolg ebenfalls melden kann.
Entsprechend unverhohlen waren überhaupt die Verkehrsformen
des Hofs. Der Hofmeister wird Zeuge, wie die Herzogin nach
mehrjähriger Trennung die Nacht beim Herzog verbringen will,
von dem aber ausgesperrt wird und »ohne Beischlaf abziehen«
muß (S. 155 f.). Er verhandelt mit einer Braut, die sich nach der
anstrengenden Reise zum Wohnsitz des Bräutigams nicht am selben Abend trauen lassen will (sichtlich der Hochzeitsnacht wegen, denn sie gibt mit dem Vorbehalt nach, »daß sie diesen Abend
in keinem Weg beiliegen wollte«), und stellt dann befriedigt fest:
»Es hat sich aber gleichwohl die Braut ... beim Herrn Bräutigam
finden lassen« (S. 363). Die Durchlässigkeit der Kulissen des ehelichen Schlafzimmers, die sich in solchen Geschichten andeutet,

kann in Adelskreisen so weit gehen, daß andere Menschen leibhaftig dort eintreten – nicht nur vereinzelt und beiläufig, sondern im Rahmen einer geselligen Gepflogenheit:

Ein Graf, der mit einer alten Frau verheiratet war, hat nach der *Zimmerischen Chronik* (Bd. 2, S. 102) »etlich seiner freundt und verwandten, zu ihm bei nechtlicher weil zu komen, beschaiden, in, wie zu zeiten under vertrawten freunden beschicht, mit ainer mumerei bei seinem gemahel im bet aufzuheben«. Seine Frau will sich für diese Gelegenheit mit »wolriechenden wassern« parfümieren, doch ihr Mann füllt das Glas am Abend davor zur Hälfte mit »Tinte«, so daß sie »im angesicht nit anders, dann wie ain mor gesehen«. Als die Herren »mit ainer musica und vil wintlichtern« erscheinen, gibt es ein großes »gespött und gelechter«. Der rohe Spaß kostet den Grafen das Erbe seiner Frau.

Auch die Vorgänge der Hochzeitsnacht spielen sich weithin im Lichte der Hoföffentlichkeit ab. Man vermerkt mit behaglicher Sympathie, daß Braut und Bräutigam auf den Morgen »lustig« sind (Schweinichen, S. 177), oder registriert umgekehrt die Kummermiene, mit der ein Mann nach Aufnahme des ehelichen Geschlechtsverkehrs umherschleicht.

So ein »Trompeter« am Hof von Stuttgart (Zimm. Chronik, Bd. 3, S. 478): »Wie der verheirat und vermaint, ain ehrlichen jungkfrawen genommen haben, do gieng er nachts frölichen zu bet; morgens ward er ganz traurig gesehen ... Wer waist, wie er die hochzeiterna gefunden. Er sprach zu seinem gesellen und wünscht im selbs den tod.«

Als Kammerjunge beobachtet Schweinichen 1563, wie eine herzogliche Braut vom Frühstück nach Brautnacht und Defloration mit dem Stuhl weggetragen wird. Die Szene hat sich seinem Gedächtnis eingegraben. Sie ist besonders kostbar, da sie etwas über *weibliche* Einstellungen zu Hochzeitsnacht und Sexualität verrät, die sonst weithin im Dunkeln liegen. Was man an ihr, mit den Augen eines früh-pubertären Kindes und insofern wenig durch männliche Perspektive verzerrt, zu sehen bekommt, verweist auf eine Triebfreundlichkeit des Sexualkanons, des Erlebens auch weiblicher Adelsmitglieder. Der angstfreie Realismus, der darin zutage tritt, unterscheidet sich klar von der Reaktion der bürgerlichen Braut Felix Platters.

Älter geworden, erinnert sich der schlesische Hofmann an jenen Morgen nach einer Hochzeitsnacht (S. 19): »im Tragen begegnet dem Fräulein die Balthasar Axleben ..., welche vor 14 Tagen geheirathet hatte; fraget die

Hofmeisterin, was dem Fräulein sei. Die Hofmeisterin giebt ihr was zu verstehen, wie es mit Bräuten zugehet, spricht sie, daß ich es höret: ›O gnädiges Fräulein, es war mir das erste Mal auch also, es wird der Ehe nichts schaden; wann Ihr es gewohnet werdet, so werdet Ihr nichts danach fragen.‹ Also ward das gute Fräulein von der jungen Frauen getröstet.«

Mag sein, daß es sich hier um Geheimnisse des Frauenzimmers handelt, deren Zeuge Schweinichen nur darum wird, weil man ihn mit seinen 11 Jahren noch nicht als Mann wahrnimmt. Aber er schreibt ohne Scheu als Erwachsener davon, für Leser, denen er Einzelheiten, die Unfrieden stiften könnten, durchaus vorzuenthalten weiß. Bei dieser Geschichte jedoch plaudert er keine Intimitäten aus, die von den Beteiligten lieber in Schweigen gehüllt worden wären, sondern folgt den Standards seiner Gruppe: Es ist ein Schatz von solchen Anekdoten, die in aristokratischen, mehr auf mündliche als auf schriftliche Tradition abgestellten Kreisen den Kanon des Verhaltens in allen wichtigen Lebenslagen fixieren und weitergeben.[36] Und die einen unerschöpflichen Unterhaltungsstoff bieten. Noch heute können alte Adlige dem Vertreter einer eher schriftlich-argumentativen Kultur einen Eindruck von ihrer spezifisch anekdotischen Weltverarbeitung vermitteln, die aus dem Klatsch einer festgefügten, traditions- und selbstbewußten Binnengruppe entspringt.[37]
Zum Bereich dieser szenisch verdichteten, narrativ gestalteten Lebenserfahrung gehört also auch die Hochzeitsnacht. In der Tat, die Schamschwellen sind hier andere als bei den Brandis' und Platters. Man sieht es an einer weiteren Anekdote (S. 25 f.), die drastisch vor Augen führt, wie wenig die adligen Menschen am Hof ihr Sexualleben verdecken, wie sie sich, von männlicher Seite aus, eher damit brüsten. Es geht wieder um eine herzogliche Hochzeit; Schweinichen war zur Zeit des Geschehens 16 Jahre alt:

»Den ersten Abend, wie sich Braut und Bräutigam zusammengeleget haben, und sich nun die Fürstlichen Personen auch zur Ruhe geben wollen,

36 Anregende Beobachtungen über das »Exemplum als Hauptstück aristokratischen Denkens«, im Gegensatz zur deduktiven und dichotomischen (Pro und Contra) Argumentation gelehrter Traktate, finden sich anläßlich von Duelldiskussionen des 16./17. Jahrhunderts bei Billacois (1986, S. 193-219; Zitat S. 202).
37 Es ist demnach kein Zufall, daß die Anekdote als literarische Kunstform in Deutschland von einem adligen Dichter, Kleist, hoffähig gemacht wurde.

indessen führet die Braut im hohen Zimmer … ein groß Geschrei an: ›O herzer Herr Siegmund!‹ und das gar oft wiederholet. Wann ich denn als ein Kammerjunge in IFG. Zimmer aufwarte und die Herzogin [Brautmutter?] das Geschrei höret, heißt sie mich Lichter anstecken, läuft in dem engen Gang hin nunter, schlägt in der hintern Thür an, schreiet: ›Herr Siegmund, seid Ihr thöricht, schonet doch, meinet Ihr, Ihr habet eine Viehmagd bei Euch?‹ Herr Siegmund kehret sich nichts daran, bis letzlichen Alles stille ward … Auf dem Morgen hielt die Herzogin den Herrn Kurzbach [Bräu-tigam] bald das vor und fraget, warum er nicht aufgemacht hätte. Der Herr Kurzbach saget, er hätte es nicht gehöret, weil er gebalzert hätte wie der Auerhahn, und gab ein Lachen daran und ging davon. Es wollte sich hernach ferner kein Geschrei erheben, sondern die Hochzeit ward in allen Freuden verbracht.«

Hier klingt ein Kanon unterschiedlichen Sexualverhaltens gegen-über rangniedrigeren und ranggleichen Frauen durch; Frauen des Hofes (Verwandte der Braut) machen ihn gegenüber Männern di-rekt geltend (vgl. Elias 1939, Bd. 1, S. 186-189).
Daß Adlige sich in der Hochzeitsnacht als *supra modum viriles* erweisen (Zimm. Chronik, Bd. 2, S. 398), ist sicher ein relativ ge-ringfügiger Mangel – wahrscheinlich sogar, aus Männersicht, eine Auszeichnung. Ein Fiasko dagegen, und dem gruppeninternen Prestige völlig abträglich, ist der umgekehrte Fall: wenn sie das Scheitern auf dem Schlachtfeld der Liebe, das den Autobiogra-phen Schweinichen nur als im nachhinein spaßiger Anflug streift, wirklich erleiden.

Ebendies wurde über einen Herzog von Hessen erzählt (Zimm. Chronik, Bd. 1, S. 456): Der Herzog sollte sich bei einem großen Fest eine Frau unter den anwesenden Töchtern des Landesadels wählen. Er ging umher, meinte aber am Ende in seiner »Torheit«, »es gefiel im under allen kaine, dann sein fraw muetter, die wer im die liebst«. Am Ende heiratete er doch. »Aber was er die erst nacht uf seiner hochzeit für ain ungeschickte weis mit ir getriben und ir ain katzenliebe erzaigt, darvon wer wol wunder zu schreiben.« Auch ärztliche Kunst blieb ohnmächtig.

»Katzenliebe« gegen »Balzen wie der Auerhahn« – man kann über die jeweilige Tönung des Lob- oder Schimpfklatsches nicht im Zweifel sein. Stoff für die Klatschmühlen, bisweilen verdichtet zu lehrreichen und/oder belustigenden Anekdoten, liefern in beson-derem Maße die Fürsten, die sich offenbar auch im 16. Jahrhun-dert noch ein Stück weit ihres Ranges durch persönliche sexuell-aggressive Potenz würdig zu zeigen haben.

Dieser schichtspezifische Habitus, bei dem die Sexualunterdrükkung wenig ausgeprägt ist, scheint sich, wie auch die Hochzeitsterminologie lehrt, bis mindestens ins 18. Jahrhundert zu erhalten. Berichte der Zeit lassen noch auf dieser späten Stufe eine erhebliche (Familien-)Öffentlichkeit der Brautnacht erkennen:

Bei einer Doppelhochzeit von 1784 in preußischen Adelskreisen (Lehndorff, S. 389) führen je zwei weibliche Verwandte die Braut ins Nebenzimmer, »um sie zu entkleiden«, und die Männer »tun dasselbe mit den Gatten ... Im Saal kommen wir dann wieder zusammen. Die Dönhoff [eine der Bräute] hat ein Gazehemd mit Blumen von entzückender Schönheit ...; sie sieht ganz aus wie eine jener griechischen Gestalten, sie ist geradezu bezaubernd. Man verteilt nun noch die Strumpfbänder und bringt die Vermählten ohne Lärm und ohne anzügliche Redensarten zu Bett.«

Der Verweis auf griechische Statuen und auf das Fehlen »anzüglicher Redensarten« bekundet die höfisch verfeinerten, auf ihre Weise beherrschten Manieren der Gruppe, in der die Szene spielt. Es tritt hier eine bemerkenswerte Kontinuität der Tradition adliger Verhaltensmuster hervor, die von der Zeit der großen Epik des Mittelalters über Hans von Schweinichen bis zu den Tagen Friedrichs II. von Preußen reicht.

Unterhalb dieser Entwicklungskontinuität muß auch der Einfluß regionaler Verhältnisse in Anschlag gebracht werden. Graf Froben Christoph von Zimmern, der einerseits als studierter Mann eine Identität adliger Gelehrsamkeit aufgebaut hat (vgl. Jenny 1959), andererseits ein Zeuge für den Habitus seines Standes ist und demgemäß viel über Hochzeitsnachtvorfälle zu klatschen weiß, verliert anläßlich seiner eigenen Heirat kein Wort über den Beginn seines ehelichen Sexuallebens (Zimm. Chronik, Bd. 3, S. 430-446). Und wenn man das gute Dutzend seiner einschlägigen Anekdoten überblickt, wird deutlich, daß nicht *eine* von den Freuden des Ereignisses handelt. Sie alle sprechen über Risiken und Ängste, betreffend Impotenz (auch ein Zuviel an Potenz), die Sicherung der Braut, den Verlust männlich-sexueller Freizügigkeit (Bd. 2, S. 148 f.), Kinderlosigkeit (Bd. 2, S. 415 f.; Bd. 3, S. 475) und vor allem voreheliche Hörner.

Der Kontrast zu dem gleichzeitigen Hofmeister aus Schlesien fällt auf: dieser erzählt von der »Lustigkeit« eines Paares am Morgen nach der ersten gemeinsamen Nacht, jener von dem »traurigen« Trompeter aus Stuttgart, dieser von der Liebe des »Auerhahns«, jener von der »Katzenliebe«. Wurden Adelsgruppen im süddeut schen Raum rascher oder steiler zivilisiert als in den Gebieten des späteren Preußens, und hatten sie darum früher den psychischen Preis zu bezahlen, der mit einem solchen Prozeß regelmäßig verbunden ist?

Verdrängung genitaler Sexualität durch Betonung der Analität

Die Wandlungen in der Gestaltung der Hochzeitsnacht und im Reden über sie, die bisher zur Sprache kamen, wurden als Zeichen eines historischen Wandels im Aufbau der Persönlichkeit und speziell in der Verarbeitung genitaler Sexualität aufgefaßt. Hand in Hand, so das Modell, mit der sozialen Entfunktionalisierung des ersten ehelichen Geschlechtsverkehrs und seiner Verdrängung aus der Öffentlichkeit fand ein Schub der kollektiven Sexualabwehr statt.

Eine solche Synthese entspricht dem Programm der Eliasschen Zivilisationstheorie, die ja bestrebt ist, Entwicklungen auf der sozialen und der psychischen Ebene zusammenzusehen. Dabei steckt sie bisher in einem Dilemma, weil sie manche Habitusveränderungen nur in der Figur eines Mehr-Weniger beschreiben kann – etwa als »Erhöhung der Peinlichkeitsschwellen« –, während die genauen Vorgänge und Mechanismen der Umstrukturierung im dunkeln bleiben. Ob sich das differenzierte Instrumentarium der psychoanalytischen Theorie nutzen läßt, um hier Abhilfe zu schaffen, steht dahin. Gewiß aber fände ein betreffender Versuch fruchtbares Material in der erzählenden Literatur, die am subtilsten darüber informiert, wie Menschen der Vergangenheit die Realität ihres Zusammenlebens verarbeiteten, also auch über ihre Wünsche, Ängste, Phantasien, ihre Befriedigungs- und Abwehrformen.

Es wäre ein sinnvolles Projekt, die nicht seltenen literarischen Behandlungen der Hochzeitsnacht unter diesem Aspekt zu mustern, die Reflexe der Wandlungen und Differenzen, von denen die Rede war, in ihnen aufzuspüren und zu erkunden, welchen Aufschluß sie über deren psychisches Korrelat geben. Das kann hier nicht geschehen.[38] Ich will aber wenigstens an zwei, drei

38 Erste Beispiele solcher Analysen, an Material des 13./14. Jahrhunderts,

Exempeln des 16. Jahrhunderts vorführen, welche Art von Ertrag ein solches Unternehmen verspricht. Als Kontrastfolie stelle ich einige Bemerkungen über Texte aus dem 13./14. Jahrhundert voran.

So schildert die eingangs zitierte Erzählung in den Versen zwischen den wiedergegebenen Passagen recht unverblümt nicht nur die körperlich sichtbare Vorfreude des Bräutigams auf die Brautnacht, sondern auch die Großtaten, die der Titelheld, der »Striegel«, dann verrichtet. Dabei ist nichts von einer Sexualabwehr zu spüren: die Geschichte lädt männliche Zuhörer (und vielleicht in der passiven Rolle auch weibliche) zur lustvollen Teilhabe an der Triebbefriedigung ein. Das gilt für einschlägige Versdichtungen des Märengenres fast generell und unterscheidet sie von analogen Schwänken oder Witzen des 16./17. Jahrhunderts. Offenbar kommt in ihnen dieselbe unbefangene, renommistische Haltung zur Sexualität zum Ausdruck, wie sie oben an einigen adligen Hochzeitsnacht-Anekdoten abgelesen wurde. Sie werden in entsprechenden Kreisen oder für sie verfaßt und ebendort genossen worden sein.

In der »höheren« Literatur geht es weniger derb zu, aber auch hier gehören Hochzeits- (und Liebes-)nächte zum festen Themenkatalog der Autoren.

Nehmen wir eine Stelle aus dem *Lohengrin* (V. 2364-73): Nachdem die Kaiserin die Braut zum Bett geleitet hat, heißt der ebenfalls anwesende Kaiser das Gesinde die Kammer räumen und wünscht dem Paar eine gute Nacht. »nû wart diu magt enbloezet schier./ an sich tructe sie der degen stolz unt fier./ ich sage niht mê, wan daz er suoht, daz vander./ der minne ir hordes zins dâ rîlîch wart gemezzen/ von ganzer wâge willeclîch .../ Diu naht in beiden was niht lanc:/ ir gelust sie het gelêrt der minne schrank./ nû lât sie ligen ...«

Höfische Delikatesse verbietet es dem Dichter, ins Detail zu gehen: »ich sage nicht mehr; nun laßt sie ruhen«. Aber seine Umschreibung setzt ein bewußtes Einverständnis, auch seines Publikums, mit dem Erleben der Hochzeitsnacht voraus, dessen identifikatorischen Mitgenuß er sprachlich zu erhöhen sucht. Dies ist in der hochmittelalterlichen Epik ein verbreiteter Gestus bei der Darstellung von Liebesnächten, nicht nur unter Brautleuten. Die

finden sich bei Schröter (1985a, S. 128-142). Auf ihnen beruhen einige der nachfolgend zusammengefaßten Thesen.

augenzwinkernde Manier, mit der Schweinichen von der Lust seines jungen Ehelebens erzählt, setzt ihn wenig gebrochen fort. In anderen Gesellschaftsgruppen dagegen werden schon im 13. Jahrhundert andere Töne vernehmbar; besonders unter Stadtbürgern scheint die größere Ungezwungenheit, mit der man in höfischen und adligen Kreisen insgesamt über Sexuelles spricht, Peinlichkeitsgefühle auszulösen.

Nach dem 13./14. Jahrhundert verliert sich in der deutschsprachigen Literatur dieser Tonfall triebbejahender Delikatesse und einer relativ unbefangenen Mitfreude.[39] Der wesentliche Grund dafür wird in einem sozialen Wandel zu suchen sein: Literatur entsteht nun nicht mehr dominant an Höfen, sondern in Städten. Soweit einzelne Werke überhaupt auf die Brautnacht eingehen, drückt sich in ihnen die Einstellung von Stadtbürgern aus, die wohl schon frühzeitig, wegen des Zusammenlebens einer großen Menschenzahl auf engem Raum, aber auch wegen der anderen Anforderungen an Langsicht und Selbstdisziplin, die eine kaufmännische im Vergleich zu einer kriegerischen Tätigkeit erfordert, eine stärkere Zurückhaltung gegenüber Sexualimpulsen ausbilden.

Als Zeugnis für die Sexualabwehr bürgerlicher Menschen des 16. Jahrhunderts, wie sie sich in literarischen Behandlungen der Hochzeitsnacht niederschlägt, mag zunächst eine Passage aus Georg Wickrams Roman *Von Guoten vnd Boesen Nachbaurn* (1556) dienen. Der Unterschied etwa zum *Lohengrin* ist offenkundig. Auch Wickram kommt im Verlauf einer längeren Hochzeitsschilderung auf die erste gemeinsame Nacht des Paares zu sprechen. Aber er beschreibt sie nur in bezug auf die Morgengabe, die am Ende zu überreichen ist (S. 151 f.):

Der Bräutigam übergibt insgeheim zwei Knechten einen Doppelbecher voller Gold und befiehlt ihnen: »wann des morgens schweher und schwiger für sein schlaffkammer gon und die morgengab an in der braut forderen, solten sie mit disen beiden koepffen ... auch für die kamer kumen; diß wolt er der braut zuo einer morgengab verehren«. Man versammelt sich zum Nachtmahl. »Da das auch volbracht was, fuert man die braut in ein schoene kamer schlaffen.« Am folgenden Morgen gehen die Brauteltern »eylends für der braut kameren; auch hetten sich schon etlich der anderen freünd harzuogemacht, sie forderten die morgengab an den breutigam«. Er bittet sie, noch etwas zu warten. Nun erscheinen seine Diener, »klopfften auch an der kammern und gaben irem herren ein wortzeichen,

39 Er taucht dann im Barock wieder auf; vgl. Elias (1987d).

damit er wußt, das sie vorhanden waren«. Darauf schließt der Bräutigam die Tür auf und nimmt die vorbereiteten Becher in Empfang. »Der schweher, schwiger sampt der andren freundtschafft giengen auch hinein inn die kammeren.« Der Bräutigam hängt seiner Braut eine Goldkette um, und als sie, schamhaft die Augen senkend, den »Doppelkopf« übersieht, schüttet er ihr das Gold in den Schoß, mit den Worten: »Allerliebste braut, nement hin dise morgengab! Und nach diser gaben sollend ir taeglichen mehr und vil bessers von mir gewarten sein ...«

Von der Inszenierung her fällt auf, daß die Darstellung im unklaren läßt, ob Braut und Bräutigam die Nacht in derselben Kammer verbringen. Der Bräutigam spricht von »seiner« oder »der« Kammer, vor die seine Diener kommen sollen; von der Braut heißt es, daß sie in »eine« Kammer geführt wurde; und am nächsten Morgen stellen sich die Verwandten vor »der Braut« Kammer ein. In dieser aber befindet sich anscheinend auch der Bräutigam. Setzt die Szene eine Zuführung der Braut ins Bett des Bräutigams als Einleitung der Hochzeitsnacht voraus? Oder geht der Mann heimlich zur Frau? Oder sie zu ihm? Wie auch immer, Wickram hüllt diese Gegebenheiten durch seine undeutlichen Pronomina und Artikel in einen Nebel – eine Trübung des Blicks, die ungewollt durch eine innere Abwehr des Geschehens im Brautgemach verursacht sein mag.

Um so mehr beschäftigt er sich mit der Geldseite des Vorgangs – wobei man sich erinnert, daß die »Morgengabe« einmal der Preis für die Jungfräulichkeit der Braut war. Er bewegt sich damit auf demselben Boden wie Autobiographen (z. B. Rem), die buchhalterisch auflisten, was ihre Hochzeit sie gekostet hat, welche Geschenke bei welcher Gelegenheit ausgetauscht und welche güterrechtlichen Vereinbarungen getroffen wurden. Auf dieser Ebene scheint dann bei Wickram das Abgewehrte wiederzukehren: im Goldregen, der sich in den Schoß der jungen Frau ergießt. Und auch in seiner Begleitrede spricht der Bräutigam nicht etwa von den Freuden des Ehebetts, die der Braut bevorstehen, sondern gleichsam an ihrer Stelle von künftigen »Gaben«. Offenbar nimmt das Geld, noch ganz sinnlich als eine Masse glänzender Münzen gefaßt, in diesen bürgerlichen Literaturprodukten und in dem Habitus, den sie bezeugen, den Platz ein, den in einer kriegeradligen Welt die aggressiv-sexuelle Potenz besetzt.[40]

40 Zum Vergleich ein Blick auf den 50-100 Jahre älteren, vielleicht in Augsburg entstandenen *Fortunatus*-Roman. Zwei Hochzeiten kom-

Wo bürgerliche Autobiographen im Fortgang des 16. Jahrhunderts verstummen – in bezug auf den Beginn des ehelichen Sexuallebens –, benutzt demnach der Romanautor Wickram bestimmte Verhüllungs-, Verarbeitungsmechanismen. Die größere Offenheit für konflikthaftes psychisches Material, die eine der Chancen und Attraktionen von Literatur ist, zeichnet ihn vor weniger aufs Schreiben spezialisierten Zeitgenossen aus. So wird bei ihm die Abwehr, die auch anderswo am Werk ist, dort aber nur begrenzt interpretierbare Leerstellen erzeugt, gewissermaßen *in actu* faßbar: in einem Umgehen des Zentralereignisses, in einem Dunst der Unklarheit und in einer Form der Wiederkehr des Abgewehrten, die man mittels psychoanalytischer Deutung aufschlüsseln möchte – als auf die anale Ebene verschobenes Symbol des reichen männlichen Samens.

Die letzte Symboldeutung (grundlegend natürlich: Freud 1916-17b) mag auf Skepsis stoßen. Aber es lassen sich andere Quellenzeugnisse beifügen, die ebenfalls für eine Ersetzung genitaler durch anale Impulse, im Dienst psychischer Abwehr, sprechen. Eines findet sich an überraschender Stelle: im textkritischen Apparat einer Ausgabe der Werke Heinrich Kaufringers (S. 146 f., 153). Dort ist die Geschichte von der »Rache des Ehemannes« abgedruckt, in der ein Ritter einen »Pfaffen«, den er *in flagranti* bei seiner Frau ertappt hat, kastriert: den »balg« läßt er zu einem Lederbeutel verarbeiten, die »hoden« zu zwei den Beutel verzierenden Knöpfen. Im 16. Jahrhundert wurde in der Handschrift, die diese Erzählung überliefert, das Wort »Hoden« konsequent

men darin vor. Bei der späteren, einer königlichen Feier, wird in der schablonenhaften Abfolge von Einritt, Festmahl, Kirchgang etc. die Hochzeitsnacht schlicht übergangen (Bl. Tviᵛff.). Bei der früheren, der Vermählung des bürgerlichen Titelhelden mit einer Gräfin, heißt es ähnlich knapp wie in gleichzeitigen Autobiographien (Bl. Kiᵛ): »vnd ward allso die schoen iunkfraw Cassanndra Fortunato zugeleget in dem schoenen neüwen pallast der da nach allem lust gepauwen was«. Die Morgengabe wird, ebenfalls in bar, aber von einem Diener, ganz kaufmännisch abgezählt und mit »brieff« übereignet. Von einem Geldstrom ist außerdem die Rede, nur regnet er nicht in den Schoß der Braut, sondern in den der Brautmutter (wieder aus der Hand des Dieners), um sie der Heirat ihrer Tochter gewogen zu stimmen (Bl. Iviᶠf.; vgl. zu einem weiteren Goldsegen, als Aussteuer einer armen Braut, Bl. Giiiᵛ-Hiʳ).

ausradiert und durch »Hosen« ersetzt (die dem Ehebrecher »vor dem Tor« statt »für den ars« niederhängen). Wie man sieht, entschärft der spätere Purgator[41] die Kastrationsangst oder -lust, die der Text evoziert, durch eine anal getönte Änderung; das ästhetische Bedenken, daß er damit eine Pointe verdirbt, kommt nicht auf gegen den inneren Zwang, der ihn bewegt. Die Geschichte dient auch so der Bindung derselben Angst oder der Befriedigung derselben grausamen Lust, aber das Organ an sich darf nicht mehr benannt werden, da an seinem nackten Namen zu starke Affekte haften.[42]

Zwei weitere Beispiele für den hier postulierten Verschiebungsprozeß wurden bereits angeführt: die Szene, wie die Braut Felix Platters, voll ängstlicher Erwartung der Hochzeitsnacht, in ein entspannendes Lachen ausbricht, als sie ihre Schwiegermutter auf dem Abort ein Lied singen hört; und die andere, wie ein durch das sexuelle Eheleben sicher unbefriedigter Graf seine Frau buchstäblich »anschwärzt«. Dieselbe Umlenkung zeigt sich außerdem in einer Klatschgeschichte der *Zimmerischen Chronik* von einer herzoglichen Hochzeit Anfang des 16. Jahrhunderts, die eine (minder fröhliche) Parallele zu den Deflorations-Anekdoten Schweinichens bietet (Bd. 2, S. 398): »Wie man sie nachts baide zugelegt, do ist der hochzeiterna so wehe beschehen, das sie ain lauten furz gelassen, und als sie das gegen dem herzogen entschuldiget, soll er sie mit denen worten getröstet haben, so man ime ain söllich instrument in den leib stieße, würd er sich gar bethon haben ...«

Witzige Ausdrucksweisen können zwei verschiedene Funktionen haben, die sich wohl in wechselndem Grad mischen: als Vehikel der Luststeigerung und der Abwehr. Welche im Einzelfall wieweit überwiegt, wird von der relativen Bewußtseinsnähe und/oder Angstbesetzung der unterdrückten Regungen abhängen, die nach Freuds Analyse (1905a) im Witz immer hervorbrechen. Das gilt

41 Sein Eingriff erfaßte überhaupt sämtliche »Wörter und Redewendungen mit sexuellem Beiklang« (a. a. O., S. IX). So änderte er auch »minnen« in »halsen« um (etwa S. 146), weil »Minne« im selben Zeitraum, wohl ebenfalls im Zuge des oben angenommenen Verdrängungsschubs, zu einem obszönen Wort wurde.

42 Die psychoanalytische Theorie »obszöner Worte« erklärt eine solche Verlötung aus einem »Zurückbleiben der Wortvorstellung auf einer niedrigeren Stufe«, wo sie noch mit motorischen Impulsen vermengt ist, als Folge einer partiellen Hemmung der Sprachentwicklung (die sonst in Richtung Abstraktion geht) durch Verdrängung (Ferenczi 1911, S. 178).

auch für das Lachen über fäkale Scherze. Der Interpret ist hier auf das Deutungsinstrument seiner »Gegenübertragung« zum Text verwiesen, dem wegen der kulturellen Distanz, aber auch aus idiosynkratischen Gründen, nicht von vornherein zu trauen ist. Soll man das letzte Zitat eher im triebfreundlichen oder im triebfeindlichen Sinn verstehen? Keine derartigen Zweifel läßt die »Gegenübertragung« bei einem Schwank Valentin Schumanns von 1559 (S. 211-214):

Ein junger, »einfältiger« Bauer heiratet. Als man die Brautleute »zuo nacht zuoleget«, greift der Mann seiner Frau »oben umb die brust unnd undter die armen«, auf der Suche nach ihrer »fud«. Da er nicht fündig wird, bittet er einen Schuster, der Frau das scheinbar fehlende Organ zu machen. Es kostet ihn viel Geld, dazu das Material: Fell und »ein centner schmeer« von bester Qualität. Nach vier Wochen begutachtet der Bauer das Ergebnis: »greyff also hinunder, da wurden im die händ schmaltzig; daran so schmecket er«. Er moniert, daß der Schuster, entgegen seinem klaren Auftrag, doch »stinckent schmeer« genommen habe, und fragt: »hat er sonst kein statt gehabt, da ers möcht han hingesetzt dann nur so nach zuo der kotgassen?« Dennoch führt er seine Frau zufrieden heim.

Nach der einleuchtenden Analyse von Heidemann (1991) ist diese Geschichte durch die krude Bezeichnung der Organe gezielt obszön. Thematisch verarbeitet sie eine der Grundängste der Hochzeitsnacht: die vor den Folgen sexueller Unerfahrenheit des Mannes (bzw. vor der Erfahrenheit der Frau). Diese Pointe soll hier außer acht bleiben. Hier interessiert die witzig gemeinte, aber für heutige Leser schmerzhaft grobe Analität, die der Autor zur Bewältigung jener Angst einsetzt. Es gibt vielleicht kein Dokument der Zeit, wo sich eine solche Umformung genital-sexueller Impulse deutlicher greifen läßt. Eine Lust, die zunächst genitaler Quelle entspringt, erscheint in Schumanns Schwank in der verschobenen Gestalt einer Anallust. Deren Rohheit zeugt von den Abwehrkräften, die hinter ihr stecken. Und die Betonung der Analität zieht rückwirkend die Genitalität selbst in Mitleidenschaft, insofern nun die Nachbarschaft von Sexual- und Exkretionsorganen (*inter faeces et urinas nascimur*) Angst erregt.

Wenn man den triebdynamischen Befund auf die Hauptthese dieser Studie bezieht, kann man die zunächst *quantitative* Aussage, daß die Verdrängung der Hochzeitsnacht aus der Öffentlichkeit verbunden ist mit einer »Erhöhung« psychischer Schamschwellen, *qualitativ* etwas präzisieren. Manche Indizien erwecken den

Eindruck, daß der Schub einer sozialen Verdrängung genitaler Sexualität, der sich in der Verlegung der Hochzeitsnacht »hinter die Kulissen« abzeichnet, zum Teil durch eine stärkere Betonung der Analität bewerkstelligt wurde. Genitale Regungen wurden demnach nicht schlicht unterdrückt – was vielleicht gar nicht geht –, sondern regressiv abgelenkt. Die Symptome dieser Ab- und Umlenkung müßte man als einen Preis der Zivilisation begreifen. Wenn sich erhärten ließe, daß in der Tat gesellschaftlich abgewehrte genitale Impulse (im 16. Jahrhundert, in Deutschland) in die Analität flossen, hätte man damit einen der spezifischeren psychischen Mechanismen dingfest gemacht, die in einem Zivilisationsprozeß aktiviert werden können.

v. Gegenwartsprobleme *in perspective*

1. Ehe

Wer über die Ehe spricht, muß über die Gesellschaft sprechen. Im Fall der Ehe, wie sie sich in unserer eigenen Gesellschaft herausgebildet hat, heißt das zunächst: er muß über den Staat sprechen. Eine solche Behauptung mag überraschen. Sie wird verständlich, wenn man die Ehe nicht nur im ahistorischen Vergleich zwischen verschiedenen Gesellschaften, sondern prinzipiell in ihrer Entwicklung von der Vergangenheit zur Gegenwart hin sieht.

Soweit man zurückblicken kann, ist die Ehe einem Wandlungsprozeß unterworfen, bedingt durch den umfassenderen Prozeß der Gesellschaft. Der Wandel vollzieht sich vielfach in Schüben. Heute scheinen wir einen solchen Schub mitzumachen. Er äußert sich zum einen darin, daß manche Männer und Frauen ihr Zusammenleben gar nicht erst legalisieren und damit zu einer Ehe im sozialen Vollsinn erheben. Sie wollen sich die Entscheidung über die Dauer ihrer Beziehung nicht durch äußere Instanzen, sprich: den Staat, aus der Hand nehmen lassen, obwohl sie möglicherweise ebensolang, mit derselben Exklusivität (und denselben Schwierigkeiten) zusammenbleiben. Die Kehrseite dieser Informalisierung ist, daß auch behördlich sanktionierte Ehen nicht mehr so gut halten wie in früheren Generationen, sondern rascher und häufiger geschieden werden. So nähern sich zwei scheinbar gegensätzliche Formen der Geschlechtergemeinschaft einander an. Vielleicht ist der Zeitpunkt nicht mehr fern, wo man in unserer Gesellschaft aufhören wird, »Ehe« durch einen Staatsakt, die Trauung, zu definieren. Jedenfalls beobachten wir gegenwärtig, daß staatliche Organe aus den Vorgängen der Schließung, Aufrechterhaltung und Trennung einer Ehe herausgedrängt werden. Ehe wird zunehmend zu einer Privatangelegenheit.

Aktuelle Wandlungen wie diese verlieren etwas vom Odium der »Krise«, das ihnen bei einigen Zeitgenossen anhaftet, wenn man weiß, daß Vertreter von überlokalen und überpersönlichen Instanzen – Kirche und Staat – durchaus nicht schon immer in Ehesachen ein Wort mitzureden hatten. Bis ins 13./14. Jahrhundert spielte sich die Stiftung und Absicherung von Ehen dominant oder gar ausschließlich vor familialen und nachbarschaftlichen bzw. vor grund- und hofherrschaftlichen Instanzen ab. Erst als derartige Personalgruppen ihre Funktion als weitgehend autonome Integrations- und Überlebenseinheiten verloren und in größere, sich immer fester organisierende Einheiten des staatlichen Typs eingebunden wurden, gaben sie auch ihre Kompetenzen der Ehekontrolle ein Stück weit an Repräsentanten dieser höheren Integrationebene ab. Die (kirchlich-)staatliche Eheschließung, die sich im 16. Jahrhundert definitiv durchsetzte, war charakteristisch für eine bestimmte Phase in einem Staatsbildungsprozeß.

Die Machtbalance zwischen Familie und Staat hatte sich damit verschoben, was unter anderem ein Schrumpfen des Umfangs der Verwandtschaftsgruppen, eine schärfere Profilierung des Eltern-Kind-Verbands als einer relativ abgeschlossenen sozialen Zelle zur Folge hatte. Diese Zelle selbst erfüllte weiterhin grundlegende Funktionen. Die Arbeitsteilung und Rangschichtung der Gesellschaft blieb in der Hauptsache fixiert und vererblich, betraf also eher Familien als Individuen. Die Zukunft eines Kindes war durch seine Herkunft bestimmt. Eheschließungen, inklusive Partnerwahl, waren von ausschlaggebender Bedeutung für den Fortbestand der Gesellschaft, der sich in hohem Maße durch die Weitergabe aller möglichen Statuselemente – Besitz, Prestige, Qualifikationen – von Eltern an Kinder vollzog. Indem der Staat die Eheschließung in seine Regie nahm und zum Beispiel Heiraten ohne Zustimmung der Eltern verbot, garantierte er die Rahmenbedingungen dieser familienbezogenen Perpetuierung der Gesellschaft über die Generationen hin.

Viele Eigentümlichkeiten der Ehe, wie sie bis zu unseren Großeltern und Eltern praktiziert wurde, lassen sich aus dieser Struktur erklären. Kinder zu haben war eine einsichtige soziale Notwendigkeit. Wegen der Bedeutung von Eheschließungen für die Aufrechterhaltung der Rang- und Besitzverteilung im Gros der Gesellschaft mußte die Partnerwahl mehr oder weniger vom Einfluß individueller (sexueller) Attraktion freigehalten und der Entscheidungsbefugnis der Eltern unterworfen bleiben. Aus demselben Grund spielte auch die Legitimität der Kinder eine überragende Rolle. Die eheliche Geburt eines Kindes meinte zunächst und im Kern nichts anderes als Erbberechtigung. Solange die heranwachsende Generation ihren Besitz und ihre Position vorrangig durch die leiblichen Eltern empfing, wurde die Elternschaft mit entsprechendem Nachdruck betont und sichergestellt. Den Preis dafür hatten die Frauen zu zahlen. Der Zwang zur exklusiven Beschränkung ihrer Sexualtätigkeit auf die Ehe, dem sie unterlagen, entsprang dem Erfordernis, die Legitimität des Nachwuchses zu gewährleisten. Dasselbe gilt für die Norm der Jungfräulichkeit einer Braut. Umgekehrt paßt es ins Bild, daß analoge Normen für Männer später aufkamen und laxer gehandhabt wurden. Die Vaterschaft ist nicht manifest und für den Augenschein immer ungewiß; sie war es, die unter den skizzierten Verhältnissen mit Macht garantiert werden sollte. – Alles dies betraf freilich nur besitzende Gruppen.

Noch ein anderes Strukturelement ist hervorzuheben. Die Positionen, die in früheren Entwicklungsphasen von Eltern an Kinder weitergegeben wurden, waren männliche, die Perpetuierung des gegliederten Gesellschaftsgefüges lief wesentlich über die Vater-Sohn-Linie. Das ist in einer Gesellschaft, in der kriegerische Aggressivität und Körperkraft von größter Bedeutung sind, fast zwangsläufig zu erwarten; und aus solchen Phasen stammen wohl unsere traditionellen Standards geschlechtsspezifischen Verhaltens. Das ganze Dasein von Frauen war auf diese Männerlinie ausgerichtet. Frauen waren dazu bestimmt, mit einem Mann verbunden zu werden, damit sie ihm Söhne und Nachfolger verschafften. Lebenschancen jenseits dieses Rahmens wurden für sie kaum bereitgestellt – abgesehen von Notlösungen mit dem Beigeschmack des Gescheitertseins, etwa in der Existenz als Nonne oder ledige Tante. Innerhalb der Ehen drückte sich diese Männerorientierung in einem krassen Machtgefälle aus. Über das Züchtigungsrecht des Ehemanns sprechen die Quellen; es wird auch ein Vergewaltigungsrecht gegeben haben.

Vor diesem Hintergrund gewinnt die gegenwärtige Entwicklungsphase der Ehe ein klareres Profil. Das entscheidende Datum ist, daß die Familie großenteils ihrer früheren Funktionen beraubt wurde; damit hat auch die Ehe ihre zentrale Stellung eingebüßt. Das Interdependenzgeflecht der Gesellschaft beruht immer weniger auf der biologisch fundierten Eltern-Kind-Einheit und immer mehr auf personenunabhängigen Institutionen (Großbetrieben, Behörden, professionalisierten Berufen u. a. m.). Mit der Ausbreitung und Verfestigung derartiger Gebilde ist die soziale Kontinuität über die Generationen hin nicht mehr an die Tradierung von Besitz oder Qualifikationen in Vater-Sohn-Ketten gebunden, son-

dern wird auf andere Weise erreicht. In die heutigen Gesellschafts-
positionen wächst ein junger Mensch, auch wenn die familiäre
Herkunft weiterhin eine größere Rolle spielt, als eine egalitäre
Ideologie es haben will, nicht primär als Abkömmling einer Familie hinein, sondern als Absolvent eines vom Staat eingerichteten
oder überwachten Ausbildungsgangs, der allen offenstehen soll.
Die Positionen werden im Prinzip aufgrund individueller Leistung besetzt. Es ist vor allem die enorme Erweiterung und Ver-
selbständigung staatlicher Macht, die es ermöglicht hat, daß der
Staat nunmehr seinen Zugriff auf die Ehe lockern kann.

Durch die umfassende Verstaatlichung, Ausdruck einer Verlänge-
rung und Verfestigung der sozialen Interdependenzketten, hat die
Notwendigkeit der Nachkommenschaft für die einzelne Familie
ihre Evidenz verloren. Auch das Problem der Legitimität von
Kindern ist mehr oder weniger obsolet geworden. Es mag im
Psychischen weiterwirken, wie sich überhaupt Einstellungen und
Persönlichkeitsstrukturen langsamer verändern als die sie tragen-
den Gesellschaftsstrukturen; für den Bestand der Gesellschaft in
Raum und Zeit spielt die sichere Zuordnung von Kindern zu ihrem Vater eine deutlich abnehmende Rolle. Schwer denkbar, daß
sich die Sexualtätigkeit ohne diese Wandlungen so weit von der
Fortpflanzungsfunktion hätte ablösen können, wie es vor allem
die Generation der 1940-1960 Geborenen erlebt hat. Kinderlosigkeit ist relativ leicht zu verschmerzen; uneheliche Mutterschaft
kann gesellschaftlich aufgefangen werden, durch die Mechanismen des individuellen Positionserwerbs, aber auch durch ein fa-
milienunabhängiges System der sozialen Sicherung. Und mit alledem ist der Boden für die Erfindung und Anwendung empfäng-
nisverhütender Mittel bereitet, die so viel zur Freigabe der inner-
und außerehelichen Sexualität in den letzten Jahrzehnten beigetragen haben.

Man sieht sofort, daß es vorwiegend die Frauen sind, die von
dieser Entwicklung profitieren. *Ihre* Sexualität oder genauer: die
junger (bürgerlicher) Mädchen, ist von der habitusprägenden Unterdrückung früherer Zeiten befreit worden. Der Zwang zur
Jungfräulichkeit bzw. zur ehelichen Exklusivität, der sich von der
gesellschaftlichen Sorge um die Ehelichkeit der Kinder herleitete,
ist von ihnen gewichen oder wirkt nicht mehr mit derselben auto-
matischen, verinnerlichten Kraft. Die traditionelle Doppelmoral
ist zersetzt, die Verhaltensstandards für die beiden Geschlechter

haben sich einander angenähert. Hinzu kommt, daß die gesell-schaftlichen Positionen sich nicht nur von der Familienherkunft, sondern auch von Geschlechtseigenschaften so weit emanzipiert haben, daß sie zunehmend Männern *und* Frauen zugänglich sind. Durch die im Lauf dieses Jahrhunderts dramatisch erhöhten Chancen weiblicher Berufstätigkeit, durch die Aufhebung der ab-soluten Bezogenheit weiblicher Existenz auf Heirat und Mutter-schaft (im Dienste von Männern) ist die Macht der Frauen, inner-wie außerhalb der Ehe, sprunghaft gewachsen. Scheidungen sind auch darum erst jetzt in breiter Front möglich geworden, weil Frauen jenseits der Familie eine andere Wahl haben.

Eine direkte Folge des beschriebenen Prozesses der Ausbreitung überfamilialer und vor allem staatlicher Integrationsformen ist als Individualisierung der Ehe zu fassen. Erste Schritte dahin finden sich bereits auf frühen Stufen der Staatsbildung: Gleichzeitig mit dem Eindringen staatlicher und kirchlicher Repräsentanten in Eheschließungsvorgänge wird es zur Regel, daß die Brautleute selbst ihre Zustimmung zur Ehe erklären müssen (während zuvor insbesondere Töchter durch einen Vergabeakt ihres Vaters verhei-ratet wurden). Es war dann ein langer, konfliktreicher Weg, bis die Individualisierung vom Formalakt der Eheschließung auf den substantiellen Vorgang der Partnerwahl übergriff. Noch das Ideal der romantischen Liebe als Grundlage der Partnerwahl lebt vom *Gegensatz* zwischen dem neuen Standard und dem älteren, daß die Väter und Mütter mit ihren Kriterien von Rang und Reichtum das letzte Wort haben. Und wieviel das Verbot vorehelicher Sexual-betätigung zu dieser Erhöhung der Liebe beigetragen haben mag, läßt sich ausmalen.

Heute hat der Staat alle überindividuellen Instanzen, die auf Part-nerwahl, Eheschließung und Dauer einer Ehe Einfluß nehmen, im wesentlichen mediatisiert. Verwandtschafts- und Peergruppen sind zwar als Kontrollorgane nicht bedeutungslos geworden, aber im Zweifelsfall können sich Individuen ohne Bedrohung ihrer materiellen oder sozialen Existenz über sie hinwegsetzen. Wenn sich nun auch die Kontrolle des Staates selbst verringert, sind Eheentscheidungen um so mehr den individuellen Partnern an-heimgestellt. Das hat weitreichende Folgen fürs Zusammenleben. Eine Ehe muß nun, kaum anders als eine feste nicheheliche Be-ziehung, durch den ständigen Willen, die »Arbeit« der Partner aufrechterhalten werden. Hinter ernsten Konflikten steht, ausgesprochen oder nicht, die Möglichkeit der Trennung. Verhandlung und wechselseitige Abstimmung sind an die Stelle hierarchischer Umgangsformen getreten. So auch im sexuellen Zusammenleben, wo die einseitige Überwältigung der Frau unübersehbar tabuisiert wird. Gibt es nicht Indizien dafür, daß durch diese Verpönung des aggressiven Moments männlicher Sexualität die männliche Potenz und sexuelle Identität geschwächt wird?

Ehen sind mit alledem schwieriger geworden, zumal für die ihrer Druckmittel zunehmend beraubten Männer. Und ein seit jeher unrealistisches Liebesideal aus dem 19. Jahrhundert – die zielgehemmte sexuelle Attraktion der Brautzeit mit ihrer eingebauten Überschätzung des vorerst unberührbaren Partners als Basis eines glücklich-friedlichen Ehelebens – macht die Dinge nicht leichter. Es bereitet in keiner Weise auf die Situation des ersten oder siebten Ehejahrs vor. Die Männer und Frauen, die ihre Freuden und Leiden, Aufgaben und Probleme miteinander auszuhandeln haben, werden dadurch noch mehr auf sich selbst zurückgeworfen. Spannungen, Kämpfe und Brüche, die sie erleben, könnten weniger ausweglos, weniger als Zeichen persönlicher Unfähigkeit erscheinen, wenn sie als die Symptome eines breiteren Gesellschaftsprozesses wahrgenommen würden, die sie sind.

Daß trotzdem immer noch Ehen geschlossen werden und Bestand haben, liegt sicher in erster Linie an den Kindern. Die biologische Tatsache, daß menschliche Kinder unreif geboren werden, daß es einer stabilen und affektiv-engen Beziehung Erwachsener zu ihnen bedarf, um sie zur körperlichen, psychischen und sozialen Reife hinzugeleiten, zwingt Männer und Frauen inzwischen wohl stärker als jeder andere Einzelfaktor zur Arbeit an ihrer Ehe. Aber auch der Kinderwunsch und die Mutter- und Vaterliebe, das Pendant zu jenen biologischen Erfordernissen, sind privatisiert und vermögen als subjektive Motive, denen keine unmittelbare soziale Notwendigkeit mehr entspricht, die langdauernden Mühen und Entbehrungen der Elternschaft nicht ohne weiteres zu tragen. So bleibt es den Eltern weithin selbst überlassen, wie sie ihre Söhne und Töchter mit den Ansprüchen, die sie stellen, in ihr Leben einfügen. Wenn Frauen die hauptsächlichen Nutznießer der oben umrissenen Entwicklung sind, dann sind vielleicht die Kinder die hauptsächlichen Leidtragenden. Trotz aller Aufmerksamkeit, die ihnen im »Jahrhundert des Kindes« gewidmet wird, trotz aller handgreiflichen Verbesserungen ihrer Lage kann man sich nicht des Eindrucks erwehren, daß sie in der heutigen Gesellschaft in einem zuvor ungekannten Maße an den Rand geschoben sind. Die Folgen dieser Marginalisierung für die kommenden Generationen sind noch kaum zu ermessen.[1]

2. Vaterliebe

Daß Väter ihre Kinder lieben, ist natürlich nicht neu. Und doch kommt es einem so vor, als ob das Wort »Vaterliebe« etwas Neues, wenig Vorgeprägtes bezeichne. Das kann nicht am Wort selbst liegen, das seit Jahrhunderten bekannt und bezeugt ist. Aber täuscht das Ohr, wenn es heute darin die vertrautere »Mutterliebe« mitschwingen hört – als handelte es sich um eine nachträgliche Analogiebildung?

Rufen wir uns den traditionellen (bürgerlichen) Vater des 19. Jahrhunderts in Erinnerung. Er setzte in mancher Hinsicht die Funktionen früherer Vätergenerationen fort – wenn er sich zum Beispiel um die berufliche Ausbildung seiner Söhne und die Verheiratung seiner Töchter kümmerte, d. h. als Repräsentant der breiteren Gesellschaft den Übergang der Kinder in sie vorbereitete. Außerdem war er für Krisensituationen zuständig, in denen etwa ein besonders machtvolles Wort, im unterstützenden oder strafenden Sinn, nötig war. Ein Sohn Sigmund Freuds war auf dem Eisplatz geschlagen worden und sah seine »Ehre« zerstört – da tritt der Vater auf den Plan, nimmt sich ausnahmsweise eine Stunde nach dem Mittagessen Zeit und rückt dem Aufgelösten die Dinge wieder zurecht (M. Freud 1958, S. 40-43). Kehrseite der Krisenhilfe war, daß der Vater mit dem Kinderleben von Tag zu Tag und von Stunde zu Stunde wenig zu tun hatte. Sein Kontakt mit den Söhnen und Töchtern blieb punktuell, beschränkt auf die Mahlzeiten, vielleicht auf den Sonntagnachmittag und vor allem die Ferien. Im großen und ganzen konzentrierte sich seine Fürsorge darauf, durch Berufsarbeit außerhalb der Familie deren Unterhalt sicherzustellen. Auf dieser Ernährerfunktion beruhte seine Autorität, in ihrer Erfüllung erfüllte sich seine Vaterliebe.

1 Dieser Artikel basiert speziell auf meinem Buch (Schröter 1985a); siehe auch oben, Kap. i und iv. Einige Gedanken sind einem unveröffentlichten Manuskript von Norbert Elias »Wandlungen des Geschlechtergleichgewichts« entnommen.

Es war eine distanziert-abstrakte Art von Liebe, in der Zärtlich-keiten so gut wie keinen Platz hatten. Daß ihre Liebe streng sei – etwas anderes als die mehr »verwöhnende« Liebe der Mütter –, hätten wohl viele Väter dieser Urgroßelterngeneration bestätigt, und die Mütter hätten ihnen beigestimmt. Besonders Mädchen mögen unter der Kühle gelitten haben. Bei Jungen andererseits gab es eine nicht seltene und akzeptierte Form des Körperkon-takts – das Prügeln. Gerade dort, wo in Sohnes-Autobiographien die Liebe zum Vater als die gebührende Antwort auf seine Liebe sehr unterstrichen wird (H. Fallada), hat man das Gefühl einer Überwärme, die sich aus der Verdrängung der kindlichen Empö-rung über seine Grausamkeit oder gar aus einer masochistischen Unterwerfung speist.

Der distanzierten, strengen und körperfernen Vaterliebe ent-sprach die Altersschwelle, an der Väter in das kindliche Leben eintraten. Sagen wir: Sie taten es erst, wenn ihre Söhne und Töch-ter zu Objekten der Pädagogik herangewachsen waren, mit dem nötigen Sprachvermögen und Sensorium für Recht und Unrecht – also frühestens im 3./4. Lebensjahr. Dagegen steht die Frühzeit des Lebens – in der Rückerinnerung der Kinder – klar im Zeichen der Mutter, die »der zärtlichen Mutterliebe ganz nachgebend, die Erziehungsmaximen noch ausgesetzt hielt« (zit. K. Rutschky 1983, S. 185). Ausgerechnet Freud mußte, als er 1897 eine Einzel-heit der frühkindlichen Entwicklung wissen wollte, seinen mo-derneren Freund in Berlin um Aufklärung bitten – die Frauen des Hauses schirmten das Kinderzimmer gegen seine männlich-wis-senschaftliche Neugier ab, verweigerten ihm die Auskunft, und über eigene Beobachtungen verfügte er nicht (Freud 1986, S. 245).

Ein solches Arrangement des väterlichen Umgangs mit Kindern steht einerseits in einem historisch-sozialen Kontext. Es gehört zur Spätstufe einer sehr alten Struktur, in der die gesellschaft-lichen Tätigkeiten und Aufgaben zwei getrennten Domänen der beiden Geschlechter zugeordnet waren, wobei die Betreuung jun-ger Kinder den Frauen oblag. In der Intimität des bürgerlichen Familienlebens war diese Kluft zwischen einer Männer- und Frauenwelt zwar weithin überbrückt worden, aber von heute aus war sie im 19. Jahrhundert immer noch tief. Man muß nur erlebt haben, wie Großmütter, sobald sie Enkel bekommen, eine Fülle von hochspezialisiertem Erfahrungswissen zutage fördern und an ihre (Schwieger-)Töchter weitertradieren, so wie sie es selbst empfangen haben, um zu ermessen, wie männerfremd die Sphäre der frühen Kindheit noch bis vor kurzem geblieben ist.

Zum anderen hat die Fernhaltung der Väter von den Kleinkindern ein bis ins Biologische reichendes psychisches Fundament. Es ist kaum zu verkennen, daß das Verhältnis von Müttern zu ihren Kindern, durch Schwangerschaft und Stillen, von vornherein stärker körperzentriert, weniger auf Ich- und Über-Ich-Leistungen abgestellt ist, als man es bei Männern erwarten kann. Damit wird, wie es scheint, eine eigenartige, geschlechtsspezifische Fähigkeit zur Wahrnehmung der Bedürfnisse junger Kinder ermöglicht oder begünstigt – von Bedürfnissen, die um Körpervorgänge kreisen und die in ihrer Sprachlosigkeit Vätern manches Rätsel aufgeben. Gewiß hat die Mutterliebe, im Vergleich zur Liebe des Vaters, eine längere und intensivere Vorgeschichte. Müttern mag es auch leichter fallen, eine ambivalenzarme Beziehung zum Kind aufzubauen, weil Kinder für Frauen eher einen tiefen, früh angelegten Wunsch erfüllen. Der männliche Kinderwunsch ist im Vergleich dazu blasser, vermittelter und trägt weniger weit. Im übrigen muß Vaterliebe nicht nur etwa aus der eigenen Vergangenheit mitgebrachte Gefühle von Geschwisterrivalität überwinden, sondern auch damit fertigwerden, daß das Kind den Mann zunächst, und wer weiß wie lange, aus der Zuneigung (vielleicht auch dem Bett) seiner Frau verdrängt.

Betrachtet man auf dem Hintergrund des Gesagten die gegenwärtige Situation von Vätern, so läßt sich in einigen Gruppen der Mittelschicht ein Wandel beobachten, der, wenn nicht alles täuscht, ein Novum in der Tradition unserer Gesellschaft darstellt. Die einschneidende Neuerung besteht darin, daß Männer gedrängt werden und bereit sind, schon an der frühesten Kinderbetreuung und selbst an Schwangerschaft und Geburt aktiv teilzunehmen – bis dahin, daß sie sich von ihren Berufsverpflichtungen entsprechend freimachen [Bonorden 1989].

Der Schritt geschieht schwerlich ganz freiwillig, aus dem Bestreben nach neuen Befriedigungen oder in Reaktion auf schmerzhafte Erfahrungen mit dem eigenen Vater. Er wird vor allem von Frauen erzwungen, die in der Mutterschaft nicht länger, wie noch die Generation der Mütter oder Großmütter, die höchste Sinnerfüllung finden, sondern die ihre Kinder mehr und mehr als Konkurrenz zu einem außerhäuslichen Beruf erleben. Da ihre reale gesellschaftliche Lage sich der ihrer Männer angenähert hat – was auch bedeutet, daß sie nicht mehr auf einen männlichen Ernährer angewiesen sind –, fordern sie, daß die Väter bereits die Schmerzen, Mühen, Freuden von Geburt und Säuglingspflege mit ihnen teilen. Man sollte diese Entwicklung zunächst konstatieren und versuchen, ihre Ursachen und Folgen abzuschätzen. Ob man sie als gut oder schlecht bewertet, bleibt angesichts der überpersönlichen Dynamik, die hier am Werk ist, recht belanglos und ändert nichts an der Tatsache, daß eine zunehmende Zahl von Männern dem Druck zur Umorientierung unterliegt.

Die Bedingungen, unter denen sie mit ihrer neuen Aufgabe konfrontiert werden, sind nicht einfach. Abgesehen von der stärkeren Gebrochenheit ihres Kinderwunschs oder ihrem Ausschluß von den Körpervorgängen der Schwangerschaft, Geburt und Brusternährung, stoßen sie auf das harte Faktum, daß niemand seinen Kindern etwas anderes entgegenbringen kann, als er selbst in seiner Kindheit erfahren hat. Nur wenige heutige Väter dürften in ihrer psychischen Ausstattung Modelle eines intensiven väterlichen Umgangs mit Null- bis Dreijährigen vorfinden; denn das, was oben als Situation des 19. Jahrhunderts skizziert wurde, hat ja bis in die vorige Generation viel von seiner bestimmenden Kraft bewahrt. So bleibt den Vätern kleiner Kinder fürs erste nur die Aktivierung des einst passiv erlebten Mutterverhaltens übrig. Sie geraten damit in Schwierigkeiten mit ihrer Geschlechtsidentität, die sich nicht zuletzt in der Auseinandersetzung mit einer frühkindlichen Mutteridentifizierung gebildet hatte. Manifester, und vielleicht auch den Frauen unwillkommen, ist die Konsequenz, daß sie – Mutter gegen Mutter – zu Rivalen ihrer Frauen auf deren bislang ureigenem Terrain werden. Manche elterlichen Probleme, vor allem mit erstgeborenen Kindern im ersten Jahr, mögen hier ihre Wurzel haben. Auch beim besten Willen ist eine Niederlage der Väter in diesem Konflikt vorgezeichnet. Am Ende steht wohl nicht selten die Einsicht: Frauen können es doch besser.

Es gibt Versuche, diese jüngsten Anforderungen in einer mehr oder weniger öffentlichen Diskussion unter Männern zu verarbeiten. Eine »neue Väterlichkeit« wird propagiert, die Abkehr von einem als ungenügend empfundenen Vater- und Männerbild, wie es der eigene, allzu ferne und gefühlskalte Vater repräsentiert haben mochte. Man hört den Beiträgen an, daß sie Dinge zur Sprache bringen, die den bisherigen Rahmen öffentlich-schriftlicher

Problembewältigung sprengen. Oder will die Selbstreflexion der Betroffenen vorschnell eine Situation zum Positiven deuten, in der alte Strukturen wanken und neue noch sehr im Fluß sind? Einige Überschwenglichkeiten lesen sich wie eine Verleugnung der Ambivalenzen und Kränkungen, die mit der ungewohnten Rolle verbunden sind: »Manchmal saugst du an meinem Arm«, spricht ein Vater seine drei Monate alte Tochter an, »und läßt dich auch dadurch etwas beruhigen. Ich laß dich unheimlich gerne so saugen und habe dabei das Gefühl, dir auch etwas geben zu können, was deine elementaren Bedürfnisse wenigstens etwas befriedigt« (Gerspach/Hafeneger 1982, S. 16).

Solche Äußerungen berühren trotz ihres Mißklangs einen wichtigen Sachverhalt. Unzweifelhaft müssen Väter durch die Vorverlegung ihres Eintretens in die Kinderwelt – wie mangelhaft auch immer – eine neue Dimension der Körperlichkeit, der Einfühlung, der vorsprachlichen Direktheit im Umgang mit ihren Söhnen und Töchtern hinzugewinnen. Die jungen Kinder, die nur auf dieser Ebene reagieren, lassen ihnen keine andere Wahl. Wer nicht herausfindet, auf welche Reize sein unruhiges Baby nachts zwischen zwei und vier Uhr anspricht, erlebt eine Kette empfindlicher, sich steigernder Mißerfolge, auf die mit Zorn zu antworten überdies tabu und sinnlos ist. Eingefleischte Problemlösungsstrategien, in denen der entschlossene Zugriff zählt, scheitern; mit bewußter Konsequenz kommt man bei den rasch wechselnden Entwicklungserfordernissen der frühen Lebensjahre nicht weit; eine neue Flexibilität und Geduld, ein eigentümlicher, irrationaler Pragmatismus oder Realismus ist verlangt. Eine solche Haltung, die zu erkennen erlaubt, was in einem noch recht animalischen Wesen vor sich geht, wächst nicht gut auf dem Boden der Ambivalenz. Besonders im Umgang mit Säuglingen sind verdrängte Aggressionen und Schuldgefühle schlechte Ratgeber; vielleicht rächt sich eine projektive Überformung nirgendwo so unnachsichtig wie hier. Im günstigen Fall jedoch eröffnet sich Männern auf diese Weise ein Spektrum neuer Verhaltensmöglichkeiten, sogar außerhalb der Familie, die als Bereicherung wirken können.

Die in Äonen gesammelte Erfahrung von Frauen mit dieser Infantilschicht des Menschen hat wahrscheinlich ein gutes Stück dessen geprägt, was wir als weiblichen oder mütterlichen Habitus kennen. Wenn Väter zunehmend die gleichen Erfahrungen machen, kann man erwarten, daß sich in Zukunft der väterliche Habitus ändert (wie überhaupt, von beiden Seiten her, die Kluft zwischen den Geschlechterwelten kleiner wird). Die schmiegsame, sprachlose Pädagogik, die der Säugling verlangt, dürfte sich in späteren Altersphasen nicht einfach verlernen. Und die Söhne dieser Väter werden, wenn es so weit ist, ihren eigenen Kindern mit einem etwas breiteren Repertoire von Verhaltensmustern begegnen. So mag es in zwei bis drei Generationen geschehen, daß die Liebe des Vaters der Mutterliebe, der sie einst als etwas geschlechtsbedingt anderes entgegenstand, recht ähnlich wird und daß beide von Fall zu Fall eher als individuelle Varianten gleichartiger Einstellungen erscheinen.

3. Abtreibung

Die Wogen um das Problem der Abtreibung gehen in Deutschland immer wieder hoch. Im Auf und Ab gesellschaftlicher Konflikte, deren Agenten, Zeugen, Opfer wir sind, vermag die historische Langsicht Distanz zu schaffen, indem sie die Wandlungen vergangener und so auch die Wandelbarkeit aktueller Normen vor Augen führt. Sie gibt keine Handlungsanweisungen, aber sie regt zur Gelassenheit an. Betrachten wir in diesem Sinn, anhand einer neueren Monographie (Jerouschek 1988), die Geschichte der Abtreibung in unserer Tradition.[2]

Im antiken Rom schloß die *patria potestas* das Recht des Familienvaters ein, über Leben und Tod seiner Kinder zu bestimmen. Ungewünschter Nachwuchs, z. B. überzählige Erben, konnte ebenso vor der Geburt abortiert wie danach getötet oder ausgesetzt werden. Soweit es überhaupt staatliche Verbote gab, bezogen sie sich auf Abtreibungen gegen den Willen des Vaters (und auf die verwendeten Gifttränke). Das ganze Regelungssystem spiegelt die Dominanz der patriarchalisch regierten *familia*, zumal in der Oberschicht, wider. Die Pioniere des Christentums widersetzten sich einer solchen Verfügungsgewalt über das werdende und gewordene Leben. Sie nannten dafür theologische Gründe; aber die Tatsache, daß schon das hellenistische Judentum eine ähnliche Kritik übte (Noonan 1970, S. 6), läßt auf eine ältere Tradition schließen, die einem anderen Gesellschaftsaufbau als in Rom entsprach. Augustin bezeichnete die Abtreibung wie die Empfäng-

2 Einfache Seitenangaben im Text beziehen sich auf das erwähnte Buch.

nisverhütung als *libidinosa crudelitas vel libido crudelis* (S. 40) und machte sich damit zum Anwalt einer asketischen Einstellung, die den Geschlechtsverkehr nur um der Kinderzeugung willen akzeptierte.

Im Mittelalter gewannen Priester, die Erben des antiken Wissens, große Macht. Schwangerschaftsabbruch wurde nur kirchlich, im Rahmen der Beicht- und Bußpraxis, geahndet. Er galt wie die Empfängnisverhütung als Totschlag. Das Einnehmen oder Verabreichen von Abortivtränken wurde vielfach im Kontext der Zauberei verfolgt, als Teil eines archaischen Frauenwissens, bei dem sich Kräuterkunde mit psychosomatisch wirkender Magie vermischte. Daß einschlägige Verbote zahlreich überliefert sind, sagt aber nichts über ihre Reichweite. Das Normengefüge der mittelalterlichen Gesellschaft war inhomogen, von aktuellen Faktoren und Machtverhältnissen abhängig. Wenn sich der Papst bei Abtreibungen das Dispensationsrecht vorbehielt (S. 112), waren von vornherein nur ranghohe Personen im Visier. Auch soweit die Folgen einer unehelichen Liebschaft beseitigt wurden, da sie die Heiratschancen bzw. die Ehe einer Frau gefährdeten, sieht man sich auf dieselben Gruppen verwiesen. Ärmere Schichten, wo die Zeugung von Erben und damit die Ehe eine geringere Rolle spielte (Schröter 1985a, S. 214 ff.), mögen eher zu den Mitteln der Aussetzung oder der Kindstötung gegriffen haben. Freilich wird nicht nur »Unzucht«, sondern auch Armut als Abtreibungsmotiv erwähnt (S. 68). Generell stellte der Schwangerschaftsabbruch in jener Gesellschaft kein regelungsbedürftiges Problem dar, zumal gewöhnlich kein Kläger vorhanden war (S. 131).

Eine Wende historischen Ausmaßes trat um 1500 ein, als ein Schub der Staatsbildung eine erhöhte Disziplin der Bevölkerung zu erzwingen begann, z. B. durch die Bindung erlaubter Sexualität an die vor Geistlichen geschlossene Ehe. In der Tat findet man auf der Nachtseite des von Elias in dieser Zeit beobachteten Zivilisationsschubes ein Fortleben verdrängter Aggression, das sich markant in Hexenverfolgungen äußerte (S. 136, Fn. 3; S. 155, Fn. 64). Es entstanden neue, weltliche Rechtsbücher, die im Rückgriff auf kirchliche Traditionen auch zuvor den Priestern überlassene Dinge regelten – darunter die Abtreibung, die gelegentlich mit Hexerei verknüpft wurde.

Die Peinliche Gerichtsordnung Karls v. ordnete für Abtreibung die Todesstrafe an. Diese Zumessung blieb bis ins 18. Jahrhundert gültig (während die Empfängnisverhütung, für die im selben Artikel dieselbe Strafe auftaucht, schon bald gegen das Gesetz milder behandelt wurde). Einige Präzedenzfälle (z. B. S. 176 mit Fn. 148) unterstreichen, daß die Bestimmung nicht nur auf dem Papier stand. Angaben zur Häufigkeit des Delikts scheinen nicht möglich zu sein. Real war die Kindstötung das akutere Problem, aber auch da sind für eine Stadt wie Nürnberg zwischen 1503 und 1743 nur 62 Hinrichtungen bezeugt (Dülmen 1991, S. 60). Die Disziplinierung zielte auf uneheliche Sexualität in Mittel- bis Unterschichten (Dienstboten), wo sich der Druck zu Abtreibung und Kindstötung verstärkt haben mag, weil etwa für illegitime Kinder nicht mehr der Vater, sondern die stigmatisierte Mutter verantwortlich war (siehe oben, Kap. 1, S. 46). Der staatliche Regulierungsanspruch verlangte die Offizialverfolgung strafrechtlicher Delikte. Zu ihrer Unterstützung wurde im hier erörterten Fall ab dem 17. Jahrhundert eine Anzeigepflicht für Schwangerschaften eingeführt (S. 228, Fn. 88).

Erst die Gesetzeswerke der Aufklärung, so das Preußische Landrecht, verzichten bei Abtreibung auf die Todesstrafe. Dennoch hielt man bis hin zum StGB von 1871 an ihrer Einreihung unter die Tötungsdelikte fest. Friedrich II. war einer der ersten, die das Vergehen aus der Notlage eines Mädchens, wählen zu müssen zwischen dem Verlust der Ehre und dem der Leibesfrucht, erklärten (S. 229). Entsprechend wurde die Unzucht in Preußen um die Mitte des 18. Jahrhunderts entkriminalisiert. Als neue Begründung eines Abtreibungsverbots erscheint das bevölkerungspolitische Interesse des Staates. Vertreter der Aufklärung fordern eine Ausdehnung polizeilicher Überwachung. Zugleich wächst die Aufmerksamkeit für die Psychologie der Täterin: Man erinnert an die prekären Stimmungen während der Schwangerschaft oder argumentiert, schon fast modern: »Erzeugt wider Wunsch und Willen kann das Geschöpf ... von der Mutter nicht geliebt werden« (Zitat von 1825: S. 265). Solche Erwägungen lassen eine Verminderung der Machtdifferenz zwischen Regierenden und Regierten erkennen, eine realistischere Einfühlung von oben als Pendant einer Verinnerlichung von Rechtsnormen unten. Der Angelpunkt jener Debatten war allerdings nicht die Abtreibung, sondern die Kindstötung, die Goethes *Faust* als ein Motiv der Zeit unsterblich gemacht hat.

Bisher war von der unterschiedlichen sozialen Regulierung der

Abtreibung die Rede. Sie wurde begleitet von einer juristisch/ medizinisch/philosophisch/theologischen Diskussion über die Frage, ob, in welcher Weise und ab wann der werdende Mensch als Mensch aufzufassen sei. Je nachdem erscheint die Abtreibung als Tötung oder nicht.

Nach Aristoteles schreitet das fötale Leben von einem pflanzlich-organischen zu einem tierisch-sensitiven Stadium fort bis zur schließlichen Begabung mit einer Vernunftseele. In einer pseudo-aristotelischen Schrift heißt es, daß die männliche Frucht nach 40, die weibliche nach 90 Tagen gegliedert werde (S. 16). Die Septua-ginta-Übersetzung von Ex. 21,22-25 schreibt, gegen den hebrä-ischen Text, bei einer fahrlässigen Fremdabtreibung Talionsstrafe vor, wenn der Fötus »geformt« war (S. 33). Beide diese Definitio-nen heben auf die erkennbare Menschengestalt des Embryos ab. Dem römischen Recht gilt das Kind vor der Geburt »als Teil der mütterlichen Eingeweide« und »kein richtiger Mensch« (S. 21). Tertullian findet, alle Frucht sei bereits im Samen enthalten; Cas-siodor lehnt die Ansicht der Ärzte, daß der Mensch am 40. Tag die Seele erhalte, ab und befürwortet eine Beseelung unmittelbar nach der Empfängnis. Dem widerspricht Pseudo-Augustin: laut bibli-scher Schöpfungsgeschichte wohne die Seele dem Körper nicht vor der Gestaltung inne und könne deshalb nicht mit dem Samen übermittelt werden (S. 39).

Die in der Patristik umstrittene Frage, ob die Abortion je nach dem Entwicklungsstand des Embryos unterschiedlich zu behan-deln sei, wird in der späteren Tradition zumeist bejaht. Die Gren-zen allerdings, ab der eine Tötung angenommen wird, differieren zeitlich und qualitativ. Ein germanisches Volksrecht läßt bei Kindstötung im Mutterleib oder außerhalb die volle Buße erst eintreten, nachdem das Kind »einen Namen hat« (S. 55). Andere Rechte unterscheiden, vermutlich im Blick auf die spürbaren Kindsbewegungen, ob der Fötus »belebt« oder »unbelebt« war. Christliche Bußbücher ziehen eine Grenze beim 40. Tag, aber auch vor und nach der »Empfängnis«. Aufgrund der biblischen (Septuaginta) und patristischen Autorität werden die Definitionen »geformt« und »beseelt« kanonisch. Die *glossa ordinaria* zu Gra-tians *Decretum* bestimmt einen Beseelungstermin für männliche Föten nach 40, für weibliche nach 80 Tagen, abgeleitet von den mosaischen Reinigungsterminen für die Mutter nach Geburt eines Sohnes bzw. einer Tochter (S. 86).

Die Festlegungen »lebendig« und »gliedmäßig« (*formatus*) gehen in die Peinliche Gerichtsordnung ein (S. 143). Humanistische Autoren monieren die Widersprüche zwischen Septuaginta und hebräischem Exodus-Text sowie zwischen römischem und kanonischem Recht, was altehrwürdige Beweisstellen schwächt. Weite Verbreitung findet eine Neuerung der kursächsischen Konstitutionen von 1572, die auf Tötung ab Mitte der Schwangerschaft erkennen (wenn das Leben des Kindes durch Bewegungen im Mutterleib erwiesen ist: S. 162 ff.). Mediziner beginnen im 17. Jahrhundert die Beseelung bei der Zeugung zu vertreten. Die Strafbarkeit der Abtreibung wird allmählich weniger auf das Menschsein denn auf die »Hoffnung des Geborenwerdens« abgestellt (S. 211). In der Aufklärung kommt eine neue Grenze auf: Abortion wird höher bestraft, wenn der Fötus lebensfähig ist, also ab dem 8. Monat (S. 253).

Alle diese Versuche, das Problem der individuellen Menschwerdung theoretisch zu bewältigen, verweisen auf eine große und generelle Crux: wie sich *Identität im Prozeß* denken läßt. David Hume soll einmal gesagt haben, »er könne nicht verstehen, in welchem Sinne der Erwachsene, der er heute sei, ›derselbe‹ sei wie das Kind, das er einst war«. Elias, der die Geschichte erzählt (1984a, S. 191, Anm. 3), schlägt als Lösung den Begriff des »Wandlungskontinuums« vor, der erfasse, daß »die Identität nicht so sehr eine der Substanz ist als vielmehr eine der Kontinuität der Wandlungen, die von einer Stufe zur nächsten führen«.

An den zuvor genannten Theorien kann man ablesen, wie mühsam der Weg von einem Denken in substantiellen Identitäten zu einem in Wandlungskontinuen ist. Sie suchen nach einer Zäsur, die das wahre Menschsein begründet, von der Zeugung über die Menschengestalt, die ersten fühlbaren Bewegungen, die Einflößung einer Vernunftseele bis zu Lebensfähigkeit, Geburt und Namensgebung. Keine Bestimmung, ob für uns überzeugend oder nicht, setzt sich bleibend durch; keine beantwortet alle Fragen – eben weil jede einen fortlaufenden Prozeß zerschneidet. Vollends kompliziert wird die Sache, wenn man hinzufügt, daß die Vorstellung vom »unsterblichen Keimplasma« (Freud 1920, S. 49) die Kontinuität eines Menschen ins Unermeßlich-Biologische verlängert und daß moderner Erkenntnis zufolge auch die Pflege und Zuwendung Erwachsener *nach* der Geburt, als genuin soziales Geschehen, zur Menschwerdung gehört. Angesichts dessen ist der heute favorisierten Dreimonatsfrist, die pragmatisch durch das Größenwachstum des Fötus, die Psychologie der Mutter und medizinisch-technische Möglichkeiten nahegelegt wird, zugute zu halten, daß sie immerhin keine Scheinlösung des Grundproblems vorspiegelt.

Die identitätsstiftenden Einschnitte, die im Lauf der Zeit postuliert wurden, haben sehr verschiedene Begründungen, die wissensgeschichtlich von hohem Interesse sind: soziale Ereignisse (z. B. Namensgebung), einfacher Augenschein (Geburt; die Gestalt des Fruchtabgangs), ärztliche Beobachtungen an Embryos, bereits in der Antike (S. 16, 20), naturphilosophische Synthese (Vernunftseele), korrekte Kausalitätserkenntnis, über die nicht jede Gesellschaft verfügt (Zeugung/Empfängnis), mythische Tradition (Seele als Einhauch des Schöpfergottes), leere, aber geheiligte Zahlen (die »40« in Bußbüchern), autoritative Texte (diverse Annahmen der Kanonistik), analogisierende Bibelexegese (40./80. Tag der *glossa ordinaria*), direktes Erleben (Kindsbewegungen), neuzeitlich-naturwissenschaftliches Raisonnement. Besonders reizvoll ist es zu verfolgen, wie immer wieder vielschichtige Erfahrung mit Spekulation und Dogmatismus ringt. Auch patristische Theologen, die dem proto-wissenschaftlichen Denken der Antike näherstehen als ihre mittelalterlichen Nachfolger, können sich von der Bindung des Menschseins an die Menschengestalt nicht losmachen.

Bei der Regelung und gedanklichen Bewältigung der Abtreibung mußten viele disparate Erfordernisse und Traditionselemente zusammengebracht werden. Das gelang nicht auf einen Schlag. Jahrhundertelang standen juristische, seelsorgerliche und spekulativ-systematische Bedürfnisse in einer ungeschlichteten Spannung zueinander. Obwohl z. B. die theologische Systematik schon die Empfängnisverhütung als Totschlag verpönte, wurde um 1500 ein Schwangerschaftsabbruch vor Beseelung, Gestaltung usw. des Fötus milder geahndet als danach. Und wenn ein Gesetzes-Kommentar 1685 eine Strafmilderung bei Abtreibung »inner denen 45. 50. 70. etc. Tagen« vorsieht (S. 193), so zeugt das von der praktischen Bedeutungslosigkeit jener Zahlen, mit denen sich Spezialisten der Theorie herumschlugen. Die sächsischen Konstitutionen von 1572 beeindrucken als Meilenstein, weil sie erstmals die Rechtstradition mit einem festgelegten Datum, einer spürbaren Erfahrung und vermutlich einer im Volk verankerten Wertung integrieren.

Ein letzter Punkt: Der historische Überblick warnt davor, den Tatbestand »Abtreibung« automatisch von der Gegenwart her zu konstruieren. In der Vergangenheit standen ihm andere Ereignisse wie Empfängnisverhütung und Kindstötung, die als funktionelle Äquivalente dienen konnten, nahe. Besonders verbreitet und bedeutsam, obwohl rechtlich ganz anders verortet, war die Kindsaussetzung (Boswell 1989). Es ist lehrreich zu sehen, daß bei Juden wie Germanen die ungewollte *Fremd*abtreibung, wenn etwa eine Schwangere bei einer Schlägerei unter Männern in Mitleidenschaft gezogen wurde, zuerst als regelungsbedürftig erscheint (S. 28 f., 54 f.). Sie ist offenbar etwas anderes als die gewollte Selbstabtreibung, die heute zur Debatte steht. Im selben Sinn einer Hochbewertung des Kindes dürften einige mittelalterliche Strafandrohungen für Sterilitätstränke weniger auf (erwünschte) Empfängnisverhütung als vielmehr auf einen (gefürchteten) Unfruchtbarkeitszauber zielen (ein Fall bei Duby 1981, S. 164).

Auf der Folie der Geschichte tritt die Besonderheit der gegenwärtigen Abtreibungsdebatte scharf umrissen hervor. Hier beanspruchen *Frauen* ein begrenztes Verfügungsrecht über ihre Leibesfrucht *innerhalb erlaubter Sexualbeziehungen*, auch *unabhängig von materieller Not* und in *eigener Regie*. Ein solcher Anspruch ist im Wandlungskontinuum unserer Gesellschaft ohne Präzedenz. Woher die Änderung?

Die soziale Behandlung des Schwangerschaftsabbruchs hängt ab von dem Wert, den eine Gesellschaft Kindern oder dem einzelnen Kind beilegt. In früheren Zeiten, als der Fortbestand relativ kleiner Überlebenseinheiten unmittelbar auf der Eltern-Kind-Abfolge (oft mit Erbmechanismen) beruhte, war dieser Wert gewöhnlich hoch; nicht umsonst beginnt die Geschichte des Abtreibungsverbots in unserem Kulturkreis mit Strafbestimmungen für Abortion durch fremde Gewalt. Frauen waren deshalb zentral auf die Mutterschaft bezogen, und das heißt unter patriarchalischen Verhältnissen: auf die Ehe, durch die Kinder ihrem sonst unsicheren Vater und Erblasser zugeordnet werden. In heutigen Gesellschaften dagegen, deren Fortdauer durch überpersönliche Institutionen gewährleistet ist, haben Kinder (und die Ehe) einen Großteil ihrer einstigen sozialen Funktion verloren. Ihre Bedeutung für die Eltern ist eine individuell-psychologische geworden – was auch die Entstehungsbedingungen der Erwachsenenliebe, auf die das Neugeborene zu seiner Menschwerdung biologisch angewiesen ist, ins Blickfeld rückt. Wo Mutterschaft zur Disposition steht, steigt das Eigengewicht sexueller Lust, um die sich der Staat nicht mehr kümmert. Durch diesen breiten, komplexen Prozeß hat sich die Machtbalance zwischen Männern und Frauen wie zwischen Müttern und Kindern zugunsten der Frauen verschoben. Darum können sie sich heute gegen die Zumutung wehren, das in ihrem Leib Heranwachsende unbedingt sofort als Menschen definieren zu müssen. Es ist kaum vorstellbar, daß eine in der mittelalterlichen Gesellschaft verwurzelte Denktradition und, von ihr beeinflußt, einige mächtige alte Männer einen solchen säkularen Trend (der die Debatte in der Praxis weiter Kreise schon entschieden hat) auf lange Sicht zu hemmen vermögen.

Zweiter Teil
Erfahrungen mit der Person

VI. Triebkräfte des Denkens
bei Norbert Elias
Ein Versuch
psychoanalytischer Theoriedeutung*

Der folgende Aufsatz bringt scheinbar Gegensätzliches zusammen – Phantasie und theoretisch-empirische Arbeit, frühe Lebenserfahrung und reife Ichleistung, Affekte und ein Denken, das sich dem Streben nach Realitätskongruenz verpflichtet. Dabei handelt er von einem Autor, dessen eigene Wissenschaftstheorie (vgl. Elias 1983) den Primat der Distanzierung vor dem emotionalen Engagement betont. Norbert Elias hätte einem solchen Unternehmen energisch widersprochen. Er hielt die Frage nach persönlichen Faktoren in seinem, oder irgendeinem, Werk für belanglos. Für ihn zählte allein der Ertrag. »Wird er später«, schreibt Peter Gleichmann (1991a, S. 95), »nach einem möglichen Zusammenhang von Themenwahl und eigenem Schicksal gefragt, leugnet er den stets mit Entschiedenheit.« Als Hermann Korte an einer Elias-Biographie zu arbeiten begann, bekam er zu hören, »es sei doch gänzlich uninteressant zu wissen, in welcher psychischen Verfassung Albert Einstein gewesen sei, als er die Relativitätstheorie entwickelte. Wichtig sei doch nur, ob sie richtig sei oder falsch« (Korte 1991, S. 3). Solche Selbstaussagen unterliegen *eo ipso* dem Verdacht, daß sie das Engagement des Betroffenen für seine Identität widerspiegeln, und können deshalb für andere keine Richtschnur sein. Sie verbieten nicht nur die biographische Neugier, sondern behindern auch das Bemühen, Genaueres über die Triebkräfte wissenschaftlichen Denkens herauszufinden.

Freuds Arbeiten »Der Dichter und das Phantasieren« (1908b) und *Eine Kindheitserinnerung des Leonardo da Vinci* (1910) haben eine Tradition der psychoanalytischen Literatur- und Kunstdeutung begründet. Seitdem ist das Aufspüren infantil-unbewußter Inhalte in Kunstwerken und das Nachdenken darüber, wie sie vom Künstler gleichzeitig ausgedrückt, gestaltet und abgewehrt werden, zu einem legitimen, obwohl marginalen, Thema der be-

---

* Peter R. Gleichmann zum 60. Geburtstag gewidmet.

treffenden akademischen Fächer geworden (vgl. M. Rutschky 1981; Marx/Wild 1984). Ich will dieselbe Sichtweise auf ein *Corpus theoretisch-empirischer Forschung* anwenden. In bezug auf die Psychoanalyse selbst geschieht das, zumindest sporadisch, seit vielen Jahrzehnten. Dabei hat sich z. B. herausgestellt, daß Freuds Leonardo-Studie eng verknüpft ist mit dem gleichzeitigen Erleben von Freundschafts- und Arbeitsbeziehungen, die den Auftrieb homosexueller Strebungen aus der Freundschaft mit Wilhelm Fließ reaktivierten, ferner mit selbstanalytischen Erkenntnissen über die Rolle der frühen Mutterbeziehung und Familienkonstellation in der Genese von Forscherdrang und Kreativität (Schröter 1992, S. 70 mit Belegen). Aber bisher wird wenig beachtet, daß solche Befunde nicht nur der engeren Biographik zugehören, sondern ein Paradigma der Theoriedeutung setzen, das im Prinzip auf jeden Wissenschaftler[1] übertragen werden kann.

Es ist eine Schwäche dieses Paradigmas, daß es, was Freud angeht, zumeist eher kritischen Zwecken dient. Ein Beispiel hat unlängst Ilse Grubrich-Simitis (1991) vorgelegt, in einer Abhandlung über »Freuds Moses-Studie als Tagtraum«. Der Tatbestand eines Tagträumens qua Wissenschaft scheint für die Autorin einen Widerspruch in sich zu bezeichnen. Sie möchte verstehen, was sie als die »Befremdlichkeit« der Studie ansieht (S. 26), und vielleicht sogar erklären, wie ein hochgeschätzter Forscher durch inneren Zwang zu Aussagen geführt wurde, die »nicht haltbar« sind (S. 40). Die Tagtraum-Qualität eines wissenschaftlichen Werks äußert sich nach Grubrich-Simitis in Störungen oder Brüchen, in denen infantil-unbewußte Wünsche das Denken überwältigt und seine Resultate bzw. die Gestalt der Präsentation beeinträchtigt haben. Aber das Problem, das hier auftaucht, wird erst richtig spannend, wo solche untergründigen Faktoren ein Motor empirisch-theoretischer Arbeit sind, *ohne* deren Realitätsgehalt zu tangieren. Mein Ziel ist zu zeigen, daß sich bei Norbert Elias bestimmte Phantasien und Affektmotive mit seiner Sacharbeit verschlangen und ihn zur Bildung von Theorien antrieben, die ich zugleich für nützlich und (relativ) wirklichkeitsgerecht halte. Analog ist es zwar heuristisch fruchtbar, aber kein methodisches Gebot, die unbewußten

---

1 »Wissenschaft« wird in diesem Aufsatz im Sinne von »Menschenwissenschaften« gebraucht – auch wenn die Dinge in den Naturwissenschaften nicht völlig anders liegen mögen.

Elemente eines Kunstwerks speziell an dessen mißlungenen Aspekten festzumachen.

»Deine Bücher sind Bücher eben ...«: »Engagement« in der Theorie und Praxis von Elias

Elias hat die Tradition psychoanalytischer Kunstbetrachtung einmal aufgegriffen: in seinen Untersuchungen über Mozart (1991a) – die sich durch ihre Orientierung an einem Individuum und durch die Frage nach Einflüssen von dessen »psychischer Verfassung« auf das Werk mit seinem eigenen Ideal von Wissenschaft reiben. Sein direkter Ausgangspunkt ist der Sublimierungsprozeß, verstanden als eine »Versöhnung ursprünglich antagonistischer Persönlichkeitsströme« (S. 81), die wir mit den Begriffen »Phantasie«, »Wissen« und »Gewissen« oder auch, verdinglicht, als Es, Ich und Über-Ich bezeichnen. Er sieht (S. 83) »die Höhe des Kunstschaffens« dort erreicht,

> »wo die Spontaneität und Erfindungskraft des Phantasiestroms so mit dem Wissen um die Eigengesetzlichkeit des Materials und mit der Urteilskraft des künstlerischen Gewissens verschmilzt, daß der innovatorische Phantasiestrom bei der Arbeit des Schaffenden gleichsam von selbst in materialgerechter und dem Kunstgewissen entsprechender Weise zutage tritt«.

In diesem Zusammenspiel sorgt das Über-Ich dafür, daß der »Strom der Träume und Phantasien« unanstößig oder »geradezu im Einklang mit dem gesellschaftlichen Kanon« hervortritt (S. 179). Kurzum, die künstlerische Sublimierung ist nach Elias eine besondere, sozial hochbewertete Form der Zivilisierung, d. h. der auf das Zusammenleben vieler Menschen abgestellten Bändigung animalischer Regungen.

Es springt ins Auge, daß Elias, sosehr er an Freud anknüpft, die Akzente anders setzt. Für Freud steht im Mittelpunkt, daß der Künstler zunächst sich selber und dann seinem Publikum die imaginierte Erfüllung verdrängt-unbewußter Wünsche gestattet (vgl. die bekannte Stelle 1916-17a, S. 390 f.). Ähnlich beschreibt auch Elias, daß in sublimatorischen Vorgängen menschliche Phantasien »ihrer Animalität entkleidet werden können, ohne notwendigerweise ihre elementare Dynamik, ihre Wucht und Stärke oder je nachdem auch die vorgestellte Süße der Erfüllung einzubüßen« (1991a, S. 73). Darüber hinaus aber weist er mit Nachdruck darauf hin, welche sichere Materialbeherrschung und innige Vertrautheit mit den jeweils geltenden ästhetischen Standards für ein überzeugendes Kunstwerk erforderlich sind. An Mozart setzt er dessen Vermögen, tiefliegende Gefühle zum Ausdruck und in den Hörern zum Mitklingen zu bringen, eher voraus. Dagegen verweilt er lange bei der harten Arbeitsdisziplin, der sich der sprichwörtliche Götterliebling unterworfen hat, sowie bei seiner gründlichen Schulung im musikalischen Geschmack und Metier (S. 87 ff.). Das Eliassche Menschenbild ist, verglichen mit Freud, runder, weniger schroff. Es betont neben dem Konflikt ein von Natur angelegtes Zusammenwirken der Persönlichkeitskräfte.

Von der Psychoanalyse her zählt wissenschaftliche Arbeit genauso wie künstlerische zu den sublimatorischen Leistungen. Elias geht in seinem manifesten Text darauf nicht ein. Deutlich hingegen ist, daß er die referierten Anschauungen aus eigenem Erleben schöpfte. In der Diskussion, die sich an seinen ersten Mozart-Vortrag 1978/79 anschloß, wurde er nach Mozarts Fähigkeit zur Sublimierung gefragt. Er bedauerte, das sei ein wenig bestelltes Feld; »ich hab mich da etwas hereinarbeiten müssen«.[2] Nichts berechtigt zu der Annahme, daß diese Einarbeitung die übliche Form des Beschaffens und Lesens einschlägiger Literatur gehabt hätte. Elias bewältigte die Aufgabe, mit Hilfe abgelagerter Theoriereminiszenzen, im wesentlichen durch Selbstreflexion. Sie war offenbar zunächst bezogen auf seine Erfahrungen als Lyriker. Aber er kannte jenes Fest der Versöhnung *auch* als Wissenschaftler. Sein beiläufiges Reden von Mozarts »musikalischem Tagträumen« (1991a, S. 15, 108) regt dazu an, von einem *wissenschaftlichen Tagträumen* (in diagnostischem oder gar positivem Sinn) zu sprechen.

Wenn man den Sublimationsbegriff, den Elias am Beispiel Mozarts entwickelt, auf sein eigenes, nicht-literarisches Schaffen übertragen möchte, muß man Übereinstimmungen wie Differenzen zur Kunst benennen. In beiden Fällen handelt es sich darum, vor- oder unbewußte, affektnahe Prozesse für das Werk fruchtbar zu machen, in einer Weise, die wir als »schöpferisch« bezeichnen.

2 Zitiert nach einer von mir angefertigten Tonband-Nachschrift (siehe Elias 1991a, S. 184).

Der große Unterschied liegt auf der Wissens- und Gewissensseite. Die innovativen Phantasien des Forschers müssen auf das jeweilige Realitätsfeld, auf den Fundus der vorhandenen Kenntnisse darüber und auf die herrschenden Kanons der Gedankenführung abgestimmt werden. Diese Abstimmung ist die eigentliche Sublimationsleistung und die Voraussetzung für den gestaltenden Zugriff des Ichs. Sie geht substantiell in den Wissenschaften ganz andere Wege als in der Kunst. Aber strukturell sollte man die Andersartigkeit nicht überschätzen. Auch bei einem gelungenen Kunstwerk sind, wie Elias unterstreicht, Wissen und Gewissen in höchstem Maße mitbeteiligt. In analoger Weise verbürgt die Mitwirkung von Ich- und Über-Ich-Kräften die Triftigkeit wissenschaftlicher Resultate. Die Parallele bleibt gültig, auch wenn wir berücksichtigen, daß es nicht zu den erklärten Funktionen empirisch-theoretischer Arbeit gehört, die »Wucht und Süße« infantiler Wünsche, Affekte oder Trieberfüllungen zu transportieren.

Während das Gewissen nach der Eliasschen Auffassung des Kunstschaffens die sozialen Standards im Auge behält, sind die Wissensströme für den Materialbezug verantwortlich, für das Einfließen der Phantasien in einen Stoff mit widerständiger Eigengesetzlichkeit (1991a, S. 80 f.). Bei Sublimierung, die auf *Wissenschaft* zielt, meint das vor allem die nachvollziehbare Verwertung von Quellenbeobachtungen. Ich und Über-Ich sorgen für die Einbettung der Befunde in laufende Diskussionen oder auch in Diskussionen der Vergangenheit, die im eigenen Fach einen Maßstab abgeben. Sie gewährleisten die Befolgung anerkannter Regeln der Argumentation und Darstellung, die Synthese einzelner Beobachtungen zu Modellen, die den Normen der Theoriebildung entsprechen, auch wo sie den hergebrachten Rahmen sprengen, und die Überprüfung dieser Modelle an den Daten. Ihrem Einfluß verdankt sich ferner die Beherrschung der Sprache, um das Gesehene korrekt, verständlich und plastisch-einpragsam auszudrücken. Alles dies sind Mechanismen, die den Phantasiestrom, der am Grunde nicht fehlt, kommunikabel machen, in der Form überzeugender Beschreibungen und Theoriestücke. Die verinnerlichten Wissens- und Gewissensimpulse verhindern, daß wissenschaftliche Abhandlungen zu privatsprachlichen Rhapsodien werden, die auf ihre Art steril bleiben. Auch in der Wissenschaft wird gelten, was Elias zur Kunst schreibt (1991a, S. 82): daß das Über-Ich desto stärker gefordert ist, je innovativer die Ideen sind, je größer also der Anteil des Kreativ-Vorbewußten bei ihrer Bildung.

Zweifellos, eine solche Ausdehnung seines Sublimationsbegriffs läuft allem zuwider, was Elias selbst über wissenschaftliche Arbeit gesagt hat. Für ihn geht es dabei um Distanzierung, um die Zügelung von Wünschen, Affekten und Träumen, die für Menschenwissenschaftler nur insofern eine Grenze habe, als »ihre eigene Teilnahme, ihr Engagement« eine Voraussetzung jeder Problemlösung in ihrem Feld sei; denn es sei »für das Verständnis der Funktionsweise menschlicher Gruppen unerläßlich, auch als Insider zu wissen, wie Menschen ihre eigene und andere Gruppen erfahren« (1983, S. 30). Aber diese Grenze ist bei Elias defensiv gezogen. Die Stoßrichtung seiner Wissenschaftstheorie geht gegen das Engagement. Daß ein Zuviel an Distanzierung den Arbeitsergebnissen ebenfalls gefährlich werden kann, hat er demgegenüber vernachlässigt. An Alfred und Max Weber z. B., seinem Lehrer und dessen schon damals legendärem Bruder, mißbilligte er gleichermaßen, daß sie »im Grunde leidenschaftliche Menschen« waren, die sich, obwohl in unterschiedlichem Grad, von ihren Passionen »die Feder führen« ließen (1990, S. 130, 137).[3] Der Soziologe Elias war von Jugend an fest entschlossen, eben das zu vermeiden (ebd., S. 49-54).

Man sollte jedoch seine klare Absage an die Passion als Faktor wissenschaftlicher Arbeit nicht übermäßig generalisieren. Die Grundbeobachtung, von der Elias sie herleitet, ist eine sehr spezifische: daß nämlich Soziologen als Mitglieder ihrer Gesellschaft oder Schicht in deren Positions- und Überlebenskämpfe verwikkelt und deshalb geneigt sind, ihre Theorien auf die »Hoffnungen und Ängste« abzustimmen, die »unmittelbar ihrer Parteinahme in den Kämpfen und Konflikten ihrer eigenen Zeit« entspringen (1983, S. 25). Das Engagement, das er ablehnt, ist somit in erster Linie ein *politisches* (das immer in Analogie gesetzt wird zu einer magisch-mythischen Natursicht, auf deren Überwindung die Erfolge der modernen Naturwissenschaften beruhen; z. B. 1985c, S. 9-26). Elias weigert sich, mit anderen Worten, sein Denken in den Dienst von inner- oder zwischenstaatlichen Gruppenkonflik-

---

3 Für Max Weber wird diese Beobachtung, am Beispiel des Charisma-Begriffs, in unveröffentlichten Texten genauer ausgeführt (vgl. etwa Schröter 1985b, S. 220)

ten zu stellen, deren mörderische Zuspitzung er mehrfach am eigenen Leib erlebte. Andere Affektmotive dagegen hat er explizit anerkannt – Ehrgeiz z. B. oder die Beeinflussung der Themenwahl durch eigene Wünsche und Neigungen (1983, S. 12 f.).[4] In dieser Hinsicht, und vielleicht auch sonst, war es nicht die Leidenschaft *per se*, gegen die er sich wandte, sondern die ungenügend gezügelte Leidenschaft. Den Kampf gegen sie führte er selbst mit Inbrunst: »Meine Emotionen waren darauf gerichtet, daß ich nicht den gängigen Illusionen verfallen wollte. Da war ich allerdings sehr engagiert« (1990, S. 60).

Aber nicht nur da. Wahrscheinlich hat Elias über kein Thema intensiv nachgedacht, von dem er nicht persönlich betroffen war. Er stellte seine volle Erfahrung in den Dienst seines Werks und schöpfte mehr, als er vielleicht sich selbst und gewiß als er anderen eingestand, aus dieser Quelle.[5] Ein Beispiel, seine Sublimationstheorie, wurde schon genannt. Das ganze Mozart-Buch beruht auf einer Identifizierung mit dem »Genie«, von dem es handelt, auch wenn der Autor diesen Zusammenhang verneinte (Gleichmann 1991a, S. 95; vgl. Rehberg 1992, S. 349 f.).[6] In den *Studien über die Deutschen* findet sich eine Passage (1989a, S. 461), in der Elias unausgesprochen sein Emigrantenschicksal als Beleg für die »Stärke wie die Elastizität der Bande« benutzt, »die das Gepräge

---

4 Sehr bezeichnend in diesem Zusammenhang ist, wie Elias die Themenwahl seiner Schüler steuerte. Er wirkte stets darauf hin, daß sie über Dinge schrieben, mit denen sie auch außerwissenschaftliche Erfahrung hatten. Vgl. z. B. die von Korte (1988, S. 113-115) zusammengestellten Fälle aus seiner Frankfurter Zeit [auch unten, Kap. VIII, S. 275].

5 Eine Parallele zur Bedeutung der Selbstanalyse im Denken Freuds.

6 Ein bedrückendes Zeugnis dafür ist eine Fehlleistung, die ihm bei der Lektüre von Mozarts Briefen unterlief: Mozart hatte 1781 durch die Kündigung bei seinem Fürstbischof die Salzburger Stellung seines Vaters gefährdet und beschwichtigte dessen Sorgen laut Elias mit dem Hinweis: »wenn es zum Schlimmsten käme, sollten Vater und Schwester eben zu ihm nach Wien ziehen; er werde es sicher für sie alle schaffen« (1991a, S. 159). Das »für sie alle schaffen« steht nicht in der Quelle (wo vielmehr etwas sorglos gesagt wird, daß Leopold und »Nannerl« Mozart in Wien sicher dasselbe Geld verdienen könnten wie in Salzburg: Hildesheimer 1990, S. 104). Elias legt offenbar Mozart Worte in den Mund, die er selbst 1938 gegenüber seinen Eltern gebrauchte, als diese ihn in London besuchten – eine letzte, ungenutzte Chance, den Nazis zu entkommen (1990, S. 68 f.).

und die Selbstwahrnehmung von Individuen mit ihrer Gesellschaft verketten« (vgl. auch Goudsblom 1990, S. 169). Überhaupt kann man seine Aufmerksamkeit für Besonderheiten des nationalen Habitus mit diesem Schicksal in Zusammenhang bringen [siehe unten, Kap. VIII, S. 316]. In einem Aufsatz über die deutsche Barocklyrik arbeitet er die Statusunterschiede zwischen den Dichtern und den Malern oder Musikern in der höfischen Gesellschaft des 18. Jahrhunderts heraus: die einen waren vornehme Dilettanten, die anderen bedienstete Handwerker. Ein Nachklang dieser Situation, fügt er seufzend ein, mache sich bis heute bemerkbar: Maler und Musiker lernten ihr Metier auf einer Musik- oder Kunstakademie; »aber die Dichter, ja die Dichter, damals wie heute, müssen ihr Handwerk alleine lernen« (1987d, S. 457f). Eigenes Erleben hat ihm hier den Blick für ein soziales Muster geschärft.

Die Formen einer emotionalen Beteiligung, die von der Eliasschen Verwerfung des Engagements nicht ohne weiteres berührt wird, erstrecken sich zwischen zwei Polen. Zum einen, etwa hinsichtlich der Leiden des Exilanten, sind sie bewußt und betreffen den erwachsenen Menschen. Daneben gibt es andere, die in der Kindheit bzw. im Unbewußten verankert sind. Ein Beispiel ist jene Identifizierung mit Mozart, mit seiner Begabung, Sensibilität und Arbeitsdisziplin, seiner Rebellion gegen den Vater und die Machthaber seiner Gesellschaft. Beide, die bewußtseinsnäheren und -ferneren Motive, verweisen auf den Erlebnisraum, der bei einem »wissenschaftlichen Tagträumen« mitspielt. Es handelt sich prononciert – d. h. auch im Unterschied zu den Eliasschen Paradefällen für irregeleitetes Engagement, ob ideologischer oder magisch-mythischer Natur – um Erfahrungen, Ängste, Wünsche, die aus der *individuellen Lebensgeschichte* kommen. Sie sind es, und zwar um so mehr, je stärker sie sich der direkten Wahrnehmung entziehen, deren Beitrag zur Forschungsarbeit hier zur Debatte steht. Daß Elias über diese Vorgänge wenig sagte, scheint auf einer Angst vor den Geistern zu beruhen, die er damit gerufen hätte (und die sich doch durch Ignorieren nicht bannen lassen). Sie war in bezug auf kollektive »Wunsch- und Furchtbilder« besser begründet als in bezug auf persönliche Affektmotive.

Auch Elias war »im Grunde ein leidenschaftlicher Mensch«. Welche Passionen ihn in welcher Weise gelenkt haben, werde ich später erörtern. Jedenfalls waren sie da, und die Kraft, mit der er sie im Dienst der Erkenntnis niederrang, entsprach unvermeidlich ihrer eigenen Gewalt. Weil ihn dieser Kampf soviel Anstrengung kostete, mag er ihn ins Zentrum seines Bildes von Wissenschaft gerückt haben. Dabei entschwand ihm ein anderer wesentlicher Aspekt seines Schaffens aus dem Auge: daß er es *im* Konflikt erreichte, seine Affekte nicht einfach auszuschalten, sondern sie mit angemessen gemilderter, aber immer noch fühlbarer »Wucht und Süße« in seine Arbeit hinüberzutragen. Bewußt hat er das Synthese-Bemühen oder das kontrollierte Hin und Her zwischen Theorie und Empirie hervorgehoben (z. B. 1985b, S. 274-277); praktiziert hat er darüber hinaus einen sehr pfleglichen Umgang mit dem vorbewußten, phantasienahen Assoziationszug seines Denkens (siehe unten, Kap. VII, S. 236ff.). Aus seinen Texten spricht eine Humanität, die ebenso warm wie realistisch ist. Sie hat ihn z. B. mitveranlaßt, den Vorrang quantitativer Methoden in der Soziologie zu bestreiten (u. a. Elias/Scotson 1965, S. 66-77) oder bloße ideen- und wirtschaftsgeschichtliche Ansätze als »enthumanisierte Abstraktionen« zu brandmarken (1991a, S. 58). Das Pathos im Begriff der »Menschenwissenschaften«, den er aus dem Englischen ins Deutsche geholt hat, kommt nicht von ungefähr. Daß seine Distanzierung sich nicht verselbständigte, hielt ihm den Blick für Menschen, ihre Unteilbarkeit, ihre Leiden, Freuden und sozialen Spannungen offen; daß sie nicht zur Routine wurde, gab seiner Sprache Lebendigkeit und Farbe.[7] Wissenschaft nahm für ihn ihren Ausgang von *Problemen*, also von Ereignissen, die einem auf den Nägeln brennen (leitmotivisch 1983, S. 31 ff.). Und nicht zuletzt war Elias engagiert in der Zuwendung, mit der er aus der Gelehrtenstube heraus ein Publikum anredete.

Solche Äußerungen eines sublimierten Affekts waren gewiß eine wichtige Bedingung seiner triumphalen Rezeption ab Mitte der 70er Jahre (Korte 1988, S. 25 f.). Manche jüngere Menschen, die ihr Studium noch mehr mit dem inoffiziellen Ziel der Sinnsuche und Lebensorientierung als mit dem offiziellen des Wissens-

---

7 In der Tat, Elias hat nie »das *Engagement* des Sozialforschers an den zu untersuchenden Menschen abgelehnt« (Gleichmann 1991b, S. 108). Vgl. seine Charakterisierung einer empirisch-theoretischen Untersuchung, wie sie seinem Ideal entsprach (van Stolk/Wouters 1987, S. 9): »nicht mehr Fachbegriffe als unbedingt nötig, Konzentration auf Menschen und ihre Probleme, um durch ein besseres Verständnis der Quellen menschlicher Nöte bessere Voraussetzungen zur Abhilfe zu schaffen«.

erwerbs betrieben, werden ihn deshalb zu einem idealen Lehrer erwählt haben. Was sie anzog, war eben jene Haltung, die Richard Kilminster (i. V.) als »*engagierte* Distanzierung« bezeichnet. Die Ablehnung oder Herablassung, die Elias zuweilen von akademischer Seite entgegenschlägt, ist auch die Antwort eines Wissenschaftsbetriebs, der sich weithin als ein hartes, institutionalisiertes Über-Ich der Abwehr von Emotionen und Phantasien, sogar von Erfahrungen und Problemen verschrieben hat. Das Gegenstück sein Erfolg im Feuilleton, dem er vor allem in Deutschland viel von seiner Resonanz verdankt (Gleichmann 1991b, S. 113 f.). Es bleibt seltsam, daß ein Autor, der in seiner Forschungspraxis (wie im persönlichen Umgang) ein Pionier der großen sozialen Bewegung zu einem *controlled decontrolling of emotional controls* war, in seiner Wissenschaftstheorie so einseitig für die Kontrolle eintrat.[8]

Elias betont gegen Anna Freud, daß die Sublimierung, als eine *Verschmelzung* von Es-, Ich- und Über-Ich-Strömen, nicht einfach unter die psychischen *Abwehr*mechanismen einzureihen sei (1991a, S. 83, Fn. 33). Im selben Sinn sehe ich die Leistung eines großen Wissenschaftlers nicht in der Distanzierung schlechthin von den Tendenzen des Engagements, sondern in einer Bändigung, die sich der Kraft des Gegners stellt und sie nutzt. »Man könnte«, sagt Freud in einer berühmt gewordenen Metapher (1933a, S. 83), »das Verhältnis des Ichs zum Es mit dem des Reiters zu seinem Pferd vergleichen. Das Pferd gibt die Energie für die Lokomotion her, der Reiter hat das Vorrecht, das Ziel zu bestimmen, die Bewegung des starken Tieres zu leiten.« Im glücklichsten Fall der Kreativität – Mozart und Freud sind Beispiele – geschieht diese Leitung ein ganzes Stück weit vorbewußt: der Autor der *Traumdeutung* hat plastisch geschildert (Freud 1986, S. 348 f.), wie er das theoretische 7. Kapitel nach dem »Prinzip von Itzig dem Sonntagsreiter« schrieb: »Itzig, wohin reit'st du?« »Weiß ich, frag das Pferd.« Und doch landete er am Ende mehr oder weniger dort, wo er wollte. Die Vorbehalte von Elias gegenüber der Affektwelt, soweit sie nicht nur auf bewußtseinsnahe religiöse oder

8 Jene »soziale Bewegung« ist von Cas Wouters in zahlreichen Arbeiten als Prozeß der »Informalisierung« analysiert worden (z. B. 1979, 1990). Er hat auch die zitierte Wendung aus einer Vorlesung von Elias aufgegriffen (Wouters 1986, S. 524).

politische Glaubensartikel zielen, gelten dem Mißlingen der Lenkung, das Freud ebenfalls erwähnt: »Aber zwischen Ich und Es ereignet sich allzu häufig der nicht ideale Fall, daß der Reiter das Roß dahin führen muß, wohin es selber gehen will.« Das ist, in Kunst und Wissenschaft wie im Alltagsleben, schädlich. Vergessen wir jedoch nicht die weitere Möglichkeit, daß der Reiter sein Pferd auch zu knebeln oder gar umzubringen versuchen kann. Dann gibt es keine Bewegung mehr, nur noch ein Treten auf der Stelle. Beide Partner lähmen sich gegenseitig.

Die produktive Bedeutung der gefühlsgeladenen Phantasie für das Denken, der Nutzen des Engagements für distanzierte Erkenntnis, wird von Elias kaum gewürdigt. Aber er hat sich ja nicht nur in harter Prosa geäußert, sondern auch in Gedichten[9] (und in autobiographischen Mitteilungen). Diese Quellenlage begünstigt meinen Versuch, ihn zum Gegenstand einer Fallstudie in psychoanalytischer Theoriedeutung zu machen. Es ist lehrreich, wie der *Dichter* Elias (dem der Denker das Engagement erlaubte: 1990, S. 53) den eben vorgestellten Überlegungen entgegenkommt (1987a, S. 67):

Deine Bücher sind
Bücher eben
Blick durch dünne Tücher
noch nicht
noch nicht Leben

noch gemacht
gut
gut gemacht

noch gedacht
klug
klug gedacht

manchmal nur
hast du Traum und Streben
so versponnen

9 Einige Fakten dazu bei Gleichmann (1991a, S. 92-94). Vgl. die Würdigungen von Beese (1987) und Held (1991) [sowie unten, Kap. VIII, S. 303-307].

Leben
dieses Leben
so im Spiel gewonnen

daß der Dunst sich von den Blättern hebt
alles duftet stark als ob es riefe
von Gesicht zu Angesicht und lebt
aus der unbedachten Tiefe

So spricht derselbe Befürworter der Distanzierung, wenn er sich
durch andere als die Kanons der Forschung gebunden fühlt, über
das höchste Ziel des wissenschaftlichen Schreibens.[10] Gegenüber
den involvierten Tiefenkräften der eigenen Person, die der Kindheit entstammen, wollte er es durchaus nicht abdichten – ob er sich
dessen immer bewußt war oder nicht. Das »Streben« des Forschers
zwar geht auf realitätsgerechte Erkenntnis und klare Darstellung.
Aber wo es zur letzten Erfüllung kommt, so daß auch die unerbitt-
lichste Selbstkritik verstummt, ist zugleich etwas von der bezau-
bernden (oder erschreckenden) Gewalt des »Traumes« aufgehoben, wie bei der Sublimierung im Kunstschaffen. Es ist diese, von
ihm nur poetisch reflektierte Qualität, die uns in den besten Passagen der Eliasschen Schriften, praktisch und anrührend, entgegentritt. Da hat er wirklich mit den vereinten Kräften von Es, Ich und
Über-Ich »das Leben«, das Gegenstand der Menschenwissenschaften ist, »im Spiel gewonnen«. In solchen Momenten – »manchmal
nur« – wird es gefeiert, das Fest der »Versöhnung«. Der Schleier der
Isis fällt, die Grenze zwischen Wissenschaft und Poesie wird
durchlässig, Erkenntnis beginnt zu singen.[11]
Adepten der Literatur haben es längst geahnt: ein Gedicht kann
klüger sein als eine Theorie (vgl. Beese 1987, S. 533). Dem Dichter
Elias zufolge ist die Bedeutung der Trieb- und Affektwelt für die
Wissenschaften hoch zu schätzen, obwohl man in Studium und
Lehre wenig davon hört. Wie in Musik oder Literatur kommt es
auch in den Wissenschaften darauf an, daß die elementare Dyna-
mik menschlicher Wünsche, Ängste, Phantasien durch Arbeit und
Selbstkontrolle in den Dienst des öffentlichen Produkts gebeugt

10 Obwohl das Gedicht in die Abteilung »Über das Dichten« aufgenommen wurde, handelt es nach meinem Verständnis von der Wissenschaft
(nämlich von den »Büchern«).
11 Zwei Stellen, die für mich in dieser Weise Elias *at his best* zeigen:
1982a, S. 99 f.; Elias/Scotson 1965, S. 103 f.

wird. Wo jedoch die Affekte fehlen, entsteht nichts Gewichtiges oder Neues; unser Interesse erlischt. Und wo sie lediglich abgewehrt werden, mögen sie desto mehr ihren Schaden anrichten.[12]

Im nächsten Abschnitt wird zu zeigen sein, welche Phantasien oder Gefühlsmotive das Denken von Elias im einzelnen mitbestimmt haben. Das heißt, daß ich mich weniger mit Inhalten, der »offiziellen« Wissens- und Gewissensseite, befassen werde als mit der Affektseite, die gemeinhin im dunkeln bleibt. Es kann nicht genug betont werden, daß der Hinweis auf solche persönlichen Triebkräfte keine Vorentscheidung über das Richtig oder Falsch einer Theorie impliziert. Einmal mehr hilft die Parallele zur Literaturdeutung. Der Befund, daß Rilke in seiner Lyrik narzißtische, passive, feminine Tendenzen zum Ausdruck bringt (Simenauer 1976), stempelt ihn weder zu einem guten noch zu einem schlechten Dichter. Ob er das eine oder das andere ist, wird nicht durch die unbewußten Motive, die er mit vielen teilt, sondern durch besondere Ich- und Über-Ich-Kräfte entschieden. Zu ihnen gehört allerdings auch, und das ist in der Wissenschaft ebenso, eine Fähigkeit zur kontrollierten Zulassung von Es-Material – eine »Durchlässigkeit der Ichgrenzen«, die Kreativität ermöglicht (Grubrich-Simitis 1991, S. 38).

»Hier einsam das Ich, dort fremd das All«: Phantasien und Affektmotive im Eliasschen Denken

Elias verhielt sich in seinem Forschungsprozeß passiv, getragen wie der jüdische Sonntagsreiter vom Pferd. Er hat es mindestens zweimal erzählt. Die eine Geschichte betrifft *Über den Prozeß der Zivilisation* (vgl. 1990, S. 69-73). Im folgenden konzentriere ich mich auf das minder bekannte und in mancher Hinsicht deutlichere Beispiel von *Etablierte und Außenseiter* (Elias/Scotson 1965; vgl. Mennell 1989, S. 115-125). Diese Arbeit ist die einzige breite empirisch-theoretische Untersuchung, die der Autor nach seinem *magnum opus* zu Ende brachte.[13] Die Erhebungen wurden 1958-1960 durchgeführt.

12 Zu einem kleinen Beispiel aus der Freud-Biographik, das in diese Richtung geht, vgl. Schröter (1992, besonders S. 71-76).

13 Die *Höfische Gesellschaft* (Elias 1969a) steht dieser Aussage nur scheinbar entgegen, da sie in den material- und belegreichen Teilen auf einer älteren Habilitationsschrift fußt (Korte 1988, S. 118f.).

In seinem Vorwort berichtet Elias, wie sich das Ziel, das er mit seinem Koautor zunächst im Auge gehabt hatte, während ihrer Forschungen allmählich verschob: »Immer wieder«, so schreibt er (Elias/Scotson 1965, S. 60), »folgten wir Spuren und griffen Probleme auf, die sich auf dem Weg zeigten, und in ein oder zwei Fällen wurde die Hauptrichtung der Arbeit durch unsere Entdeckungen unterwegs umgelenkt.« Im Gespräch erläuterte er bisweilen, wie er die einlaufenden Materialien, die Scotson vor Ort gesammelt hatte, zu Hause an seinem Schreibtisch sichtete, wie er darin auf unerwartete Hinweise stieß und dann den anderen losschickte, mit präzisen Aufträgen zum Weiterfragen, zur Ermittlung bestimmter Daten. Und so fort.

Einige Stationen dieses halb träumerischen Forschungsweges kann man rekonstruieren. Die Arbeit war geplant gewesen als eine Untersuchung über unterschiedliche Kriminalitätsraten in zwei benachbarten Arbeiterwohnbezirken einer mittelenglischen Vorstadtgemeinde, besonders bei Jugendlichen. Bald oder von Anfang an scheinen sich familiensoziologische Aspekte damit verbunden zu haben. Erforderlich wurde außerdem eine Gesamtbeschreibung der Gemeindestruktur, vor allem nach Gesichtspunkten der sozialen Schichtung. Diese beiden konventionellen Ansätze dienten noch der ursprünglichen Themenstellung. In einem weiteren Schritt aber wurde der Fokus an sich verändert. Elias und Scotson hatten entdeckt, daß die höhere Kriminalitätsrate in der einen Wohngegend durch eine kleine Gruppe von »Problemfamilien« verursacht worden war. Warum, diese Frage drängte sich nun in den Vordergrund, wurde dennoch der ganze Bezirk von den Nachbarn, durch einen unablässigen Strom von »Schimpfklatsch« (S. 166-186), als kriminell und minderwertig abgestempelt? Und mehr noch: Warum nahmen seine Bewohner das insgesamt unbegründete Stigma in ihr Selbstbild auf? Die Antwort fand Elias im Machtgefälle zwischen den beiden Bezirken, das zusammenhing mit der unterschiedlichen Dauer der Ortsansässigkeit beider Gruppen und, z. T. dadurch bedingt, mit einem unterschiedlichen Kohäsionsgrad und Zivilisationsstandard. Von daher ließen sich die Verhältnisse in jenem Vorort als ein Kleinmodell auffassen, das alle möglichen Figurationen zu verstehen erlaubte, in denen durch Wanderungsvorgänge Alt- und Neusiedler zusammengewürfelt werden. Auf diesem Plateau kam der Forschungsprozeß vorerst zum Abschluß. Die englische Erstausgabe des Buches von 1965 war, dem Untertitel zufolge, immer noch »Eine soziologische Untersuchung über Gemeindeprobleme« (S. 315).

Elias jedoch blieb dabei nicht stehen. Die weiterreichende Erklärungskraft, die im Buch selber nur allgemein umrissen ist, wurde in einem theoretischen Essay von 1976 (ebd., S. 7-56) an einigem zusätzlichen Material ausgeführt, mit einer stärkeren Hervorhebung der Bedeutung des Gruppenstatus, der relativen Machtrate für das Selbstgefühl individueller Mitglieder. In anderen Schriften hat Elias dargelegt, daß er auch das Verhältnis von Ober- und Unterschichten, Männern und Frauen, Eltern und Kindern, Kolonialherren und Kolonisierten, Regierenden und Regierten im selben Rahmen zu begreifen begann (z. B. 1989a, S. 33-38). Er wollte seine Etablierten-Außenseiter-Theorie als einen Gegenentwurf zur marxistischen Klassentheorie ausbauen u. a. m. Das Buch, das 1990 im Deutschen herauskam, war in den Augen des Autors nur der Schatten eines inzwischen viel ambitionierteren Projekts, das er nicht mehr in den Griff bekommen hatte (siehe unten, Kap. VII, S. 251 f.). Der Prozeß aber, wie hier das vorbewußte Denken von Elias eine punktuell gewonnene These weiterspann, ist ein Lehrbeispiel für die konstruktive Potenz seines »wissenschaftlichen Tagträumens«. Keime der Erkenntnis konnten sich bei ihm durch die Anlagerung neuer Beobachtungen und Reflexionen zu veritablen Großmodellen, mit einem breiten Anwendungsfeld, auswachsen.[14] Das zu verfolgen bleibt eindrucksvoll, auch wenn nicht zu übersehen ist, daß das ursprüngliche Modell dadurch immer wieder seinen scharfen Zuschnitt verlor (siehe oben, Kap. III, S. 73-86; mit kritischer Überspitzung Breuer 1988).[15]

14 Vgl. in diesem Kontext die Beobachtung von Kilminster (1991, S. 172 f.), daß sich einige Theoreme des Buches von 1965 in rudimentärer Form bereits in *Über den Prozeß der Zivilisation* finden (Elias 1939, Bd. 2, S. 340 f., 426 f.). Solche Spurensuche freilich verwischt den Unterschied zwischen einer passageren Beobachtung und einer ausgearbeiteten, begrifflich verdichteten Theorie. In der englischen Ausgabe von *Über den Prozeß* (S. 510) hat Elias an der letztgenannten Stelle eine Fußnote eingefügt, in der er auf die Verbindung zu seinem späteren Modell hinweist.

15 Das ist auch bei der erweiterten Etablierten-Außenseiter-Theorie der Fall, die nicht mehr die gleiche Paßform hat, wenn sie – etwa in bezug

Diese konstruktive Leistung beruhte nicht allein auf einer erstaunlichen intellektuellen Kraft, sondern wurde auch von bestimmten Affektmotiven angetrieben. Bevor ich ins Detail gehe, schlage ich vor, zwischen *unspezifischen* und *spezifischen* Motiven oder Phantasien zu unterscheiden. Mit den ersteren meine ich solche, die den Arbeitseifer generell anstacheln und prägen, wie z. B. bei Freud der Wunsch, ein Professor zu werden.[16] Spezifisch dagegen nenne ich Beweggründe, von denen die Problemwahl und Modellkonzeption inhaltlich beeinflußt werden, wie z. B. die Beschäftigung des kleinen Sigmund Freud mit seiner verzwickten Familienkonstellation, die der Erwachsene für die Analyse des Forscherdrangs von Leonardo da Vinci fruchtbar gemacht hat.

Unspezifische Motive

Man muß bedenken: *Etablierte und Außenseiter* entstand zu einer Zeit, als Gemeindestudien in der Soziologie ein hohes Ansehen genossen (vgl. etwa Mennell 1989, S. 116). Elias, 1933 nach fast vollendeter Habilitation zur Emigration gezwungen und über Paris nach London gekommen, war seit 1954 Dozent in Leicester, hatte aber neben seinem 20 Jahre alten, deutsch geschriebenen Prozeß-Buch, das kaum jemand kannte, wenig mehr als zwei englische Aufsätze vorzuweisen (Gleichmann et al. 1979, S. 432 f.). Er muß einige Jahre später die Notwendigkeit verspürt haben, endlich eine vollwertige Arbeit im soziologischen Mainstream vorzulegen, die seiner Selbstachtung und der Fremdachtung, die er bei

auf das Geschlechterverhältnis – präzise Machtquellen wie Gruppenalter und -kohäsion aufgibt. Gleichwohl hat sich die Tragfähigkeit der Theorie beim Nachdenken über Gastarbeiter-Probleme (Treibel 1990, S. 122-166; Waldhoff 1993 [und 1995]) ebenso erwiesen wie bei der Erforschung heutiger Konflikte zwischen Männern und Frauen (van Stolk/Wouters 1987). Andere Beispiele referiert Mennell (1989, S. 125-137).

16 Grubrich-Simitis (1991, S. 38) betont im Falle Freuds »die enorme, lebenslange Binnenspannung, die ihn dazu antrieb, die mitgebrachte Geniebegabung voll zu entfalten und die verzehrende Mühsal der Hervorbringung dieses Lebenswerks auf sich zu nehmen«, und führt so auf frühkindliche Traumen zurück. Das verweist auf die Tiefendimension der »unspezifischen« Faktoren.

Kollegen und Studenten einforderte, entsprach. In dieser Situation griff er das gemeinde-orientierte Projekt seines Schülers Scotson auf und machte es zu einem *joint venture*. Ein vergleichbarer Schlüsselmoment, wenn auch in schwächerem Grad, wie 1935, als der ganze Lebensplan, die Sinnerfüllung des Exilanten daran hing, daß er ein großes Buch, eben *Über den Prozeß der Zivilisation* verfaßte, das ihm die Aussicht auf eine akademische Karriere offenhielt (Elias 1990, S. 70). Mitte der 50er Jahre war er zwar an der Universität gelandet, aber auf einem mediokren Posten und mit einem Prestige, das weit hinter seinem Selbstbild zurückblieb (ebd., S. 84-86). Ein Reflex des Sinnentwurfs, der damals wie schon in der zweiten Hälfte der 30er Jahre zum Tragen kam, läßt sich auch bei ihm als *Professoren-Phantasie* fassen. Auf der Schule hatte er sie verraten, worauf ihm ein Klassenkamerad *coram publico* entgegnete: »*Die* Laufbahn ist dir bei der Geburt abgeschnitten worden« (ebd., S. 19). Es war eine beschämende Szene, die sich ihm ins Gedächtnis brannte. Zäh hielt er dennoch an seinem Lebenswunsch fest, gegen alle Widerstände (die in der Schulszene einen Beiklang von Kastrations-Drohung hatten), bis er ihn halbwegs verwirklichen konnte. Es scheint, als ob Elias, dessen Weg von mehreren gescheiterten Großvorhaben gesäumt ist, nur unter dem Stachel dieses Wunsches die Kraft für eine breit angelegte empirisch-theoretische Untersuchung aufgebracht habe.

In England gab es damals einen aufblühenden Forschungsstrang, der sich speziell mit Familienbeziehungen in Arbeitersiedlungen befaßte. Dadurch erklärt sich etwas von der Intensität, mit der Elias die Familienstrukturen in seiner Vorortgemeinde behandelte (Elias/Scotson 1965, besonders S. 113-122) – woran er sich im Frühjahr 1990, als ich mit ihm über die deutsche Ausgabe des Buches sprach, nicht mehr erinnerte. Er knüpfte auch hier an eine aktuell dominante Forschungsrichtung an. Aber er tat es in der charakteristischen Weise, daß er nicht die Anregungen betonte, die er von Fachgenossen empfangen hatte, sondern in einem Exkurs die grundlegenden Mängel zweier Pionierwerke des Feldes tadelte (ebd., S. 279-284). Einzelheiten muß ich hier beiseite lassen. Kurzum, seine Anstrengung zielte darauf, es besser zu machen als seine Vorgänger. Das *Besserwissen* und *Bessermachen-Wollen* bestimmt weite Strecken seiner Arbeit.[17] Gleichmann

17 Ein handgreifliches Beispiel ist die Eliassche Strategie einer Begriffsbil-

(1987, S. 414) zitiert hierzu eine aufschlußreiche Anekdote, die Elias in einem Vortrag erzählte: »... daß Picasso manchmal in Ausstellungen jüngerer Kollegen herumging, und, wenn sie einen Einfall hatten, dann ging er nach Hause und machte es besser«. Dieselbe Mischung von Anregungsbedürfnis und Überlegenheitsgefühl läßt sich bei ihm beobachten.[18] Damit wird nicht bestritten, daß er es oft besser wußte und machte als andere.

Immerhin hat sich Elias in *Etablierte und Außenseiter* auf die Auseinandersetzung mit Kollegen eingelassen. Die Regel ist das bei ihm nicht. Sein Denken hatte vielmehr etwas Solipsistisches. Er war ein »Selbstdenker« (K. Rutschky), mit dem ganzen Charme und allen Grenzen eines solchen. Diese Eigenart war zweifellos eine Bedingung seines Innovationsvermögens und schließlich ein wichtiger Faktor seines Erfolgs. Sie trug zu der »Durchhaltekraft« und »Beharrlichkeit« bei, die er als einen seiner wesentlichen Charakterzüge betrachtete (1990, S. 22, 96 f.); und sie bewahrte ihn davor, lediglich spezialistische Werke für Spezialisten zu schreiben. Es liegt darin beides, Sicherheit und Trotz. Elias scheint Freuds Aperçu zu erhärten, daß »Eigenmächtigkeit« und »selbstverständliches Selbstvertrauen« die »unentbehrliche Bedingung dessen seien, was uns dann, wenn es zum Erfolg geführt hat, als Größe erscheint« (Freud/Binswanger 1992, S. 97).

Aber dieselbe Einstellung hat auch einen düsteren Aspekt, weit über die mangelhafte Literaturverwertung hinaus, die besonders akademische Leser bei ihm ständig monieren. In seinem autobiographischen Interview erzählt Elias eine Phantasie, die das geradezu tragisch zum Ausdruck bringt (1990, S. 94). Er sieht sich darin in der Lage eines Telephonierenden, der von der Stimme am anderen Ende immer nur gesagt bekommt: »Können Sie etwas

dung, die »stets immanent polemisch« auf andere Autoren bezogen ist (Gleichmann 1991b, S. 106-110). So wird etwa das Haeckelsche (und auch von Freud aufgegriffene) Gegensatzpaar von »Onto-« und »Phylogenese« zu dem von »Psycho-« und »Soziogenese« (Elias 1939, Bd. 1, S. LXXIV).

18 Nach dem Muster »Picasso« entstanden der erste Beitrag in den *Studien über die Deutschen* (Elias 1989a, S. 33-60; siehe unten, Kap. VIII, S. 313) und das Mozart-Buch (siehe unten, Kap. VII, S. 241). – Ein ähnliches Anregungsbedürfnis läßt sich, stärker, auch bei Freud feststellen (Hermanns/Schröter 1990, S. 67 f.) und mag für hochkreative Menschen typisch sein.

lauter sprechen, ich höre Sie nicht.« »Und dann«, fährt er fort, »beginne ich zu schreien, und die andere Stimme sagt immer weiter: ›Sprechen Sie lauter, ich kann Sie nicht hören.‹« Als tragisch empfinde ich diese Phantasie nicht allein, weil sie das Leiden unter einer jahrzehntelangen Resonanzlosigkeit widerspiegelt, sondern noch mehr, weil die andere, für ihn doch vernehmbare Stimme *ihm nichts zu sagen hat* und weil er das gar nicht, geschweige denn schmerzlich, bemerkt.

Aus der Telephon-Phantasie spricht eine tiefe Einsamkeit. Man muß daran denken, daß Elias ein Einzelkind war, das sich wahrscheinlich »nach Geschwistern gesehnt« hat (1990, S. 16). Kinderfräuleins ersetzten ihm teilweise die Mutter; sie wechselten, bis das letzte bei seiner erwachenden Pubertät verschwand (ebd.). Auch mit den Eltern scheint der Austausch gestört gewesen zu sein. Elias schildert in seinem Interview je eine frühe Szene mit Vater und Mutter. Nach den Regeln der von Freud (1910) begründeten Psychobiographik sind solche Geschichten als »Deckerinnerungen« aufzufassen, als Symbole prägender Erfahrungen, oft mit den Eltern, die einen Lichtstrahl in die sonst dunkle Genese und Struktur der Persönlichkeit werfen. Im einen Fall sieht Elias (1990, S. 14 f.) seinen Vater auf dem Sofa sitzen – »er saß einfach da und dachte nach«, und der kleine Sohn rätselte stumm: »Was tut er eigentlich?« Eine Ikone der Kontaktlosigkeit. In derselben Haltung ertappe er sich selbst bisweilen, *just sitting and thinking*. Die andere Geschichte handelt davon, wie die schöngekleidete Mutter, die mit dem Vater zu einer Abendeinladung ging, den Jungen allein mit seinem Kinderfräulein zurückließ.[19] Diese Erinnerungen an Szenen der Einsamkeit, in denen er auf sich zurückgeworfen war, sind Schlüsseldaten meines Elias-Bildes. Vor allem die zweite, bisher unveröffentlichte. Es liegt nahe, die Selbstbezogenheit des Eliasschen Denkens und Schreibens mit den so verdichteten Mustern seiner Elternbeziehung zu verknüpfen.

Mag sein, daß damals erzwungene *Phantasien der Autarkie* in ihm entstanden sind. Mit trotzigem Pathos sagte er sich: »Ich brauche niemand, ich schaffe es auch allein.« In seinen Schriften äußert

---

19 Sie findet sich im Rohtranskript des Interviews und wurde leider in die Druckfassung nicht aufgenommen [siehe unten, Kap. VIII, S. 320]. Inge Wild wies mich darauf hin, daß Proust seine *Recherche* mit einer ähnlichen Erinnerung einleitet.

sich dieses Pathos u. a. darin, daß Elias seine Abhängigkeit von anderen Autoren verschleierte (vgl. Mennell 1991, S. 187). So hat er kaum in genügendem Ausmaß dokumentiert, daß die Theorie, die ihn berühmt gemacht hat, im Ansatz auf Freud zurückgeht. Freud formulierte bereits, daß aller »innere Zwang« beim Individuum zunächst in der Menschheitsgeschichte »äußerer Zwang« war (1915a, S. 333); der Zivilisationsprozeß ist in wesentlicher Hinsicht dasselbe, was er den »Prozeß der Kulturentwicklung« nannte (1930, S. 456-458), zuweilen mit dem Zusatz, »andere heißen ihn lieber: Zivilisation« (1933b, S. 25).[20] Der Gesprächspartner von Elias aus Frankfurter Tagen und Mit-Exilant S. H. Foulkes, der in London sein Freund wurde, bemängelt in einer frühen Rezension des Prozeß-Buches (1939-41, S. 318), daß der Autor den ursprünglichen Plan eines Gemeinschaftsprojekts, bei dem er, der Psychoanalytiker, den Teil über die Psyche des Individuums hatte schreiben sollen, fallenließ und »der Versuchung nicht widerstehen [konnte], es doch selbst zu machen«.[21] – In

20 Vgl. Baumgart/Eichener (1991, S. 21). Das Thema »Elias und die Psychoanalyse« verdient auch nach der Studie von Blomert (1989) noch eine gründliche Untersuchung. Dabei müßten unveröffentlichte Manuskripte einbezogen werden [siehe unten, Kap. VIII, S. 279, 285]. Eine anregende Diskussion der Problematik unter theoretischem Aspekt bietet Breuer (1988, S. 421-425). Gleichmann (1987, S. 408) bezeichnet »die Integration der dynamischen Psychologie Freuds in eine soziologische Prozeßtheorie« als die »wohl eigenständigste Leistung« von Elias. In der Tat hat Elias die Freudschen Thesen zur »Kulturentwicklung« in eine handhabbare Form überführt, indem er statt der Menschheit eine bestimmte Gesellschaft als Untersuchungseinheit ansetzte und sich, anstatt über die »Urhorde« zur spekulieren, auf historisch faßbare Entwicklungsphasen konzentrierte (so schon S. H. Foulkes 1939-41, S. 180). [Vgl. inzwischen König (1993).]
Ich vermerke bei dieser Gelegenheit, daß Elias auch Freud einen »Vorabdruck 1937« des 1. Bandes von *Über den Prozeß* schickte (siehe Korte 1988, S. 14-16). Das Exemplar ist in der Library of Congress (Washington) erhalten und trägt die Widmung »Prof. Sigmund Freud mit dem Ausdruck meiner Verehrung zugeeignet von Norbert Elias«. Eine handschriftliche Karte Freuds, die mit einem Dankessatz den Empfang bestätigt, hat mir Elias gelegentlich gezeigt.
21 Die Witwe von Foulkes berichtet genauer, daß der Soziologe und der Psychoanalytiker jeweils »alternierende Kapitel« verfassen wollten (E. Foulkes 1990). Mit Dank an H. Brandes.

letzter Zeit sind Verbindungen zwischen der Eliasschen Theorie und dem Werk von Ernst Cassirer diskutiert worden (siehe unten, Kap. VII, S. 250).[22]

Auch wenn man jede Sympathie für die Abneigung von Elias gegen ideengeschichtliche Ableitungen hat, die allzuoft die Rezeption des Gedankengehalts ersetzen oder ersparen, stimmt sein Beharren auf innovativer Eigenständigkeit, sein »unbeugsamer Originalitätswille« (Gleichmann 1987, S. 415) nachdenklich. Dies um so mehr, als sich Elias im Ideal als Glied eines »Fackellaufs« zwischen den Generationen, eines anfangs- und endlosen Prozesses des sozialen Wissenserwerbs verstand (1977c, S. 67 f.). Wie erklärt sich der Widerspruch? Einen Hinweis bietet sein erster veröffentlichter Aufsatz von 1921 (der bis 1935 sein einziger blieb). Dort wird am Schluß dasselbe Bild[23] als das der *Erziehung* hingestellt, von einem Autor, der ausgesprochen als »Erzieher« auftritt (S. 140 u. ö.) und die Krönung des Geschehens darin findet, »daß jeder sich selbst im Bewußtsein der eigenen Verantwortung zu gestalten, nämlich zu erziehen habe« (S. 143). Offenbar definierte Elias seine Position in der Kette der Fackelträger schon früh als die eines Weitergebers und nicht eines Empfängers. Das Menschenbild »denkender Statuen« (1987b, S. 157), vereinzelter Individuen hat er darum so scharf gesehen und so unermüdlich als Irrtum bekämpft (z. B. 1982a, S. 54 f., 81-100), weil er die betreffende Erfahrung allzugut und schmerzhaft kannte.

Aber es ist nur die Oberfläche der Wahrheit, wenn man Elias nun selbst als Prototyp eines *homo clausus* bezeichnet (Pels 1991, S. 182). Richtiger erscheint es, sein Unabhängigkeitsbedürfnis als Kehrseite einer überstarken Neigung zur Abhängigkeit zu deuten, die er in theoretische Erkenntnis überführt, aber persönlich aufgrund traumatischer Fixierung nie ganz überwunden hat (siehe unten). Das Postulat der Selbsterziehung wird von dem knapp Vierundzwanzigjährigen (1921, S. 143) mit der Angstphantasie begründet, ein junger Mensch könne sonst dermaßen an die Un-

22 Als kleine Fußnote dazu: Eine Cousine der Familie Elias, geb. Lasker (verwandt mit dem Schachweltmeister Emanuel L.), war mit einem Bruder von Ernst Cassirer verheiratet (siehe das Rohtranskript des autobiographischen Interviews von Elias; wie oben, Anm. 19).

23 Im griechischen Wortlaut. [So war es humanistisches Bildungsgut, zierte etwa auch die 1926 gestiftete Kraepelin-Medaille (Kolle 1956, S. 181).]

terstützung anderer gewöhnt bleiben, »daß er am Ende die Mühe, aus eigenem entschlossen zu handeln, scheut … oder dem ersten Besten, der nur seine Schwäche zu nutzen versteht, … in die Hände fällt«. Der Fünfundachtzigjährige meinte im Rückblick auf die Psychoanalyse, der er sich nach dem Zweiten Weltkrieg unterzog, sein Leben habe sich dadurch nicht verändert (1990, S. 83).[24] Schwer haltbar der Nachsatz: »Aber vielleicht ist das die erfolgreichste Analyse, wenn man das Gefühl davonträgt, daß sie überhaupt nichts geholfen, daß man es alles selbst getan hat.«

Im Lauf seines Lebens geriet Elias tatsächlich in eine Situation, in der er weitgehend auf sich angewiesen war. Er wurde in seinem Fach zu einem *marginal man*. Eine solche Entwicklung ist gewöhnlich nicht pures Schicksal, sondern auch selbstgeschaffen. Gewiß warf ihn die Machtergreifung Hitlers schrecklich aus der Bahn; aber seine relative Isolation in den 50er und 60er Jahren oder sein damaliges Unvermögen, eine englische Ausgabe des Prozeß-Buches zustande zu bringen,[25] sind nicht allein aus dieser äußeren Katastrophe zu erklären. Ich denke, Elias hat in seiner wissenschaftlichen Einsamkeit, sosehr er unter ihr litt, die Einsamkeit, die er als Kind erlebte, reproduziert. Und sich mit dem Trotz, dessen Wurzel zugleich gelegt wurde, dagegen behauptet. Es ist bewundernswert, daß er im Exil, in langen Zeiten der Armut und Erfolglosigkeit, nicht erlahmte, daß er unabhängig von Resonanz seinen Weg gehen konnte. Was ihn dazu befähigte, hat er selbst in einem Bild ausgedrückt, das wohl geprägt wurde als Paraphrase des Eriksonschen Begriffs vom »Urvertrauen« (1990, S. 22):

24 Einige Details dieser Analyse, die er wegen Produktionshemmung unternommen habe (»obwohl ich so viele Ideen hatte«), teilt Elias selbst mit (1990, S. 83 f.). Die Behandlung, die aus Geldmangel mehrfach unterbrochen und durch den Tod der Analytikerin beendet wurde, fand nach 1945 einige Jahre lang in London statt, bei einer Frau aus dem Umkreis von Anna Freud. Ich vermute, es war Käthe Friedländer; sie starb im Alter von 64 Jahren am 20. 2. 1949 (Hoffer 1949). Elias hat mir einmal mit exzeptionellem Nachdruck Friedländers Buch *The Psycho-Analytic Approach to Juvenile Delinquency* (1947) empfohlen (vgl. Elias/Scotson 1965, S. 287).

25 Es gab mindestens zwei Anläufe dazu (vgl. Goudsblom 1979, S. 36), von denen einer zu einer kompletten Übersetzung des 1. Bandes geführt hatte – die ich 1985 bei der Bestandsaufnahme seines Archivs, sauber getippt und ungenutzt, in einem Karton entdeckte.

»Wie die Astronomen entdeckt haben, daß das ganze Universum voll ist von Nachgeräuschen des Urknalls, so tragen die Menschen ein Hintergrundgefühl in bezug auf ihr Leben mit sich, das aus ihrer Frühzeit in der Familie stammt. Ich habe ein Hintergrundgefühl von großer Sicherheit, daß letzten Endes alles gutgehen wird, und das schreibe ich der enormen emotionalen Geborgenheit zu, die ich als Einzelkind in der Zuneigung meiner Eltern erlebte.«

Das ist eine etwas beschönigende Beschreibung; sie verdeckt den zuvor angedeuteten Unterton von Alleinsein, Verzweiflung und Empörung.[26] Ein entscheidendes Moment verbirgt sich in der unscheinbaren Wendung »letzten Endes«. Der kleine Norbert mußte nämlich, wie der alte Mann erzählte, immerzu *krank* werden, damit er »auf jede Weise umsorgt« wurde (ebd., S. 9, 22).[27] Aber, und das bleibt doch das Wichtigste: er *wurde* dann versorgt. In der Not war die Mutter für ihn da, im wirklichen Ernstfall, auch wenn er ihn deshalb hervorrufen mußte, *war* er aufgehoben.

Was Elias als Kind im Umgang mit seiner Mutter erlebte, hat er in eine Haltung sich selbst gegenüber transformiert. In dem Gedicht »manchmal an Regentagen« (1987a, S. 9), das er in seinem Lyrik-Band dadurch auszeichnete, daß er es aus den thematisch geordneten Blöcken herausnahm und an den Anfang setzte, ist das Muster in die Schlußzeilen gefaßt: »man läßt sich fallen/ und man fängt sich auf«. Verlorenheit der Depression und Wiedergeburt, aus eigener Kraft. Gemäßigt zeigt sich dieselbe Bewegung im Hin und Her zwischen Abtauchen und Zugriff bei seinem kreativen Schreiben. Goudsblom hat für diesen Grundzug seines Lehrers die Formel gefunden: *he is a survivor* (1990, S. 169). Bei Mozart glaubte Elias zu spüren, daß ihm das letzte Sich-auffangen-Können fehlte, was er in einem Satz aussprach, der wie eine Anspielung auf sein eigenes Gedicht klingt: »Vielleicht gab er sich am Ende einfach auf und ließ sich fallen« (1991a, S. 11). Dieses komplexe Muster also, in dem sich Verlorenheit, Selbstbehauptung und prekäre Geborgenheit mischen, hat der Erwachsene (ungeplant) wiederholt. Seinem Werk war dasselbe Schicksal in der Öf-

---

26 Man mag hier daran denken, daß die neuere Forschung auch bei Freud das Bild von der glücklichen Mutter-Beziehung des Erstgeborenen, das er selbst gezeichnet hat, in Frage stellt (ref. Grubrich-Simitis 1991, S. 35-40).

27 Einen ähnlichen Vorfall erkennt und betont Elias bei Mozart (1991a, S. 89).

fentlichkeit beschieden wie ihm selbst in der Familienkonstellation: es lag darnieder, aber schließlich kam der Erfolg, er *hatte* es allein geschafft – oder richtiger: er erreichte, daß ihm die Welt wie einst seine Mutter entgegenkam.

Es gibt in *Etablierte und Außenseiter* noch zwei weitere Exkurse zur Forschungsliteratur. Sie beschäftigen sich einerseits mit Freud und Erikson (Elias/Scotson 1965, S. 269-272), andererseits mit Merton und Durkheim (S. 273-278). An dieser Aufzählung wird ein weiteres Gefühlsmotiv des Eliasschen Denkens erkennbar. Wo er ausdrücklich auf andere Autoren zu sprechen kommt (abgesehen von kanonisierten Philosophen und reinen Materiallieferanten), sind es in der Regel die Größten, am liebsten die Klassiker seines Gebiets: Marx, Durkheim, Freud, Max Weber, Mannheim, Parsons, Popper oder auch Ariès – sehr viel mehr Namen fallen einem gar nicht ein. Er hat sie samt und sonders kritisiert.[28] Ein häufiges Muster seiner Anknüpfung, gerade bei den Klassikern, ist, daß er mit kurzen, allgemeinen Worten ihre bleibenden Errungenschaften rühmt und dann im einzelnen zeigt, wo er über sie hinausgeht. Ein Beispiel findet sich im ersten Teil von *Etablierte und Außenseiter* (ebd., S. 43-47), wo Elias einen seiner fruchtbarsten Begriffe präsentiert: den des »Wir-Bildes« oder »Wir-Ideals«, den er aus dem »Selbstbild« der Tradition bzw. dem Freudschen »Ich-Ideal« entwickelt hat.[29] Nur *verkannte* Klassiker wie Comte und Levy-Bruhl werden von ihm freundlicher behandelt. Aus alledem klingt, wie gedämpft auch immer, der aggressive Ton einer *anti-autoritären Rebellion*. Als Schüler empörte sich Elias bei dem Gedanken, daß er vor dem Kaiser, wenn er ihm begegnete, »einen Kotau« machen müßte (1990, S. 25). Leicht zu erraten, daß das

28 Es wird bisweilen bezweifelt, wie gründlich Elias die Autoren, die er kritisiert, gelesen hat (vgl. die Diskussion im Kontext von Elias 1985a/b). Empirisch erscheint diese Skepsis berechtigt. Rehberg (1992, S. 352) befindet gleichwohl: »oft gab es einen ›wahren Kern‹«. Die Metapher vom »Kern« sollte man ernst nehmen. Elias konnte durch die Intensität einer *punktuellen* Lektüre mehr als wettmachen, was ihm nach den geltenden Standards einer extensiv-oberflächlichen Rezeption fehlte.

29 Eine Vorfassung dieses Gedankens erscheint schon in einem Aufsatz von 1939 (Elias 1987b, S. 92 f.), weitere Fassungen z. B. in Texten aus der ersten Hälfte der 60er Jahre (1989a, S. 200, 460), die reife Ausformulierung in »Wandlungen der Wir-Ich-Balance« (1987b, Teil III).

Urbild der abgewiesenen Autorität auch in seinem Fall – und nicht nur bei Mozart, von dem er es schreibt (1991a, S. 35) – der eigene Vater war.

Auffällig an der Kaiser-Phantasie ist außerdem, daß der ca. Sechzehnjährige sich überhaupt vorstellte, er könnte mit Wilhelm II. zusammentreffen – so wie er es vom Direktor seines Gymnasiums berichtet (1990, S. 25; vgl. 1989a, S. 108). Das Motiv der Rebellion (und der Autarkie, des Professors, des Bessermachens) ist offenbar verwoben mit *Größenphantasien,* die Elias schon frühzeitig hegte. Diesen Aspekt bezeugt er in seinem autobiographischen Interview ganz direkt (1990, S. 22): »Es war ein Entweder-Oder: entweder werde ich großen Erfolg haben oder untergehen.« Sein Ehrgeiz war darauf gerichtet, tatsächlich ein Großer zu werden, auf *einer* Stufe mit Marx, Durkheim oder Freud. Nicht ein Professor *sans phrase,* sondern ein Innovator seines Fachs. Es paßt, daß ihm bei seiner Abwehr der biographischen Neugier gerade Einstein einfiel (siehe oben). Auf seine Schüler hat er einen entsprechenden Idealisierungsdruck ausgeübt. Auch deshalb interessierte sich Elias nicht für Diskussionen mit minderen Autoren, die seine auf Langfristwirkung angelegten Werke nur zeitgebunden gemacht hätten. Und deshalb genügte es ihm nicht, daß *Etablierte und Außenseiter* eine vortreffliche »Untersuchung über Gemeindeprobleme« geworden war. Nein, die Arbeit mußte zum Paradefall für eine viel weiter reichende Theorie heranwachsen. Hüten wir uns, solche Tendenzen *gegen* den Autor auszuspielen: Niemand wird eine grandiose Leistung vollbringen ohne eine Grandiositätsphantasie.[30] Elias, der in vielen Nachrufen als der soziologische Neuerer und Klassiker gewürdigt wurde, der er immer sein wollte (Goudsblom 1990, S. 173; Seibt 1990; siehe Gleichmann 1991a, S. 95), ist selbst ein Beleg dafür. Man kann sich vorstellen, daß narzißtische oder Allmachtsideen, wie sie jeder Mensch hat, bei dem kleinen bettlägrigen Jungen besonders forciert wurden.

Bleibt noch hervorzuheben, daß jenes Buch von 1965 ein Gemeinschaftswerk ist, und zwar das eines Lehrers mit einem Schüler. Der Anstoß dazu kam von Scotson, der am Ort der Untersuchung

---

30 Reik (1953, S. 276-282) hat z. B. nachgewiesen, wie Gustav Mahler durch eine Identifizierung mit Beethoven angetrieben – und temporär blockiert wurde.

Schullehrer war, einen Jugendclub leitete und der eine Examens-
arbeit über delinquente Jugendliche schreiben wollte. Dieses
Projekt machte Elias zu seinem eigenen. Er hat solche Koopera-
tionen mit jüngeren Männern, die nicht selten seine Freunde wurden, sicherlich seit den späten 50er Jahren mehrfach gepflegt,
während er kaum (oder immer weniger) lebendige Beziehungen
zu Gleichaltrigen und Älteren unterhielt. Eine einschlägige Charakterisierung seiner Person, die ins Schwarze trifft, stammt von
R. Löwenthal: Elias sei »schwierig nach oben, einfach nach unten« gewesen (zit. Blomert 1992, S. 11). Ich vermerke im Vorüber-
gehen, daß seine Zusammenarbeit mit Jüngeren dahin tendierte,
die Grenze zwischen den beiderseitigen Beiträgen zu verwischen.
Bei einem theoretischen Aufsatz (Elias 1984b), der auf einem Interview beruhte und als Interview erschien, hat er am Ende Fragen
und Antworten selbst verfaßt. Ein weiteres Indiz für denselben
Sachverhalt ist, daß er die zwei größeren empirisch-theoretischen
Projekte, aus denen nach *Über den Prozeß* noch etwas wurde, in
Koautorschaft mit einem anderen durchführte (siehe unten
Kap. VII, S. 230 f.).[31]

Die Aufgabenteilung zwischen den beiden Autoren von *Etablierte und Außenseiter* war so, daß die Konzeption und Niederschrift der Untersuchung bei Elias lag, während Scotson, nach der
initialen Anregung, das *footwork* im Feld übernahm (persönl.
Mitteilung). Allem Anschein nach hat Elias hier seine Lehrerfunk-
tion in einer eigentümlichen Weise erfüllt – indem er nämlich die
Arbeit des Schülers selber und natürlich wieder besser schrieb.
Schon als Student hatte er, wie er erzählt, unter Mitstudierenden
den Ruf, er könne »komplizierte Sachen auf einfache Weise erläutern« (1990, S. 122), was sich mit seinem damaligen Selbstverständnis als »Erzieher« deckt. Der älter gewordene Mann hat das
menschliche Angelegtsein auf Lernen stark betont (z. B. 1984a,
S. 1-40; vgl. Gleichmann 1991c, S. 1). Auf der persönlichen Ebene

31 Freud hat ebenfalls mehrere Werke in Koautorschaft produziert und in
    die Texte von Freunden und Schülern ganze Passagen einfach hinein-
    geschrieben (z. B. 1986, S. 38); von Konrad Lorenz wird erzählt, er
    habe Mitteilungen eines Schülers wörtlich, ohne Nachweis in ein eige-
    nes Buch eingebaut (Bischof 1991, S. 123). Auch hier zeigt sich eine
    Form der Objektbeziehung, die zur Verschmelzung neigt (und ent-
    sprechend scharfe Abgrenzungen erfordert). Sie mag eng mit Kreativi-
    tät zusammenhängen.

hielt seine Neigung zum Belehren an, was dazu beitrug, daß er ein mitreißender Vortragsredner war. Dieselbe Neigung hatte zur Folge, daß er den Umgang mit jungen, noch prägsamen Menschen dem mit fertigen Kollegen vorzog. Ich sehe bei Elias, mit einem Wort, eine *Präzeptor-Phantasie.* Er verwirklichte sie mit unvergeßlichem Entgegenkommen und zugleich einer gewissen Schärfe, wenn ein Schüler allzu halsstarrig auf schwächlichen, aber eigenen Ideen beharrte. Wenn man dagegen auf seine Wellenlänge schaltete, kam es in solchen Konstellationen, vielleicht nur in solchen, durchaus zu einem intensiven Austausch.

Sein Hang zum Belehren hatte übrigens ebenfalls einen Zug ins Grandiose. Ein kleines, sprechendes Beispiel sind zwei Reden an die Nation in den *Studien über die Deutschen* (1989a, S. 369, 523 f.). Wer anders sollte jener »Mensch, dem man Gehör schenkte«, der nach 1945 (als Exponent einer größeren Bewegung) dazu hätte aufrufen können, die Deutschen »zu dem Bewußtsein zu erziehen, daß ein friedliches und freundliches Miteinander von Millionen Menschen ohne ein erhebliches Maß an Selbstzucht und gegenseitiger Rücksicht nicht möglich ist« – wer anders sollte er sein als der Autor selbst? In diesen phantasierten Reden schwingt sich Elias, ganz ruhig, zu einem *praeceptor Germaniae* auf. Manche, die ihn zu Artikeln, Vorträgen und Interviews aufforderten, haben ihm die Rolle abgenommen oder gar zugeschrieben (man konnte ihn bei Interviews richtig aufblühen sehen). Auch die Auswahl seiner Texte, die ich selbst zur Veröffentlichung vorgeschlagen und dann ediert habe, ist dadurch mitbestimmt worden, und die politische Entwicklung der letzten Jahre hat es gefügt, daß die *Studien* als ein gewichtiger Beitrag zur »deutschen Selbstthematisierung« (Bude 1992, S. 38) gelesen werden. In späten Äußerungen kann man sogar spüren, daß Elias als Lehrer der Menschheit auftritt, als die Verkörperung eines Weisen Alten auf globalem Niveau.[32]

32 Zur Vervollständigung meiner Liste »unspezifischer« Motive führe ich noch an, daß Elias selbst einen wesentlichen Impuls seines Denkens in seinem »Bedürfnis nach Entschleierung« sah (1990, S. 50). – Die Art, wie er denselben Stoff seines Denkens im Leben lang weiterformte (sehr produktiv, aber auch mit einer merklichen Abneigung, ihn herzugeben), hat eine anale Qualität und spricht zugleich für eine starke narzißtische Besetzung (siehe unten, Kap. VII, S. 247 ff.).

Vielleicht noch interessanter als die zuvor besprochenen sind Phantasien und Affektmotive des zweiten Typs, die unmittelbar die Substanz der Theoriebildung, hier also von Elias, beeinflussen. Einige zentrale Punkte möchte ich wieder ausgehend von *Etablierte und Außenseiter* erörtern.

Der erste betrifft die Frage, was Elias am Thema »Jugendkriminalität«, mit dem die Untersuchung anfing, gereizt haben mag. Man kommt einer Antwort näher, wenn man eine Eigenart seiner Zivilisationstheorie ins Auge faßt, die nicht genügend beachtet wird. Elias unterstreicht, daß menschliches Zusammenleben ohne eine Zügelung der wilden Triebe, mit denen Kinder geboren werden, unmöglich wäre. Formuliert wird diese Grundthese als genereller Sachverhalt (z. B. 1984a, S. 128), bezogen auf die Triebwelt in voller Breite. Und in der Tat liegt der Einfluß der psychoanalytischen Trieblehre auf die Zivilisationstheorie offen zutage: die Gliederung im zweiten Teil des 1. Bandes von *Über den Prozeß* (Elias 1939, Bd. 1, S. 110 ff.) – Essen, natürliche Bedürfnisse, Verhältnis von Mann und Frau, Angriffslust – folgt dem Freudschen Schema der Libido-Entwicklung, ergänzt durch den später eingeführten Aggressionstrieb. Seltsamerweise wird dabei die Sexualität im engeren, genitalen Sinn eher stiefmütterlich behandelt – ablesbar an der Tatsache, daß Elias hier kaum Primärquellen verwertet. Ein Indiz von mehreren für eine gewisse Hemmung, sich mit den »sexuellen Dingen« zu beschäftigen, über die man in seiner Herkunftsfamilie »nicht sprach« (Elias 1990, S. 16).[33]

Positiv gewendet ist festzuhalten, daß im Zentrum der Zivilisationstheorie die *Bändigung der Aggressivität*, der physischen Gewalt steht.[34] Dieser Bezug vor allem begründet die Zusammen-

33 Mindestens drei Eliassche Manuskripte brechen an einer Stelle ab, an der es um Frauen und Sexualität gehen sollte (1989a, S. 142; 1991a, S. 142, 176). Genau besehen, hat Elias nur bestimmte Aspekte der Geschlechterbeziehung mit Emphase behandelt, etwa das Verhältnis des jungen Mannes (oder Künstlers) zu einer älteren, sexuell erfahrenen Frau (1939, Bd. 2, S. 110-112; 1986b, S. 435 f.; 1991a, S. 125, 175 f.) oder den Gegensatz zwischen »hoher« und »niedriger« Liebe (1989a, S. 139-142; 1991a, S. 137-143).

34 Es ist von daher befremdlich, daß Duerr (1988a) seine Attacke gegen Elias am Beispiel von Nacktheit und Scham eröffnet.

schau von Prozessen der Persönlichkeits- mit solchen der Staatsbildung (Vergrößerung der Integrationseinheiten, Durchsetzung
eines Gewaltmonopols), die das Hauptziel und die größte Leistung des Prozeß-Buches ist. Schon einige Partialkontrollen, die
dort früh erörtert werden, etwa im Blick auf den Gebrauch des
Messers beim Essen oder auf anale Äußerungen, gehören zum
selben Bereich. Aber erst als der Autor die »Angriffslust« direkt
anvisierte, scheint ihm die Tragweite seiner beim Schreiben verfer-
tigten Theorie aufgegangen zu sein, die dann im 2. Band entfaltet
wird (siehe oben, Kap. III, S. 78 f.). Die Verwandlung von Fremd-
in Selbstzwänge, ein entscheidender Mechanismus zivilisatori-
scher Fortschritte, ist Freuds Vorstellung von der Genese des
Über-Ichs als Verinnerlichung der strafenden Gewalt des Vaters
(1930, S. 482-490) nachgebildet. Schon S. H. Foulkes faßt im Blick
auf *Über den Prozeß* zusammen (1939-41, S. 318): »Im wesentlichen zieht der Verf. die Rolle der Aggression, der Ichinteressen
in Betracht, vernachlässigt die Rolle der Sexualität, akzentuiert,
was wir soziale Angst nennen, läßt das Über-Ich fast rein aus
deren Verinnerlichung entstehen.«
Der verschiedene Fokus unterscheidet die Zivilisationstheorie von
der Freudschen Kulturtheorie. Zumindest der frühe Freud sprach
in bezug auf die »Kultur« nur von der Sexualität und ihrer sozialen Unterdrückung (1908a); und obwohl er dann zunehmend die
Aggression mitberücksichtigte (vgl. 1915a; 1930, S. 470-475;
1933b), gab er doch die Sexualität als zweiten Schwerpunkt nicht
auf (1930, S. 463-465). Durch seinen Blick auf den Geschlechts-
trieb hat er den *Preis* der Zivilisation schärfer gesehen als Elias, bei
dem diese Seite nach dem Empfinden vieler zu schwach beleuchtet
wird (vgl. Dreitzel 1992, S. 15-34). Der Autor des *Unbehagens in
der Kultur* wäre schwerlich auf die Idee gekommen, einen Aufsatz
mit dem Titel *In Praise of Our Time* zu verfassen, wie es der des
Prozeß-Buches längere Zeit plante, als Polemik gegen allzu modi-
sche Beschwerden (persönl. Mitteilung). Elias pflegte in solchem
Kontext auf den Gewinn der Pazifizierung, der Erniedrigung des
gesellschaftlichen »Gewaltniveaus«[35], zu verweisen (z. B. 1989a,
S. 226 f.).
Es war Peter Gleichmann, der m. W. als erster darauf aufmerksam

---

35 Eine seiner vielen glücklichen terminologischen Bildungen, die ich in
   diesem Fall aus Gesprächen kenne.

machte, in welchem Ausmaß das Eliassche Denken um das Problem von Gewalt und Tod kreist. Für Gleichmann besteht hier ein evidenter »Zusammenhang zwischen Themenwahl und eigenem Schicksal« (1987, S. 406):

> »Wer bereits in der Jugend [ca. 1919] erlebt, wie ein Mitschüler von Rechtsradikalen zu Tode gequält wird, wer als Soldat das ›Martyrium des erschöpfenden Schützengrabenkrieges‹ bis 1918 durchlitten hat und nach dem nächsten Krieg schließlich die Widmung in seinem neuaufgelegten Hauptwerk an seine Mutter formulieren muß: ›gest. Auschwitz 1941 (?)‹, der hat nicht zu begründen, weshalb ihm als Sozialforscher das Zähmen der menschlichen Gewalttat und das Erlernen von sozialen Mustern der Mäßigung und der Selbstkontrolle zum *Lebensthema* werden.«

Daß *Über den Prozeß der Zivilisation* in die große Gattung der »intellektuellen Reaktionen auf den gewalttätigen nationalsozialistischen deutschen Staat« gehört (ebd., S. 408), hat Elias mehrfach bestätigt (z. B. 1989a, S. 45 f., Fn. 8).[36] Unverkennbar erfüllte ihn zuvor die Duell-Kultur studentischer Korporationen, von denen er als Jude ausgeschlossen war (1990, S. 47), mit faszinierter Abscheu (siehe 1989a, S. 125-151). In dieses Muster paßt also auch das Interesse für delinquente Jugendliche.

Aber warum trafen Elias die persönlichen Erlebnisse von ritualisierten Schlägereien, von Krieg, Terror und Staatsterror so sehr, daß er nicht davon loskam? Viele waren ihnen in gleicher Weise ausgesetzt und haben sie doch nicht zu einem Dreh- und Angelpunkt ihres Denkens erhoben. Für diese Fixierung muß es weiter zurück reichende Gründe geben. Erinnern wir uns an das alleingelassene Einzelkind – ein sensibles, triebstarkes Kind, das gewiß oft von wilder Wut auf seine Eltern erfüllt war, wenn etwa der Vater ihm abends die Mutter entführte. Da er seine Eltern aber zugleich liebte und von ihnen abhängig war – vielleicht mehr, weil gebrochener als andere Kinder –, mußte der junge Norbert Elias seine Aggression mit entsprechender Macht unterdrücken. Er tat es offenbar ein ganzes Stück weit dadurch, daß er sie gegen die eigene Person richtete, indem er eben permanent krank wurde.

36 Korte (1991, S. 8 f.) verneint die von Gleichmann hervorgehobenen Zusammenhänge. Die Selbstaussage von Elias über den politischen Hintergrund des Prozeß-Buches (vgl. auch 1990, S. 76), obwohl sie im Rückblick überbetont sein mag, weckt einige Zweifel an diesem Zweifel (siehe unten).

Erst diese Wendung der Aggression gegen sich selbst (ein Weg der normalen Über-Ich-Bildung) brachte ihm die Liebe der Mutter ein, die das kranke Kind pflegte. So wird besser verständlich, warum der erwachsene Mann die Bändigung der Leidenschaft, und zwar vorrangig der aggressiven, zu seinem »Lebensthema« gemacht hat. Auch seine Wissenschaftstheorie, die einseitig der Distanzierung das Wort redet, wurde von dieser Erfahrung bestimmt. Im Alter konnte Elias gerade deswegen als ein Inbild humaner Weisheit imponieren, weil er sich seine Humanität unter schweren Kämpfen erworben hatte.

Die Wut, die einst dem Vater galt, scheint später ein neues Ziel in der deutschen Herrenschicht gefunden zu haben, die dem jungen, ehrgeizigen Juden den Aufstieg und besonders die Erfüllung seines Professorenwunsches versperrte.[37] Einmal in seinem Leben, soweit er darüber berichtet hat, brach sie mit elementarer Wucht hervor: als ein Kriegskamerad ihm das Bett raubte und ihn, weil er sich das nicht gefallen lassen wollte, als »Judensau« beschimpfte (1990, S. 32 f.). Das Bett war das Refugium des kleinen Jungen gewesen, der sich nach der Mutter sehnte. Die Deutschen, mit deren Kultur der Sproß zweiter Generation von Einwanderern aus dem Osten so tief identifiziert war, hat er weithin als Exponenten physischer Gewalt betrachtet. Alle Beiträge der *Studien über die Deutschen* nehmen ihren Ausgang bei traumatischen Erlebnissen, in denen er selbst ein Opfer deutscher Gewalt geworden war (vgl. Gleichmann 1991b, S. 105; 1991c, S. 8): im Ersten Weltkrieg, im Ausschluß aus den studentischen Verbänden, im Terrorismus der Weimarer Republik, im Nationalsozialismus. Über die Bundesrepublik begann Elias zu schreiben und schrieb er nur insoweit, als er in den 70er Jahren seiner früheren Terrorismus-Erfahrung wiederbegegnete. Diese Texte vermitteln den Eindruck, als ob der auf friedliche, verbale Mittel verwiesene jüdische Außenseiter damit den deutschen Etablierten einen Spiegel vorhalten wollte. Nachträglicher Triumph seines ohnmächtigen Denkens über die schmerzhaft erlebte Gewalt, die ihm sogar die Mutter ermordete. Das Echo der Öffentlichkeit läßt vermuten, daß diese Phantasie von Elias zeitweise der Erfüllung nahegekommen ist.

37 Ein weiterer psychischer Nachfolger dürften die »Scientific Establishments« gewesen sein, die ihn, nicht ohne Anlaß, zu einem Außenseiter der Wissenschaft abstempelten (siehe Elias 1982b).

Welche fast übermenschliche Anstrengung ihn die dabei verlangte Distanzierung kostete, wird vor allem in den Passagen der *Studien* spürbar, wo er sich zwingt, die Tötungsmaschinerie des Holocaust ins Auge zu fassen (Elias 1989a, S. 398-401). Seine holländischen Interviewer konnten und wollten nicht begreifen, daß er die Deutschen nicht haßte (1990, S. 99 f.).[38] Umgekehrt bin ich nicht zuletzt deshalb Herausgeber von Elias geworden, weil er Spätergeborenen, auf deren »nationaler Identität«, einer Wir-Ebene ihres Selbstbildes, gleichwohl der »Fluch« des Dritten Reiches lastet, sein »Mitgefühl« nicht verwehrte (1985c, S. 54 f.). Hier war ein vertriebener Jude, ein *survivor*, der jungen Deutschen die Perspektive eröffnete, daß sie irgendwann würden sagen können (ebd., S. 151): »Hitler? Ja gewiß, das war einmal. Aber heute sind wir anders.« Solche Ideen, die er diagnostisch, »ein wenig in der Weise eines Arztes« (S. 55) vortrug, waren für mich der wichtigste Ertrag seines immensen Distanzierungs- oder Sublimierungsbemühens.

Gerade die Anstrengung jedoch, mit der Elias Abstand von seinen Emotionen zu gewinnen suchte, bezeugt deren Macht. Wieder und wieder wurde er dahin getrieben, sein Schicksal als *Jude unter Deutschen* gedanklich zu verarbeiten. Deswegen sein intensives Nachdenken über Fragen der Wir-Identität – ausgehend von der Erfahrung eines nationalen Wir, dem er nicht voll und ganz zugehörte. Vermutlich hat er sich auch deswegen, in erbittert-rätselnder Annäherung an die Gruppen, die ihn in eine Randposition drängten, vorwiegend für Herrenschichten interessiert.[39] Bei genauerem Hinschauen zeigt sich, daß diese Schichten für Elias das Gepräge einer väterlichen Einzelperson tragen. Es ist nicht die Figuration des französischen Hofes schlechthin, die in seiner Untersuchung über die *Höfische Gesellschaft* (1969a) analysiert wird, sondern die Figuration um Ludwig XIV. Mit einem rührenden, obwohl nicht unrealistischen Ingrimm schreibt er (1985c, S. 62):

»Nach jedem der beiden verlorenen deutschen Hegemonialkriege machte sich dann der führende Mann aus dem Staube, der eine nach Holland, der andere ins Grab, und überließ es dem Volke, die Suppe auszulöffeln, die er ihm eingebrockt hatte. Seit Bismarck hatte das deutsche Volk kein großes Glück mit seinen führenden Männern.«

38 Im Originalinterview ist der Konflikt um dieses Thema noch deutlicher.
39 Was ihm in der deutschen Elias-Rezeption nach 1976 vorgeworfen wurde (Gleichmann 1987, S. 409).

Für die selbst erlittenen Schrecken des Ersten Weltkriegs gab Elias den »Fehlurteilen der Generäle«, Ludendorff und Hindenburg, die Schuld (1990, S. 30). Der Satz: »Wenn in alten Zeiten Könige oder Führungsgruppen ... ihren Mangel an Urteilskraft dadurch bewiesen hatten, daß sie ihr Volk von einer Niederlage zur anderen und schließlich zum Verlust eines Teils ihres Gebietes geführt hatten, dann verloren sie gewöhnlich das Vertrauen ihres Volkes« (1989a, S. 522), verrät, daß er sich vorstellte, die Deutschen hätten nach 1945 ihre traditionellen Herren verjagen sollen. Statt dessen unterwarfen sie sich von neuem einer »Vaterfigur«, dem »ehrwürdigen alten Mann« Adenauer (ebd.).

Elias hat den Ausschluß von einem umfassenden Wir nie überwunden. Er blieb in allen Gesellschaften, in denen er zeitweilig lebte, gegenüber allen Kreisen, in denen er verkehrte, ein distanzierter Außenseiter (Gleichmann 1991a, S. 95 f.; 1991b, S. 104 f.). Was Freud von sich schreibt (1925b, S. 35): das Judesein habe »eine gewisse Unabhängigkeit des Urteils« bei ihm vorbereitet, weil es ihn »frühzeitig mit dem Lose vertraut« machte, »in der Opposition zu stehen und von der ›kompakten Majorität‹ in Bann getan zu werden«, scheint auch für Elias zu gelten. Sein Beobachtungsvermögen und seine unakademische Darstellungskunst haben von dieser Marginalposition profitiert. Aber die Frage, warum sie sein mußte, ließ ihn nicht los. Den stärksten Beweis dafür bietet der ungeplante Forschungsprozeß, der zu dem Buch *Etablierte und Außenseiter* führte. Tatsächlich kam Elias' Suchbewegung nach einem lohnenden Problem erst zur Ruhe, als er in seiner mittelenglischen Vorortgemeinde ein *Kleinmodell seines eigenen Schicksals* entdeckt hatte. Daß biographisch das Verhältnis von Juden und Deutschen für ihn das Grundmuster einer Etablierten-Außenseiter-Beziehung war, wird aus seinen »Notizen zum Lebenslauf« deutlich (1990, S. 158-170; siehe Gleichmann 1987, S. 413). Aber darunter ahnt man eine noch tiefere Schicht: der Außenseiter ist auch der kleine Junge, der durch Vatergewalt von der gefährdeten All-Einheit mit seiner Mutter, symbolisiert im Bett, später im »Wir« der Nation, getrennt wird. Dieser mehrschichtige Hintergrund erklärt den träumerischen Zwang, unter dem Elias den Fokus seiner ursprünglichen Untersuchung verschob.

So gesehen, beleuchtet der Werdegang seines zweiten Buches die Eigenart eines Denkens, für das man (ohne kritische Spitze) den

Ausdruck »wissenschaftliches Tagträumen« gebrauchen kann. Ein Forscher dieses Typs überläßt sich kontrolliert dem Strom seines Vor- oder Unbewußten. Dabei tastet er die Realität auf Zusammenhangsmuster ab, die mitgebrachten Erlebnis- und Phantasiemustern homolog sind (vgl. Schröter 1980a, besonders S. 39). Erkenntnis entsteht, wo Strukturen des Stoffs mit eigenen, oft ungekannten Strukturen zusammenschießen. Es hängt von Faktoren wie Materialbeherrschung, Gestaltungskraft und wissenschaftliches Gewissen ab, wieweit sich die gefundenen Verknüpfungen mit der Wirklichkeit decken und in einer Form gefaßt werden, die andere zu überzeugen vermag; für ihren Erfolg ist entscheidend, ob die psychischen Binnenstrukturen das draußen gegebene Material überwältigen oder in einer konsensfähigen, nachprüfbaren Weise aufschließen. Die Herstellung des sozialen und Sachbezugs ist die Leistung wissenschaftlicher Sublimierung. Die Triebkraft aber, die überhaupt für das Auge des Forschers bestimmte Muster im Chaos der Daten aufscheinen läßt, entstammt seiner Phantasie und den frühen, affektgeladenen Lebenserfahrungen, die sie speisen.

Man stößt hier auf jene »Durchlässigkeit der Ichgrenzen«, die Kreativität ermöglicht – während sie in anderen Fällen, ungemeistert, zur Psychose führt. Was Eissler (1961, S. 336) als eine »Voraussetzung für das Schaffen großer Kunst« beschreibt: eine »Mischung von beträchtlichem Narzißmus und realitätsbezogenen Ich-Funktionen«, eine »Reduzierung der Objektivität der Objekte«, die vielmehr als eine »Art Verlängerung des Selbst« behandelt werden, mag auch für das Schaffen großer Wissenschaft zutreffen. Dann gilt für manche und vielleicht die fruchtbarsten Theorien ebenfalls, was Freud für das dichterische Tagträumen formuliert hat (1908b, S. 220): wie stoffgebunden oder wie kanongerecht gestaltet sie sind, ihr geheimer Held ist »Seine Majestät, das Ich«.

Etablierte und Außenseiter ist das Werk, in dem Elias erstmals seinen Figurationsbegriff vorstellt,[40] die vielleicht bekannteste ter-

---

40 Im englischen Text noch in der Form *configuration*. – In der Übersetzung des Aufsatzes »Problems of Involvement and Detachment«, der zuerst 1956 erschien, habe ich auf Wunsch des Autors »Figuration« gesagt, obwohl im Original das Wort *system* (und nicht etwa *configuration* o. ä.) verwendet wurde (siehe Elias 1983, S. 270). Elias bat mich, dabei unschematisch-behutsam zu verfahren. Er wollte nicht, daß der

minologische Fassung seiner Kardinaleinsicht, daß *Menschen wesentlich interdependent* sind (Elias/Scotson 1965, S. 63, 71-77; siehe Elias 1990, S. 176 ff.). Man kann an dieser Einsicht zwei Aspekte unterscheiden: den der Zwänge, die Menschen durch ihr strukturiertes Zusammenleben aufeinander ausüben, und den einer anthropologischen Ausrichtung des Individuums auf Gesellschaft. Hermann Korte hat den ersten Punkt als Zentrum der Eliasschen Theorie hervorgehoben und ihn mit der Erfahrung des achtzehn- bis zwanzigjährigen Funkers im Weltkrieg zusammengebracht (1991, S. 8): »die relative Machtlosigkeit des Einzelnen in der Gesellschaft« sei für Elias »das eigentliche Ur-Erlebnis des Krieges« gewesen, das ihm sein »Lebensthema« aufgegeben habe: »Warum bin ich gezwungen, in einer bestimmten Weise zu leben ...?«.[41]

Die These leuchtet ein, soweit sie das zuvor besprochene Gewaltmotiv erweitert. Elias hat ihre Pointe, den damals erlebten sozialen *Zwang*, zu einem plastischen Bild verdichtet (1990, S. 32):

»Kennen Sie diese Jahrmarktsbuden, wo man eintritt, und dann wird man hierhin gestoßen und dorthin gestoßen und weiß nicht, wohin man geht, weil man immerzu gestoßen wird? ... Nun, dieses Gefühl hatte man, wenn man Soldat wurde. Man wurde hineingestoßen, sie sagten, tu dies und tu das, und man tat es, weil man keine Wahl hatte.«

Wer sich freilich der Macht dieses Bildes öffnet, wird rasch fühlen, daß es mehr enthält als die realistische Erkenntnis der unentrinnbaren Abhängigkeit vieler Menschen voneinander. Es äußert sich darin eine erbitterte *Auflehnung* gegen die gewalttätigen Zumutungen des Krieges und zuvor des militärischen Drills. Sie mußte um so heftiger sein, als der junge Elias – abrupt einer Fremdbestimmung ausgesetzt, die ihm sogar befahl, seinen eigenen Überlebenswunsch dem der Nation unterzuordnen (vgl. 1989a, S. 203 f., 452-456) – sehr empfänglich für den Sog der Unterwerfung war. Erinnern wir uns an die Angstphantasie, er könne als Lernender »dem ersten Besten in die Hände fallen«. Elias beschreibt seine Lebenshaltung als durch und durch passiv: er habe

Begriff sich abschliff, wie es in der Etikettierung seiner Denkrichtung als »Figurationssoziologie« geschehen ist.

41 Korte fährt fort: »... unterschieden von Zeitgenossen und verschieden von meiner Elterngeneration und meinen Vorfahren«. Die Betonung einer so breit gefaßten *Differenz* bleibt unbegründet.

sich nie für diesen oder jenen Weg »entschieden«, da sei nichts »geplant« gewesen, er sei in alles »hineingeglitten« (1990, S. 9, 86 f., 99). Hinter der Rebellion gegen jedes Gestoßenwerden, die sich später in der gegen wissenschaftliche Autoritäten fortsetzte, steckt diese Neigung zur Passivität bzw. ihre Abwehr. Die Fahrt zur Front, die sich ihm so unauslöschlich einprägte und die er so einprägsam geschildert hat, mit dem Nachsingen der Soldatenlieder, die seine Kameraden dabei zur Mundharmonika sangen (ebd., S. 33 f.; vgl. die Analyse 1989a, S. 429-432), hat er offenbar wie in Trance, in einem Zustand der Ich-Auflösung, mitgemacht. Und für das, was er dann erlebte, ist »Machtlosigkeit« ein arg blasses Wort. Es war ein Kriegstrauma im klinischen Sinn, verbunden mit einer gnädigen Amnesie, die auch dem zuweilen ans Hypnotische streifenden Druck seines autobiographischen Interviews widerstand (1990, S. 35 f.). Das Trauma war von einer Stärke, daß Elias vorzeitig von der Front nach Hause zurückkehren mußte oder durfte.[42]

Die Dynamik des »Schocks«, dem der jugendliche Funker erlag, wird besser verständlich, wenn man psychoanalytische Befunde über Kriegsneurosen heranzieht. Ernst Simmel, der seine Erfahrungen im selben Ersten Weltkrieg sammelte, schreibt (1944):

»Der Wandel ethischer Maßstäbe, der die Verpönung zerstörerischer Triebregungen aufhebt, erschüttert das Strukturgefüge [des Ichs]« (S. 204). Durch die Militärdisziplin habe das Kriegs-Ich die Fähigkeit erworben, gehorsam und möglichst angstfrei als Teil einer Heereseinheit zu funktionieren. Der Soldat regrediere dabei auf eine Stufe, wo »jedes einzelne Gruppenmitglied seine Über-Ich-Funktionen auf den Gruppenführer überträgt« (S. 211). Er müsse sich von seinen Vorgesetzten »geschätzt, d. h. geliebt fühlen« (S. 214). Dem Ausbruch der Kriegsneurose gehe zumeist eine Bewußtseinstrübung voran, die als »Versuch zur Regression in den unbewußten Zustand des primären, objektlosen Narzißmus« anzusehen sei (S. 211). Der typische und eigentliche Anlaß sei ein Konflikt mit einem Vorgesetzten, eine Kränkung durch ihn, während direkte Gefahrensituationen nur als Auslöser wirken: »Der Soldat befindet sich dann in einer psychologischen Situation gleich der eines Kindes, das sich von seinen Eltern verlassen fühlt ... Nun wird die Vernichtung eine Realgefahr ... Weil sich sein Ich ... vom Gruppengeist abgelöst hat, muß sein indi-

---

42 Wenige weitere Erinnerungstrümmer aus einem Zustand der Desorientierung (»... wie man nach Bescheinigungen suchen mußte, um mit der Bahn reisen zu können, von Behörden, die man eigentlich gar nicht kannte«) bei Engler (1989, S. 754 f.).

viduelles Über-Ich wieder in Kraft treten« (S. 212). Das Über-Ich des Kriegsneurotikers aber sei wegen einer starken Ambivalenz der Vater-Beziehung defekt, nämlich ungenügend internalisiert. Deshalb können die nach innen gewendeten aggressiv-destruktiven Strebungen gegen den Vorgesetzten zu Schuldgefühlen führen, die die ganze Persönlichkeit lähmen (S. 215). Das stützungslose Ich vermag Katastrophen-Erlebnisse nicht mehr auszuhalten (S. 213).

Wieviel davon auf den Einzelfall Norbert Elias zutraf, bleibt mangels hinreichender Daten ungewiß. Einiges aber kann man doch sagen. Daß der reife Mann so sehr die »Dualität des nationalstaatlichen Normenkanons« betont (und angeprangert) hat, der im Frieden die Unterdrückung, im Krieg die Freisetzung von Gewaltimpulsen verlangt (z. B. 1983, S. 127-133; 1989a, S. 200 ff.), weist auf die nachhaltige Wirkung seiner entsprechenden Kriegserfahrung hin.[43] Das Bild von der »Jahrmarktsbude« bezeugt, daß Elias Probleme mit Vorgesetzten hatte, auch wenn in seinem Bericht keiner als Individuum auftaucht. Seine Vaterbeziehung war ambivalent genug, daß die Konfrontation mit erlaubter, blutiger Aggressivität ein »labiles« Über-Ich im Sinne Simmels überfordert haben könnte. Daß er in einen somnambulen Zustand des »primären, objektlosen Narzißmus« regredierte, macht seine eigene Erzählung von der Fahrt zur Front deutlich; eine solche Regression mag auch seiner Amnesie zugrunde gelegen haben. Nicht zu vergessen, daß Elias in seiner Telegraphisteneinheit eine gewisse Geborgenheit fand, ein Gegengewicht gegen das Grauen um ihn herum (1990, S. 35 f.). Was Simmel als den »Gruppengeist« bezeichnet, ist nicht nur auf den »Führer« als ein externalisiertes gemeinsames Über-Ich im Sinne der Freudschen Massenpsychologie (1921, S. 128) bezogen, sondern scheint auch eine genuin mütterliche Qualität anzuzeigen. Vielleicht war es der Moment,

43 Die großen Kriege des 20. Jahrhunderts und dann die drohende Gefahr eines atomaren Weltkriegs bedeuteten für Elias, daß die angebliche »Neuzeit« künftigen Generationen als ein »noch recht wenig zivilisiertes Mittelalter« erscheinen könnte (1990, S. 133, Fn. 4). Ein unveröffentlichtes Manuskript seiner letzten Jahre heißt in diesem Sinn »Die späten Barbaren«. Aber schon der 1. Band von *Über den Prozeß* trägt auf dem Titelblatt das von Holbach entlehnte Motto: »La civilisation ... n'est pas encore terminée« – das im Neu-Abdruck von 1969/76 aus unerfindlichen Gründen wegfiel. Elias war, als er davon hörte, überrascht (Mitteilung von R. Blomert).

als seine Gruppe bedroht, als einer seiner Kameraden verwundet wurde, der das Kriegstrauma des jungen Rekruten auslöste.

Bemerkenswert auch, daß Elias mit den Zumutungen der Militärdisziplin, sosehr er sich gegen sie auflehnte, letzten Endes nicht dadurch fertig wurde, daß er sie abwies, sondern daß er sie seinem Gewissen einverleibte: er führt selbst seine Fähigkeit zu der Arbeitsdisziplin, die er bis ans Lebensende bewahrte, auf seine »Ausbildung zum Soldaten« zurück (1990, S. 40). Auch diese Verinnerlichung der »stoßenden« Kraft aus der »Jahrmarktsbude«, diese Verwandlung von Fremd- in Selbstzwang muß Wegen gefolgt sein, die durch die Beziehung zum eigenen, allzu fernen Vater vorgebahnt waren. Ein Beleg dafür ist, daß Elias seinen Vater ebenfalls durch dessen »harte Arbeit« kennzeichnet (ebd., S. 9).[44] Es war dieses väterliche Prinzip, das ihm nach seiner Selbstdeutung den Schritt zur Ehe verwehrte (ebd., S. 98 f.; Gleichmann 1987, S. 414 f.). Zweifellos war das so entstandene Über-Ich nicht frei von selbstschädigenden Zügen (siehe unten, Kap. VII, S. 229-236). Elias scheint im Krieg und durch die erzwungene Identifizierung mit erwachsener »Härte« vor seinen Jahren gealtert zu sein. Er hat im Ton der Weisheit, den schon sein Jugendaufsatz über die Natur anschlägt, seinen eigenen gefunden. Aber man erschrickt auch darüber: aus der Pose des alten Goethe, die er dort einnimmt (1921, S. 143 f.), »blickt ein Kindergesicht« (siehe 1990, S. 38). In seinen späten Jahren war ihm dieser Gestus dann wie auf den Leib geschneidert.

Noch ein weiterer Aspekt an der Eliasschen Kriegserfahrung fällt ins Auge. Die überstarken Eindrücke stürmten damals offenbar auf einen Jugendlichen ein, der einen relativ schwachen Reizschutz besaß.[45] Von daher hat man es nicht mit einem Über-Ich-Problem, sondern mit einer vorgegebenen Verwundbarkeit des Ichs zu tun – einer dunkleren Facette der potentiell schöpferischen Durchlässigkeit der Ichgrenzen. Hier ist eine Beobachtung von Eissler (1961) erhellend:

44 Bei Mozart hat er sehr einfühlsam über die Vater-Sohn-Beziehung geschrieben; die Arbeitsdisziplin und ganz allgemein die Verinnerlichung väterlicher Forderungen spielt dabei eine große Rolle (1991a, z. B. S. 110-113).
45 Freud hat ja seine Vorstellung vom Reizschutz primär an den traumatischen, darunter auch den Kriegsneurosen ausgebildet (1920, S. 26-32).

Eissler vermutet bei Leonardo da Vinci eine »Hypertrophie der visuellen Funktion« und fährt fort: »Wahrnehmung an sich kann ohne weiteres gefährliche Folgen haben; sie kann eine Verwandlung des Selbst in das wahrgenommene Objekt, ja sie kann Zerstörung bewirken.« Leonardo habe sich dieser Gefahr der Traumatisierbarkeit entzogen, indem er »die durch den Akt der Wahrnehmung bewirkte Veränderung sofort in einen Akt der Darstellung verwandelt[e]«; deshalb sein permanentes Zeichnen (S. 328 f.). Genauso aber habe er auch seine Notizbücher geführt, die am Ende all seine Energie verschlangen. Durch das sofortige Niederschreiben seiner Gedanken habe er er es vermieden, »das emotional Explosive zu berühren«, und sich ein »optimales Maß an Spannung« verschafft, da er Schwankungen nicht ertragen hätte. »Die Wissenschaft ist«, schließt Eissler, »der bessere Schutz gegen ein Trauma als die Kunst. Wo alles bekannt ist, gibt es keine Überraschung mehr« (S. 330 f.).

Elias war nach allen Indizien ein leidenschaftliches, ein traumatisierbares Kind mit dem entsprechenden Ich-Defizit und hat sein Denkvermögen unter dem Druck des Bedürfnisses, die Traumen seines Lebens zu bewältigen und neue zu verhindern, zur maximalen Leistungskraft gesteigert. Seine distanzierte Wissenschaft entpuppt sich als ein Produkt der Verletzlichkeit, des übergroßen Engagements. G. Seibt stellt im selben Sinn fest, »daß Theorie diese Biographie vor dem Leben geradezu beschützt hat« (zit. Gleichmann 1991b, S. 114). Auch die temperierte Durchbildung des Charakters, den der alte Mann normalerweise zeigte, mag einer Abwehr von Emotionen entsprungen sein, die ihn andernfalls überschwemmt hätten. Kein Wunder, daß er so einfühlsam über die maßlose Sensitivität und Liebesbedürftigkeit Mozarts sprechen konnte, die das heranwachsende Wunderkind zu seinem grandiosen Lebenswerk ebenso nötigte wie befähigte (1991a, S. 92-94, 109 f.).

Das Trauma brach in die Welt von Elias besonders massiv durch den Vater, der ihm die Mutter wegnahm, und dann als physische Gewalt (von deutscher Seite) ein. Insofern trifft Gleichmanns These über sein »Lebensthema«. Ich selbst finde allerdings das Kraftzentrum des Eliasschen Denkens anderswo: in der Erkenntnis menschlicher Interdependenz, und zwar nicht als Zwang (Korte), sondern als naturbedingte Gesellschaftlichkeit: »Wir sind nicht ›unabhängig‹, niemand ist es. Wir sind voneinander abhängig« (1990, S. 98). Man muß das eine Motiv nicht gegen das andere ausspielen, aber für das zweite gibt es ebenfalls reichlich Belege. Einer der stärksten: Elias' unablässiger Kampf gegen den *homo clausus.* Sein Beharren auf der anthropologischen Tatsache, daß es Menschen nur in der Mehrzahl gibt (über Generationen hin), hat ihn zu einem Soziologen *par excellence* gemacht.

Auch dieses Thema läßt sich auf frühkindliche Wurzeln zurückführen. Der theoretischen Gestalt ist das nicht ohne weiteres anzumerken. Aber seine »Wucht und Süße« wird spürbar, wenn wir es in der Fassung eines Gedichts betrachten: »Du und Ich sind Wir« (1987a, S. 79). Das Gefühl der Verbundenheit, das sich so äußert, geht in prosaischer Theorie nicht auf. Es verweist auf ein letztes Affektmotiv, das sich durch das gesamte Werk von Elias zieht: auf seinen *Widerspruch gegen Grenzen*. Die zwischen Individuen sind nur die markantesten in einer langen Reihe. Darüber hinaus wendet sich Elias gegen Trennungen wie die zwischen Körper und Seele, Mensch und »Umwelt«, »Subjekt« und »Objekt«, Soziologie und Psychologie, Gegenwart und Vergangenheit u. a. m. (z. B. 1983, S. 174-176; 1984a, S. 57-62). Im Gedicht sagt er, vor den zitierten Schlußworten: »Verschlungen Dasein – Mensch *und Stern und Tier*/ wächst eins im andern« (a. a. O.; Hervorhebung M. S.). Sein Impuls zielt demnach auf eine umfassende Verbindung zur Welt schlechthin: es sei doch »unübersehbar, daß Menschen in ihrer ganzen Existenz auf eine Welt eingestellt sind: ihre Lungen auf die Luft, ihre Augen auf das Sonnenlicht, ihre Beine auf die feste Erde und ihr Herz auf andere Menschen. Die Interdependenz ist grundlegend« (1983, S. 84). Was er überwinden wollte, war ihm schon mit knapp 24 Jahren klar: jenen »Abgrund« – »Hier einsam das Ich, dort fremd das All« (1921, S. 134 f.). Sein Leben lang hat der Soziologe Elias über die »Natur« nachgedacht (z. B. 1986a). Man muß annehmen, daß ihn die »Gleichgültigkeit« des Naturgeschehens gegenüber Menschen und ihren Zielen schmerzhaft berührte. Wie sonst hätte er zur Suche nach außerirdischen Intelligenzen schreiben können (1985c, S. 14):

»Mag sein, daß wir ganz vergeblich in ein leeres Weltall hineinrufen: ›Ist da jemand?‹ Vielleicht tun Menschen das in der Hoffnung, irgendwo jemanden zu finden, der stärker und weiser ist als wir selbst, jemanden, der uns, den Menschen, die Last der Verantwortung für uns selbst, für die Menschheit, abzunehmen vermag. Aber wir sind keine Kinder mehr. Da ist niemand.«

Ob in Gewißheit, Sehnsucht oder gefaßter Trauer, das Eliassche Bemühen, die Verbundenheit des Ichs nicht nur mit einem Du oder Wir, sondern sogar mit »Stern und Tier« herauszuarbeiten und sämtliche Aspekte des Menschseins in ihrer Zusammengehörigkeit zu erweisen, hat einen Zug ins Kosmische oder Mystische (vgl. Beese 1987, S. 535). Es entspringt einem infantilen Modus der Objektbeziehung, bei dem die Ichgrenzen noch flüssig sind, das Objekt noch nicht als vom Ich geschieden erlebt wird. Diese fruchtbare, schöpferische Dimension seines Denkens repräsentiert, kurzum, eine Mutterwelt, die durch den Einbruch der Vaterinstanz nie ganz entkräftet wurde und gerade, *weil* sie gefährdet war, um so wirksamer blieb: das kranke Kind wurde zuverlässig »umsorgt«, das Bett blieb die Trutzburg des jugendlichen Rekruten, und selbst im Grabenkampf fand er einen Halt in seiner Funkergruppe. Von der Basis seiner »letzten Endes« bewährten Geborgenheit aus konnte Elias akzeptieren, daß er nicht der Steuermann seines Lebens war. Wissenschaft diente ihm, wie er als junger Mann ungeschützt erklärte, auch der Wiederherstellung eines Bezugs zum »All« (1921, S. 141):

»Wer nämlich in dieser Art [d. h. der wissenschaftlichen] die Naturvorgänge und Zusammenhänge beurteilen und sehen gelernt hat, der hat längst jenen Riß zwischen dem Ich und der Welt in einer höheren Sphäre überbrückt«, im Gedanken nämlich »der einen, alles umspannenden Ordnung«.

Von seinen »Büchern« forderte er, sie sollten die »dünnen Tücher« durchstoßen, die ihm das »Leben« verhängten. Der Drang zur Synthesebildung über Einzelbefunde und Fächergrenzen hinweg, der ihn auszeichnet (vgl. etwa Gleichmann 1988, S. 457; 1991b, S. 109 f.), erscheint ebenfalls als ein Abkömmling der Sehnsucht nach dem Allbezug. Jeder Mensch führt, mehr oder minder abgewehrt, die Erlebnisschichten eines »objektlosen Narzißmus« mit sich. Viele Kunstwerke, zumal in Lyrik und Musik, geben uns die Möglichkeit, auf sie kontrolliert zu regredieren. Weniger offensichtlich ist, daß auch Theorie davon getragen sein kann.
In dem Muster: zwischen Ich und Welt liegt ein Riß, der geheilt werden soll, treffen die beiden »Lebensthemen« von Elias, Gewalt und Interdependenz, zusammen.[46] Vorbildlich dafür ist ein letztes

46 Auch in bezug auf die Herausarbeitung eines »Lebensthemas« kann die psychoanalytische Literaturdeutung der hier versuchten Theorie-

Mal die Szene, wie der Vater den Jungen von der Mutter trennt, die sich der Kleine durch Krankheit zurückerobert. Die so verdichtete Kindheitserfahrung war der Ur-Riß. Später (oder auch damals schon, in Autarkie-Phantasien) hat Elias viel von der Härte des Vaters in sich aufgenommen, um den regressiven Sog zur Symbiose zu bewältigen. In seiner nimmermüden Distanzierung wiederholte er aktiv den erlittenen Bruch mit der Welt eines diffusen, verschlingenden Engagements. Sein übersteigertes Unabhängigkeitsbedürfnis, das er in der Theorie oder im Ideal, aber nicht in der Praxis seiner Arbeit überwunden hat, läßt sich als Schutz vor der drohend-verlockenden Ich-Auflösung gut begreifen. Beide Aspekte, die rebellische Selbständigkeit gegenüber dem Vater, die er sich durch Identifizierung mit dessen abgrenzender Strenge erwarb, und die prekäre Sicherheit der grenzenlosen Mutter-Kind-Einheit, stoßen in dem widersinnigen Satz aufeinander: aus dem Krieg sei er mit der Erkenntnis zurückgekehrt, »daß nur Menschen den Menschen helfen können und nur ich mir selbst« (1990, S. 92). In seiner »Schwierigkeit nach oben« kam die väterliche Seite seiner Objektbeziehungsstruktur zum Ausdruck, während er sich zu Jüngeren, die er so oft als Freunde gewann, eher mütterlich verhielt.

Dasselbe Doppelgesicht zeigt die Eliassche Theorie. Wenn man die Beschäftigung mit Gewalt, Autorität und Zwangsmechanismen als Vater-Motive seines Denkens auffaßt, kann man im Streben nach der Aufhebung von Ich und Du in einem Wir, zumal in der Betonung menschlicher Figurationen und Verflechtungszusammenhänge, aber auch jener weitergespannten »Interdependenz« mit der »Natur«, ein Mutter-Motiv erkennen.[47] Der dominante Prozeß-Gedanke – alles ist im Fluß – gehört zur gleichen Sphäre. Die Wissenschaftstheorie von Elias ist der Vater-Seite, seine praktizierte Anteilnahme an den Menschen rundum, die er verstehen wollte, der Mutter-Seite zuzuordnen. Die Medien seiner Äußerung, Wissenschaft und Lyrik, haben ihren Schwerpunkt je dort oder hier: im Gedicht spricht sogar sein Gewissen (»gut,

deutung als Vorbild dienen. Holland (1973) entwickelt das »Identitätsthema« als Instrument seiner Suche nach den *Poems in Persons*.

47 R. R. Holt meint in bezug auf Freud ebenfalls, dessen Ideenbildung könne in männliche und weibliche, väterliche und mütterliche Aspekte aufgeteilt werden (ref. Mahony 1989, S. 178).

gut gemacht«) mit Mutterstimme. Aber genug solcher Aufteilungsversuche, die überscharf trennen. Elias hat am Ende den Vater und die Mutter in sich, Distanzierung und Engagement zu einem weithin produktiven Gleichgewicht gebracht, in seinem privaten wie im öffentlichen Leben.

Auf all die Gefühlsmotive, die sein Werk tragen, antworten wir, ohne es recht gewahr zu werden. Viele Leser werden deshalb von dem Wissenschaftler Norbert Elias, ob in Anziehung oder Abstoßung, stärker beeindruckt als von anderen, die minder intensiv empfunden oder gelitten und die ihr Schreiben weniger für ihre Affekte und Phantasien geöffnet haben.[48]

48 [*Zusatz 1996:* Schon vor seinem Tod ging die Rede, daß Elias homosexuell sei. Inzwischen hat der engste Freund seiner letzten Jahre, Bram van Stolk, ein erklärter Homosexueller (siehe van Stolk 1995), das Gerücht öffentlich bestätigt; an anderem Ort wird beiläufig und deshalb um so überzeugender erzählt, daß Elias Anfang der 30er Jahre einen Liebhaber hatte (Sternweiler 1996, S. 42). Zweifellos muß ein solcher Sachverhalt für das Nachdenken über »Triebkräfte« des Eliasschen Denkens (etwa über Wurzeln des Außenseiter-Motivs) eine große Rolle spielen. Ich melde aber die Frage an, ob die Dinge ganz eindeutig liegen. Wo im Bild ist der Platz für ein sinnliches Liebesgedicht wie »An die Freude« (1987a, S. 44 f.)? Wo für die Geschichte, die mir Elias erzählte: daß ihm Grete Freudenthal 1933/34 einen Heiratsantrag gemacht habe, den er ablehnte, weil er sich nicht vorstellen konnte, in Israel zu leben (vgl. Sallis-Freudenthal 1977, S. 117, 150)?]

VII. Die harte Arbeit
des kreativen Prozesses[*]

»Schreiben ist harte Arbeit«, sagte Norbert Elias immer wieder. Es war eine Selbstaussage und ein Trost für Jüngere, die weniger Erfahrung hatten als er. Der folgende Text erörtert die Eliassche Arbeitsweise anhand von Beobachtungen, die ich in 14 Jahren der Bekanntschaft mit ihm als Leser, Übersetzer und Herausgeber seiner Schriften gemacht habe. Bei einem Mann seines Formats verspricht ein Blick hinter die Front gedruckter Bücher oder getippter Manuskripte einigen Aufschluß über wissenschaftliche Kreativität. Da der akademische Diskurs ohnehin und fast exklusiv davon handelt, welches *Wissen* in die Werke eines Forschers eingeflossen ist und was sie ihrerseits zu unserem Wissen beitragen, mag es für diesmal erlaubt sein, die Aufmerksamkeit auf Aspekte des Gewissens und der eigentlichen Ideenproduktion einzustellen.

Allermeist unfertige Manuskripte

Zweifellos, Elias gehörte nicht zu den Autoren à la Freud, die schreiben können, wie Mozart komponierte – in einem Zug, und es sitzt (Sachs 1950, S. 88 f.). Ihm machte das Einfangen, das Entfalten und Polieren seiner Gedanken Mühe, was sich in einer langen Reihe von Textversionen niederschlug. Er übertrieb nicht, als er erklärte: »Oft muß ich dieselbe Sache achtmal neu schreiben« (1990, S. 96). Für Elias wurde der Computer zu spät erfunden. Reine Vorfassungen hat er nicht selten weggeworfen, vor allem nach einer Veröffentlichung, so daß sein Arbeits- und Denkprozeß teilweise im dunkeln bleibt. Von der *Höfischen Gesellschaft* z. B. sind in seinem Archiv (vgl. Schröter 1985b) kaum irgendwelche Reste erhalten; wir werden wohl nie die Frankfurter Habilitationsschrift von 1933 kennenlernen, auf der das Buch fußt.[1] Von »Problems of Involvement and Detachment« dagegen gibt es, in

---

[*] Für Cas.
1 Zu einem winzigen Hoffnungsschimmer siehe unten, Anm. 29.

den späteren Passagen, eine kaum überschaubare Vielzahl von Bearbeitungsstufen. Wer von einer schulmäßig-philologischen Ausgabe Eliasscher Werke träumt, sollte sich dieses Konvolut ansehen und prüfen, wie es editorisch überhaupt zu bewältigen wäre – und ob das Ergebnis den Aufwand lohnen würde.

Bei »Problems of Involvement and Detachment« führte der langwierige Entstehungsprozeß zu einem sehr dichten und reichen Text. In den Augen des Autors war der Aufsatz von 1956 das Kernstück seiner wissens- und wissenschaftssoziologischen Arbeiten; er sollte den Titel eines einschlägigen Sammelbands liefern. Als Elias ihn mir im Frühjahr 1977 zum Übersetzen gab, betonte er Gewicht und Schwierigkeit des Unterfangens. Deshalb wollte er die deutsche Fassung Wort für Wort überwachen. Wir saßen zusammen an seinem runden, weißen Couchtisch in Leicester, bei Kaffee, Martini und Pfefferminzplätzchen. Ich las ihm meinen Text vor, er schmeckte ihn ab und veränderte ihn, wo es ihm nötig erschien. Dabei zeigte sich rasch, daß seine Korrekturen nicht nur die deutsche Sprachgestalt betrafen. Elias begann vielmehr, seinen alten Artikel umzuschreiben und zu erweitern: Er verbesserte einzelne Begriffe, fügte Sätze hinzu und schließlich ganze Abschnitte, die immer länger wurden. Die ersten Exkurse konnte er noch einbinden, der letzte verselbständigte sich (1983, Teil III/1). Daß *Engagement und Distanzierung* zum Buch wurde, war der Tatsache zu verdanken, daß der Autor später auf die Kontrolle der Übersetzung verzichtete [siehe unten, Kap. VIII].

Was in diesem Fall eines veröffentlichten und unter Schülern bereits kanonisierten Textes befremdlich erschien, war das normale Verfahren Eliasscher Produktion. Sein Umgang mit dem 20 Jahre zurückliegenden Aufsatz besagt nichts anderes, als daß er ihn behandelte wie ein aktuelles Manuskript. Von außen betrachtet, sah der Arbeitsprozeß von Elias so aus, daß er an einem Tag mit Schwung zehn Seiten schreiben konnte – und sie am nächsten Tag revidierte. Häufig kam am übernächsten Tag eine zweite Revision, dann je nachdem noch mehr. Irgendwann wurde der Ausgriff ins Neuland fortgesetzt; aber es war jederzeit möglich, daß der Autor zu einem früheren Punkt zurückkehrte und eine x-te Durchsicht folgen ließ. Dabei schaltete er immer wieder neue Ideen ein, die er ohne Blick auf den älteren Gedankengang fortspann. Der Rückweg zum Kontext gelang (irgendwie), wenn er ihn suchte, aber manchmal suchte er ihn gar nicht. Deshalb gibt es in vielen seiner

Manuskripte Seitenstränge, mit offenem Ende. Soweit erkennbar, sind sie nicht in der Sache entwertet, sondern einfach vernachlässigt worden zugunsten anderer Überlegungen, die in den Vordergrund des Denkens gerückt waren. Blätter einer Vorfassung, die unverwendete Substanz enthielten, bewahrte er regelmäßig auf.

Die geschilderten Beobachtungen bezeugen, daß Elias bis zur Ausschließlichkeit am Weben und Weiterweben seiner Gedanken interessiert war. Offenbar brachte er nicht fertig, wozu jeder Autor sich früher oder später durchringen muß: aus dem Produktionsvorgang heraus- und dem immer vorläufigen Resultat mit einer technischen Einstellung, quasi als Leser gegenüberzutreten. Er selbst war unfähig, sich aus der einen in die andere der beiden Sprachen, die er beherrschte, bloß zu übersetzen; er konnte kaum die Distanz aufbringen, die das Redigieren eigener Werke bis zur Druckreife erfordert. Wann immer er vor einem eigenen Text saß, erlag er seinem imperativen Schreibwunsch.[2] Der Schaffensprozeß als solcher bedeutete für ihn die höchste Sinnerfüllung, vergleichbar nur noch mit dem direkten Belehren. Er überließ sich ihm auf Kosten des Produkts, das dadurch allzuoft Fragment blieb. Das Gros seiner Vorhaben hat er einfach beiseite geschoben, wenn ein neues seine Aufmerksamkeit fesselte oder der nächste Termin (zumeist eine Vortragsverpflichtung) drängte. Die in seinem Archiv geretteten Reste von zahlreichen Arbeiten der 40er bis 60er Jahre bestätigen, daß er schon damals kaum anders verfuhr. Für die von mir als Herausgeber betreuten Bände engagierte er sich im Grunde nur, soweit sie ihm eine Gelegenheit gaben, älteren Schriften etwas Neues beizufügen. Wie man heute, gegenüber dem Nachlaß eines Toten von noch zweifelhafter »Klassik«, mit der Fülle seiner mehr oder weniger unfertigen Manuskripte verfahren kann, um ihren Gehalt verfügbar zu machen, ist eine offene Frage.[3]

2 Ein markantes Beispiel ist der Aufsatz »Zur Grundlegung einer Theorie sozialer Prozesse« (1977a). [Siehe unten, Kap. VIII, S. 276 f.]
3 [*Zusatz 1996:* Dieser Text wurde zu einer Zeit geschrieben, als man noch hoffen konnte, daß die Aufgabe einer Nachlaß-Edition bald nach dem Tod des Autors in Angriff genommen würde. Inzwischen ist klar, daß die zuständige Elias-Stiftung einer solchen Edition keine Priorität zuerkennt.]

Ein wissenschaftliches Über-Ich
in actu

Es liegt angesichts seiner Produktionsweise auf der Hand, daß der Autor Elias ein strenges wissenschaftliches Gewissen hatte. Erzählt nach der Resonanz in meinem Gewissen, ergibt das eine grimmige Geschichte. Sie spielte sich aber eher im Untergrund ab. Manifest zeigte Elias allermeist ein gewinnendes Entgegenkommen.

Genußfreude und Menschenfreundlichkeit paarten sich bei ihm mit einer eigentümlichen Härte. Elias war frei von jeder hierarchischen Attitüde, pflegte einen beherrscht informellen Umgangsstil. Darauf angesprochen, meinte er: »Wer den Zivilisationsprozeß verstanden hat, ist seinen Zwängen nicht mehr blind ausgeliefert.« Zugleich befolgte er eine strikte Arbeitsroutine: ca. 8 Stunden Schreiben, siebenmal in der Woche, unterbrochen nur vom Abendessen (1990, S. 7 f.). Der Rest des Tages war dem Nachdenken, der Manuskriptkorrektur oder, solange es ging, dem Lesen gewidmet. Diese Disziplin, zusammen mit seinem Einfallsreichtum, befähigte ihn zu einer Produktivität, die viele Jüngere beschämte. Als alter Mann schrieb Elias in der Form des Diktierens. Dafür hatte er Assistenten – vor 1978 zeitweise, seitdem fast immer.[4] Die Situation war schwer zu ertragen; unter den Gehilfen gab es eine rege Fluktuation. Sie wurden in seine Routine eingespannt. Bei ihrer Ankunft oder während der Mahlzeit plauderte er über alles mögliche, fragte, hörte zu. Wenn die Arbeit begonnen hatte, zählte nur sein Wort. Man konnte Abhaltungen, auch privatester Art, geltend machen. Die Lizenz jedoch war begrenzt: Als eine Assistentin heiratete, nahm Elias ihr übel, daß sie am Hochzeitstag nicht zu ihm kam.

Die Ansprüche, die er an andere wie an sich selbst stellte, betrachtete Elias nicht als etwas Persönliches. Sie gingen von seiner Arbeit aus, der er in steigendem Maße alles (auch seine Freundschaften) unterordnete. Sicher hätte er zugestimmt, daß es sich um Zwänge seines Gewissens handelte; aber das wäre ein Lippenbekenntnis gewesen. Er, der sonst jede Reifizierung bekämpfte, sprach von

---

4 [Sie kamen zunehmend, dann ausschließlich aus Holland. Einige haben inzwischen von Elias und ihren Erfahrungen mit ihm erzählt; vgl. Israels et al. (1993).]

seiner Arbeit wie von einer übermenschlichen Macht, deren Fremdzwang schlechterdings Gehorsam forderte. Während er theoretisch aus der anthropologischen Tatsache sozialer Verflechtung ein Ethos der Rücksicht, des Anstands und Kompromisses ableitete, konnte er praktisch, wenn es um seine Bücher ging, mit den verschiedenen Ko-Produzenten (z. B. im Verlag) ziemlich rücksichtslos umspringen. Von seinem Perfektionismus machte er lange Zeit keine Abstriche. Es ist kaum zu fassen, daß er in den 60er Jahren einen jungen Freund den ganzen 1. Band von *Über den Prozeß* ins Englische übersetzen und das Ergebnis, ob es gut oder weniger gut war, einfach ungenutzt liegen ließ. Ideal und Gewissen, die oft zusammengedacht werden, zogen in gegenläufige Richtungen.

Was meinte Elias genau, wenn er sein Schreiben als »harte Arbeit« bezeichnete und exerzierte? Gewiß nicht (schematisch gesagt, obwohl die Dinge im Vollzug verwoben sind) die letzte Phase der Strukturierung und Straffung, des stilistischen Feinschliffs und der technischen Einrichtung – mit redaktionellen Problemen gab er sich in seinen späten Jahren nur begrenzt ab. Auch die Vorbereitungsphase, die häufig viel länger dauert als die Niederschrift selbst, ließ er schnell hinter sich. Das Quellensammeln und -auswerten hat er, als ich ihn kannte, nicht mehr eifrig betrieben, die Lektüre von Kollegenliteratur noch weniger; entsprechend entfiel die Mühsal des breiten Absicherns und Überprüfens eigener Thesen sowie ihrer Einbindung in aktuelle Diskussionen. Teilweise ersetzte ihm die Erinnerung an früher Gelesenes den Mangel. Ein wesentliches Medium, durch das er sich auf dem laufenden hielt, war das Gespräch mit Freunden oder Bekannten verschiedener Provenienz und nicht zuletzt mit seinen Assistenten. In Bielefeld immerhin (ab 1978) verfuhr Elias noch minder großzügig als in Amsterdam (ab 1984), wo er die Reste seines schwindenden Augenlichts zunehmend für die Lektüre eigener Manuskripte aufsparte, bis er sich Texte jeder Art und Schriftgröße vorlesen lassen mußte. Gewiß nötigte ihn nicht nur das Alter zu seiner Mißachtung von fundamentalen, gewöhnlich zu exklusiv betonten Regeln der Zunft. Ein früherer Soziologiestudent in Leicester berichtet über damalige Vorlesungen: »At times the data were treated in a possibly cavalier manner« (Brown 1987, S. 535). Andererseits ist deutlich, daß Elias in den 40er bis 60er Jahren durchaus dem Ideal der großen empirisch-theoretischen Untersuchung nachstrebte (und mit eineinhalb Ausnahmen daran scheiterte[5]). Nach 1970 (zuweilen auch schon davor) scheint er in dieser Hinsicht die Zügel gelockert zu haben. Seitdem begnügte er sich mit der paradigmatischen Verwendung einzelner Quellenstücke – und lieferte reichlich Belege für die Leistungskraft der Methode, wenn sie von einem erfahrenen Forscher mit weitem Horizont gehandhabt wird. Die späte Ermäßigung von Selbstzwängen führte zu einem klaren Produktivitätsschub.

Bei der Produktion seiner letzten Lebenszeit konzentrierte sich Elias, *for better for worse*, auf die Aufgabe des eigentlichen Schreibens. Sie war es, die er unvermindert als harte Arbeit empfand, die das Spielfeld seines überstrengen Gewissens blieb. Allzuoft verbaute ihm sein Perfektionsdrang die Chance der Veröffentlichung, weil er ein Manuskript nicht oder nicht rechtzeitig zu Ende brachte. Zugleich kann man erraten, daß diese selektive Ausrichtung des Über-Ich-Drucks einem Autor entgegenkam, der die vorbereitenden und abschließenden Phasen der Textherstellung ebenso verabscheute, wie er den Auftrieb, das Ausspinnen und Modeln der Einfälle genoß. Auch für andere Forscher mag die Niederschrift der zentrale, nur leider zu kurze Glücksmoment des Schaffens sein. Elias pflegte zu sagen, sein Lebenswille werde erst erlahmen, wenn er keine Einfälle mehr habe; das Schreiben hielt den gebrechlichen Greis, der er wurde, am Leben. Daß er ständig laufende Vorhaben zugunsten neuer in die Schublade verbannte, bedeutete nicht zuletzt, daß er sich auf die, trotz aller Pein, spezifisch lustvollen Seiten der Arbeit beschränkte. Seine Passion war nun einmal der kreative Prozeß – auch wenn er sich dieser Freude und Leidenschaft unter dem Diktat eines Pflichtgefühls hingab und schließlich im Aufbegehren gegen den Tod.

Der erste Entwurf seiner Texte, der anfängliche Assoziationszug, ging recht flüssig voran. Elias saß im Sessel, tief in sich versunken,

---

5 Die Ausnahmen sind: Elias/Scotson 1965; Elias/Dunning 1986. Von den gescheiterten Großprojekten wurden am weitesten vorangetrieben: englische Marine-Offiziere (siehe 1950; 1977b), das menschliche Lachen (vgl. 1990, S. 113 f.), Essays über Ghana. Nur aus dem Material des ersten ließe sich vielleicht noch ein kleinerer Band gewinnen. Kurioserweise führten diese Forschungen über die *naval profession* dazu, daß Elias in der Zunft als Spezialist für *professions* auftrat (siehe den bisher unbemerkten, in seinem Archiv nicht erhaltenen Lexikon-Artikel von 1964). Vgl. außerdem unten, Anm. 29.

manchmal bewegten sich seine Lippen, dann strömten die Sätze aus seinem Mund, druckreif, und auch vom Stimmklang her in klarster Diktion. Und oft nicht einzelne Sätze, sondern gleich mehrere aufs Mal. Es kam gelegentlich vor, daß er ein Verb vergaß oder einen Zwischensatz oder daß ihm eine Konstruktion durcheinandergeriet, weil er zwischen zwei Formulierungen geschwankt hatte. Im allgemeinen aber war der Fluß seiner Sätze staunenswert. Am Abend konnte man zufrieden sein. Nicht nur war ein gutes Tagwerk geschafft, sondern Elias hatte am Ende auch noch einige Stichworte fixiert, die ihm für morgen die angepeilte Richtung wiesen und eine glatte Fortsetzung versprachen ...

... so dachte ich immer wieder. Die Wirklichkeit sah anders aus. Es begann die Mühle der Revisionen. Sein Über-Ich verwehrte Elias die Zufriedenheit mit seiner Leistung.[6] Teilweise zu Recht: Es *gibt* Manuskripte, die der Autor Tag für Tag vorangetrieben hat, um sich eines Themas zu bemächtigen, und die nicht zu seinen besten gehören; die jeweilige Qualität hing davon ab, wieweit der Stoff in der untergründigen Gedankenarbeit bewältigt war. Seit Elias das Quellen- und Literaturstudium vernachlässigte, hielt ihn seine normative Selbstzwang-Instanz vor allem zur klaren und dichten, plastischen, ausgreifend-reichen und in seinem Sinn richtigen Fassung der eigenen Ideen an. Stets lag der Argwohn, er könne »Unsinn« gesagt haben (Zitat), auf der Lauer. Da er beim Schreiben auf eine Phantasie- und Gefühlsebene seiner Person zurückgriff, mußte er sehr darauf achten, den affektiven Bodensatz in seinen Texten hinterher wieder auszusieben. Er tilgte deshalb beim Revidieren grelle Bilder, polemische Seitenhiebe oder »leere« Passagen mit Gefühlsakzent, ohne genügenden Gehalt. Wenn er manchmal die Reaktion von Gegnern antizipierte, die ihm aus *einem* falschen Wort einen Strick drehen würden, war das auch eine Projektion von Selbstvorwürfen, abgeleitet von der Aggression gegen Kollegen und Autoritäten, die seinem Denken inhärent war (siehe oben, Kap. VI, S. 199 f., 206 f.). Jeder Satz wurde mit geballter Gewissenskraft wieder und wieder kontrolliert – allerdings ohne Pedanterie.

6 Daran hat auch eine psychoanalytische Behandlung, der er sich wegen Produktionshemmungen unterzog (siehe oben, Kap. VI, S. 204, Anm. 24), wenig geändert.

Häufig genug war die Eliassche Wachsamkeit bezüglich einzelner Wörter ernst und theoretisch gewichtig. Sie drängte ihn zu einer sorgsamen Prüfung seiner Zentralbegriffe, vieler Begriffe der soziologischen Tradition, aber auch mancher Gewohnheiten des wissenschaftlichen Redens überhaupt. So erzählte er mir, es sei ihm eines Tages aufgegangen, daß hinter der eingeschliffenen Verwendung des Wortes »Phänomen« als Allgemeinbegriff für irgendwelche Sachverhalte der ganze Idealismus stecke. Seitdem vermied er es und sagte »Gegebenheit« oder mehr und mehr »Ereignis«. Besondere Mühe bot er auf, um in *Über die Zeit* ein deutsches Äquivalent für das englische *to time* zu finden, das er aus schwerwiegenden Gründen brauchte. Mein Vorschlag war »Zeit messen« gewesen, er fand das weniger reifizierende »zeitbestimmen«, das man notfalls auch transitiv benutzen konnte. Einen Moment lang spielte er mit der Idee, den gordischen Knoten durchzuhauen und das Verb »zeiten« ins Deutsche einzuführen (1984a, S. 7 f.).[7] Das Bemühen um sachgerechte Begriffe, das in dieser sprachschöpferischen Allmachtsphantasie über die Stränge schlug, machte Elias zu einem bedeutenden Innovator sozialwissenschaftlicher Terminologie. Seine Prägungen haben manchmal eine solche Treffsicherheit, schmiegen sich so glatt in den Fundus unserer verbalen Denkmittel, daß man Gefahr läuft, bei der Übernahme ihren Urheber zu vergessen.[8]

Die Vielzahl der Eliasschen Textrevisionen beruhte nicht zuletzt auf der Komplexität seiner Texte, die es dem Ich schwer machte, auf alle Aspekte gleichzeitig zu achten, und trug ihrerseits zu dieser Komplexität bei. Unbestreitbar führten die Korrekturen und Erweiterungen meist zu einer Bereicherung oder Verbesserung. Die Teile II und III von *Engagement und Distanzierung* erschließen Großgedanken, die im älteren Teil I in der Tat zu komprimiert bleiben; die »Dreieinigkeit der Grundkontrollen«,

---

7 Ob die Wiedergabe von *double-bind* durch »Doppelbinder« (1983, S. 78 f.), mit ihrer störenden Krawatten-Konnotation, im selben Sinne als mißglückt oder nicht vielmehr als Zeichen einer Kraft des Begriffeprägens zu gelten hat, die im Wissenschaftsdeutsch jüngerer Generationen selten geworden ist, erscheint fraglich. Mich hat überzeugt, wie natürlich man dann Komposita wie »Doppelbinder-Falle« etc. bilden kann.

8 [Ein Beispiel aus eigener Erfahrung unten, Kap. VIII, S. 275; eines aus der Literatur ebd., S. 313, Anm. 28.]

die Elias in die deutsche Fassung des Aufsatzes von 1956 einfügte (1983, S. 17), ist zwar in seinem Œuvre als Idee nicht neu, aber als Formel einprägsam. In solchen Fällen leistete das Über-Ich des Autors gute Arbeit.

Bisweilen jedoch wirkte es auch als »Wider-Ich«, um eine wunderbare Wortschöpfung von ihm zu gebrauchen. Zum Beispiel wollte Elias immer alles sagen, was im Assoziationskreis eines Themas lag. Dieses Bedürfnis konnte zu Windungen seines Gedankenwegs führen, die nicht reich, sondern fahrig erscheinen, zu Abschweifungen, deren Verbindung zum Thema keinem noch so geneigten Leser einleuchtet. Der Verlockung, eines seiner Steckenpferde zu reiten, etwa den *homo clausus* einmal mehr abzutun, setzte er zu wenig Widerstand entgegen. Das Hin und Her zwischen Detailbeobachtungen und hochtheoretischen Erörterungen ist ein oft überraschendes und fruchtbares Kennzeichen seiner Schriften. Aber es gibt auch Stellen, wo er durch Exkurse auf höherer Synthesen-Ebene das Ziel verwischt, auf das er losgesteuert war, und seine Texte schwächt. In »Zivilisation und Gewalt«, wie Elias das Stück selbst veröffentlicht hat, wartet man nach dem ersten Absatz darauf, daß das angekündigte Drama des Terrorismus beginnt, und muß sich statt dessen eine Kritik der Lorenzschen Aggressionstheorie anhören (1981, S. 98 f.). Die Manuskriptlage bestätigt: ein später Einschub. Wer Probleme dieser Art hervorhebt, ist nicht klüger als der Autor, der seinen Herausgeber warnte: »Manchmal verschlechtere ich meine Manuskripte. Wenn Sie finden, daß das der Fall ist, dann greifen Sie auf die frühere Fassung zurück.«[9]

Elias ist gefragt worden, was die Befriedigung bei seiner »harten Arbeit« des Um- und Weiterschreibens sei. Antwort: »Daß es gut wird« (1990, S. 96). Aber ich fürchte, sein Wider-Ich hat ihm selten diese Ruhe gegönnt. Der Revisionsprozeß, zu dem es ihn zwang, war prinzipiell unendlich. Kein Text, dessen Wortlaut oder Substanz er nicht hätte verbessern wollen, sobald er ihn wieder anschaute; die Behandlung des Aufsatzes über »Involvement and Detachment«, an den er einst so viel Mühe gewandt hatte, ist typisch. Und mehr noch: kein Text, ob veröffentlicht oder nicht,

9 [Aufgrund dieser »Anweisung« habe ich bei meiner Nach-Redaktion von »Zivilisation und Gewalt« den Lorenz-Exkurs in eine Fußnote verbannt (Elias 1989a, S. 226).]

der in seinen Augen abgeschlossen war. Man kann für die meisten Eliasschen Werke bis Mitte der 80er Jahre nachweisen, daß ihr Autor sie als Fragmente betrachtete, auch und gerade für den *Prozeß der Zivilisation.* Das Ende der Arbeit wurde regelmäßig durch äußere Faktoren herbeigeführt – beim Prozeß-Buch dadurch, daß der Vater, der den Druck finanzierte, seinem Sohn bedeutete, er müsse jetzt aufhören, das Buch sei lang und teuer genug geworden (persönl. Mitteilung). So entstand das Stück »Die Gesellschaft der Individuen« von 1939.[10] Das obsessive Bedürfnis, älteren Publikationen bei jeder Neuveröffentlichung ein Vorwort oder einen Nachtrag beizufügen, bezeugt denselben Gewissensdruck. Für *Engagement und Distanzierung* schrieb Elias zwei Fortsetzungen seines alten Artikels. Auf eine Einleitung verzichtete er, weil sein Entwurf unzulänglich und der technische Produktionsprozeß irgendwann zu weit fortgeschritten war; aber für die englische Fassung widerrief er den aufgenötigten Verzicht, was deren Erscheinen um 3-4 Jahre verzögerte. Einmal erklärte er mir gegenüber: »Das einzige Buch, mit dem ich wirklich zufrieden bin, ist die *Höfische Gesellschaft.*« Warum? »Da konnte ich, auch noch in den Fahnen, soviel korrigieren, wie ich wollte, und alles sagen, was ich sagen mußte.«

Daß Elias sich ab 1969/70 eine größere Zahl von Publikationen abrang, hing zweifellos mit seinem Bewußtsein des nahenden Todes zusammen. Entscheidend aber war die Resonanz, die er in der internationalen Öffentlichkeit, zumal bei jüngeren Generationen, zu finden begann. Dieser Autor, der in mancher Hinsicht wie autark erscheint, war in anderer zutiefst auf Anerkennung angewiesen, oder umgekehrt: er war sehr verletzbar durch Kritik. Auch deshalb, weil er das spontane Echo seiner Assistenten suchte, verwandelte er die Schreibsituation für sich in ein unmittelbar soziales Geschehen. Seine Manuskripte gab er Freunden, die er für sachkundig und streng, wohlwollend und unterlegen

10 Das Originalmanuskript besteht in einer Passage (1987b, S. 51-55) aus Fahnen eines gestrichenen Schlußabschnitts des Prozeß-Buches, an dem der Autor offensichtlich weitergearbeitet hatte. Vgl. außerdem die Ankündigung eines »Anhangbandes« (1939, Bd. 2, S. 473, Anm. 102) und die einer dritten Ergänzung (dazu unten, Anm. 29). Einer der frühen Versuche, *Über den Prozeß* auf englisch herauszubringen, blieb stecken, weil Elias das 1. Kapitel von Bd. 1 als selbständige begriffssoziologische Studie umkonzipierte (siehe 1989a, S. 554).

hielt, um von ihnen zu hören, ob oder daß sie gut waren. Fast alle Texte seiner Spätzeit, die er so unermüdlich diktierte, entstanden zur Vorbereitung (oder in der Nacharbeit) von Vorträgen, zu denen er eingeladen worden war. Die Resonanz eines wachsenden Publikums mag ihn überzeugt haben, daß er nicht immer bis zur achten Fassung gehen mußte, bevor er sein Imprimatur erteilte. Da er sich verpflichtet fühlte, seine Erkenntnisse unter die Menschen zu bringen, konnte er dabei eine Über-Ich-Facette gegen eine andere ausspielen. Im Grunde delegierte Elias das letzte Gewissensurteil an den jeweiligen Herausgeber oder Redakteur: wer ihn zu einer Veröffentlichung bewog, entlastete ihn von Selbstvorwürfen. Das Interesse zweier VertreterInnen einer Kleinzeitschrift, die mit dem rechten Thema zu einem *brainstorm*-Interview in sein Berliner Hotelzimmer kamen, entlockte ihm den Essay *Über die Einsamkeit der Sterbenden.* Ebenso unwiderstehlich wirkte die Begeisterung, mit der ich nach der Lektüre seines schon halb vergessenen Manuskripts von *Humana Conditio* eine Buch-Ausgabe vorschlug. Es war einer der schönsten Momente unserer Zusammenarbeit. Hart dagegen der andere, als er mir bei den *Studien über die Deutschen* sagte: »Sie wissen doch, Sie sind verantwortlich, daß der Band meinem guten Namen keine Schande macht.« Ich wußte es jeden Tag.

Techniken der Kreativität

Es ist sinnvoll, das Eliassche Arbeitsverfahren von seinem Über-Ich her zu sehen, aber auch sehr einseitig. Denn dasselbe Verfahren diente der Pflege und Aktivierung seiner Kreativität. Elias hat schöpferische Arbeit, ausgehend von Selbstbeobachtungen, in einem psychoanalytisch geprägten Rahmen begriffen (1991a, S. 68-87). Um so mehr bietet es sich an, die Theoriesprache Freuds für das Verständnis seines Schaffensprozesses heranzuziehen. Viele Gegebenheiten dieses Einzelfalls werden für kreatives Schreiben überhaupt zutreffen.

Die Quelle der eigenen Ideen steht dem Zugriff eines Autors (ob Künstler oder Wissenschaftler) nicht ohne weiteres offen. Sie liegt in der trieb- und affektnäheren Schicht des »Vorbewußten« und ist deshalb durch Abwehr verstellt. Freud, der sonst die Zensurschranke zwischen Bewußtsein und *Un*bewußtem hervorhob, schrieb zugleich: ein großer Anteil des *Vor*bewußten »stammt aus dem Unbewußten, hat den Charakter der Abkömmlinge desselben und unterliegt einer Zensur, ehe er bewußt werden kann« (1915b, S. 290). Bei der Betrachtung schöpferischer Arbeit drängt sich diese oft vernachlässigte Barriere dem Auge auf. Das Geheimnis des kreativen Prozesses besteht darin, daß Es-Abkömmlinge, affektgesättigte Phantasien aufsteigen – *ohne* das Ich zu überfluten und das Über-Ich, den psychischen Sachwalter sozialer Kanons, zu entmachten. Sie treten vielmehr in einer Gestalt hervor, die allen Wissens- und Gewissensansprüchen genügt; vielleicht bei großen Autoren gerade den höchsten. Im Schaffen gelingt eine »Versöhnung antagonistischer Persönlichkeitsströme« (vgl. oben, Kap. VI, S. 185-195). Die Verschmelzung von Ich und Über-Ich (ein Mechanismus der Manie), aber auch das Zusammenfließen beider mit Es-Kräften kann bei der Produktion ein Glücksgefühl erzeugen. Diesem nüchternen Rausch scheint Elias, dem der kreative Prozeß zur Leidenschaft wurde, nachgejagt zu sein. Vermutlich greifen nur manche Forscher, bei denen die Ichgrenzen besonders durchlässig sind, betont und in hohem Maße auf Es-Derivate zurück. Elias war ein Vertreter dieses Typs, wie Freud selbst.

Um den vom Unbewußten her gespeisten Phantasiestrom auf die Mühle wissenschaftlicher Arbeit, einer ichgerechten und sozial hochbewerteten Tätigkeit, zu lenken, braucht man eine eigentümliche Haltung. Hellwach, zupackend und kritisch, gewiß, aber zunächst einmal lauschend, den Einfällen Freiheit zum Auftrieb lassend, bevor man sie prüft und ordnet. Vorschnelles Systematisieren, jedes Forcieren ist schädlich. Elias kannte diese passive Dynamik und gab sich ihr entschlossen hin. Wenn ich ihn fragte, worauf ein derzeitiges Projekt hinauslaufe, pflegte er zu antworten: das könne er nicht sagen, er gehe »where the spirit moves me«. Es war dieselbe Haltung des Sich-treiben-Lassens, die sein ganzes Leben bestimmte (ebd., S. 195 f., 217 f.). Sie galt im großen Zug seines Forschungsprozesses wie beim Schreiben von Tag zu Tag. An der Universität wird alles Licht auf Aspekte des aktiven Suchens und Gestaltens, des Wissens und Gewissens gerichtet, die in der Wissenschaft fraglos ihre eminente Rolle spielen. Aber eine Kunst des Träumens oder In-sich-Hineinhörens, des Hervorlockens von Ideen, des Sich-Öffnens für Potenzen der Sprache, der Nutzung von Zufällen gehört auch zum Metier. Nur wer Kriterien wie Originalität und Relevanz der Befunde, Lebendigkeit und Überzeugungskraft der Darstellung in den Wind schlägt, kann das übersehen. Verfolgen wir, wie ein namhafter Praktiker diese Seite der Aufgabe bewältigte.

Die Abwehr gegenüber dem Vorbewußten mit seinen Trieb- und Affektanteilen ist auf unseren Stufen der Zivilisation vielen Menschen zur zweiten Natur geworden. Sie zu überwinden verlangt eine immerneue Anstrengung – vielleicht das schwierigste Stück der »harten Arbeit« des Schreibens. Da helfen Verfahren, die den Auftrieb von Material aus dem eigenen Dunkel begünstigen. Man versteht sie besser, wenn man sie in Parallele zu einer Situation setzt, in der es um dasselbe Problem geht: zur psychoanalytischen Kur. Bekanntlich entwickelte Freud seine Methode – die Ruhelage auf der Couch, die »Grundregel« der freien Assoziation – eben deshalb, weil er die Zensur gegenüber vorbewußten Gedanken und Vorstellungen zu schwächen suchte. Vergleichbare Techniken hat Elias bei seinem Schaffen verwendet.

Die erste von ihnen war schon den Alten vertraut: das *nulla dies sine linea* (das auch Schopenhauer oder literarische Schriftsteller wie Trollope und Th. Mann befolgten). Auf den ersten Blick imponiert daran der Über-Ich-Aspekt der Disziplin. Darüber hinaus aber stößt man hier auf ein wichtiges Hilfsmittel der Kreativität. Die ehrwürdige Maxime entspricht der Forderung, daß eine Psychoanalyse nur dann ihren Namen verdiene, wenn sie mindestens vier Sitzungen pro Woche umfasse. Nur so könne verhindert werden, daß sich der einmal gelockerte Widerstand von Ich und Über-Ich wieder verhärtet. Ähnlich hält die Permanenz des Schreibens den angebahnten Wechselverkehr zwischen Bewußtsein und Vorbewußtsein in Gang und wirkt der unaufhörlichen Tendenz zur Schließung der Pforten entgegen.[11]

»Einfälle« sind ein Geschenk der Tiefe. Der Wortsinn beweist es; frühere Gesellschaften haben die Inspiration als den Einhauch göttlicher Mächte gedeutet, die E. Kris (1939) als eine Projektion des Unbewußten entzifferte. Solche Geschenke lassen sich nicht abrufen oder erzwingen. Sie ergeben sich in einem Kairos, für den

11 Daneben benutzte Elias die Selbstzwang-Routine des täglichen Schreibens auch, um Blockaden des Gedankenstroms niederzubrechen. Das Gewaltsame von Passagen, die an solchen Tagen entstanden, ließ sich oft nicht mehr ausbügeln.

man sich nur bereithalten kann. Für den man sich aber auch, wie die klugen Jungfrauen der Bibel, bereithalten *muß*, damit er nicht ungenutzt verstreicht. Oft genug melden sich gute, neue oder plastisch-bildhafte Gedanken in einem Dämmerzustand, bei verminderter Aufmerksamkeit. Viele Autoren kennen das und haben sich trainiert, einen Notizblock für auftauchende Ideen, Formulierungen bei sich zu tragen. Auch Elias legte ständig, etwa vor dem Schlafengehen, Notizen an. Später sprach er seine Einfälle in einen kleinen Recorder. Die Selbstüberwindung, die das Aufzeichnen bisweilen kostet, und die Flüchtigkeit der Ideen, die – unfixiert – vergessen werden wie fast alle Träume der Nacht, bezeugen die Kraft des psychischen Widerstands. In der Freudschen Therapie lädt die Couch zur Schläfrigkeit ein, während die »Grundregel« eine schwebende Achtsamkeit für zensurbewehrte Eingebungen unterstützt, die hier durch das Aussprechen vor dem Therapeuten fixiert werden. Eine ähnlich unangestrengte Anstrengung verlangt der kreative Prozeß.

Subtiler, weniger augenfällig war eine dritte Technik, mit der Elias den Zugang zum Vorbewußten pflegte: der Gebrauch eigener Texte als Schlüssel. Wenn er ein Manuskript überarbeitete, folgte er nicht nur dem Druck seines Gewissens, sondern versuchte auch, *sich selbst zu inspirieren*. Sein Revisionsverfahren hatte, mit anderen Worten, einen exquisit schöpferischen Aspekt. Durch das Wiederlesen des Tagwerks von gestern, wo er zuerst Worte verbesserte, dann Sätze und Abschnitte einfügte, überwand er die sich stets von neuem aufbauende »innere« Barriere und ließ sich in das Getriebe seiner Ideenproduktion hineinziehen. Ein Mechanismus dieser Selbst-Anregung war besonders lehrreich. Eben weil kreative Gedanken einer Abwehr unterliegen, melden sie sich oft nicht in voller Gestalt, sondern wie verschämt in einem Nebensatz. Elias war auf dem Quivive für solche Sendboten aus der eigenen Fremde. Manchmal konnte man zuschauen, wie er bei der Revision bestimmte Wendungen aufgriff und ihr zuvor verborgenes Potential entfaltete. Sie waren wie Fadenenden, die ins Vorbewußte tauchten und an denen er nun zu ziehen begann. Ein Äquivalent der kleinen, unbetonten Details – Versprecher, verrutschte Metaphern – im Assoziationszug des Analysanden, an denen der Analytiker seine Deutung ansetzt, weil sich in ihnen das Verdrängte verrät (z. B. Ferenczi 1915). Auch dieser Chance wegen legte Elias bei der Manuskriptkorrektur Wert darauf, daß seine

Assistenten Blätter, die mehr enthielten als reine Vorfassungen, nämlich weggelassene Substanz, aufbewahrten. »Da sind Formulierungen drin, die kann ich vielleicht noch brauchen«, sagte er in solchen Fällen, offenbar aus Erfahrung.

Die Verwendung eigener Texte als Leitfäden ins Dunkel der Gedankenproduktion bringt ein Problem mit sich. Es kann passieren, daß man den früheren Zusammenhang, in den ein Anknüpfungsende für neue Ideen verwoben war, entwertet und unterdrückt. Nicht unbedingt, weil er *per se* schlechter wäre, sondern weil der Einfall von heute durch seine *Aktualität* kräftiger strahlt als der von gestern. So mag sich das Zustandekommen der »Seitenstränge« in nicht wenigen Manuskripten von Elias erklären. Andererseits konnte die Anknüpfung an ältere Versionen, oder an ältere Überlegungen überhaupt, zu innovativen Erkenntnissen führen. Daß sie wirklich dem Vorbewußten abgewonnen waren, wurde mir klar, als ich Elias einmal für irgendeinen besonders schönen Fund beglückwünschte – sagen wir: es war die »Wir-Ich-Balance« in *Gesellschaft der Individuen* – und er entgegnete: »Aber das habe ich schon immer gewußt.« Seine Antwort deckt sich mit Erfahrungen der psychoanalytischen Kur, wo treffende Deutungen oder lösende Einsichten keineswegs als Blitzschlag, Durchbruch, Epiphanie auftreten. Sie sind vielmehr begleitet von dem kleinen, verwunderten Gefühl: »Ach das also – das habe ich eigentlich schon immer gewußt.« Soweit sich allerdings im Vorbewußten ein unbekannter Schaffensprozeß abspielt, mag das Eliassche »immer schon« trügerisch gewesen sein. Und zweifellos braucht man eine sicher funktionierende Kontrollinstanz, um einen erhellenden Gedanken als solchen dingfest zu machen.

Fast überflüssig zu sagen, daß sich Elias auch durch Texte anderer, durch Gesprächspartner und besonders durch Tatsachenbeobachtungen anregen ließ. Die Bewegung scheint hier nicht wie zuvor nach innen, sondern nach außen zu gehen. Aber das ist zum Teil eine optische Täuschung. Auch fremdes Material wirkt dann am stärksten, wenn es – wie Deutungen des Analytikers – eigenes Material anspricht, erschließt. Man kann eine solche projektive Introjektion für den Kern der Eliasschen Theoriebildung aufzeigen und in einem marginaleren Sinn (vgl. oben, Kap. VI, S. 213-216). Als dem 40jährigen Exilanten im Britischen Museum das erste Etikettenbuch unter die Finger kam, griff er deshalb zu, weil das Genre eine bereitliegende Frage nach dem Wandel von Habitusformen im Lauf der Gesellschaftsentwicklung, neben der persönlichen nach Bedingungen der Entzivilisierung in Nazi-Deutschland, beantwortete (1990, S. 70 f.). Anfang 1978 schickte ihm eine Schülerin[12] eine Arbeit über Mozart; im Herbst begann er *sein* betreffendes Projekt (eines seiner intimsten) – und machte es unendlich viel besser. Manchmal setzte eine Passage, die er diktierte, das Gespräch mit seinem jeweiligen Assistenten fort. Daß Elias auf fremdes Material sehr intensiv mit eigenen Einfällen reagierte, wird der Hauptgrund dafür gewesen sein, daß er in den 40er bis 60er Jahren keine große empirisch-theoretische Untersuchung mehr zustande brachte, es sei denn mit Hilfe: er war selber zu reich, als daß er noch einmal eine Fülle von Quellendetails und Kollegenbefunden hätte verarbeiten können. Bücher las er nicht durch, sondern blätterte sie an, wobei er unfehlbar eine fruchtbare, vielleicht die zentrale Stelle aufspürte. Das Wahrnehmungsraster dafür trug er in sich.

Eine letzte und Kardinaltechnik des Eliasschen Schreibens entsprach direkt der »Grundregel« Freuds: Er benutzte einen Assoziationsprozeß, um seinem Vorbewußten frische Gedanken zu entlocken. Dafür brauchte er den Mut, zunächst einmal alles zuzulassen oder gar aufzuschreiben, was ihm in den Sinn kam. Das Erfordernis eines solchen Muts für die Selbst-Inspiration durch eigene Texte ist evident; desgleichen die Parallele zum psychoanalytischen Patienten. Sie stößt freilich hier an ihre Grenze. Im Gegensatz zum Analysanden ist es einem Autor – *auch* dem Künstler und erst recht dem Wissenschaftler – nicht erlaubt, sein Ich- und Über-Ich-Urteil einfach hintanzustellen. Nur starke Wissens- und Gewissensströme machen Phantasien, die jeder hat, zum Werk, erheben neue Einfälle für mich zu innovativen Erkenntnissen für andere. Wenn aber die inneren Kontrollinstanzen *gegen* die Trieb- und Affektkräfte arbeiten statt mit ihnen zusammen, bleibt das Produkt schal und arm. Um das zu vermeiden, muß der Autor seinem Denken, behutsam, die Zügel schießen lassen; er muß mit wachem Auge ins Blaue schreiben. Manche Passagen bei Elias gewinnen durch diese Freiheit einen spielerischen Reiz. So blitzen in seinen Schriften immer wieder Gedichte auf, eigene und fremde. Es bereitete ihm, der als Meister narrativer Soziologie und qualitativer Methoden gepriesen wird, ein spitzbübisches Vergnü-

---

12 [Meine spätere Frau, Christel Schröter.]

gen, auf dem Hamburger Soziologentag 1986 die Zivilisationstheorie durch eine Verkehrsstatistik zu untermauern.[13]

Viele Züge Eliasscher Texte werden besser verständlich, wenn man diesen assoziativen Entstehungsprozeß in Rechnung stellt. Von ihm her erscheinen etwa die erwähnten Windungen seiner Textabläufe in einem freundlicheren Licht. In Rezensionen und Gesprächen wird monoton bemängelt, daß sie zu Wiederholungen führen. Die Kunstgriffe, mit denen der Autor den wenig gesteuerten Fluß seines Denkens vor solcher Kritik zu schützen suchte – »Man kann dann immer schreiben: ›wie gesagt‹« –, nutzen sich ab, und seine Devise »You have to rub it in«, in der sich der herrische Stolz eines Mannes äußerte, der sich als Neuerer fühlte, wird das Publikum eher gegen ihn einnehmen. Gleichwohl trägt der Standard-Einwand der Redundanz weniger weit, als man glauben mag. Als ich eines Tages beim Diktieren meinte, daß er eine Idee schon früher gebracht habe, forderte Elias mich auf, ihm die Stelle vorzulesen. Ich tat es, und er erwiderte, mit Recht: »Aber jetzt ist doch dieser Gesichtspunkt dazugekommen, es ist nicht dasselbe.« Wer seine Aufmerksamkeit entsprechend schärft, wird meistens finden, daß frühere Motive bei der Wiederkehr durch zusätzliche Konnotationen abgewandelt sind.[14] Die Analogie zu musikalischen Prinzipien der Motiv-Arbeit ist hilfreich.

Wenn Elias anfing zu schreiben, jeden Morgen oder Mittag, wußte er nicht, wo er abends landen würde. Er hatte gewisse Zielvorstellungen und Ausgangs- oder Fixpunkte – die Produktion des Vortags, Notizen, die er sich in der Zwischenzeit gemacht hatte –, aber im Grunde betrieb er eine allmähliche Verfertigung der Gedanken beim Schreiben. Die Fülle seiner Einfälle, oder eine Abwehr gegen bestimmte Inhalte, bewirkte bisweilen, daß er eine Pointe, die er im Auge gehabt hatte, vergaß und den Gedankengang in andere Richtung weiterspann.[15] Öfters findet man bei

13 [Das Manuskript zum Vortrag wurde inzwischen von S. Mennell auf englisch herausgegeben: Elias 1995.]

14 [Einer der Gründe, warum es gar nicht so leicht ist, wie man glauben möchte, Eliassche Texte zu kürzen.]

15 Zu Beginn des Geschlechter-Aufsatzes (Elias 1986b, S. 426 f.) wird der Zeigefinger erhoben: es sei sehr bezeichnend, daß in der »andrarchischen« Tradition abendländischer Oberschichten das Verhältnis der Männer zu Frauen durch Symbole der Unterwürfigkeit ausgedrückt

ihm, auch in imprimierten Texten, eine Ankündigung von Erörterungen, die nicht kommen; der *spirit* des Autors hatte ihn vom geplanten Weg abgelenkt. Dieser höheren oder tieferen Macht, der er gehorchte, müssen seine Leser ebenfalls folgen. Man muß bei der Elias-Lektüre bereit sein, sich *in* seinen Schaffensprozeß hineinziehen zu lassen. Als ob er einen an die Hand und auf eine Wanderung mitnähme (vgl. Freud 1986, S. 400). In der Landschaft des Denkens, die sich dann zeigt, tauchen oft genug dieselben Hügel und Täler aus anderem Blickwinkel auf, es gibt darin auch Wüsteneien und Sackgassen, aber das Studium bleibt ein Fortschreiten auf der Erde und ein Abenteuer. Wer dagegen Landkarten haben möchte, auf denen die Gedanken flach, in Umrissen, aus der Wolken- oder Flugzeugperspektive verzeichnet sind, ist als Leser für ihn verloren.

Elias verhehlte sich nicht, daß er für seine gezügelte *écriture automatique* einen Preis zu zahlen hatte. Die ungehörigen Affektanteile, die bei der Mobilisierung des Vorbewußten heraufgespült wurden, filterte er durch die Über-Ich-Komponente seiner Revisionen aus. Andere Probleme, dem Ich zugeordnet, ließen sich so nicht entschärfen. Wenn er nach längerem Weiterschreiben die Anfangsseiten eines Textes überarbeitete, begann er spätere Motive schon hier einzutragen, wodurch das Stück etwas von seiner Spannung verlor. Ernster ist, daß sich seine Einfälle manchmal nicht in einen glatten Gedankenlauf einpaßten. Darüber setzte sich der Autor Elias recht nonchalant hinweg.[16] Meine mehrfach geäußerte Sorge, wie er von einem Exkurs in den Kontext zurückfinden würde, beschwichtigte er mit den Worten: »Ich schaffe die Überleitung mit einem Federstrich.« Aber so sah sie auch gelegentlich aus. Der Satz, der die Anknüpfung herstellte, war dann nur das Phantom eines Gedankens, im Grunde ein Trick. Scharniersätze, die eine assoziative Verbindung sachlich überhöhen wollen, finden sich in seinen Texten zuhauf. »Man kann diesen Zusammenhang nicht verstehen, ohne in Anschlag zu bringen ...«, ist ein einfaches Beispiel.[17]

werde. Nach dieser Geste folgt nicht der Hauch einer Erklärung (etwa in Richtung von Elias 1939, Bd. 2, S. 88 ff.).

16 Am bequemsten, indem er disparate Gedanken in Fußnoten bot. Noten haben bei Elias oft dasselbe Gewicht wie der Haupttext. [Ich habe mir diese Tatsache bei meinen Editionen zunutze gemacht.]

17 Ein klarer Lapsus in diesem Sinne unterlief dem Autor in *Etablierte*

Generell vernachlässigte Elias, weil er sich dem Zug der Assoziationen hingab, die Architektonik. Er konnte seine Texte schlecht organisieren und gar nicht in einer Weise, die eine Übersicht über das Ganze voraussetzt. Das macht sich schon im Prozeß-Buch bemerkbar, z. B. in den Kapiteln des 1. Bandes über die Zivilisierung verschiedener Verhaltensbereiche, wo zugleich immer dasselbe herauskommt und die Erkenntnis fortschreitet. Wie es scheint, verwandelte dieser Autor in der Selbstwahrnehmung den Strom seines Denkens nicht in beschriebene Blätter; ein winziges Indiz dafür ist, daß er bei Rückverweisen im Text nie die übliche Ortsbestimmung »oben« gebrauchte, sondern nur Zeitbestimmungen wie »schon« oder »zuvor«, die eher dem Erleben des Autors (oder eines Hörers) als dem des lesenden Rezipienten entsprechen. Seine bevorzugte Gliederungsform leistete ein Minimum an Orientierung, aber nicht mehr: die nackten Zahlen, die er, wenn überhaupt, dann *post festum* einfügte und oft nicht einmal *über*, sondern *in* den Kapitelanfang stellte, markierten Stationen eines Wanderwegs (während Zwischentitel eine thematische Vergewisserung fordern). Da er kaum aus dem Produktionsvorgang heraus- und sich als Leser gegenübertrat, bleibt auch für den, der seine »himmlischen Längen« schätzt, ein störender Rest und manchmal ein Ton, der nur noch grüblerisch-selbstbezogen wirkt.

Auf dem Weg seines Denkens, und das war besonders schwierig, blickte Elias selten zurück. In den Jahren meiner Zusammenarbeit mit ihm erinnerte er sich nach 10 bis 20 Seiten buchstäblich nicht mehr, was er zuvor diktiert hatte. Sein stereotypes »wie gesagt« wurde dann, etwa als Antwort auf Einwände erster Leser, nachgetragen. Letztlich vertraute er darauf, daß ihn eine unbewußte Instanz an puren Wiederholungen hindern würde. Das war häufig, aber nicht immer der Fall und am wenigsten, wenn er sich an ein neues Thema herantastete. Bei einer kleinen Blickverschiebung enthüllt sich jenes Vergessen als Kehrseite einer hohen Tu-

und Außenseiter; man lese die Stelle nach (Elias/Scotson 1965, S. 228): Der Satz nach der Leerzeile (»*Sie* werfen auch …«) täuscht nur vor, den folgenden Abschnitt mit dem vorangehenden zu verknüpfen. Offenbar hatte Elias eine kompakte Passage über Schwierigkeiten des *family management* verfaßt (S. 228-233), an der ihm gelegen war und die er unterbringen mußte. Der Platz war passend, aber der Anschluß gedankenlos.

gend des Eliasschen Schreibens: seiner absoluten Präsenz in jedem Satz. Alle Kraft war auf den Punkt gebündelt, an dem er sich gerade befand.[18]

Das Problem des Vergessens war vollends unlösbar im Rahmen seines gesamten Œuvres. Zumal bei unveröffentlichten Manuskripten, aber nicht nur bei ihnen, wußte Elias oft nicht mehr oder allenfalls in Spuren, was darin stand. Es überraschte ihn sehr zu hören, daß sein Archiv die beiden älteren Texte »Ein Exkurs über Nationalismus« und »Der Zusammenbruch der Zivilisation« enthielt, die in die *Studien über die Deutschen* eingegangen sind. Einige ihrer prägnanten Themen und Quellen – der Konflikt um die »Kulturgeschichte«, die Todesahnung in deutschen Soldatenliedern, die Kriegsbriefe ins englische Gefangenenlager – waren ihm dauernd gegenwärtig, die theoretische Substanz sowieso; aber daß und was er darüber einst geschrieben hatte, war ihm entschwunden.

Durch das immerneue Eintauchen in den Fluß des Denkens und die Konzentration auf das Hier und Jetzt des Schreibens steht jeder Text von Elias auffällig für sich. Die Anknüpfungen an Früheres, die nie fehlen, bleiben oft implizit. Elias war kein Systematiker, der mit planender Distanz an seinen Aussagen als jüngerer Autor weiterbaute; Selbstzitate, wo sie kommen, verweisen eher global auf den Titel als auf bestimmte Seiten. Sein Drang zum Weiterweben am Geflecht seiner Gedanken ging nach vorn, zielte auf eine neue Gestalt. Bisweilen war dabei eine erstaunliche unbewußte Ökonomie am Werk. So behandeln die Stücke in den *Studien über die Deutschen*, obwohl sie über zwei Jahrzehnte hin unabhängig voneinander und z. T. ohne Erinnerung an die älteren verfaßt wurden, jeweils einen der Schwerpunkte, zu denen er überhaupt etwas zu sagen hatte. Es war eine Freude zu sehen, wie sie sich, trotz einiger Verdoppelungen (und mit der Synthese der neuen Einleitung), zu einem Buch zusammenfügten. Hatte auch das Abbrechen mancher Manuskripte einen ökonomischen Sinn? Wer weiß, ob nicht das Mozart-Projekt genau an dem Punkt auslief, an dem die innovativen Ideen des Autors zum Gegenstand erschöpft waren.

---

18 Man kann deshalb aus längeren Elias-Manuskripten auch Untereinheiten herauslösen, die für sich zu stehen vermögen. [Ein Beispiel hierfür siehe unten, Kap. VIII, S. 302.]

Wenn es zutrifft, daß Elias nicht nur als Lyriker, sondern auch als Denker starke vorbewußte Kräfte aktivierte und einsetzte, muß man in seinem Werk treibende Phantasien, Affektmotive als solche bestimmen können. Aber das ist ein anderes Thema (siehe oben, Kap. VI). Hier sei nur mittels einer Anekdote ein Grundproblem angedeutet, das sich bei dieser Art des Forschens ergibt.

Im Sommer 1977 verbrachte Elias zwei Arbeits- und Ferienwochen an der Ostsee. Bei seinem täglichen Weg über den Strand bemerkte er die unregelmäßig geformten schwarz-weißen Steine, die dort herumlagen, und begann sich mit ihnen zu beschäftigen. In manchen erkannte er ein Gestaltpotential. Die hob er auf, drehte und wendete sie in der Hand, bis sie im glücklichen Fall zu einem Bild wurden. Seine schönsten Funde hat er wie Plastiken gesammelt, später schmückten sie lange Zeit seinen Fenstersims in Bielefeld. Ein Ensemble hieß, wenn ich mich recht erinnere, *Kuh, den Mond anbetend*. In diesem Dichten durch Steine lag dasselbe spielerische Moment, das man in seinem Schreiben findet. Aber die Szene am Strand lehrt noch mehr. Eine der größten Stärken von Elias war seine Fähigkeit, in einem Wust von Stoff das Horizonte aufreißende Zitat, den exemplarischen Kleinausschnitt zu entdecken, an dem sich weitreichende Zusammenhangsmuster ablesen ließen. Er hatte, mit anderen Worten, ein scharfes Auge für das Gestaltpotential von Details. An der Entwicklung des englischen Marineoffiziers-Korps konnte er Strukturen im Gros der englischen Gesellschaftsentwicklung aufzeigen (1950), an der studentischen Mensur solche des bürgerlichen deutschen Habitus (1989a, Teil I/B). Die entscheidende Frage bleibt natürlich: Lesen wir die Gestalten in das Material hinein oder lesen wir sie heraus? Elias war überzeugt, sie seien da und er nehme sie nur wahr. Vermutlich unterschätzte er dabei die Aktivität in seinem Blick für Zusammenhangsmuster und so auch die Mitwirkung seiner kreativen Phantasie. Am Ostseestrand wurde sie deutlich. Die schwarz-weißen Steine, die sich in seiner Hand zu Plastiken verwandelten, sind für mich zur Metapher für das Problem empirisch-theoretischer Erkenntnis geworden.

Grenzenlos fließend, mein eigen:
Zur Dynamik und Eigenart
des Eliasschen Denkens

Das Reich des vorbewußten Denkens ist grenzenlos in jedem Moment und unabschließbar, weil die Arbeit in der Tiefe ständig weitergeht. Eindrücke und Ideen, die einmal festgehalten wurden, die sogar nie zu vollem Bewußtsein gelangt waren, sinken ab und entwickeln ein Eigenleben, etwa über Nacht. Wer kann sein Gedächtnis beherrschen? Und täglich kommt Neues hinzu. Im Augenblick der schriftlichen Fixierung ist immer nur ein Bruchteil des Vorhandenen, geschweige des Potentiellen greifbar. Jeder ausgesprochene Satz läßt andere ungesagt. Dasselbe Material erscheint durch wechselnde Assoziationen, durch eine Verschiebung des Fokus in verändertem Licht. Der Text, den ich heute schreibe, wäre nicht derselbe, wenn ich ihn morgen schriebe. Man hat viel von Elias verstanden, wenn man erkennt, daß er vor allem das permanente Weben der Gedanken zu nutzen suchte. Ja, er wollte das Grenzenlose fassen; dazu schuf er in *trial and error* seine Arbeitstechnik. Einfälle haben wir alle. Wie aber bei diesem Autor regelrechte Gedankenketten hervortraten, war bewundernswert. Wenn er sich sozialen Zwängen der Buchherstellung, vom Quellenstudium bis zur Endredaktion, mehr gebeugt hätte, wäre der Strom spärlicher und trüber geflossen.

Einige Mechanismen und Bedingungen seiner Produktivität lassen sich am Werk aufzeigen. Elias wußte viel, hatte viele Einsichten klar gefaßt. Bei der Aufnahme seines Diktats erschien es mir manchmal, als ob er alles davon mit allem zusammenbringen könne. Er hielt seine Befunde in einem eigentümlich flüssigen Aggregatzustand, der es ihm erlaubte, sie unentwegt miteinander zu assoziieren, zu konfrontieren und dadurch weiterzuentwikkeln. Der wichtigste Kraftpol in diesem Prozeß war die Zivilisationstheorie. Mit ihr verknüpfte er sowohl die Etablierten-Außenseiter-Theorie (Elias/Scotson 1965, S. 242-244) wie die von Engagement und Distanzierung (1983, S. 17 u. ö.) oder seine Genie-Theorie (1991a, S. 68-87). Es gibt auch weniger gewichtige Beispiele. Ein Gutteil dessen, was schnelle Leser als Wiederholung tadeln, ob innerhalb oder zwischen seinen Texten, rührt von dem Bestreben her, sein Gedankenmaterial in wechselnde Zusammenhänge einzustellen. Spätere Einsichten werden durch die Verbindung mit früheren erhellt und bereichert, wodurch zugleich das frühere Modell umfassender wird (und sich bisweilen unter der Hand verändert). Natürlich hatte Elias Grundideen, auf die er immer wieder zurückgriff, die er so oder so beleuchtete, formte, zusammensetzte, vorantrieb und illustrierte. Ausgebaut wurde der Fundus besonders durch die Beschäftigung mit neuem Material; als innovativ ist auch eine später erreichte Synthesenhöhe einzuschätzen.[19] Der Umfang einer etwaigen Nachlaß-Edition wird davon abhängen, wie groß die Bereitschaft des Publikums ist, vielfältige Ausblicke auf eine weite und abwechslungsreiche, aber doch endliche Landschaft zu goutieren.

Durch ihre Flüssigkeit gewinnen die Eliasschen Gedanken Leben und Spannung. Betrachten wir als einfachstes Beispiel seine Terminologie. Einerseits forderte ihn der Urschlamm des Vorbewußten, in den er sich Tag für Tag absinken ließ, um so mehr zur Prägung kristalliner Begriffe (oder zur Formulierung von epigrammatisch bündigen Aussagen) heraus. Wahrhaft eine »harte Arbeit« für sich. Andererseits verhinderte derselbe Vorgang, daß seine Termini ein für allemal zu Worthülsen erstarrten. So faßte Elias seine Kritik an einem unrealistisch individualisierten Menschen- und Selbstbild in ständig neue Ausdrücke, von den »denkenden Statuen« über die *black box* und den *homo clausus* bis zum »wir-losen Ich«. In seinem Archiv befand sich eine Schachtel mit der mysteriösen Aufschrift »Machine infernale«; das Manuskript behandelt jene Selbst-Eskalation von Furcht und Gewaltdrohung zwischen sozialen Gruppen, die anderswo unter Titeln wie *frozen clinch* oder »Doppelbinder« erörtert wird.

Ebenso beweglich wie seine Begriffe hielt Elias seine theoretische Substanz. Er zielte mit aller Kraft auf Struktureinsichten und hatte ein gutes Auge für Zusammenhangsmuster, die er aber nicht verhärtete. Der undogmatische Grundzug seiner Lehre droht bei deren Akademisierung verlorenzugehen. Daß der Schulpatron selbst eine solche Gefahr spürte, zeigt seine späte Initiative, das bereits eingebürgerte Etikett »Figurationssoziologie« durch die Bezeichnung »Prozeß-Soziologie« zu ersetzen. Es war eine Kulturrevolution in der Nußschale, mit der er das *panta rhei* zu

19 So bei der nachgetragenen Einleitung von *Über die Zeit*. Leser-Zitate aus dem Buch beziehen sich meistens auf dieses Stück.

schützen suchte, das sowohl ein Kennzeichen als auch, seit der Dissertation von 1922/24, ein zentrales Ergebnis seiner Arbeit war.[20] Das Beharren auf einem Denken *in flux*, das sich nie aus dem Hin und Her zwischen Chaos und Schöpfung löst, war mitverantwortlich dafür, daß ihm jede Fixierung seiner Befunde vorläufig und ungenügend, wie unzulässig vorkam.

Der grenzenlose Assoziationsprozeß von Elias konnte nur laufen, weil er seine Gedanken und Funde, freudianisch gesprochen, sehr stark narzißtisch besetzte. Was er einmal scharf gesehen hatte, haftete in seinem Gedächtnis und behielt eine unverlierbare Frische. Er war in der Lage, Erkenntnisse, die er schon ungezählte Male vorgetragen hatte, mit Verve und Überzeugungskraft immer wieder vorzutragen. Dieselbe Energie richtete er auf Dinge, die er gewiß nicht als erster, aber für sich entdeckt oder bestätigt hatte. Manche Gemeinplätze wirkten aus seinem Mund, weil mit Erfahrung aufgeladen, als Weisheit. Wie andere Autoren (vgl. Schröter 1988, S. 151-153) scheint Elias vor allem Initialbeispiele festgehalten zu haben, an denen ihm etwas aufgegangen war. Bei einem Fernseh-Interview zitierte er mit starker Stimme, überraschend einfühlsam, die Hymne eines Troubadours, aus der die *Lust* mittelalterlicher Krieger am Töten und Verstümmeln ihrer Feinde spricht (1939, Bd. 1, S. 266). Gern erwähnte er zwei Sätze, in denen für ihn die Lage der Frauen auf früheren Stufen unserer Gesellschaft verdichtet war: eine Frau müsse gehen »wie eine müde

20 Daß der Doktorand Elias von seinem Doktorvater Hönigswald genötigt wurde, die »Idee der Geltung« von der Bewegung des »dialektischen Prozesses« auszunehmen (1990, S. 45 f.), begründete einen traumatischen Bruch, der noch dem alten Mann zu schaffen machte. Er spiegelt sich auf der Titelseite der Dissertation (1924) in den lakonischen Worten wider: »die Seiten 55-57 fehlen«. (Dieser Eintrag ist handschriftlich; man glaubt, von den erhaltenen Archivalien aus späterer Zeit her, die Hand des Autors zu erkennen – und wer anders als er hätte die genaue *Zahl* der fehlenden Seiten anzugeben gewußt?) – Elias selbst berichtet, er habe seinen Text schließlich den Wünschen von Hönigswald angepaßt (1990, S. 120). Das ist unwahrscheinlich. Vermutlich ließ er im Originaltyposkript den besonders inkriminierten Schluß einfach weg und beschränkte die erzwungenen Änderungen auf den gedruckten dreiseitigen »Auszug«. Dieser trägt nicht nur einen bescheideneren Untertitel, sondern weist gegenüber der Dissertation auch sonst substantielle Abweichungen, Auslassungen, Akzentverschiebungen (und einen klareren Gedankengang) auf.

Kuh«, und: »Schlägt er [der Ehemann] dich 'naus zur hintern Tür, so bieg zur vordern wieder für«. Den Fundort hatte er vergessen, die Worte klangen in der Erinnerung.[21]

Elias hat wohl keine seiner Einsichten, die ihm einmal ans Herz gewachsen waren, fallengelassen. Trotz seiner großen Aufgeschlossenheit und Neugier, die den Greis zu einem geschätzten Gesprächspartner der Jugend werden ließen, stellt sein Spätwerk weithin eine Verarbeitung früher Beobachtungen und Schlußfolgerungen dar (was für die Altersphase vieler Denker typisch sein mag; vgl. Kracauer 1969, S. 15, 189 f.). Manche seiner Texte muten deshalb etwas anachronistisch an. Am obstinaten Kampf gegen die Philosophie, die den Kampf mit seinem Doktorvater und die Ablösung von seinem eigentlichen Studienfach wiederholt, ist es mit Händen zu greifen. Die *Symboltheorie* (1991b), die ihm am Ende mehr bedeutete als alles andere, an der er bis zu seinem Todestag schrieb, setzt sich noch einmal nachdrücklich mit der neo-kantianischen Tradition, in der er erzogen wurde, auseinander (Maso 1992; dazu Kilminster/Wouters 1994); und die in seinem Œuvre einzig dastehende Genie-Theorie des Mozart-Buches führt eine Debatte des Habilitanden mit Alfred Weber fort (vgl. 1929, S. 110 f.). Der Grundbestand des Eliasschen Denkens wurzelt, kurzum, in seiner Frühzeit bis in die 30er Jahre; es bleibt zu prüfen, wieviel danach noch hinzugekommen ist. Die gewaltige Schreib-Anstrengung des 70- bis 90jährigen brachte nicht primär Neues, sondern wurde zunehmend angetrieben von einem Gefühl der Pflicht, seine alten Motive hervorzuholen, zu entfalten und niederzulegen.

Die narzißtische Besetzung, die eine notwendige Bedingung dieses Produktivitätsschubes war, hatte nicht nur einen konservativen Charakter. Sie ermöglichte Elias auch ein schöpferisches Fortspinnen von Thesen, Begriffen, Materialstücken. Der Vorgang ist unzureichend gefaßt, wenn man lediglich die Assoziation und

---

21 Sie stammen aus einem »Frauen-Spiegel« des frühen 16. Jahrhunderts (Weller 1874, S. 82, 89). – Bei der Anekdote vom französischen General, die in *Engagement und Distanzierung* (1983, S. 97 f.) wie in einer Diskussionsbemerkung des 30jährigen (1929, S. 282 f.) erscheint, ist zweifelhaft, ob sie zur Kategorie gespeicherter Initialbeispiele gehört. Elias erhielt um 1980 von einem jungen Kollegen Kopien aus den Verhandlungen des Züricher Soziologentags 1928 und wird seine Bemerkung wiedergelesen haben.

Synthese verschiedener Ergebnisse oder eine flexible Terminologie hervorhebt. Er führte darüber hinaus zu einer wachsenden Realitätsanpassung des Denkens. Man sieht es besonders deutlich an der Dissertation des 25jährigen, die sowohl eine Fundgrube für spätere Leitmotive ist – Beispiele: der Prozeßcharakter aller sozialen Gegebenheiten, der Widerspruch gegen Fächergrenzen, die Erfahrungsdimension des menschlichen Universums, die »Vielheit der Iche« – wie ein Beweis für deren erstaunliche Entwicklung und Klärung. Zugleich diente die dauernde Weiterarbeit am einmal gewonnenen, einverleibten Denkstoff der progressiven Theoriebildung. Es ist nur wenig übertrieben zu sagen, daß sich jedes Projekt, auf das sich Elias ernsthaft einließ, zu einem Buchplan auswuchs.[22] Bei *Etablierte und Außenseiter* kann man im einzelnen nachzeichnen, wie ein Gedanke mit dem geeigneten Potential zu einem Großmodell aufblühte (siehe oben, Kap. VI, S. 195 ff.). Der Weg von den »Zivilisationsliteraten«, denen ein Seminarvortrag des jungen Studenten gewidmet war (1990, S. 109), zur Zivilisationstheorie folgte einer ebensolchen Dynamik. Die Behauptung mancher Kenner, daß das Eliassche *magnum opus* im Keim alle seine späteren Werke enthalte, hat viel für sich.

Durch die unterschwellig fließende Fortbildung seiner Einsichten, die sich so konstruktiv auswirken konnte, ergab sich eine Schwierigkeit. Ich begegnete ihr unvergeßlich bei der Arbeit an *Etablierte und Außenseiter*. Der Hauptteil des Buches war 1965, durch den Untertitel ausgewiesen, als Gemeindestudie erschienen. Für die holländische Ausgabe von 1976 schrieb Elias einen »theoretischen Essay« (Elias/Scotson 1965, S. 7-56), um deutlich zu machen, daß er jene Untersuchung als ein Paradigma für Befunde von größerer Reichweite verstand. Er wollte damals die Etablierten-Außenseiter-Theorie der Marxschen Klassentheorie entgegensetzen. Ein Fragment in seinem Archiv läßt den Plan einer umwälzenden Neubearbeitung erkennen, in der das alte Buch zu einer Art Illustration abgewertet wurde. Der Ausgangspunkt dieses Weiterdenkens war das Klatsch-Kapitel (S. 166-186),

---

22 [Beispiele hierzu siehe unten, Kap. VIII, S. 284 f.] Sehr merkwürdig liest sich das Schriftenverzeichnis in einem Personalartikel der *Brockhaus Enzyklopädie* (1981, 25. Bd., S. 211), wo aktuelle Buch*pläne* als fertige Werke mit fiktiven, z. T. vordatierten Erscheinungsjahren figurieren.

das Elias am wichtigsten war.[23] Sein längst gedrucktes Werk wurde mit der späteren Sicht identifiziert und verlor für den Autor seine *Gestalt*. Bei der Vorbereitung der deutschen Ausgabe hoffte er, daß sich mit Hilfe des Nachtragskapitels, das er noch geschaffen hatte (S. 291-314), das größere Werk repräsentieren ließe, an dem er zuvor gescheitert war. Er wollte mich bewegen, die drei im Lauf von 25 Jahren verfaßten Teile zusammenzuschmelzen. Ich verteidigte seine Studie über einen Arbeiter-Vorort von Leicester, die ein Spannungsgefüge für sich bildet, mit einer reizvollen narrativen Qualität, gegen diese Auflösung und wandte u. a. ein, daß das Buch von 1965 viel mehr biete, als er in der Etablierten-Außenseiter-Theorie weitergesponnen hatte, etwa familiensoziologische Ausführungen. Die Antwort war: »Das hängt doch alles miteinander zusammen.« [Vgl. unten, Kap. VIII, S. 321.]

Der Vorfall ist nach drei Richtungen aufschlußreich für die Einstellung von Elias zu seinem Denken. Zweifellos war die Fähigkeit zur »Verknüpfung von allem mit allem« eine Bedingung seines enormen Synthesevermögens. Der zuletzt zitierte Satz spricht dafür, daß ihr ein Gefühl der *vorbewußten Verflochtenheit* seiner Ideen zugrunde lag, das über das Ziel hinausschießen und Zusammenhänge suggerieren konnte ohne Rücksicht auf Darstellung und Darstellbarkeit. Das Empfinden, alles sei sein Stoff, trübte dann das Urteil des Autors über dessen sachliche Verbindung – der Narzißmus verbürgte eine Synthese, die jedenfalls durch Explikation nicht bestätigt war. Und weil Elias seine Lebensarbeit als ein integrales *work in progress* empfand, unterschied er auch nicht zwischen dem fixiert-veröffentlichten Teil seiner Gedanken und dem Potential, das sie noch haben mochten. Als ein enger Schüler in einer Publikation seine Lehre zusammenfaßte, meinte er empört: »Wie kann er wissen, was die Zivilisationstheorie ist, sie ist doch noch gar nicht fertig« – und verwies auf den Text, an dem er just zur selben Zeit schrieb.

Ferner war sein Denken für Elias *zeitlos* – zeitlos, wie es dem Unbewußten nachgesagt wird. In *Gesellschaft der Individuen* hat

---

23 Die zentrale These von »Gruppencharisma und Gruppenschande« trug er 1964 auf dem 15. Deutschen Soziologentag vor. Das Klatsch-Kapitel war auch das einzige Stück der deutschen Übersetzung, aus dem sich der 92jährige noch etwas vorlesen ließ.

er das Fortschreiten seiner Theoriebildung öffentlich anerkannt (1987b, Vorwort). Aber die Selbstdistanzierung, die dafür nötig war, kostete ihn einige Überwindung. Nachdem er in den 20er und 30er Jahren zu sich gefunden hatte, akzeptierte der Vorkämpfer des Prozeß-Denkens sich selbst oder sein Werk nur noch in einer Weise als Prozeß, die das Nicht-mehr-Identische des Vergangenen leugnete. In der Zeitdimension machte sich dieselbe Abneigung gegen feste, getrennte Blöcke geltend, die in der mangelnden Architektonik seiner Texte, in seiner Wiederauflösung bereits geprägter Termini oder im fortlaufenden Aus- und Umbau seiner Lehre hervortritt. So wie Elias in bezug auf die Geschichte nicht Phasen in ihrer Eigenart, sondern den permanenten Fluß betonte (1984a, S. 181), so wollte er für sich nicht auf eine bruchlose Kontinuität der Person und Gedankenbildung verzichten (vgl. ebd., S. 191). Seine Theorie war auch in dieser Hinsicht seiner Lebenserfahrung und Persönlichkeitsstruktur homolog (siehe oben, Kap. VI, S. 216). Er sah in seinem Schreiben kaum markante Entwicklungsstufen, blieb sich als Autor weithin derselbe, oder genauer: der Autor von später verwehrte dem von früher, der er gewesen war, jedes Eigenrecht. Mit ihm identisch, blieb er sein Meister – aber auch offen für Wandlungen.

Viele mögen, wenn sie ein älteres Produkt von sich wiederlesen, je nachdem erfreut, wohlwollend oder entgeistert finden, daß sie heute nicht mehr so schreiben könnten wie damals. Bei Elias war das anders. Er revidierte 1977/78 den Aufsatz »Problems of Involvement and Detachment«, als wäre es für ihn gar kein Problem, in den Fluß von 1956 zu steigen; das Buch *The Established and the Outsiders* bewahrte für ihn eine lebendige, obschon trügerische Präsenz. Oder nehmen wir die »Fischer im Mahlstrom« in *Engagement und Distanzierung* (1983, Teil II; vgl. ebd., S. 270 f.): Elias ging von einem Schluß des alten Aufsatzes aus, den die Redaktion des *British Journal of Sociology* nicht mehr hatte drucken wollen, den er aber als Manuskript aufgehoben und wohl auch weitergeführt hatte. Er konzipierte das neue Stück, wie seine eigene Kapitelzählung zeigt, als direkte Fortsetzung. Tatsächlich aber ist zumindest der Duktus beider Texte grundverschieden: hie ein Newcomer, der in seiner mühsam erworbenen Zweitsprache erst einen einzigen Aufsatz veröffentlicht hat und der nun in extremer Verdichtung demonstrieren will, was er zu sagen hat; da ein alter Mann auf dem Weg zu europäischem Ruhm, der entsprechend großzügig sein Garn spinnt. Der deutsche Band, der die scheinbare Synchronizität der Teile rückgängig macht, wird diesem Lese-Eindruck gerecht.[24]

Die Gegenwärtigkeit des Vergangenen betraf nicht alles gleichermaßen. Prägnante, besonders Initialbeispiele, aber auch scharf konturierte Begriffe und Theoreme hafteten stärker, während die Überlegungen, in die sie eingefügt waren, dem Gedächtnis entglitten. Ein weiteres Muster, von der Art des bekannten Mechanismus der »unerledigten Aufgabe«, ist noch aufdringlicher: Was Elias präsent blieb, war oft die Stelle, wo er ein Manuskript (unter Fremdzwang) hatte abbrechen müssen. Daß die Mahlstrom-Passage in »Problems of Involvement and Detachment« nicht mehr untergekommen war, ließ dem Autor keine Ruhe – sicher auch in Auflehnung gegen die unnachgiebige Zeitschriften-Redaktion. Ähnlich wußte er jederzeit, daß er den Roman *Wer die Nachtigall stört* in *Etablierte und Außenseiter* noch verwerten wollte (siehe Elias/Scotson 1965, Teil III). Man glaubt zu ahnen, daß er den Plan schon bei der Niederschrift des alten Buches, gegen Ende, gefaßt hatte, aber an der Verwirklichung gehindert worden war.[25] »Gesellschaft der Individuen« (1987b, Teil I), der ausgeschiedene und fortgeschriebene Schluß von *Über den Prozeß*, forderte ihn ständig zur Weiterarbeit auf [siehe unten, Kap. VIII, S. 308]. Vielleicht ist es im Schaffensprozeß regelmäßig so, daß das Potential weiterer Einfälle an den jeweils jüngsten hängt. Die allermeisten seiner liegengebliebenen Ideen hat Elias im Alter noch gerettet. Aber das Problem war unlösbar, das Gefühl der Unabschließbarkeit seiner Gedankenproduktion gewann immer wieder die Oberhand.

Drittens lehrt die Geschichte der deutschen Ausgabe von *Etablierte und Außenseiter*, wie die der Übertragung des 1. Teils von *Engagement und Distanzierung*, daß Elias seine Ideen letztlich *nicht in die Welt entließ*. Sie blieben für ihn immer sein eigen – ebenfalls ein Ausdruck der starken narzißtischen Besetzung. Al-

24 Vielleicht hätte auch das Buch *Über die Zeit* gewonnen, wenn die knapp zehn Jahre später geschriebenen Kapitel 30 ff. (1984a, S. 116-190) stärker vom alten Textbestand (S. 1-116, minus die integrierten Einschübe) abgehoben worden wären.

25 Sicher ist, daß es Konflikte zwischen Elias und seinem damaligen redaktionellen Berater gab (Elias/Scotson 1965, S. 61). Ob das Klatsch-Kapitel, das ihm so lange und fruchtbar nachging, ebenfalls als letzter Teil des ursprünglichen Buches geschrieben wurde?

lerdings blieben sie es nicht in der Form, in der er sie zu Papier gebracht hatte, sondern in der offenen, virtuellen Form, die sie in seinem vorbewußten Denkprozeß annahmen oder bewahrten. Ein Phantasie-Bild seines vor 25 Jahren gedruckten Buches hatte für ihn eine höhere Wirklichkeit als das, was ich ihm aufgrund meiner frischen Lektüre berichtete. Der Text war, mit anderen Worten, in der Selbstwahrnehmung des Autors nie zu einer von ihm abgelösten Gestalt geworden.[26] Alle drei Punkte, das Bewußtsein der unendlichen Verflochtenheit seiner Ideen, die Zeitlosigkeit wie die mangelhafte Enteignung des Geschriebenen, verweisen darauf, daß Elias *im Strom* der Gedankenproduktion verharrte und sich nicht mit der realen Notwendigkeit einer Begrenzung abfand. Auch deshalb versagte er vor der Aufgabe des Redigierens. Der Weg blieb ihm wichtiger als jedes erreichte Ziel.

Am seltsamsten war die Eliassche Haltung in der Tat, wo es um veröffentlichte Arbeiten ging. Wenn man etwas publiziert hat, ist es *eo ipso* nicht mehr der eigene, innerste Besitz. Es ist entäußert, weggegeben, ein für allemal anderen zur Verfügung gestellt. Vorbei die Chance, es nach Belieben in das Getriebe des Denkens zurückzuziehen, es darin umzuformen, zu erweitern etc. Ein Prozeß der Verhärtung und Entfremdung hat stattgefunden. Der Wendepunkt ist die Fahnenkorrektur, wo dieselben Sätze, an denen man noch kurz zuvor herumgemodelt hat, als fix und fertig, im Druckbild eines endgültigen Aufsatzes oder Buches vor einem stehen. Ein schwieriger Moment: der *point of no return*. Elias bemühte sich fast verzweifelt, die grenzenlose Bewegung seiner Gedankenarbeit und damit seinen Eigentumsanspruch auf das Geschriebene durch Korrekturen und Erweiterungen in den Fahnen noch einmal zur Geltung zu bringen. Natürlich beschwichtigte er so auch sein Gewissen und mehr noch: versuchte, die angesichts der Unwiderruflichkeit aufflammende Schaffenskraft zu nutzen.

Nach dem Erscheinen des Werks tritt in der Regel eine innere Umstellung ein: was einmal Denken *in flux* war, verwandelt sich in ein Stück geronnener Erinnerung. Wenn man beim Weiter-

---

26 Wenn das oben (Anm. 22) erwähnte Schriftenverzeichnis auf eigene Auskünfte von Elias zurückgeht, wäre das ein Beleg (unter anderen) dafür, daß in seinem Erleben auch die Grenze zwischen geplanten und realisierten Veröffentlichungen fließend war.

schreiben darauf Bezug nimmt, operiert man mit ihm wie mit etwas halbwegs Fremdem. Entscheidend ist, daß die narzißtische Besetzung durch ein soziales Element gestört wird: die Mitteilung an andere objektiviert eigene Gedanken. Auch wenn sie noch narzißtisch glänzen, kann man sie nicht mehr als neu vortragen, sondern allenfalls von ihnen als einem bereits fixierten Plateau aus weitergehen. Man muß bei weiteren Texten, schlicht genug, mit Lesern rechnen, denen die alten bekannt sein könnten. Das mag eine Größenphantasie sein; aber wer sie nicht hegt, läuft Gefahr, tatsächliche Leser zu verärgern. Hand in Hand mit der Einbeziehung eines Publikums in das Selbstbild vollzieht sich eine Entfremdung von dem jüngeren Menschen, der man einst beim Schreiben war. Elias scheint diesen zweifachen Entäußerungsprozeß, eine Vergesellschaftung der Person und des Produkts, nie wirklich vollzogen zu haben. Er hat dadurch seiner Rezeption geschadet.

Daß Elias so lange so viel schrieb und so wenig veröffentlichte, hing damit zusammen, daß er im Exil über Jahrzehnte (abgesehen von Freunden, die er immer hatte) kein Publikum fand. Aber auf irgendeiner Ebene scheint ihm diese Produktionsweise auch gelegen zu haben. Durch das Nicht-Abschließen seiner Manuskripte ersparte er sich die Entäußerung. Was in der Schublade ruhte, blieb frei verfügbares Material des Weiterdenkens, narzißtischer – *sein* Stoff. Er konnte für Vorträge und neue Schreibprojekte davon profitieren.[27] Gerüchte über die Schätze in seinen Schränken ließen ihn vielleicht noch reicher erscheinen, als er war. Die Nähe zu einem infantilen Modus des Umgangs mit analen Körperprodukten (»Festhalten und Loslassen«) springt ins Auge. Sein strenges Über-Ich, das ihm die Publikation erschwerte, hätte dann einer alten Trieblust in die Hände gespielt. Auch die kreative Spannung zwischen dem »Urschlamm« des Denkens und der Bildung von Begriffskristallen, von der die Rede war, gehört hierher (vgl. Ferenczi 1914, S. 114 f.). Darf man die Vermutung wagen, daß der Theoretiker des *panta rhei*, der als Kind ständig krank war, damals viel Durchfall hatte und über den Inhalt seines Körperinneren grübelte?[28] Bei aktuellen Projekten schätzte Elias jeden Ein-

27 Daß er das häufig tat, hat die älteren Schichten seines Archivs z. T. in ein Chaos von Bruchstücken verwandelt.

28 Im übrigen rührt sowohl das praktische Insistieren auf dem Fluß des

fall, bis zu themenfernen Exkursen, sehr hoch. Überholte Manuskripte hingegen behandelte er wegwerfend, als seien sie nichts wert; man sah es ihrem verwahrlosten Zustand an.[29] Wenn ich manche von ihnen begeistert ans Licht zog, war es, als ob ich »Dreck« in »Gold« verwandelte und eine diesbezügliche Unschlüssigkeit des Autors entschiede. Der wachsende Ruhm tat ein übriges, seine Kritikempfindlichkeit zu schwächen, seine Selbst-Annahme zu festigen.

Von älteren Papieren trennte sich Elias, zumindest innerlich, leicht, von seinen hochbesetzten Gedanken nicht. Erinnern wir uns an den Zwang, mit dem er früheren Arbeiten bei einer Wiederveröffentlichung Zusätze beifügen mußte, was dann so oft die Veröffentlichung verzögerte oder hintertrieb. Das instruktivste Beispiel betrifft »Involvement and Detachment«, für das er in ca. 15 Jahren gewiß sieben Anläufe zu einer neuen Einleitung machte, jeweils verbunden mit einem Buchvorhaben,[30] von denen nur

Denkens wie das theoretische auf dem Prozeßcharakter der sozialen Wirklichkeit von einer frühen Form der Objektbeziehung her, die bei Elias sehr virulent blieb (siehe oben, Kap. VI, S. 222-225).

29 Besonders beklagenswert ist das Schicksal einer Studie über Wandlungen des Geschlechterverhältnisses, die in den frühen 40er Jahren als Ergänzung von *Über den Prozeß* entstand (vgl. 1939, Bd. 2, S. 401, Fn.). Sie diente um 1965 als Basis eines ungedruckten, verschollenen Beitrags zu einer Festschrift (R. König? *Kölner Zeitschrift*?). Um 1969 – vermutlich nach der *Höfischen Gesellschaft* und in derselben Manier – wollte Elias ein Buch daraus machen. Er nahm sich ein altes Manuskript vor, eine Lehrverpflichtung im Ausland kam dazwischen, und er verließ sein Arbeitszimmer in der Universität Leicester, wie es war. Papiere stapelten sich auf dem Schreibtisch, lagen auf dem Boden herum. Eine Putzfrau hat während seiner Abwesenheit »aufgeräumt«, mit Hilfe des Müllschluckers … – Ilya Neustadt, sein Kollege in Leicester, hatte den sorglosen Umgang von Elias mit Manuskripten schon in den 60er Jahren wahrgenommen und ihn veranlaßt, Kopien auf Mikrofilm zu ziehen (persönl. Mitteilung Volker Krumrey). Es ist nicht völlig auszuschließen, daß so zumindest die frühe Version des Geschlechterbuchs (auch die Habilitationsschrift von 1933?) doch erhalten wurde. Wenn nicht, bleiben, neben minimalen Textresten in seinem Archiv, nur die Exzerpte und Aufzeichnungen in Notizbüchern, die seit den Anfängen der englischen Zeit von Elias zahlreich vorhanden sind.

30 Zuerst mit einem Sammelband von Aufsätzen, dann mit dem Buch, das jetzt so heißt.

einer ein gedrucktes Ergebnis brachte (1987c, S. VII-LXXII). Besonders auffällig an diesen Texten ist, daß sie alle in verschiedene Richtungen zu gehen scheinen. Der Trieb zum Weiterschreiben war blind. Elias wußte gar nicht, *was* von seinem Gedankenfundus in dem geplanten Buch noch fehlte, er wußte nur, *daß* er nicht alles gesagt hatte, was er im Umkreis des Themas hätte oder würde sagen können. Die unerträgliche Kränkung für ihn bestand darin, daß durch die Publikation ein Stück seines Denkgewebes herausgeschnitten und als vereinzeltes, vorläufiges, scheinbares Ganzes weggegeben war. Mit jenen Einleitungen behauptete er seine Eigentumsansprüche, zog das Entfremdete und Verhärtete in den Fluß seines Denkens zurück. »Ich bin schließlich der Autor«, war sein Standardkommentar.

Daß Elias seine Ideen in einem flüssigen Aggregatzustand zu halten vermochte, begründet den Zug zum Undogmatischen und zur fortschreitend-ausgreifenden Synthesebildung, der ihn auszeichnet. Sosehr er dem Chaos Sprachgestalten – Texte, Begriffe, Theorien – abrang, und zwar um so angespannter, weil er sich ihm wirklich öffnete, er gab nie den Kontakt zu diesem Muttergrund der Kreativität auf. Er zielte auf Gestalt und schmolz sie wieder ein. Vielleicht war seine Fähigkeit zur Gestaltung, die ihrerseits im Vorbewußten verankert sein muß, nicht groß genug für ein Lebenswerk von säkularem Rang. Oder überwiegt der Gewinn seines fließenden Denkens – im Vorgehen wie in den Befunden, die seiner zugrundeliegenden Persönlichkeitsstruktur homolog waren – die Nachteile? Jedenfalls entsprangen die besten Vorzüge des Autors Elias derselben Quelle wie seine befremdlichsten Eigenarten.

Schreiben ist ein tief narzißtisches Geschäft und soll doch anderen dienen. Bei Elias blieb dieser Zwiespalt ungeschlichtet. Obwohl ihn sein Über-Ich bis ins höchste Alter zu rastloser Tätigkeit trieb, damit er sein Wissen unter die Leute brächte, verfaßte er seine Texte mehr für sich als für Leser, es sei denn für solche der Nachwelt. Elias trat gern als Redner auf und sprach auch am Schreibtisch zu Menschen – leibhaftig zu den Assistenten des Augenblicks und fiktiv zu einem Publikum, das die Zuwendung in seinen Schriften bewußt oder unbewußt spürt. Daß er dabei die übliche Beschränkung auf Fachkollegen verschmähte und sich an eine breitere Öffentlichkeit wandte, kam seiner Wirkung zugute. Aber irgendwo waren ihm Publikation und Rezeption zuwider.

In den späten 8oer Jahren versuchte er mehrmals die Aneignung seiner Theorie durch Jüngere zu behindern. Mit einem Freund überwarf er sich fast, weil dieser einen Gedanken von ihm aufgegriffen hatte, der doch bereits gedruckt war. Er wehrte sich nicht nur gegen eine Biographie zu Lebzeiten (Korte 1988, S. 187), die vielleicht in der Tat unmöglich ist, sondern auch gegen Darstellungen seiner Lehre durch bestinformierte Schüler (Mennell 1989, S. ix f.). Die Opposition war berechtigt, sofern sie sich gegen die Verödung lebendigen Denkens beim Übergang von der »charismatischen« Stufe des Initiators zur »bürokratischen« oder akademischen der Nachfolger richtete (M. Webers Terminologie). Sie war aber auch unrealistisch, weil unsozial, sofern das Weiterleben eines Autors auf Rezeption angewiesen ist, die immer eine Auswahl und Verfälschung, eine Verarmung *und* Bereicherung mit sich bringt. Wir Jüngeren, die den Lehrer und Freund idealisierten, hatten sein Bild vom Fackellauf der Generationen oder seine Aussage, daß der Sinn eines Menschen in dem liegt, was er für andere Menschen tut (1982a, S. 54 f.), in unser Ideal aufgenommen und waren von seinen Verstößen gegen die eigene Einsicht betroffen. Erst der Tod, der das Weben der Gedanken endgültig abschnitt, so daß nur das beschriebene Papier bleibt (und die Erinnerung), löste das Problem auf seine Weise.

VIII. Ein Autor und sein Herausgeber
Drei Berichte (1972-1990)

Warum Elias?
(Erlebnisbericht 1972-1976)

Stationen der Annäherung

Kennengelernt habe ich Norbert Elias 1972, als er bei den vergleichenden Literaturwissenschaftlern in Berlin einen Vortrag hielt. Der kleine, alte Mann mit den überaus wachen Zügen sprach, wenn ich nicht irre, über die »falschen Dichotomien«, die unser Denken bestimmen: »Natur und Kultur«, »Individuum und Gesellschaft«, »Struktur und Geschichte«, »Körper und Seele«. Positiv erinnere ich mich, daß er eine Lanze für Montaigne brach, der die letzte Zweiteilung nicht mitgemacht habe und insofern ein wahrer »Humanist« gewesen sei. In einer Ecke des übervollen Seminarraums stand Wolf Lepenies.

Daß der Name Elias mir damals etwas bedeutete, geht auf Dieter Claessens zurück. Claessens, dem die frühe Elias-Rezeption in Deutschland so viel verdankt, hatte seinen Privat-Kanon vergessener Bücher, die er immer wieder empfahl. Für uns Studenten sah es wie eine Marotte aus, aber es war wohl ein Versuch, verdrängte Leistungen deutscher Sozialwissenschaft aus der Zeit vor Hitler wiederzubeleben. Zu jenen Geheimfavoriten gehörte auch *Über den Prozeß der Zivilisation*. Ich hatte das Buch 1970 gelesen, weil es auf der Lektüreliste für ein Claessens-Seminar stand.

Es war für mich eine Offenbarung gewesen – und gewiß nicht nur für mich, wie die Raubdrucke auf den Büchertischen vor der Mensa bewiesen. Ich studierte Soziologie, beschäftigte mich aber vorwiegend mit Psychoanalyse. Natürlich war mir Freud, obwohl er mich gefangen genommen hatte, zu »individualistisch«, es fehlte das »Gesellschaftliche«, ich las alles, was in Richtung »Soziologie und Psychoanalyse« ging. Das Thema war eine Frankfurter Domäne. Aber bei den Schülern von Mitscherlich/Adorno fand ich nicht mehr als die Aussage, daß Freud und Marx in ihrem kritischen Ansatz einander strukturell ähnlich seien. Eine Integration in der theoretischen Substanz sei nicht möglich. Die tonangebenden Frankfurter beschäftigten sich nicht mit Sachverhalten, sondern mit Büchern und geheiligten (oder verteufelten) Autoren. Marx und Freud wurden verglichen, nicht ihre Fragestellungen an neuem Material weiterverfolgt. Genau das hatte Elias getan und gezeigt, daß sich Persönlichkeitsstrukturen, wie sie Freud an Zeitgenossen erforscht hatte, im Verlauf der sozialen Entwicklung wirklich verändern. Man brauchte, um solche Veränderungen zu fassen, nicht auf dunkle Epochen der »Urhorde« zurückzugreifen oder auf »primitive Gesellschaften«, sondern konnte sie in unserer eigenen Tradition, in Jahrhunderten, die schon im Licht der dokumentierten Geschichte stehen, aufweisen.

Ich habe das Prozeß-Buch mit seinen über 800 Seiten (in einem broschierten Bibliotheksexemplar der Ausgabe von 1939) verschlungen. Daß es eine schlummernde Jugendliebe zum Mittelalter ansprach, ist auch wahr. Aber vor allem erfüllte das Werk mein tiefstes theoretisches Bedürfnis. Es stellte tatsächlich, anhand von Belegen, psychoanalytische Aussagen in eine Perspektive der Gesellschaftsentwicklung. Und es verband die Erhellung großer Zusammenhänge mit unmittelbar persönlicher Relevanz. Ich war wie viele Generationsgefährten zur Soziologie gestoßen, weil ich mich und meine Situation besser begreifen wollte. Die Eliasschen Ausführungen über Wege der Staatsbildung und der Entstehung von Selbstzwängen gaben Antwort auf latente, kaum artikulierte Fragen. Wie ich mich, gemeinsam mit Studienfreunden, durch die Analyse eigener Fehlleistungen in die Lehre vom Unbewußten hineingearbeitet hatte, so überzeugte mich die Erinnerung an häusliche Kämpfe um die Disziplin bei Tisch von der Triftigkeit der Zivilisationstheorie. Allerdings vermißte ich Hinweise auf den »Preis der Zivilisation«. Mir schien auch, daß die Bedeutung des Adels gegenüber dem Bürgertum zu sehr herausgestrichen wurde. Und ich hätte mir eine genauere Beschreibung der zivilisatorischen Mechanismen im Sinne von Abwehrmechanismen, möglichst gegenüber bestimmten Partialtrieben, gewünscht. Es war eine Zeit hochfliegender Denkprojekte.

Wegen dieser zurückliegenden Faszination durch das *magnum opus* von Elias ging ich 1972 zu seinem Vortrag. Und war enttäuscht. Wenig, was an den Autor von *Über den Prozeß* erinnerte. Der Vortrag betrachtete von höchster Warte aus das Getriebe der Theoriebildung über Menschen.

Katharina und Michael Rutschky, damals enge Freunde von mir, kannten Elias bereits persönlich. Sie erzählten, es sei ganz leicht, mit ihm in Kontakt zu kommen, er habe nichts von der herablassenden Distanzierung, die man bei großen Leuten erwarten mochte. Im Gegenteil, gerade das Fehlen solcher Herablassung sei ein Zeichen seiner Größe. Sie verabredeten ein Treffen mit ihm in einem Café am Wittenbergplatz, zu dem ich mitging. Wir erwähnten den Roman, den wir zu dritt schrieben. Elias horchte auf – da hätten wir etwas gemeinsam – er allerdings schreibe Gedichte. Das Wort »Dichten«, das wir ebenso gebrauchten wie er, blieb wohl das einzige Bindeglied zwischen seiner Lyrik und unserem experimentell-formalistischen Unternehmen. Mich, der sich vor allem durch sein Interesse an der Psychoanalyse vorstellte, fragte Elias, was ich von Melanie Klein halte. Die englischen Analytiker seien ja in eine kleinianische und eine Anna-Freud-Fraktion gespalten ...

Anfang 1973 machte ich mein Diplom bei Lepenies mit einer Arbeit über Siegfried Kracauer. Der beobachtungs- und detailsüchtige Kracauer, der eine Simmel-Studie, Filmanalysen, soziologische Reportagen, zwei Romane, ein unterschätztes Offenbach-Buch und eine Geschichtsphilosophie geschrieben hat, alles beglänzt von seiner stilistischen Brillanz, hatte mir einen Zugang zu Themen der Frankfurter Schule eröffnet, den die esoterischen Schriften anderer nicht gewährten. Nach dem Examen wußte ich nicht weiter und faßte darum den allzu typischen Beschluß, meine Arbeit zu einer Dissertation auszubauen, d. h. die Studentenexistenz auf höherer Ebene fortzusetzen. Ich beantragte ein Graduierten-Stipendium und ging zu Claessens ins Doktorandencolloquium.

Dort lernte ich Volker Krumrey kennen, der über Jahre, zuerst kontinuierlich, dann periodisch, Privatassistent von Elias gewesen war. Ich habe nie jemand getroffen, der so viele prägnante Einzelheiten über den alten Mann zu erzählen wußte, zumal aus den Zeiten vor seinem Ruhm. Im September 1973 hörte ich einen Elias-Vortrag in der Akademie der Künste über »Das große Reinemachen«, das verstaubte und unbrauchbar gewordene Inventar unseres Denkhaushalts. In der kleinen Welt, in der ich mich bewegte, war Elias schon zu Beginn der 70er Jahre ein wichtiger und gefragter Mann. Diesmal blieb ich ihm fern. – Daß ich dann ein Entree bei ihm suchte, hing mit meinem Berufsweg zusammen.

Mein Stipendium war bewilligt worden. Weil ich mir aber eine dauerhaftere Form des Gelderwerbs schaffen mußte, ließ ich Kracauer auf halber Strecke fahren und bildete mich zum Übersetzer aus dem Englischen aus. *Learning by doing.* Es war ein beiläufiges Gespräch im Freundeskreis, mit Peter Krumme, durch das ich zum Übersetzen kam. Auch hier wählte ich unversehens eine gängige Notlösung von Absolventen eines Studiums, das mehr durch intellektuelle Vorlieben der Lehrenden und Orientierungsbedürfnisse der Lernenden gesteuert ist als durch einen realen, außerakademischen Bedarf. Erst allmählich stellte ich fest, daß mir die Aufgabe, fremde Gedanken, Argumentationslinien, Gefühle mit eigenen Worten zu reproduzieren, wirklich lag.

Meine erste Übersetzung war *Huldigung an Freud*, ein Rückblick der amerikanisch-englischen Lyrikerin Hilda Doolittle (H. D.) auf ihre Kur bei Freud. Dem schmalen Band war als Anhang eine Auswahl der teilweise auf englisch verfaßten Briefe Freuds an seine Analysandin beigefügt. Fan, der ich war, wollte ich die Briefe, die ich in Photokopie erhalten hatte, komplett abdrucken. Dazu brauchte ich die Erlaubnis von Anna Freud (der ich durch Gerhard Maetze und seinen Arbeitskreis für angewandte Psychoanalyse schon vorher in Hampstead begegnet war). Sie gab sie mir unter der Bedingung, daß sie meine Übersetzung der englischen Stücke kontrollieren dürfe. Entsprechend strengte ich mich an, Freuds Stil zu treffen. Es war fast unheimlich zu erleben, wie sich unter dem Druck dieses Wunsches mein Sprachschatz erweiterte. Da ich nun einmal das »ich« des Mannes schrieb, der in meinem intellektuellen Pantheon den höchsten Rang einnahm, sollte es auch nach ihm klingen.

Die Mimikry gelang mir gut; Anna Freud fand, sie könne meine Textfassung »ohne jedes Gefühl der Fremdheit lesen«. Deshalb fragte sie mich im Juli 1975, ob ich die Übersetzung ihrer gesammelten Schriften, soweit sie noch nicht auf deutsch vorlagen, besorgen wolle. Ich sagte begeistert zu. Wir verfuhren dann so, daß ich mein Manuskript in kleinen Portionen zu ihr schickte und mit ihren sprachlichen Änderungen zurückbekam. Die Anna-Freud-Ausgabe nahm mich mehr als zwei Jahre in Anspruch. Danach fühlte und bezeichnete ich mich lange Zeit als Übersetzer.

Mit meinem Stolz war ein solches Sekundärschreiben nur zu vereinen, wenn ich an Texten erster Güte arbeitete. Sie brachten neben dem unerläßlichen (wenn auch kargen) Geld immerhin den

Vorteil, daß ich mich auf einer Top-Ebene der Wissenschaft bewegte und Kontakt zu einigen ihrer Vertreter fand. Anna Freud würde mich eine Weile beschäftigen. Aber um weitermachen zu können, mußte ich neue Autoren suchen, die meinen Maßstäben von Qualität und Relevanz gerecht wurden. Autoren wie Norbert Elias. So fragte ich Krumrey eines Tages, ob nicht sein früherer Chef einen Übersetzer brauche. Zu meiner Überraschung meinte er: ja, das sei gar nicht unwahrscheinlich, Elias habe viel auf englisch geschrieben, er wolle mit ihm reden.

Elias hatte in der Tat Interesse. Am Pfingstmontag 1976, bei einem weiteren Berlin-Aufenthalt, traf ich mit ihm und Krumrey in einem Restaurant am Wannsee zu einem Vorstellungsgespräch zusammen. Ich war zu einem günstigen Zeitpunkt in sein Blickfeld getreten. Gerade war Elias Suhrkamp-Autor geworden, durch Friedhelm Herborth, der die Empfehlung von *Über den Prozeß* als Morgengabe in den Verlag, dessen wissenschaftliches Programm er damals zu leiten begann, mitgebracht hatte. Die Suhrkamp-Taschenbuchausgabe der fast 40 Jahre alten Arbeit erhob Elias in Deutschland vom Geheimtip zum lebenden Klassiker. Katalysator dabei war ein langer Artikel, den der *Spiegel* am 7. 2. 77 über das Werk veröffentlichte. Selten, so Herborth, läßt sich der Erfolg eines Buches mit gleicher Eindeutigkeit einer Besprechung zuordnen.

Suhrkamp und Herborth wollten naturgemäß von ihrem neuen Autor nicht nur einen Titel, sondern mehr und Originalarbeiten. Elias schlug einen Band wissenssoziologischer Aufsätze vor, die er auf englisch parat hatte. Dafür kam ich ihm als Übersetzer gerade recht. Daß mich Anna Freud akzeptiert hatte, war für ihn die beste Referenz, in einer Reihe mit ihr sah er sich gewiß gern; man kann seine Wertschätzung für die Autorin von *Das Ich und die Abwehrmechanismen* noch daran ablesen, daß er sie in seinem Wörterbuch-Artikel »Zivilisation« (1986) in einem Atemzug mit ihrem Vater nennt. Wir verabredeten, daß ich ihn in den Sommerferien für einige Tage in Leicester besuchen und dort einen Probetext übersetzen würde. Als Termin wurde Ende Juli festgelegt.

Ich wollte in jenem Sommer ohnehin nach England fahren, um in Anna Freuds Nähe arbeiten zu können. Denn inzwischen hatte ich mit der Anpassung an ihren Stil Schwierigkeiten bekommen, die damit zusammenhingen, daß die Tochter Freuds für mich nur ein Name, ein Schriftzug, ein Ideal, aber noch kein realer Mensch war. Mein Besuch bei Elias war auf die Tage vor dem Aufenthalt bei ihr angesetzt.

Es gab jedoch ein logistisches Problem. Schon vor dem Pfingsttreffen mit Elias hatte ich mit einem Freund, Kurt Scheel, vereinbart, daß wir die letzte Juli-Woche zusammen in London verbringen würden. Diesen Plan wollte ich nicht einfach opfern. Was tun? Konnte ich die beiden Vorhaben miteinander verbinden, d. h. Elias fragen, ob Scheel mich begleiten dürfte? Katharina Rutschky meinte, der alte Herr sei immer an intelligenten jungen Leuten interessiert, ich müsse keinen Affront befürchten. Entsprechend schrieb ich einen etwas zaghaften Brief. Die Antwort war überwältigend unkompliziert. Ich solle meinen Freund ruhig mitbringen:

»Das Haus 19B Central Avenue (anliegend an mein Haus 19A) steht meinen Gästen zur Verfügung. Es gibt dort Schlafgelegenheiten für mehr als einen Gast, und ich stelle es gern Ihnen selbst wie Ihrem Freund zur Verfügung. Mag sein, daß es während meiner Abwesenheit etwas vernachlässigt worden ist. Aber wir können das vielleicht beheben.«

So trafen wir zu zweit am 27. Juli 1976 in Leicester ein und nahmen Quartier in dem Doppelhaus, das Elias gehörte. Elias war, wie sich hier wieder zeigte, in seinen Umgangsformen von einer unkonventionellen Freundlichkeit, ohne Gefälle zwischen Alt und Jung oder Meister und Schüler – als ob er die Informalisierung der 60er und 70er Jahre vorweggenommen hätte. Eine Affinität zur antiautoritären Bewegung, die sicher zu seiner Resonanz in der betreffenden Generation beitrug. (Das Wort »Establishment«, das damals zu einem Modewort wurde, hatte er schon Jahre vorher theoretisch geadelt.)

Das Haus in der Central Avenue war ein zweistöckiges, graues Gebäude mit Flachdach, in einer ordentlichen Mittelklassegegend nicht weit von der Universität und einem Park gelegen, ein bescheidener Außenseiter in einer Reihe typischer Klinkerfassaden.

Beim Betreten der Eliasschen Wohnung verschlug es dem Besucher, der auf einen Professor und berühmten Mann eingestellt war, zunächst den Atem. Was in den Zimmern – d. h. in dem Wohn- und Arbeitsraum mit angrenzender schmaler Küche, den ich hauptsächlich zu sehen bekam – den ersten Eindruck bestimmte, war die Unordnung. Ich erinnere mich vor allem an den niedrigen, runden, weißen Tisch am großen Fenster zum Garten: immer überladen mit einem Haufen von Büchern, Papieren, Briefen, an den wenigen freien Stellen bisweilen die Spuren von Kaffeetassen oder Gläsern mit Drinks. Bücherstapel im Zimmer verteilt. Ringsum aber Bilder in kraftvollen Farben (Originale von der Hand eines Freundes), Frauengesichter, und auf Kommoden oder ebenfalls an der Wand: afrikanische Statuen und Masken. Markante Möbel, ob antiquarisch oder neu. Auch die Gegenstände des täglichen Lebens, mit denen sich Elias umgab – Lampen, Taschen, Besteck und besonders die großen, bemalten Henkelbecher, aus denen er Kaffee trank, weniger seine Kleidung –, waren von einer zwingenden, klaren Kraft. Chaos auf der einen, Gestalt auf der anderen Seite. Inmitten dieses widersprüchlichen Ensembles bewegte sich der Hausherr mit der größten Unbefangenheit, der charmanteste Gastgeber. Unordnung hatte bei ihm nichts Depressives, nichts von schlechtem Gewissen. Sie war ihm, der sich auf anderes konzentrierte, einfach nicht wichtig.

Nachdem wir, Scheel und ich, eingerichtet waren, bereitete uns Elias eigenhändig auf seinem Herd ein Abendessen. Englische Würstchen mit Tomaten. Wir aßen sie in dem kleinen Garten, der zur Hälfte von einem Swimmingpool eingenommen wurde. Wie ich es später viele Male erlebt habe, beteiligte uns Elias sofort an dem, was ihn zur Zeit beschäftigte: sein *Essay on Time* (aus dem Scheel sechs Jahre später im *Merkur* Auszüge als Vorabdruck brachte). Er erzählte auch von seiner kürzlichen Begegnung mit Habermas, in Starnberg, der ihn als großer Kopf beeindruckt habe, obwohl er sich nicht mit ihm habe verständigen können.

Das war ein Teil der Kunst von Elias, mit anderen Menschen Kontakt aufzunehmen: er erkundigte sich nach ihren zentralen Interessen, und er zog sie in die Intimität, indem er von seinen redete. Man hörte ihm gebannt zu, weil er von der Bedeutsamkeit seiner jeweils akuten Gedanken, Erfahrungen, Beobachtungen durchdrungen war. Sein Narzißmus wirkte gewinnend, ja anstekkend. So wichtig er sich selbst nahm, sosehr konnte er seinem

Gegenüber ein Gefühl der eigenen Wichtigkeit einflößen. Im Gespräch mit Elias wuchs jeder, der sich auf ihn einließ, über seine Grenzen hinaus oder lief zu seiner Bestform auf. Mag sein, daß diese Dynamik vor allem bei Jüngeren funktionierte, ich war nicht der einzige, der sich derart bezaubern ließ.

Daß mir als Einzelheit die englischen Würstchen gegenwärtig geblieben sind, ist kein Zufall. Elias lebt in meinem Gedächtnis nicht zuletzt als Ernährer. Von Anfang bis Ende hat er mich in Lokale eingeladen; gemeinsame Essen, vom *Golden Egg* in Leicester bis zur *Knijp* in Amsterdam, skandieren die Zeit meiner Bekanntschaft mit ihm. Verborgen unter dieser gern gespielten Rolle lag wohl eine Angst vor dem Hunger, die aus den ersten Jahren seines Exils stammen mochte. Einmal zeigte er meiner (späteren) Frau und mir, als wir bei ihm in Leicester waren, einen Teil seiner Sammlung afrikanischer Kunst. Die Antilopenhörner, Geister- und Frauenfiguren waren in der Garage untergebracht, ein schreckliches Durcheinander, das wir vergaßen, als der alte Mann behutsam hindurchstieg, um das eine oder andere Stück herauszugreifen und eine Geschichte dazu zu erzählen. Aber das ist es nicht, was besonders in meiner Erinnerung haftet. Beherrschend darin sind die Plastiktüten, die verstreut zwischen den Schätzen lagen. Sie enthielten – Konservendosen, eine Notation für schlechte Zeiten.

Ich war nach Leicester zum Arbeiten gekommen, und das entsprach den Prioritäten von Elias selbst. Die Idee, eine Probeübersetzung in seiner Nähe anzufertigen, war meine gewesen, Nutzanwendung der jüngsten Erfahrungen mit Anna Freud. Elias gab mir als Vorlage einen Sonderdruck des zweiteiligen Aufsatzes »Sociology of Knowledge: New Perspectives«. Ob ihm von den vorgesehenen Beiträgen seines wissenssoziologischen Bandes dieser momentan besonders wichtig war, weiß ich nicht; eher nein. Ich bekam Papier (kleines englisches Format), eine Schreibmaschine und zog mich in ein Zimmer im 1. Stock seines Gästehauses zurück. Währenddessen arbeitete er (der damals seine Manuskripte meist selber schrieb, und zwar gleich in die Maschine) an seinem aktuellen Projekt weiter, es war wohl der *Essay on Time*.

Die Übersetzung fiel mir nicht leicht. Aus Anna Freuds Korrekturen in meinen bisherigen Textlieferungen hatte ich gelernt, daß ich nicht am englischen Wortlaut kleben durfte, sondern die gedankliche Substanz in mich aufnehmen und zu deutschen Sätzen umformen mußte. Bei ihr ging das einigermaßen und bald immer besser, da ich von Psychoanalyse genug verstand. Der Aufsatz aber, den Elias mir zugewiesen hatte, bewegte sich in Bahnen seines Denkens, die mir damals noch unvertraut waren. Recht und schlecht produzierte ich ein paar Seiten, die ich mit ihm besprach. Elias war mit meiner Version unzufrieden, tadelte die Freiheiten, die ich mir genommen hatte, modelte Satz für Satz um. Es kam ihm auf Nuancen an, die ich gar nicht sah. Im Endeffekt flößte er mir eine ängstliche Ehrfurcht vor dem Buchstaben seines Textes ein, die ich trotz wachsender professioneller Sicherheit nur langsam loswurde.

Zwei Beispiele mögen die Spannbreite seiner Einstellung, ihre Berechtigung und ihre Rigidität, verdeutlichen. Ich hatte bemerkt, daß Elias bei anthropologischen Aussagen den Plural *men* gebrauchte, während deutsches Sprachempfinden mir nahelegte, »der Mensch« zu sagen. Hier war die Abweichung vom eingeschliffenen Usus, wie ich mich belehren ließ, gewollt und theoretisch begründet (»Menschen gibt es nur im Plural«). Andere Male aber ging Elias zu weit. Die Stellung der Satzteile ist im Englischen bekanntlich weniger flexibel als im Deutschen. Deshalb klingt eine Serie von gleichgebauten, vor allem kurzen Sätzen hier monoton, während sie dort nicht gegen das Rhythmus- und Stilgefühl verstößt. Diese Regel hatte ich mir, mit Hilfe von technischer Lektüre und einer Seniorkollegin, Henriette Beese, klargemacht. Auch an den Korrekturen Anna Freuds konnte ich sie ablesen. Elias hatte kein Verständnis dafür. Er meinte in einem betreffenden Fall: »Wenn ich ein Wort an den Anfang gestellt habe, dann habe ich mir dabei etwas gedacht, dann soll es auch in der Übersetzung am Anfang stehen.«

Der Umgang mit Übersetzungen ist für einen Autor, der die Zielsprache beherrscht, nicht leicht. Unvermeidlich wird ihm sein Werk in der Transformation, bei der Passage durch einen fremden Kopf entfremdet. Elias fühlte die Divergenz, zumal er ein vorzügliches Deutsch und jedenfalls ein markantes Englisch schrieb, sehr scharf. Erst spät rang er sich dazu durch, von seinen Texten genügend Abstand zu nehmen, daß er andere an ihnen arbeiten ließ. Als ich zu ihm kam, war er noch nicht so weit. Er beschnitt mir jeden Spielraum der Wiedergabe. Nur manchmal freute er sich, wenn mir eine Wendung einfiel, die seinem Gedächtnis entschwunden war. Die Wahrheit ist, daß ihm das Übersetzen *per se* widerstrebte; er hat ja auch nie einen eigenen Text vom Englischen ins Deutsche gebracht oder umgekehrt. Wenn er es versuchte, scheiterte er daran, daß er ihn weiterzuschreiben begann. Das heißt, er konnte ihn weder von der Wörtlichkeit ablösen noch als fertig akzeptieren, wie es die Aufgabe verlangt.

Anna Freud, die selbst viel Übersetzererfahrung hatte, mit fremden und eigenen Sachen, war diesen narzißtischen Problemen besser gewachsen. Als sie mir eine erste Arbeitsprobe mit ihren Änderungen zurückschickte, warnte sie mich:

»Jetzt kommt aber die große Frage: Ich weiß, daß man auch als Übersetzer den Wunsch hat, selbständig zu sein und das Ergebnis der eigenen Arbeit ohne viel Einmischung zu produzieren. Als Autor, der die Kenntnis beider Sprachen hat, hat man natürlich den umgekehrten Wunsch: die Übersetzung so nahe als möglich zur eigenen Sprache zu bringen.« Ich solle »ganz ehrlich« sagen, ob ihre Stil-Korrekturen mir die Freude an der Arbeit störten.

Die Warnung war klug und realistisch, obwohl sie mich nicht beirrte. Der ausdrückliche Hinweis auf den eingebauten Konflikt erleichterte die Kooperation. Während Elias eine unmögliche Eins-zu-Eins-Übertragung zu fordern schien, sagte mir Anna Freud einmal, als wir über Originaltreue sprachen: »Ich beschütze nicht jedes Wort.« Sie trennte die Sprachgestalt stärker vom Sachgehalt und war es zufrieden, wenn der letztere genau und klar in einem ihr vertrauten Stil reproduziert wurde. Es war ein Gegenbild zu dem, was ich mit Norbert Elias in dieser Anfangszeit erlebte.

In einer Hinsicht freilich ließ ich mich vom Autor Elias, den ich bei der gemeinsamen Arbeit am Text kennenlernte, gern über das Modell der Tochter Freuds hinausführen. Er traf sich mit ihr in der uneitlen Haltung zum Schreiben, wo die Sprache nur dem Gedanken zu dienen hat, im durchdringenden Bemühen um Klarheit und Ökonomie des Ausdrucks. Bei ihm aber kam noch eine merkliche Dosis ästhetischer Lust hinzu, die sich z.B. in einer geringeren Scheu vor bildkräftigen Worten äußerte (nicht zu verwechseln mit dem Übersetzerfehler, einen abgesunkenen metaphorischen Bodensatz fremdsprachiger Wörter hervorzuheben). Hier war Elias der Askese von Anna Freud, wie ich fand, überlegen.

Obwohl unser Test nicht optimal gelaufen war, beschlossen Elias und ich, die Zusammenarbeit fortzusetzen. Er muß sich trotz allem etwas von mir versprochen haben. Es gab aber noch einen anderen Punkt, der meine Suche nach einem Autor zum Übersetzen als eine Art Vorwand entlarvte. Offenbar bin ich in diesen wenigen Sommertagen mit ganzem Herzen auf Elias geflogen, und er war kein Mann, den ein solches Angebot eines Jüngeren kaltgelassen hätte.

Daß die Basis meiner Gefühlsbindung an Norbert Elias schon 1976 gelegt wurde, war mir entfallen. Ich muß es aus den gestelzten Sätzen erschließen, die in meinem Dankesbrief vom 7. August enthalten sind:

»Seit jeher«, schrieb ich, »ist mir bewußt, daß ich nach – menschlich und wissenschaftlich – glaubwürdigen und ernstzunehmenden Lehrern suche. Ich darf doch sagen, daß ich die Hoffnung habe, in Ihnen eine solchen getroffen zu haben, und daß ich deswegen sehr froh bin? Sie sind der erste Soziologe, der mich Geschmack an der Disziplin hat finden lassen, die ich studiert habe.«

Ich war 32 und hatte ein Studium hinter mir, dem ich in der Sache ausgewichen war. Das unbefriedigte Bedürfnis nach einem Lehrer von überragender Statur war an dieser Entwicklung mit schuld. Mein Identifikationshunger war ungestillt geblieben. Allein in Büchern, in den Schriften Freuds, war mir ein Lehrer im emphatischen Sinn begegnet. Nun hatte ich einen zweiten leibhaftig getroffen und griff zu.

Hinter dieser Reaktion steckte, jenseits aller persönlichen Motive, ein Gruppenschicksal. Ich weiß nicht, wie es anderswo war, aber von Berlin, von den Soziologen/Psychologen/Philosophen/Sprachwissenschaftlern her kann man sagen, daß es selten eine Studentengeneration gegeben haben wird, die so abgelöst von ihren akademischen Lehrern gelernt hat wie die meine. Unsere Haupt-Arbeitsstätte waren nicht die Seminare der Professoren, sondern private Lektüre- und Diskussionszirkel. »Kapital-Kurse« sind dann für einige Zeit ins soziologische Grundstudium eingegangen, ich gehörte mit Rutschkys zu der Minderheit, die den breiten Schwenk von Freud zu Marx nicht mitmachte.

In unseren Arbeitskreisen waren wir recht fleißig. Aber wir studierten nicht für einen Beruf, sondern im Blick auf aktuelle persönliche Bedürfnisse. Für mich – Pfarrerssohn mit abgebrochenem Theologiestudium – ging es vor allem darum, eine säkulare Welt- und Lebenssicht zu finden. Das Bekehrungserlebnis, das mich zur Psychoanalyse führte, betraf nicht etwa die Sexualität, sondern Freuds Agnostizismus. Im *Unbehagen in der Kultur*, das ich mit als erstes las, fesselte mich die Beschreibung der Religion als »Fixierung eines psychischen Infantilismus« und Ersparnis einer »individuellen Neurose« um den Preis des »Massenwahns«. Besonders hatte es mir die Passage angetan, in der die Maxime »Du sollst deinen Nächsten lieben wie dich selbst« oder gar das »Liebe deine Feinde« bloßgestellt wurden: »Warum sollen wir das tun? ... Wenn ich einen anderen liebe, muß er es auf irgendeine Art verdienen«. Ich denke heute, ich habe darin einen jüdischen Realismus gespürt, der mir als Gegengift zu meiner christlichen Prägung diente. Es freue sich, wer da atmet im rosigen Licht. Bei Elias, dem »Mythenjäger«, der auf die Frage, warum er nicht religiös sei, zu antworten pflegte: »Ich bin nicht abergläubisch«, traf ich dieselbe Haltung.

Warum aber konnten so viele aus der Studentenkohorte, deren Teil ich war, ihren Lehrern keinen vollen Respekt entgegenbringen? Wir selbst waren geneigt, große Zusammenhänge dafür verantwortlich zu machen. Unsere Professoren vertraten entweder eine Vätergeneration, mit der wir nichts gemein haben wollten, oder sie waren zu jung. So oder so konnten sie das Loch nicht füllen, das die Nazizeit gerissen hatte. Auf diese Situation reagierten wir mit unseren Zirkeln. Ein Austritt aus der Generationenfolge, der dann nicht selten den Übergang ins Berufsleben erschwerte. Freud und Marx wurden auch darum die Fixsterne an unserem Himmel, weil ihre Bücher verbrannt, weil die Adepten ihrer Lehre vertrieben oder ermordet worden waren. Und die Vertreibung hatte sich ja in der Adenauer-Zeit fortgesetzt, in der man beide deutschsprachigen Klassiker der Aufklärung weiter verpönte. An sie anzuknüpfen verhieß die Lösung eines unlösbaren Dilemmas: es stiftete eine nationale Kontinuität, über den Einbruch von 1933 hinweg, und symbolisierte Wiedergutmachung. Elias, der Jude und Überlebende aus Weimar, sprang für mich in die historische Vater-Lücke ein, wie es anderswo ein Adorno oder Plessner taten.[1]

1 Dieser prononcierte Bezug auf ein deutsches Schicksal kann nicht die

Daneben suchte ich selbst ein Maß an Anlehnung, für das der akademische Betrieb nicht geschaffen ist. Ein entgegenkommender Mann wie Elias, der in seiner Außenseiterposition sein Charisma nutzte, um Anhänger zu gewinnen, paßte genau in meine Erwartungen. Ich war bereit, mir seine Zuneigung durch Hilfsdienste zu erwerben, brachte ein Verhaltensmuster mit, wonach man Liebe durch Arbeit erlangt. Und Elias hatte, obwohl er wie die verkörperte Reife wirkte, im Denken einen Habitus bewahrt, den man gewöhnlich bei intellektualisierenden Jugendlichen findet: immer aufs große Ganze aus. Mit seinem ungehemmten Impuls zur Welt- und Lebensdeutung, der vor aller Distanzierung beim Persönlichen und Persönlichsten ansetzte, war er das richtige Gegenüber für junge Leute, die ihr Studium aus sehr eigenen, unbegriffenen Motiven gewählt hatten.

Es wird mir immer lehrreich bleiben, wie anders Elias auf mich einging als Anna Freud. An sie trug ich zur selben Zeit (zuerst nicht um ihret-, sondern um ihres Vaters willen) dieselben Wünsche und Angebote heran. Aber die Psychoanalytikerin begegnete meiner Gefühlseinstellung mit der freundlich-abweisenden Routine ihrer Profession. Elias, der sich in Analytikerkreisen etwas auskannte, meinte später: »Sie war wohl ein wenig kalt.« Er war es nicht. Er akzeptierte meine Übertragung als Basis einer Beziehung, weit über bloße Zusammenarbeit hinaus, und beantwortete sie. Im Rahmen des Möglichen, soweit er mich brauchte.

Daß ich erst durch Elias eine Identität als Soziologe gewann, steht

ganze Wahrheit sein, da in anderen Ländern Marxismus und Psychoanalyse ähnlich bedeutsam wurden. Aber für unser Selbstbild war er zentral. Ich führe den Erfolg von Elias in Deutschland in hohem Maß auf solche Zusammenhänge zurück. Er überbrückte in seiner Person den Abbruch rationalen sozialwissenschaftlichen Denkens nach 1933. Sein Entwurf einer empiriehaltigen Theorie, die Soziologie, Psychoanalyse und Geschichte zu einer Synthese zu bringen versprach, überzeugte vor allem das älter werdende 68er-Publikum, das im Bemühen um Anknüpfung an eine »gute«, vornazistische deutsche Tradition Debatten der zwanziger Jahre rekapituliert hatte, auf die er weiterführende Antworten bereits anbot. Wie sehr Elias hierzulande als Vertreter einer unbefleckten Großväter-Generation wahrgenommen wurde, zeigte sich, als man ihn 1977 in Frankfurt bei einer Gastprofessur als »Nachfolger« Adornos begrüßte. Er wunderte sich darüber, da er im Denken mit Adorno, wie er fand, wenig gemein hatte. Die Assoziation war nicht sachlich, sondern sozialpsychologisch begründet.

für mich fest. Außer der Freude, einen Lehrer gefunden zu haben, gab es dafür auch sachliche Gründe. Anhand von zwei Passagen aus »Sociology of Knowledge«, die ich im Sommer 1976 in Leicester übersetzte und die sich mir eingeprägt haben, kann ich sie partiell rekonstruieren.

»Die Berufsgruppe«, heißt es an der ersten Stelle, »mit deren Tätigkeiten der Begriff ›ökonomisch‹ und die junge Wissenschaft der ›Ökonomie‹ aufs engste verbunden war, die Gruppe der Industrieunternehmer, hatte zu Marx' Zeiten nicht nur einen relativ hohen Grad von Spezialisierung erreicht, sondern gewann auch zunehmend an Macht. Es war ein Reflex ihrer wachsenden Macht und Selbstsicherheit, daß sie in ihrem eigenen Berufssektor, mit dem sich der Begriff ›ökonomisch‹ mehr und mehr verband und den man schließlich kurz als ›die Wirtschaft‹ bezeichnete, den Angelpunkt der Gesellschaft erblickte. Für ihn beanspruchten sie, vor allem im Verhältnis zu Regierungen und staatlichen Behörden, einen hohen Grad von Autonomie ...
Marx [übernahm] einfach das in der liberalen Ideologie verankerte Denkschema einer Trennung von Staat und Wirtschaft. Aber unter seinen Händen verwandelte sich die kurzfristige liberale Forderung, daß der Staat nicht in das freie Spiel der ›ökonomischen Kräfte‹ eingreifen solle, in eine langfristige soziologische Theorie, die besagte, daß eine spezialisierte ›ökonomische‹ Sphäre nicht allein bei dem zeitgenössischen Stand der beruflichen Spezialisierung, sondern auch in früheren Phasen der Gesellschaftsentwicklung im Verhältnis zu den anderen Sphären der Gesellschaft ein hohes Maß an Autonomie besaß ...«

Sicher war diese Marx-Kritik, gemessen an den exegetischen Subtilitäten, mit denen ich mich in Kapital-Seminaren gequält hatte, von einer bestürzenden Schlichtheit, und ich weiß noch, daß ich das gegen Elias wandte. Wieviel von Marx hatte er wirklich gelesen? Andererseits waren mir jene Subtilitäten immer unfruchtbar erschienen, ich hatte sie auf nichts Greifbares beziehen können. Dogmatismus pur, diesmal nicht theologisch, sondern soziologisch. Das war es wohl, was mich letztlich für das Eliassche Denken, auch jenseits der Zivilisationstheorie, einnahm: daß hier keine Büchertheorie geritten, sondern von Realitäten ausgegangen wurde. Marx' Hochbewertung der Ökonomie war also der Reflex einer besonderen Machtstellung wirtschaftender Gruppen. Diesen Rückbezug auf Menschen, ob der Vergangenheit oder der Gegenwart, hatte ich in meinem Studium (außerhalb der Psychoanalyse) kaum gefunden. Bei Elias begegnete er mir mit Nachdruck. Soziologie, wie er sie betrieb, war nicht die besonders lebensferne

Wissenschaft, als die ich sie kennengelernt hatte, sondern gerade die lebensnächste. Ich konnte nicht beurteilen, wieweit seine These stimmte, aber der Ansatz war für mich überzeugend. Die zweite Stelle lautet:

Vor Marx »waren Gelehrte, Spezialisten des Bücherschreibens und des Lernens und Lehrens aus Büchern, häufig wie selbstverständlich von der Annahme ausgegangen, daß ein spezifischer Typus von ›Ideen‹, nämlich die Ideen gelehrter Männer, weitervermittelt vor allem durch das Medium des Buches, eine autonome Entwicklungsreihe oder Sphäre bilden. Unter welchem Namen auch immer, Ideen, Vernunft oder Geist stellten sich derart als Haupttriebkraft in der Entwicklung des menschlichen Denkens und vielleicht sogar in der menschlichen Geschichte überhaupt dar. Marx brach klar und unzweideutig mit dieser philosophischen Tradition. Er versuchte, vielleicht zum erstenmal mit solcher Konsequenz, Verlauf und Richtung der Menschheitsentwicklung dadurch zu erklären, daß er die Funktion als Triebkraft des Wandels einem anderen Aspekt des sozialen Lebens zuwies, der vorher von vielen Gelehrten als zu trivial oder gewöhnlich vernachlässigt worden war. Er erkannte ... die zentrale Bedeutung für die Entwicklung der menschlichen Gesellschaft, die der Arbeit zur Befriedigung der elementaren menschlichen Bedürfnisse zukommt ...«

Damit war klar: wenn Elias Marx kritisierte, behielt er doch dessen anti-idealistische Zielrichtung bei. Er beanspruchte, auf demselben Erkenntnisweg über ihn hinauszugehen, und bewies so eine Unbefangenheit der Auseinandersetzung mit einem Giganten, die wir uns damals nicht zutrauten. Zugleich habe ich seine Frontstellung gegen die Philosophie mit meiner eigenen Aversion gegen die Ideengeschichte verknüpft, bei der mein Erklärungsbedürfnis nie zur Ruhe gekommen war. Der Gedanke, daß historische Forscher dazu neigen, ihre Situation als Leser von Büchern, zwischen denen sie Verbindungslinien ziehen, mit dem Leben zu verwechseln, wurde eines meiner intellektuellen Schlüsselerlebnisse.

Zu dieser inhaltlichen Attraktion kam hinzu, daß sich Elias – wie Freud – in einer Sprache ausdrückte, zu der ich Zugang fand, ohne das Gefühl, der Initiation in ein Arkanwissen zu bedürfen. Die Fachsprache, der ein Student auf der Universität begegnet, ist ja nur teilweise durch die Notwendigkeit einer knappen, genauen Beschreibung komplexer Gegebenheiten bedingt. Ein ganzes Stück weit dient sie der Legitimation, der Etablierung einer Spezialistengruppe gegen potentielle Konkurrenten oder gar der Verdeckung tatsächlichen Nicht-Wissens. Sie *soll* auch einschüchtern. Ihr Erlernen verlangt eine Identifikation mit dem Aggressor. Ich selber hatte besonders bei der Adorno-Lektüre empfunden, daß mich dieser Autor zuerst einmal für dumm erklärte. Elias war dagegen ein Labsal. Er warb um seine Leser oder Zuhörer, wollte ihnen das Mitgehen so leicht wie möglich machen. Daß er mir anfangs zu schlicht vorkam, hing mit meiner Erwartung zusammen, daß gewichtige Einsichten sich primär durch abschreckende Unverständlichkeit auszuzeichnen hätten.

Und alles, was Elias vortrug, beruhte nachvollziehbar auf Erfahrung, mit sich selbst, mit lebenden oder den Zeugnissen toter Menschen. Als ich zeitweise Texte von ihm nach Diktat aufnahm, habe ich ihn bei einem abstrakten Gedankengang öfter gefragt, welche Beispiele er im Auge habe; sie waren nicht immer gleichermaßen reich oder einleuchtend, aber er wußte sie immer zu nennen. Manchmal fügte er sie noch in den Text ein. Wie sachhaltig sein Denken war, habe ich bei eigenen Forschungen erlebt, wenn sich das Chaos meines Stoffs mit Hilfe terminologischer Instrumente ordnete, die ich von ihm gelernt hatte. Diese unangestrengte Nützlichkeit ist etwas vom Höchsten, was man einer Theorie nachsagen kann. Bei meinen historischen Ehe-Studien wurden mir wesentliche Zusammenhänge durch den Begriff der sozialen »Integrationseinheit« faßbar. Erst im nachhinein fiel mir wieder ein, daß er von Elias stammte.

Das war später, als ich, um mich nicht nur als Diener am Werk anderer definieren zu müssen, beschlossen hatte, auch forschend am Projekt der Zivilisationstheorie teilzunehmen. Zunächst wollte ich die Soziogenese des abendländischen Gewissens an der mittelalterlichen Beicht- und Bußpraxis untersuchen. Als ich Elias davon erzählte (1978, auf einer Galerie der neueröffneten Berliner Staatsbibliothek), riet er mir ab. Mittelalter ja: »Sie können lateinische Quellen lesen, und das ist bei Soziologen selten«, aber: »Sie haben doch gerade geheiratet, schreiben Sie über die Ehe!« Er achtete immer darauf, daß seine Schüler ein Thema wählten, das sie aus starker Erfahrung kannten.[2] Da ich wußte, daß sich das Ehe-Thema mit einer alten, verschollenen Arbeit von ihm berührte, empfand ich seinen Vorschlag als Vertrauensbeweis und

2 Ein Ratschlag noch, den er mir damals gab: »Man muß die Fragen stellen, die das Material zu beantworten erlaubt.«

Auftrag. Diesen zweiten Anlauf zu einer Dissertation habe ich mit der Hilfe von Peter Gleichmann abgeschlossen. Elias, der mich an Gleichmann vermittelt hatte, nahm als Prüfer an meinem Rigorosum teil und ehrte mein Buch, als es herauskam, mit einem eigenen Vorwort.

Phasen der Assistenz
(Erlebnisbericht 1976-1978)[3]

Im Wechsel der Projekte

Nach jenem Antrittsbesuch im Sommer 1976 traf ich mit Elias, wenn ich es recht rekonstruiere, noch achtmal zur gemeinsamen Arbeit zusammen, jeweils für ca. 1-2 Wochen. Entweder ging ich wieder nach Leicester, oder wir nutzten seine Berlinaufenthalte. Bevorzugter Arbeitsraum war die Lobby des *Kempinski*, in dem er sich einmietete, weil es ein Schwimmbad hatte. Zweimal besuchte er Christel, meine spätere Frau, und mich in unserem Feriendomizil an der Ostsee. Dort empfing er die Nachricht, daß ihm der Adornopreis 1977 verliehen werde. Es hatte einige Aufregung gegeben, bis seine Bleibe ausfindig gemacht war.

Obwohl die Anna-Freud-Ausgabe für mich Priorität haben mußte, hofften wir, *peu à peu* den Band wissens- und wissenschaftssoziologischer Aufsätze, für den ich engagiert worden war, schaffen zu können. Aber schon bei meinem zweiten Leicester-Besuch, im Oktober 1976, stellte Elias diesen Plan hintan und bat mich, ihm bei der Druckfassung seines (Aachener) Vortrags »Philosophische Erkenntnistheorie und soziologische Zivilisationstheorie« zu helfen, den er der *Zeitschrift für Soziologie* versprochen hatte. Später haben wir auch die Fahnenkorrektur gemeinsam erledigt. So vertauschte ich unter der Hand meine Übersetzerrolle mit der eines Privatassistenten.

Damals begann meine redaktionell-editorische Tätigkeit für Norbert Elias. Ich tippte nicht nur sein Manuskript ab, das von Korrekturen übersät war, sondern wies ihn auch auf Wiederholungen,

3 Manche Dinge aus dem folgenden Abschnitt habe ich, in einer distanzierten Version, schon einmal erzählt (oben, Kap. VII). Hier liefere ich persönliche Details und die Affekte nach.

Anglizismen, schlecht gebaute Sätze oder unverständliche Passagen hin und fing an, was ich noch unzählige Male getan habe, in seine Bandwurmgedanken Absätze und Kapiteleinschnitte einzutragen. Die Hilfe eines *native speaker* war ihm in seiner Zweisprachigkeit, die ihm die letzte Sicherheit im Englischen wie im Deutschen raubte, zweifellos wichtig. Soweit ich etwas zum Text sagte, beschränkte ich mich zumeist auf immanente Urteile oder Spiegelungen, betreffend die Verwirklichung *seiner* Intentionen, wie ich sie sah. Ebenfalls eine Vorausdeutung für später.

Elias gab mir auch das ursprüngliche Vortragsmanuskript zu lesen. Ich freute mich über die »denkenden Statuen«, die darin vorkamen – sein vielleicht schönstes Bild für den *homo clausus* –, und habe noch eine Weile versucht, ihn zur Veröffentlichung zu mahnen.[4] Vor allem aber beobachtete ich, daß Elias bei der Revision seines Manuskripts schon nach wenigen Seiten neue Gedankenwege eingeschlagen hatte, weit weg vom früheren Kontext, so daß die Gestalt des geplanten Aufsatzes verloren war. Ich machte ihn darauf aufmerksam, daß der alte Titel nicht mehr zum Inhalt paßte, und erfand den neuen, den der gedruckte Aufsatz trägt: »Zur Grundlegung einer Theorie sozialer Prozesse«. (Nachdem das Manuskript abgeschickt war, entwarf Elias im gleichen Schwung eine Fortsetzung, die aber unfertig und unveröffentlicht blieb.)

Bei der Vorbereitung dieser Publikation lernte ich typische Muster der Eliasschen Arbeitsweise kennen: das unaufhörliche assoziative Fortschreiben von Manuskripten, ohne Rücksicht auf den Zusammenhang; die Indifferenz für technische Aspekte der Textproduktion; eine naive Großzügigkeit gegenüber Ablieferungsterminen; den Fragmentcharakter seiner Schriften. Ich stellte fest, daß er, der berühmte Mann, beim Schaffen Resonanz brauchte, jemand, der ihm *on the spot* bestätigte, daß unter seinen Händen etwas Gutes und Klares entstand. Er brauchte auch jemand, der im Gemenge seiner Fassungen, Verbesserungen, Erweiterungen den Überblick behielt, wo er sich gerade befand, und der seine

4 Daß dieses Bild bereits in einem früheren Text aus dem Komplex *Gesellschaft der Individuen* verwendet worden war (Elias 1987b, S. 130ff., bes. 157), wußte ich damals nicht. Ein ähnlicher Rückgriff findet sich in der neuen Einleitung (1969b) von *Über den Prozeß der Zivilisation*: auch die dort entfaltete Metapher von den »zwei Chören« entstammt einem alten Manuskript.

Termine verwaltete. Das waren Aufgaben, die er gern seinen Assistenten überließ – eine Delegation von Gewissens- und Ich-Funktionen.

Als mich Elias zum ersten Mal in der Assistentenrolle benutzte, dachte ich mir noch nichts dabei. Natürlich hatte eine aktuelle Publikation den Vorrang gegenüber einem längerfristigen Buchprojekt. Und ich wollte ja vor allem den Kontakt zu ihm halten. Meine Zeit plus Spesen bezahlte er mir in jedem Fall. Dann aber merkte ich, daß aus dem Funktionswechsel System wurde. Wenn wir zusammen waren, brachten wir etwas zustande. Deshalb klinkte mich Elias mehr und mehr in seine laufende Produktion ein und legte mir immer neue Dinge vor, bei denen ich ihm helfen sollte:

– Es kam im Frühjahr 1977 eine Ergänzung zu dem alten englischen Aufsatz »Drake and Doughty«, den Goudsblom für eine holländische Veröffentlichung haben wollte. Zeitdruck verhinderte, daß dieser theoretische Nachtrag zu einem spannenden narrativen Text über die Anfänge hinausgedieh. Ich erkannte auch keine starke neue Idee. Es war wohl meine erste Konfrontation mit jenem Trieb, der Elias zwang, jedem früheren Werk bei der Veröffentlichung (oder Neuveröffentlichung) einen Zusatz beizufügen.

– Es kam im Sommer des Jahres (oder im Folgejahr?) der kleine Aufsatz »Zum Begriff des Alltags«, der in wenigen Tagen erledigt war. Nie wieder habe ich bei Elias eine so rasche, zielstrebige Produktion erlebt.

– Im Herbst und Winter 1977 dann (zur Zeit der Schleyer-Entführung und -Ermordung) die »Gedanken über die Bundesrepublik«, eine Auftragsarbeit für den *Spiegel* aufgrund der Adorno-preis-Rede. Durch diesen Essay lernte ich den Forschungsstrang von Elias kennen, dessen Hauptfrüchte ich später in den *Studien über die Deutschen* versammelt habe. Es war für mich ein Höhepunkt unserer Kooperation. Der *Spiegel*-Artikel wurde nicht gedruckt, Elias erklärte mir: weil die Redaktion Kürzungen wünschte, die zu einer politischen Unausgewogenheit geführt hätten.

– Es kamen im Frühjahr 1978 die »Notizen zu einem Brief«, ein seltsames, wenig konzentriertes Stück, bezogen auf einen Brief, den der marxistische Psychoanalytiker Otto Fenichel am 9. Oktober 1939 (sic) nach der Lektüre des 1. Bandes von *Über den*

Prozeß an den Autor geschrieben hatte.[5] Die »Notizen« waren gedacht für den 2. Band der *Materialien zu Norbert Elias' Zivilisationstheorie*, die damals als Quasi-Jahrbuch etabliert werden sollten.

– Im verregneten Sommer 1978, an der Ostsee, saßen wir an dem langen Manuskript »Soziale Kanons und soziale Existenz«, das eigentlich schon abgeschlossen gewesen war, das Elias aber noch ergänzen, zum Buch ausbauen wollte. Der Text ist einer von denen, die durch die Anlagerung vielfältiger Überlegungen aus dem Fundus nur breiter wurden.

– Zwischendurch machte ich redaktionelle Vorschläge zu einem Manuskript »Über das Verhältnis der Zivilisationstheorie zu Freuds Kulturtheorie«, das Elias für die *Psyche* verfaßt hatte.

Alle diese Projekte unterbrachen die Übersetzungsarbeit und drängten unser erstes Vorhaben, die Sammlung wissenssoziologischer Aufsätze, zurück. Das konnte mir an sich gleichgültig sein; schließlich hatte der Autor die Verantwortung zu tragen. Was mich aber traf und betraf, war die Tatsache, daß auch die Manuskripte, die das Buch zur Seite schoben, gar zu oft stecken und jedenfalls unveröffentlicht blieben. Ich hatte sie auf meine Weise mitproduziert, im Gefühl, daß etwas Bedeutsames entstehe, und dann verschwanden sie sang- und klanglos in der Versenkung.

Mit der Zeit lernte ich, daß ich nur der Normalität des Eliasschen Schreibens begegnet war; er hatte viele Manuskript-Leichen im Keller. Ich sah in Leicester auf seinen Wunsch die Archivschachteln durch, in denen die Amsterdamer Bibliothekarin Marguerite

---

5 Fenichel zeigt sich in seinem Brief erfreut über die Tatsache, daß Elias die Probleme genauso sehe wie er selbst und seine Freunde, fügt dann aber einen kritischen Punkt hinzu: Elias habe eine in den letzten Jahrzehnten zu beobachtende Lockerung hergebrachter Tabus auf eine Verinnerlichung bestimmter Hemmungen im Über-Ich zurückgeführt, die eine größere Zwanglosigkeit des Verhaltens erlaube. Demgegenüber sei er, Fenichel, der Meinung »that we are going through a true inner loosening of instinctual inhibitions, which is only an accompanying symptom of the break-down of the bourgeois culture in general«. In diesem Einwand äußerte sich der dogmatische Marxismus, der die Rezeption des Eliasschen Buches in der zeitgenössischen Linken auch sonst erschwerte (siehe Schöttker 1988) und dem der Autor in den siebziger Jahren in Deutschland wiederbegegnete; dagegen sind die »Notizen zu einem Brief« gerichtet.

van Berckel einen Bruchteil von ihnen zusammengestellt und katalogisiert hatte. Anderswo (oben, Kap. VII) habe ich dargelegt, was ich von den Beweggründen für seine permanente Tendenz, Neues auf Kosten des Älteren anzufangen, glaube verstanden zu haben: die Lust am kreativen Aspekt des Schreibens, den überstrengen Perfektionismus, ein Nicht-Hergebenwollen und die leichte Ansprechbarkeit für Anfragen von außen.

Dem Strom der wechselnden Titel und Themen habe ich mich bald entgegengestemmt. Ich neigte dazu, mir die Dinge, bei denen ich mitzuarbeiten begonnen hatte, zu eigen zu machen, hielt an ihnen fest und wollte sie publiziert sehen. Mein Widerstreben, vor ihrem Abschluß etwas Neues in Angriff zu nehmen, wurde größer. Wenn ein Projekt auf der Strecke blieb, empfand ich das als eine Vergeudung auch meines Engagements. Es kam dadurch zu einigen Spannungen zwischen Elias und mir. Andererseits brachte ich wirklich fast alles, was ich im Ernst angepackt habe, zu Ende und das meiste früher oder später zum Druck. Auch eine deutsche Fassung des ersten Teils seiner »Neuen Perspektiven der Wissenssoziologie«, die so oft liegen geblieben war, konnte ich dem unwilligen Autor abringen. Die letzten Seiten ist er bei einem Berlinaufenthalt noch im Restaurant des Flughafens Tegel mit mir durchgegangen.

Zeitweise versuchte ich, die Übersetzungspläne des Anfangs gegen Elias zu verteidigen. Dann wieder zügelte ich mein Engagement und tat einfach, was er wollte. Mit dieser Einstellung saß ich z. B. an »Soziale Kanons«. Aber ich war zu stolz, zu alt dafür. Das Dilemma löste sich erst, als mir Elias die Möglichkeit gab, relativ selbständig und getrennt von seiner aktuellen Produktion zu arbeiten.

Lebendes Diktaphon

Die Zusammenarbeit mit Elias war eine unvergeßliche Erfahrung. Er behandelte seine Assistenten über den Altersunterschied hinweg wie Partner, an deren Verständnis, Anerkennung und Rat ihm gelegen war. Er erzählte von sich und ließ sich umgekehrt aus Leben und Wissenschaft erzählen. Man bekam Einblick in das Getriebe seines Denkens, lernte seine Arbeitsweise kennen. Auch die kleineren und größeren Tricks. Daß er zum Beispiel in Manuskripten nie sagte: »So oder so ist es«, sondern immer: »Es ist *oft* so, *scheint* so zu sein, *tends to be*.« An einer Passage, die wir übersetzten,[6] erläuterte er mir sein Stil-Ideal: eine Serie kurzer, gemeißelter Hauptsätze. Leider falle er oft dahinter zurück, in die schlechte deutsche Schachtel-Manier. Kurz, es war eine Meister-Lehrlings-Konstellation vom alten, handwerklichen Typ: Lernen durch Mitmachen und Abschauen, durch direkte Identifizierung. Das wichtigste wurde mir erst in späteren Jahren ganz bewußt: wie *belebend* Elias wirkte. Immer wieder kehrte ich von meinen Fahrten nach Amsterdam beschwingt und ermutigt zurück. Er hat viele als ein Sinngeber beeinflußt.

Für die Intimität freilich, ohne hierarchisches Gefälle, mußte man einen Preis bezahlen. Sie funktionierte, wenn man Elias nicht widersprach, jedenfalls nicht an ernsten Punkten. Bei einem Spaziergang im Park in Leicester, als ich einen freudianischen Einwand wagte, hielt er mir zornig entgegen: »Sie vertragen es nicht, wenn man über Freud hinausgeht. Aber ich tue genau das.« Sein Ärger wirkte traumatisch. Immerhin, er kämpfte mit mir, ohne die übliche, als Toleranz maskierte Indifferenz für andere Meinungen. Trotzdem hörte ich bald auf, ihm mit eigenen Ansichten oder Gegenmeinungen zu kommen. Wohlgefühlt habe ich mich im Gleichklang. Gespräche führte ich vielfach so, daß ich mich auf seine Wellenlänge einschwang, in seinen Bahnen mitbewegte. Meine Arbeit für Elias, die am Ende eine Art Freundschaft begründete, wurde nur durch ein Naturell, dem solches Verhalten nahelag, ermöglicht. (Manchmal redete ich auch englisch mit ihm, wenn er aus Versehen in diese Sprache verfallen war.)

Der Satz: »Ich war Assistent von Norbert Elias« klingt großartiger, als die Situation war. Elias kannte in letzter Instanz nur eine Form der Mithilfe: die des lebenden Diktaphons. *Daß* es lebte, daß es mit Wort und Mimik reagierte, bedeutete ihm etwas. Aber die entscheidende Funktion seiner Assistenten war eine passive. Viele haben immer von neuem dasselbe erlebt: Elias diktierte seine Texte, wir schrieben sie. Er las das Geschriebene, wir übertrugen seine Korrekturen oder Zusätze und stellten eine neue Reinschrift her (später wurde ein Computer-Ausdruck daraus). Und so weiter. Im Grunde benutzte uns Elias wie eine Selbsterweiterung – man könnte sagen: wie seine Hand. Er brauchte uns, um das

6 Elias 1983, S. 21.

Schreiben zu einem sozialen Vorgang zu machen. Aber er rechnete dabei nicht mit einer Eigenständigkeit des anderen, der ihm gegenübersaß. Diese endlosen Pausen, in denen man auf den nächsten Satz wartete ...[7]

Was auch das Vorzeichen war, unter dem ein junger Mensch bei ihm antrat, Elias steuerte die Beziehung in Richtung Diktaphon. Einen Studenten verführte er durch das Angebot eines gemeinsamen Buchprojekts, der Jüngere stimmte geschmeichelt zu. Aber sein eigener Beitrag beschränkte sich auf das Erzählen von Geschichten aus seinem Leben, seinem Bekanntenkreis, die Elias als Stoff reizten. Ansonsten saß er da und mußte sich diktieren lassen. Er kam in den Winterferien nach Leicester, wo er für ein ganz anderes Manuskript eingespannt wurde; danach hörte ich nichts mehr von der Zusammenarbeit. Elias hat mir später ebenfalls eine Koautorschaft angetragen. Ich ging nicht darauf ein, weil ich ahnte, ich würde ihm Material liefern, technische Hilfsdienste leisten, einen verlorenen Kampf um Berücksichtigung der Forschungsliteratur führen – und im wesentlichen wieder nur seinen Text aufnehmen.

Meine Aufgabe als Übersetzer hatte an sich das Potential, zu einer Bastion der Autonomie zu werden. Bei Anna Freud wurde sie es; nicht so bei Elias. Der Hauptgrund war, daß er seine englischen Texte nicht als etwas Vorliegendes, Abgeschlossenes sehen konnte, mit dem jetzt technisch zu verfahren war. Das Problem zeigte sich schon bei den »Neuen Perspektiven der Wissenssoziologie«. Wir hatten abgemacht, daß ich den Entwurf einer deutschen Version herstellen und ihm vorlesen würde; er wollte ihn auf dem Fleck verbessern, damit ich die Möglichkeit bekäme, mit seiner Sprache vertraut zu werden. Auf dieser Linie fingen wir an. Dann aber verwandelte sich die Situation. Elias begann (wenn wir nicht ohnehin mit anderem beschäftigt waren), seinen Originaltext zu modifizieren und immer mehr zu erweitern. So büßte ich die Funktion eines Übersetzers ein und schrieb zumeist die neuen Passagen mit, in der normalen Rolle des Elias-Assistenten. Die fertige deutsche Fassung (bisher ungedruckt) ist mehr als doppelt so lang wie die englische.

7 Irgendein selbstbewußtes Glied der Kette fing an, in den Diktierpausen zu lesen; seitdem wurde diese Praxis von Nachfolger zu Nachfolger tradiert.

Im Frühjahr 1977, noch mitten in der Arbeit an »Sociology of Knowledge«, meinte Elias, wir sollten uns lieber »Problems of Involvement and Detachment« vornehmen, das Herzstück des geplanten Aufsatzbandes. Bei diesem Text wurde der Übergang von der Übersetzungskorrektur zur Revision des Originals definitiv. Der besondere Zweck meiner Gegenwart hatte sich verflüchtigt. Zugleich traten redaktionelle Probleme auf, deren Typus ich schon von »Zur Grundlegung« kannte. Elias machte Einschübe, die immer länger wurden, und verlor dabei den Kontext aus dem Blick. Immer schwerer (und mürrischer) fand er den Rückweg zu dem Punkt, von dem er aufgebrochen war. Der Kampf um den Kontext wurde zu einem Leitmotiv unserer damaligen Zusammenarbeit. Am Ende mußte ich mich geschlagen geben. Bei den Fragmenten, die jetzt als »Gedanken über die große Evolution« im gedruckten Band von *Engagement und Distanzierung* stehen, hat Elias die Fessel der Vorlage abgeschüttelt und ganz ins Offene geschrieben. Was immer man zur Berechtigung seiner Zusätze sagen kann, sie brachten das ständige Risiko mit sich, daß sich der Abschluß eines Manuskripts *ad Kalendas Graecas* verzögerte.

Bei den Texten, die Elias frei diktierte, gab es Tag für Tag einen Moment der Wahrheit. Sagen wir, er hatte ein Stück produziert, das mir gefiel; er hatte angedeutet, worauf er hinauswollte, und es hörte sich gut an. Dann kam der nächste Tag, ich hatte den gestrigen Text inzwischen getippt. Und jetzt die bange Frage: würde er sich den letzten Absatz vornehmen und weitermachen, oder würde er etwas unschlüssig zurückblättern: »Das muß ich mir nochmal ansehen«? Im zweiten Fall konnte ich sicher sein, daß er nach spätestens einer Seite begann, Erweiterungen hinzuzufügen, und nach zwei oder drei Seiten war er auf einer neuen Spur, die oft genug nicht mehr in die alte Bahn zurücklenkte. Ich dagegen hatte mir im Gespräch mit ihm ein Bild von der Gestalt des Bevorstehenden gemacht und verteidigte das Fortfahren im Text gegen die Zusätze, die alte Intention gegen den neuen Schub von Einfällen, dem das Hauptinteresse von Elias galt.

Mit meiner Erinnerung an unser Übersetzungsvorhaben, an diese zwei ersten Jahre der Kooperation, ist ein Gefühl von Vergeblichkeit und Enttäuschung verbunden. Ich saß in einer Falle: miteinander kamen wir nicht recht weiter, und allein durfte ich nichts tun. Kein Wunder, daß ich zwar liebend gern mit Elias zusammen war, die Situation aber nie länger als zwei Wochen ertrug.

Im Sommer 1978 wurde Elias Fellow am *Zentrum für interdiszi-plinäre Forschung* (ZiF) in Bielefeld. Er fragte mich, ob ich als sein Assistent mitgehen und dort die Dissertation, zu der ich mich eben entschlossen hatte, schreiben wolle. Ich lehnte ab: Was er brauche, sei kein Assistent, sondern eine gute Sekretärin. Er fand wirklich eine, mit der er eine so fruchtbare Phase hatte wie selten sonst. Mich hätte eine permanente Zusammenarbeit, wie ich aus den zurückliegenden Kostproben wußte, überfordert. Auch be-zweifelte ich, daß ich mir neben ihm genügend Zeit zum eigenen Forschen und Freiraum zum eigenen Denken würde verschaffen können. Es kam zu einer Entfremdung zwischen uns, die erst zwei Jahre später affektiv und vier Jahre später, als meine Disser-tation fertig war, auch praktisch aufgehoben wurde. Eine Bezie-hung zu Elias, das wurde mir klar, setzte immer voraus, daß ich für ihn arbeitete.

Zauber der Kreativität

»Schauen Sie doch die Spatzen da draußen«, sagte uns Elias, aus dem Fenster seines Wohnzimmers deutend, als Christel und ich ihn zum erstenmal gemeinsam in Leicester besuchten. »Man sieht richtig den Vater, wie er schimpft. Ich habe große Freude an den Spatzen, beobachte sie viel und möchte gern ein Kinderbuch schreiben, über eine Spatzenfamilie.«
Elias war immer voller Pläne. Wie viele Buchprojekte habe ich nicht kommen und gehen sehen. In der Titelfußnote von »Socio-logy of Knowledge: New Perspectives« steht zu lesen: »Die Ge-dankengänge von Teil I und II dieses Aufsatzes werden in meinem demnächst erscheinenden Buch gleichen Titels vervollständigt und erweitert.« Solche Absichten, wenn ein Aufsatz in Arbeit war, gab es zuhauf. Die Vorankündigung eines Bandes *Der bür-gerliche Künstler in der höfischen Gesellschaft*, ein Nachfolgepro-jekt seiner Beschäftigung mit Mozart, schleppte sich jahrelang durch die Verzeichnisse der *edition suhrkamp (Neue Folge)*. Über-quellende Produktivität – seltsame Verblendung: stets nahm Elias seine Vorsätze für bare Münze. Bis zum Tod hatte er Bücher im Auge, die lange Zeiten gesunder Schaffenskraft gefüllt hätten. Ei-nes der letzten sollte von Europa handeln. Etwas frühere waren »Drei Stufen der Wissensentwicklung« (in der Menschheitsge-

schichte)[8] oder ein Freud-Buch, für das er sich noch einmal in das *Unbehagen in der Kultur* vertiefte. Wenn ich ihn einen Monat nicht gesprochen hatte und dann nach dem Stand des Vorhabens fragte, an dem er zuletzt gearbeitet hatte, geschah es öfters, daß er statt dessen von zwei Ideen redete, die mir ganz unbekannt waren.

Diese Kreativität, die Fülle, die zahlreiche Menschen an Elias fasziniert hat, erstreckte sich nicht nur auf die Wissenschaft. Das Spatzenbuch war bald vergessen. Aber daß er eine regelrechte Utopie schreibe, hat er 1980 bei der Ehrenpromotion in Bielefeld laut mitgeteilt – Herr Unseld wollte gleich zugreifen. Ein paar Kapitel sind aufgezeichnet. Den Zug Alexanders des Großen im Hegemonialrausch, den Elias in *Engagement und Distanzierung* als Beispiel benutzt, wollte er vorher zu einem Epos verarbeiten: es sei ein genuin epischer Stoff. Auch dafür gibt es wenigstens eine Prosa-Skizze. Gedichte hat er ja wirklich verfaßt. Ein englisches, unveröffentlichtes (»You would hate it here, John«) war, wie er mir verriet, ein Brief an den jungen Johan Goudsblom. Elias beobachtete scharf und erlebte intensiv, vieles davon wurde zum Stoff seines Gestaltungswillens, auf verschiedenen Ebenen.

Im Frühjahr 1977 waren Christel und ich mit dem Auto nach Leicester gekommen. Er mußte gleichzeitig mit uns abreisen, nach Aachen, hatte einen Flug gebucht, aber Heathrow wurde gerade durch einen Streik lahmgelegt. So fuhr er mit uns, der große, alte Mann, zusammengekauert im Fond meines betagten VW. Es wurde eine abenteuerliche Reise, mit einer veritablen Panne, so daß wir die Fähre nach Ostende verpaßten und eine andere nach Calais nehmen mußten. Elias machte gelassen alles mit, was uns zustieß. Tief in der Nacht, im orangefarbenen Licht der belgischen Autobahn, hörten wir ihn hinten murmeln. Er komponiere gerade ein Gedicht über den Straßenverkehr: viele anonyme Menschen durcheinander, und doch eine zuverlässige Ordnung.

Beim ersten seiner Ostseebesuche sammelte er am Strand die schwarz-weißen Steine, von denen ich gelegentlich berichtet habe

---

8 Vielleicht eine Anknüpfung an die »Geschichte des menschlichen Bewußtseins«, über die Elias in seiner ersten Heidelberger Zeit ein langes Manuskript verfaßte (Blomert i. V., Kap. 5, S. 40), und damit ein weiteres Beispiel dafür, wie er im Alter Denkmotive aus seinen Anfängen wiederaufgriff.

(oben, Kap. VII). Beim zweiten sah ich seine wahrnehmende Gestaltung auf andere Weise in Aktion treten. Der älteste Sohn des Großbauern, auf dessen Land wir wohnten, ein zehn- bis zwölfjähriger Knirps, mähte vor unserer Hütte mit dem Traktor Raps. Elias, dem der junge Erbsohn mit seinem etwas penetranten Stolz auffiel, nahm ihn als einen lebenden Beleg dafür, wie eine festgeprägte soziale Position das individuelle Selbstbewußtsein bestimmt. Er unterbrach die Arbeit, an der wir saßen, und diktierte einen Abriß dessen, was er beobachtet und gedeutet hatte. Damit nicht genug; die Skizze wurde im Nu zum Prototyp eines neuen Genres, das er »soziologische Miniaturen« nannte: »So etwas fehlt in unserem Instrumentarium.« Im Anschluß an den Erbsohn verfaßte er gleich noch zwei, drei Stücke desselben Musters, alle bezogen auf Menschen seiner Bekanntschaft. Spuren dieser Art von empirischer Forschung findet man auch in Eliasschen Publikationen.

Sein kreativer Impuls hatte etwas Spielerisches. Nehmen wir die Sigel, mit denen er seine Manuskripte überschrieb, um sie und ihre Bearbeitungsstufen auseinanderzuhalten: Da entstanden geheimnisvolle Wörter wie *Scientab* oder *Estament* (»Scientific Establishment«), aus dem allzu häufig benutzten *Intro* (»Introduction«) wurde rückwärts *Ortni* (»The Established and the Outsiders«), *NDY* (New »Dynamics [of Consciousness]«) verwandelte sich in *Wendy* (Vorname seiner damaligen Sekretärin). Mit dem Zusatz *Fin* befahl er sich selbst, nun endlich Schluß zu machen; und dann wurde *FinFin* und *FinFinFin* daraus. Die vielleicht schönste Serie dieser Art geht aus von einem krächzenden *RA* (»Rationalism and Anti-Rationalism«), das über *RARA* und *RARARA* zu *RAFIN* mutiert und – das hoffnungslose Kommando in ein Selbstlob umdeutend – schließlich zu *RAFFIN* ...

Auch bei Texten, die er auf englisch schrieb, machte sich Elias Gedanken darüber, wie die zentralen Termini auf deutsch heißen könnten; er hat mehrfach mit mir darüber geredet. Die Studie über die *Naval Profession*, eine seiner brillantesten Leistungen, hielt er für unübersetzbar, weil im Deutschen ein Äquivalent für *profession* fehlt. Geht »Engagement« für *involvement*? (Es gibt nichts Besseres.) Und »Etablierte« für *established*? (Dito.) Ich bestätigte ihm schon 1976/77, daß die Bildung »Klatschkanäle« (= *gossip channels*) nicht nur möglich, sondern sogar sehr effektvoll sei. In Wirklichkeit versuchte er umgekehrt das Potential des

Deutschen zu Wortzusammensetzungen ins Englische hineinzutragen. Als ich einmal die Vermutung äußerte, daß manche seiner Ideen an die eine oder die andere der beiden Sprachen, die er beherrschte, gebunden seien, winkte Elias ab. Sein flüssiges, hochaktives Denken konnte sich gleichermaßen in englische wie deutsche Paßformen ergießen.[9]

Elias war kein Briefeschreiber vom Kaliber Freuds, der fast jedem Satz, den er zu Papier brachte, ein eigenwilliges Gepräge gab. Wenn es ihm darauf ankam, faßte aber auch er seine Briefe sorgfältig ab, im Stil wie im formenden Zugriff. Die an mich sind meist nüchtern, geschäftlich; später haben wir sowieso in der Regel telephoniert. Einen Brief jedoch habe ich, der etwas vom Zauber des Mannes vermittelt und die Hoffnung auf eine gelegentliche Ausgabe ausgewählter Elias-Briefe zu schüren vermag. Er geht an meine Frau, bezieht sich auf unseren ersten Sohn:

Bielefeld, den 31. 1. 1981

Liebe Christel,

ich habe mich schrecklich gefreut über Ihren Brief und besonders auch über das Bild Ihres kleinen Jungen. Man sieht allein schon aus der Fotografie, was für ein lebendiger Kerl das ist. Mir scheint, er hat ein bißchen die Augen des Vaters, und es wäre interessant zu wissen, ob der auch einmal ein so erschreckend lebhaftes Kind gewesen ist. Denn wenn man, wie das nun eben so ist, das allzu lebhafte Kind um der Eltern willen mindestens ebenso sehr wie um seiner selbst willen schon recht frühzeitig seiner Intensität entwöhnt – vielleicht allzu frühzeitig –, dann wird daraus leicht ein allzu gesetzter, besonders zurückhaltender Mensch ...

Die Leidenschaftlichkeit des Schauens sollte man sicherlich pflegen. Das hat ja Picasso groß gemacht. Der hat auch die Welt mit den Augen gefressen. Und wenn man sich seine Selbstportraits ansieht, da guckt er einen mit einer Direktheit und Intensität an, genau wie Ihr kleiner Sohn auf dem Foto. Nur bei den meisten Erwachsenen oder, sowie sie älter werden, bei den meisten Kindern verliert sich das eben sehr schnell. Und das ist doch schade. Da hat der Picasso Glück gehabt. Diese Augenlust sollte man

<hr>

9 Das schließt nicht aus, daß seine Begriffsbildung durch die Sprache, in der er eine Theorie zuerst formulierte, beeinflußt ist. Die Aussagen über »Engagement und Distanzierung« stoßen im Deutschen unvermeidlich auf die Rezeptionsschwierigkeit, daß »Engagement« ein weniger reicher, griffiger und eindeutiger Ausdruck ist als *involvement*. In »etabliert« klingt das »angesiedelt« (*old-established* = »alteingesessen«, »Altsiedler«), das in der Urfassung der Etablierten-Außenseiter-Theorie zu deren Kern gehört, nicht mehr mit.

fördern. Wenn ich in Berlin wäre, würde ich versuchen, ihm einen Kasten mit starken, frischen Farben, mit Rot, Grün, Blau und versuchsweise Schwarz zu geben, damit er – zum Entsetzen der Eltern – mit dem bunten Allerlei herumplantschen kann, vielleicht in der Badewanne; denn wir sind ja samt unseren Wohnungen ganz unkindlich sauber und zivilisiert. Aber vielleicht ist das für Ihren Sohn noch etwas zu früh. ...

Ich selbst kann nicht klagen. Nach 83 Jahren läuft der alte Body noch recht gut. Hie und da ein paar Störungen. Aber im Dachstübchen ist die Durchblutung eigentlich noch recht gut. Ich schreibe an den Gatten separat, und da werde ich etwas mehr über die Arbeit zu sagen haben. ...

Mit herzlichen Grüßen
Ihr Norbert Elias

Ich füge hinzu, daß Elias zu sagen pflegte: »Wenn man sich die Bilder von Kindern ansieht, die Komposition – sie vergreifen sich fast nie.« Im *Mozart* und anderswo hat er diese Eigenart als eine der großen Künstler herausgestrichen. Der individuelle Zivilisationsprozeß, der immerzu vor unseren Augen abläuft, ist für mich der unmittelbarste und überzeugendste Beleg für die Gültigkeit seiner Theorie.

Neun Bücher in acht Jahren
(Arbeitsbericht 1982-1990)

Das Publikationsprogramm und der Weg dahin

1980 in Bielefeld, bei Elias' Ehrenpromotion, lernte ich Friedhelm Herborth kennen und hatte ein langes Gespräch mit ihm über geplante Elias-Bände. Ein Punkt ließ mich aufhorchen: daß der alte Mann, um noch einige Veröffentlichungen zu erleben, jetzt bereit sei, einen Übersetzer selbständig arbeiten zu lassen. Ich konnte die frohe Botschaft nach all meinen Erfahrungen kaum glauben. Von ihr ermutigt und beflügelt durch das Wiedersehen nach langer Pause, schlug ich Elias vor, er möge mich in Zukunft als den »sortierenden Redakteur und Übersetzer« nehmen, den er doch brauche. Er stimmte zu. Anfang 1981 schrieb er mir: »ich bin ein schlechter Übersetzer und ein schlechter Herausgeber meiner eigenen Sachen«; er könne seine englischen Arbeiten nicht selbst zur deutschen Publikation herrichten, wie es Unseld erwarte, und kenne niemand außer mir, der dazu in der Lage sei.

Aufgrund dieser Verabredung wurde, nachdem ich im Sommer 1982 meine Dissertation abgeschlossen hatte, die Arbeit für und mit Norbert Elias zum Zentrum (obwohl nicht zum einzigen Inhalt) meiner Berufstätigkeit.

Sorgen machte die Finanzierung. Der erste Plan, daß Suhrkamp für mich eine halbe Stelle zur Betreuung Eliasscher Schriften schaffen würde, zerschlug sich. *Engagement und Distanzierung* und *Über die Zeit* brachte ich auf freiberuflicher Basis heraus, aber so war kein Geld zu verdienen. Blieb die Hoffnung auf eine wissenschaftliche Stiftung. Durch unsere Köpfe geisterte der Präzedenzfall von Erich Fromm, dem in seinen letzten Lebensjahren ein Privatsekretär finanziert worden sei. Ende Januar 1983 verfaßte ich ein »Exposé eines Antrags auf finanzielle Unterstützung der Vorbereitung einer deutschen Elias-Edition«.

Zu Beginn heißt es darin: »Elias hat, wie alle seine näheren Bekannten und Mitarbeiter wissen, während zumindest der letzten drei Jahrzehnte viel geschrieben, aber nur einen Bruchteil davon zur Veröffentlichungsreife (nach seinen eigenen Standards) vorangetrieben. Es gibt somit eine Fülle unpublizierter Texte im Typoskript, die für den Autor mehr oder weniger weit in den Hintergrund seines Interesses getreten sind. Der Zustand dieses Materials jedoch ist so chaotisch, daß es keinem Verlag zuzumuten wäre, die Kosten für die erforderlichen Erschließungsarbeiten zu tragen. ... Das Projekt, dessen Unterstützung angeregt werden soll, hat die Erstellung druckfertiger Manuskripte aus den ungedruckten und zumeist unbeendeten Texten des Autors zum Ziel.« Dieses Ziel könne »nur durch die Einschaltung eines weitgehend autonom arbeitenden Dritten erreicht werden«. Elias habe sich »prinzipiell einverstanden erklärt, die Edition von Texten, die für ihn inzwischen der Vergangenheit angehören, aus der Hand zu geben«.

Ich schlug vor, zuerst ein komplettes Verzeichnis der Manuskripte von Elias anzulegen. Dann beschrieb ich seine Arbeitsweise als »Prozeß einer ständigen, nie endenden Verdichtung und Anreicherung«, mit den Folgen: Fragmentcharakter der Texte, Vielzahl von Fassungen, Existenz von nicht-integrierten »Seitensträngen«. Als Stufen meines Prozedere faßte ich ins Auge: Sammlung und Ordnung des Materials, Auswahl und thematische Zusammenstellung publikationswürdiger Stücke. Das fortlaufende, assoziativ-amplifizierende Schreiben von Elias erlaube es bisweilen, auch Untereinheiten aus seinen Texten herauszulösen und für sich zu veröffentlichen.

Hermann Korte, den Elias um Mithilfe bat, machte schließlich aus diesem Exposé und einem zweiten Papier von mir mit konkreten

Buchvorschlägen einen Antrag bei der Thyssen-Stiftung. Die Bewilligung kam im Juli 1984. Zunächst sollte in einer vorbereitenden Phase der Bestand des Materials aufgenommen werden.[10]

Im Oktober 1984 zog Elias von Bielefeld in seinen Alterswohnsitz nach Amsterdam. Ich ging für einige Tage ins ZiF, packte seine dort verbliebenen wissenschaftlichen Papiere in Kartons und brachte sie zu mir nach Hause. Ein gutes halbes Jahr später, als dieser Teil des Materials geordnet und wieder weg war, fuhr ich mit einem gemieteten Kombiwagen nach Amsterdam und holte den Rest, den ich schon vorher durchgesehen hatte.[11] Die Papiermassen, die durch mein Berliner Arbeitszimmer flossen, füllten am Ende 169 Archivschachteln. Details der Technik, die ich mir ausdachte, um sie zu katalogisieren, sind in der Einleitung meines Inventars beschrieben.[12]

Das Wühlen im Lebensstoff eines anderen war eine schwierige Erfahrung. Gegen die Verlockungen der Privatbriefe, die mit dem wissenschaftlichen Material untermischt waren, wappnete ich mich bald. Aber auch die wissenschaftlichen Papiere sah ich in einem »privaten« Zustand, der meiner apriorischen Hochbewertung sehr zuwiderlief. Meine Hauptmühe galt der Reduktion eines Chaos: Zusammenstellung des Zusammengehörigen (das oft verstreut war), Aussonderung von Doubletten etc. Die Zeit, die ich hatte, war knapp, meine Tätigkeit kein Selbstzweck, sondern

10 Korte hat auch danach, nicht nur bei Thyssen, die Finanzierung der meisten Publikationsprojekte gesichert, die ich in Absprache mit Elias verfolgte. Dafür schulde ich ihm großen Dank. Ich bekam von der Thyssen-Stiftung unterm Strich 25 Monate Zweidrittel-Arbeitszeit bezahlt, davon 6 für die Bestandsaufnahme. Im übrigen ist die Verflechtung meiner Arbeit in das breitere Elias-Network der 80er Jahre ein Thema für sich.

11 Die Wohnung in Leicester war 1978 aufgelöst worden. Das Material von dort verteilte sich auf Bielefeld, wo Elias es teilweise für neue Arbeiten verwertete, und Amsterdam.

12 Schröter (1985b). Obwohl ich die beiden aktuellen Wohnungen von Elias gründlich und unbehindert nach wissenschaftlichen Manuskripten durchsucht habe, taucht in dem späteren Verzeichnis von Visser (1993) viel zusätzliches Material auf, das noch in meinen Zeitraum (bis 1984) fällt, so insbesondere die vollständige Fassung von *Was ist Soziologie?*. Eine sichere Erklärung dafür habe ich nicht. Ich weiß aber, daß Elias einigen Freunden Papiere von sich gegeben bzw. zur Aufbewahrung anvertraut hatte, die 1984/85 unerfaßt blieben.

auf Editionen bezogen. Immerzu mußte ich vorgefundene Zusammenhänge, ob zufällig oder gewachsen, zugunsten systematischer Ordnung zerreißen. Ich dachte dann an die Landkarte von Borges und an die Paradoxie historischer Arbeit, daß sie auf die Rekonstruktion vergangenen Lebens zielt, aber erst möglich wird, wenn ihr nur noch isolierte Bruchstücke aus dessen Fülle zur Verfügung stehen.

Der Gedanke, daß ich vielleicht als erster und einziger alles kennenlernte, was Elias geschrieben hatte, war eine Weile sehr reizvoll. Aber diese Aufregung legte sich. Die Bücher, die ich machen konnte, hatte ich schnell im Blick; danach las ich weniger. Enttäuschend, wie selten längere, komplett erhaltene Texte aus frühen Zeiten (30er bis erste Hälfte 60er Jahre) waren. Die sagenhaften *Ghanaian Essays*, die ich in einem Hinterzimmer des Bielefelder Apartements entdeckte: fast ausschließlich Quellenmaterial, erstaunlich gut sortiert – der *Traum* einer Untersuchung, die in Wirklichkeit in den Anfängen steckengeblieben war. Zugleich erinnere ich mich an den Thrill, wenn sich Manuskriptfragmente durch spätere Funde vervollständigten, so bei »The Breakdown of Civilization« (Teil IV der *Studien über die Deutschen*) oder dem Vortrag »Gruppencharisma und Gruppenschande« für den Soziologentag 1964. Manches Gerücht von fehlenden Manuskripten erwies sich als voreilig, so in bezug auf den 2. Teil des einleitenden Essays (1976) von *Etablierte und Außenseiter*. Aber die alte Studie über Wandlungen des Geschlechterverhältnisses, nach der schon Marguerite van Berckel in Goudsbloms Auftrag gefahndet hatte, mußte verloren gegeben werden.

Mein Einbruch in seine Intimität stellte das Vertrauen und die Selbstbeherrschung von Elias auf eine harte Probe. Man denke: ich schleppte sein ganzes Lebenswerk ab, soweit es noch nicht veröffentlicht war, Originale samt den Kopien oder Durchschlägen, die er seit ca. 1970 ängstlich anzufertigen pflegte. Wie sehr ihm das gegen den Strich ging, kam zum Ausdruck, als er sich sorgte, ob der Postweg für die Rücksendung sicher genug sei. Zuletzt traf alles Material wieder bei ihm ein, ich habe die 169 Schachteln in einem großen Regal aufgestellt. Ein stolzer Anblick. Elias freute sich über die sichtbare Repräsentanz seines Werks und führte gern den einen oder anderen Besucher in sein »Archiv«.

Als die Bestandsaufnahme dem Ende zuging, im Sommer 1985, bewilligte die Thyssen-Stiftung auch den (modifizierten) Anschluß-Antrag, der sich auf die tatsächliche Erarbeitung neuer Bücher bezog. An erster Stelle hatte ich den Komplex »Etablierte und Außenseiter« genannt. Das 20 Jahre alte Buch war die letzte der großen empirisch-theoretischen Untersuchungen von Elias und nach akademischen Maßstäben seine »soziologischste«; sie war in Deutschland ganz unbekannt und für den Autor zur Keimzelle einer viel weitergespannten Theorie geworden. Ich hätte ihm gern geholfen, das größere Werk zu schreiben, dessen Umrisse er in (mitgeschnittenen) Vorlesungsreihen gezeichnet hatte. Aber der Bescheid der Stiftung schloß diesen Plan aus.[13] So trat der zweite Hauptkomplex, den ich vorgeschlagen hatte, in den Vordergrund: die Beiträge, aus denen die *Studien über die Deutschen* wurden. Ihre Entdeckung bzw. die Erkenntnis, welche Kontinuität und Intensität des Nachdenkens über Deutschland sie widerspiegelten, war die eigentliche Überraschung der Inventarisierungs-Phase gewesen.

Dank der Thyssen-Zusage konnte ich meine jahrealten Absichten ins Werk setzen. Wie befreit durch das Ende der Wartezeit entwarf ich im Sommer 1985 das ganze Editionsprogramm (soweit es Bücher betraf), das ich bis 1990 durchführte. Für mich handelte es sich um ein einziges Projekt, mit wechselnder Finanzierung. Die aufwendigsten Dinge machte ich im Thyssen-Rahmen, aber für andere kamen auch die Elias-Stiftung oder Suhrkamp auf. Motor meines Tuns war eine Phantasie: Ich war überzeugt, mit einem großen Mann des 20. Jahrhunderts zusammengetroffen zu sein, und wollte dazu beitragen, seine Stimme zu Gehör zu bringen. Als die eines aktuellen Autors, der über sein *magnum opus* von 1939 hinaus sehr lebendig und tätig geblieben war, obwohl er aus irgendwelchen Hemmungen zu wenig davon verlauten ließ. Die Metaphern für den Sinn dieser Arbeit, die mir von verschiedenen Leuten angeboten wurden, reichten von »Eckermann« (ein Schreckgespenst) über »Megaphon« bis zu »Majordomus«. Hinzu kam, daß es um einen *jüdischen* Autor ging, den ich, wenn man so sagen darf, aus der Vertreibung in seine frühere Sprachheimat zurückzuholen versuchte. (Dieses zweite Motiv wurde mir erst später bewußt.)

---

13 Der Plan implizierte die Übersetzung eines gedruckten Buches und ging damit über die Materialerschließung, die gefördert wurde, hinaus.

Bei meinen Planungen griff ich manche Vorhaben von Elias selbst auf. Das gilt für *Gesellschaft der Individuen*, den Lyrik-Band, *Etablierte und Außenseiter*. Auch das autobiographische Bändchen wurde von ihm befürwortet. *Mozart* hingegen habe ich aus einem langen Schlaf der Vergessenheit geweckt, und *Humana Conditio* wie die *Studien über die Deutschen* gehen ganz auf meine Initiative zurück. Als ich Elias im Sommer 1985 die *Studien* vorschlug, meinte er: »Wenn ich noch eine neue Einleitung dazu schreiben darf, bin ich einverstanden.« Nicht einverstanden war er mit zwei weiteren Ideen, einer Ausgabe von »Frühschriften« (siehe unten) und einem letzten Komplex, den ich für das Thyssen-Projekt ins Auge gefaßt hatte: »Weitere Beiträge zum Prozeß der Zivilisation«. Er fand den Fokus zu äußerlich und formulierte einen neuen: »*Konflikte* zwischen Menschengruppen«. Mehr als den Titel und eine provisorische Skizze des Inhalts gibt es dazu nicht; bevor der Band an die Reihe kam, ist Elias gestorben.

Obwohl das Publikationsprogramm wesentlich von Elias bestimmt wurde, brachte ich auch eigene Prioritäten zur Geltung. Das Thema Deutschland lag mir näher als die Wissens- und Wissenschaftssoziologie. Generell bevorzugte ich, soweit mein Einfluß reichte, empiriehaltige Stücke. Ansonsten ließ ich mich von pragmatischen Überlegungen leiten: Ich suchte längere, lückenlose Manuskripte aus und konzentrierte mich auf Komplexe, die sich aus der Masse des Papiers zu einer Gestalt fügten. In der Abfolge der Bände strebte ich Abwechslung an. Es erschien mir vordringlich, meine Arbeitszeit, solange Elias lebte, möglichst für die Produktion von autorisierten Neuveröffentlichungen zu verwenden. Eine Übersetzung von *Quest for Excitement* oder eine revidierte Ausgabe von *Über den Prozeß*, um die ich gebeten wurde, verschob ich deshalb auf später.

Meine anfänglichen Absichten schwankten zwischen Zuarbeit für den Autor und relativ selbständiger Erhebung von Büchern aus dem Archiv. Wenn es nach Elias gegangen wäre, hätte ich ihm wohl mehr, im ersteren Sinn, bei der Fertigstellung aktueller Dinge assistiert. Er erwartete eine Zeitlang meine Mitwirkung bei einem Manuskript »Biologische Evolution und soziale Entwicklung«, das er in Bielefeld begonnen hatte (ein Schritt auf dem Weg zur »Symboltheorie«). Später versuchte er mich für eine Sammlung rezenter Aufsätze (Arbeitstitel: »Probleme des Menschenbilds«), für das Freud-Buch und die »Symboltheorie« zu gewin-

nen. Ich erklärte ihm in allen Fällen meine Bereitschaft zur Hilfe –
und hoffte, er würde sie nicht abrufen. Die Hoffnung erfüllte sich.
Einige neue Aufsätze habe ich redigiert und/oder übersetzt, wenn
der Text fertig war. Darüber hinaus hatte ich in den letzten Jahren
mit seiner laufenden Produktion nichts mehr zu tun, es sei denn
durch Lesen.

Äußere Gründe spielten dabei eine Rolle: die räumliche Distanz;
daß Elias in Amsterdam wieder mehr auf englisch schrieb, was
meine Möglichkeiten der Mitarbeit beschränkte. Aber vor allem
hatte ich gelernt, die Mühle seiner Revisionen zu scheuen, die so
schwer zum Abschluß kam. Meine ganze Energie war auf tatsächliche Veröffentlichungen gerichtet. Als »Diktaphon« ließ ich mich
nur noch im Dienst »meiner« Bände gebrauchen. Für sie fühlte
ich mich verantwortlich, und ich hätte es schwer ertragen, wenn
mir einer von ihnen geplatzt wäre. Die Kehrseite ist, daß sich Elias
nicht leicht mit diesen Bänden identifizierte. Gleichwohl war es
eine Grundbedingung meiner Arbeit, daß er immer wußte, was
mit seinem Werk geschah, und jede Chance der Einflußnahme
hatte. Er nutzte sie unterschiedlich. Ich habe ihn ab 1985 im
Schnitt drei- bis viermal pro Jahr in Amsterdam besucht, für 3, 6
oder 10 Tage. Oft telephonierten wir, lange Auslandsgespräche.
Wenn ich ihm nicht das Gefühl vermittelt und erhalten hätte, daß
ich *seine* Bücher herausbrachte, wäre nichts gegangen. Ich folgte
seinen Wünschen, versuchte, sie zu antizipieren, und er ließ mir
einen gewissen Spielraum, den ich brauchte.

Die Mitverantwortung für die Publikation des Werks von Elias (in
deutscher Sprache), die ich faktisch übernahm, wurde nie fest-
geschrieben. Unsere Basis blieb informell und persönlich. Gelegentlich dachte ich daran, Elias um eine Absicherung meiner Her-
ausgeberposition, auch für die Zeit nach seinem Tod, zu bitten,
aber dann ließ ich es sein. Ich fürchtete Konflikte mit den »Brü-
dern«; und ich lebte sehr von Band zu Band. Ohnehin waren das
fortschreitende Alter, der nahende Tod in meiner Arbeit, die Züge
der Edition eines »Nachlasses zu Lebzeiten« hatte, allzu präsent.
Elias ging mit dieser Tatsache ruhig um, das Thema Sterben war
für ihn kein Tabu. Er schätzte den Vorteil, daß er durch mich noch
eine Reihe von Publikationen bekam, die er beeinflussen konnte.
Wer weiß, wieviel davon wann in welcher Form erschienen wäre,
wenn er nicht selbst auf der Höhe seines Ruhms diese Vorsorge
getroffen hätte. Bis heute (Ende 1996) ist nicht zu sehen, ob die

Bände, die in seinen unveröffentlichten Papieren noch schlummern, je das Licht der Welt erblicken werden.

Engagement und Distanzierung. Über die Zeit

Mit den ersten beiden Bänden, die ich machte, habe ich eigene Buchpläne von Elias realisiert.

Als ich im Sommer 1980 wieder auf ihn zutrat, war immer noch von einem wissenssoziologischen Sammelband die Rede. Etwas später teilte mir Elias mit, daß er an einer Fortsetzung des Aufsatzes »Problems of Involvement and Detachment« arbeite und daß die beiden Texte ein Buch für sich bilden sollten. In einem Brief vom Oktober 1981 umriß er seine Vorstellungen davon.

Er schrieb, er werde »allmählich auch in Deutschland bekannter« und habe Schwierigkeiten, »klar zu machen, daß mein Theoriegebäude nicht allein in dem Zivilisationsbuch und der Höfischen Gesellschaft zu finden ist«; um so dringender das Erscheinen des neuen Bandes. Dann fuhr er fort: »Die Einfälle sind frisch wie immer und das Leben erfreulich, aber die Augen werden schwächer, und es würde mich jetzt mehr Zeit kosten, das ganze Manuskript von Involvement and Detachment selbst noch einmal zu lesen, aber das ist vielleicht auch nicht nötig. Ich glaube, man sollte sich damit begnügen, eine Übersetzung (a straightforward translation) des alten Aufsatzes zu machen, die neugeschriebenen Teile – ich meine die in Bielefeld neugeschriebenen Teile –, die, glaube ich, ganz gut gelungen sind und die direkt an den alten Aufsatz anschließen, als Fortsetzung des alten Aufsatzes zu übersetzen und von den Sachen, die wir in Berlin gemacht haben, vielleicht nur das eine oder andere, das Ihnen selbst als wichtig oder interessant erscheint, als Anhang zu verwerten. Aber ich vertraue Ihrer Urteilskraft.«

Nie mehr hat sich Elias mir gegenüber so detailliert über redaktionelle Fragen geäußert. Seine Bemerkungen über den »alten Aufsatz« von 1956 (Engagement und Distanzierung, Teil I), über die »Fortsetzung« (Teil II) und über die »Sachen in Berlin« (Teil III/1) wurden grundlegend für die Konzeption des Bandes. Vergessen hatte er freilich, daß er die in Berlin entstandenen »Gedanken über die große Evolution« in einem separaten Manuskript (Teil III/2), das er mir zur Lektüre schickte, weiter ausgeführt hatte.

Meine Arbeit an dem Buch begann im Sommer 1982. Ich nahm

aus der ersten Hälfte des alten Aufsatzes die Erweiterungen wieder heraus, die bei unserer gemeinsamen Beschäftigung mit dem Text hinzugekommen waren, und übersetzte den Rest (sowie die »Fortsetzung«). Den Vorschlag, die Erweiterungen nicht einfach zu streichen, sondern am Ende von Teil 1 nachzutragen, akzeptierte Elias gern. Ich denke, daß ihm meine Ehrfurcht vor seinen Texten und die Entschlossenheit, ein Maximum davon zum Druck zu bringen, gefiel. Im selben Sinn entwickelte ich weitere Ideen, die zur Präsentation der »Fortsetzung« mit neuem Anfang als ein eigener Teil 11 (»Die Fischer im Mahlstrom«) und zur Aufnahme der »Gedanken über die große Evolution« als Teil 111 führten. Mehr dazu steht in meiner Editorischen Nachbemerkung.[14] Die »Gedanken« wies ich als »Fragmente« aus, im Bewußtsein des fragmentarischen Charakters aller Elias-Schriften. Als ein Rezensent sie eben deshalb ignorierte, beschloß ich nach Rücksprache mit dem Autor, solche vom Text ablenkenden Angaben fortan zu vermeiden und die von mir hergestellten Druckfassungen immer bei einem Satz aufhören zu lassen, der als Schlußsatz durchgehen konnte.[15]

Am Ende hatte ich so viel zur Gestalt von *Engagement und Distanzierung* beigetragen, daß ich mit Elias vereinbarte, meinen Namen als Herausgeber auf dem Titelblatt zu nennen. Dieser Vermerk bezieht sich, was mich betrifft, nie auf eine rein technische Betreuung fertiger Manuskripte. Er bringt zum Ausdruck, daß ich bei den von mir besorgten Elias-Bänden oft genug aus dem Material eine Struktur herauslese, daß ich Versionen ineinanderflechte, Schlacken der Vorläufigkeit entferne, gegliederte Texte mit Anfang und Ende, Bücher mit einem sinnvollen Spannungsbogen komponieren mußte, etc. Alles mit redaktionellen Mitteln, ohne substantielle Zutat. In solchen Fällen trat ich als Herausgeber auf.

Eine Hürde hatte ich gefürchtet, die immer gleiche: die *neue Ein-*

14 Die englische Ausgabe sollte, abgesehen von der rezenten Einleitung, auf Wunsch von Elias dem Modell der deutschen folgen. Sie hat zwar die Nachträge zum alten Aufsatz und die Abtrennung der »Fischer im Mahlstrom« als Teil 11 übernommen, aber nicht dessen neuen Anfangsabschnitt und die eigene Kapitelzählung.

15 Siehe Esser (1984, S. 624). Auch bei Teil 11 gibt es übrigens ein Zusatz-Manuskript, das die »Doppelbinderfalle« noch an einem dritten Beispiel erläutert. Ich kannte es 1982/83 nicht.

leitung. Auch diesmal hatte Elias noch eine Einleitung geschrieben, in letzter Sekunde. Ich fand den Text ungeeignet, sagte ihm meine Meinung, fügte hinzu, daß wir in der Produktion schon zu weit seien, als daß wir länger warten könnten – und er ließ den Band passieren. Ein kleines Wunder. Für die englische Ausgabe hat es sich nicht wiederholt. Sie erschien mit neuer Einleitung, aber erst 1987.

Im Entwurf meiner Editorischen Nachbemerkung hatte ich erläutert, daß der Aufsatz von 1956 zwei Hauptthemen habe – in Stichworten: den Teufelskreis von affektivem Engagement und mangelhafter Ereigniskontrolle sowie das »Modell der Modelle« –, von denen je eins in den folgenden Teilen II und III entfaltet werde. Als Elias diesen Text las, diktierte er seiner Assistentin den schärfsten Brief, den ich je von ihm bekommen habe.

Meine Wortwahl erwecke den Eindruck, daß das Buch »eine zusammengestückelte Sache« sei, und hafte insofern »rein am zusammenhanglosen Detail«. Das sei nicht adäquat, denn: »Das, was seinerzeit als Artikel erschien unter dem Titel ›Problems of Involvement and Detachment‹ war nicht nur ein Fragment dessen, was ich den Herausgebern einschickte, es war in meinen eigenen Augen immer nur der erste Teil einer umfassenderen Arbeit. Daß er als Artikel erschien, ist akzidentell, daß er als erster Teil einer Gedankenarbeit erscheint, die weit darüber hinausgeht, ist, wie man sagt, die Wahrheit der Sache. ... Schon die Tatsache, daß Sie das als Aufsatz [1956] veröffentlichte Fragment meiner Gedanken als Titelaufsatz bezeichnen, zeugt von einer rein mechanischen, nicht zu sagen historischen Einstellung«, etc.

Der Brief zeigt eine Spannung an, die für meine Editionstätigkeit bestimmend blieb. Elias erwartete gleichsam, daß ich mich seinen Schriften wie mit seinen eigenen Augen näherte. Manchmal mutete er mir ausdrücklich zu, ein Manuskript zu verbessern, als ob ich es genauso gut könnte wie er. Andere Male brachte es ihn aus der Fassung, wenn er erkannte, daß ich unweigerlich eine Perspektive von außen hatte. Im Grunde war sein *ganzes* Schreiben Teil einer zusammenhängenden »Gedankenarbeit«. Wenn ich einzelne Stücke aus diesem unaufhörlichen Fluß herauslöste, wirkte ich schon dadurch seiner Binnensicht entgegen. Und da mein Publikationsdrang naturgemäß auf Isolierung abzielte (wie sie im übrigen meiner Neigung entsprach), war im Kern unserer Zusammenarbeit ein Konflikt angelegt, der immer wieder zutage trat. Schließlich kamen die Druckfahnen, bei denen Elias den jüngsten

Teil II durchsah (Teil III las er später im Buch und erklärte sich mit der Publikation zufrieden). Das Manuskript meiner Übersetzung hatte er nur am Anfang bearbeitet, jetzt trug er kräftige Korrekturen nach, die oft sein Original modifizierten. Sie hatte mich doch noch eingeholt, die Mühle der Revisionen. Das Erscheinen des Bandes wurde so um zwei Monate verzögert. In diesen Dingen, damals wie stets, war Herborth ein geduldiger, die Arbeit am Text beschützender Partner. Wir besprachen Wege und Listen, um Elias seine Bücher abzugewinnen,[16] und waren uns einig in der Hochschätzung eines bedeutenden Mannes.

Engagement und Distanzierung war mein erster Elias-Band und eine prägende Erfahrung. Dem Zeit-Buch stehe ich ferner. Eine professionelle Arbeit, nicht mehr.[17]

1981 einigte sich Kurt Scheel mit Elias, daß der *Merkur* eine Auslese aus dem Manuskript seines »Essay on Time« veröffentlichen würde. Ich hatte keine Zeit, die deutsche Fassung zu machen, erklärte mich aber bereit, eine fremde Übersetzung durchzusehen. Holger Fließbach übertrug das ganze Manuskript. Ich revidierte zunächst die *Merkur*-Auswahl, Anfang 1983 für Suhrkamp alles. Es kam noch eine Fortsetzung dazu und – die *neue Einleitung*, deren Aufnahme in den Band ich befürwortete.[18] Elias hatte außerdem das Manuskript der Zeitschriftenpublikation bearbeitet und erweitert; danach kümmerte er sich um die Übersetzung oder

16 Ein Präzedenzfall war *Über die Einsamkeit der Sterbenden*. Das kleine Buch blieb lange ungedruckt, weil Elias ein zweites Stück beifügen wollte (»Zivilisierung der Eltern«), das nicht fertig wurde. Herborth erreichte die Publikation durch die Zusicherung, der neue Beitrag könne in einer nächsten Auflage hinzukommen.

17 Der Untertitel »Arbeiten zur Wissenssoziologie«, der die beiden Bände verklammert, wurde durch den Fortgang der Dinge entwertet. Ich schlug ihn für *Engagement und Distanzierung* vor. Der im Anschluß geplante wissenssoziologische Aufsatzband sollte Nr. 2 werden; ich sah im Corpus dieser Arbeiten den Ausdruck *eines* großen Forschungsprojekts. Als ich meinte, daß *Über die Zeit* in denselben Zusammenhang gehöre, war Elias einverstanden. Herborth riet, bereits dem Zeit-Buch die Nr. 2 zu geben.

18 Die Einleitung repräsentierte, gegenüber dem früheren Bestand, nicht nur eine neue Synthesestufe, sondern war auch im originalen Deutsch des Autors geschrieben; schon dies sprach für die Aufnahme. Erneut wurde meine Fassung des Buches von Elias zum Modell für alle nachfolgenden Ausgaben in anderen Sprachen bestimmt.

die Fahnen nicht mehr. Da ich die Zusätze, die für den *Merkur* entstanden waren, in den älteren Text integriert hatte, widersprach ich nicht, als ich auch bei *Über die Zeit* (ohne mein Zutun) als Herausgeber angeführt wurde.

Schon bei diesen beiden Büchern nahm ich Einfluß auf den Inhalt, indem ich Texte zum Abdruck empfahl – oder nicht. Später verstärkte sich diese Funktion, besonders für den »Nachlaß zu Lebzeiten«. Elias schien meinem Urteil zu trauen; er gab mir oft Manuskripte von sich zur Begutachtung (anderen natürlich auch). Man munkelte damals, Elias dulde um sich nur noch junge Leute, die ihm nach dem Mund redeten. Bei mir konnte er einer festgegründeten Hochachtung sicher sein, aber ich habe gewiß nicht nur gelobt. Vermutlich nahm er mir Aussagen über die Qualität seiner Texte ab, weil ich immanente Maßstäbe anlegte wie Originalität, innerer Zug, Dichte etc. Das Beste, was ich über ein Stück zu sagen wußte, war: *vintage Elias*. Mein Urteil richtete ich nicht am einmaligen Prozeß-Buch aus, sondern an rezenten Dingen wie der »Theorie sozialer Prozesse« oder dem 2. Teil von *Engagement und Distanzierung*, die er selbst für veröffentlichungsreif erklärt hatte. Als Experte der behandelten Sachgebiete mit einer scharfen eigenen Meinung hätte ich meine Editionsarbeit nicht leisten können; wo ich eine Expertenmeinung hatte, brachte ich sie, wenn überhaupt, ohne Nachdruck vor. Aber vielleicht entwickelte ich mich zu einem Experten für die spezifische »Elias-Qualität«.

Humana Conditio. Diverse Aufsätze

Am 8. Mai 1985, zum »40. Jahrestag eines Kriegsendes«, hielt Elias eine Rede in Bielefeld. Ich hatte am Telephon herausgehört, daß er sich mit spezieller Anspannung darauf vorbereitete. Als ich etwas später in Amsterdam war, gab er mir das Manuskript zu lesen.[19] Ich war elektrisiert, ging in sein Arbeitszimmer und sagte: »Herr Elias, *das ist ein Buch*. Was noch dazu fehlt, kann ich ma-

---

19 Elias pflegte Vorträge so vorzubereiten, daß er die geplanten Äußerungen je nachdem als Skizze oder auch in einem langen Text niederlegte; den Vortrag selbst hielt er frei. Wenn er Zeit hatte und die Sache lockte, arbeitete er danach am Text weiter. Von dieser Art war das Manuskript für seine Rede zum 8. Mai 1985.

chen. Wenn Sie einverstanden sind.« Etwas überrascht stimmte er zu. Ich überzeugte Herborth. Wegen meines Anteils am Zustandekommen hat Elias das Bändchen mir gewidmet.

Warum begeisterte mich, obwohl ich einen Großteil der Gedanken kannte, dieser Text so sehr wie von den jüngeren Sachen nur noch *Einsamkeit der Sterbenden*? Die Ausdrucksweise schien mir persönlich und intensiv, bisweilen epigrammatisch verdichtet. Das Mitgefühl für junge Deutsche, denen die Last der Nazi-Vergangenheit anhängt, hat mich immer gerührt. Und es war der Appell eines weisen alten Mannes an die Menschheit, jenseits der Ost-West-Feindbilder, die Perspektive von *Über den Prozeß* (Befriedung durch Staatsbildung) ins Globale verlängert. Ich erkannte das Eliassche Programm einer »realistischen« – nicht metaphysischen – Ethik, das er in Gesprächen erwähnt hatte. Nicht zuletzt fühlte ich, daß der Text in *einem* Schwung entstanden war. Das wiederum war nur möglich gewesen, *weil* die Gedanken bereit lagen.

Das Manuskript als solches war ungegliedert, voller Hör- und Schreibfehler, im Stil bisweilen sorglos, gegen Ende bot es zwei Versionen. Praktisch diente mir die Erstellung einer Druckfassung (für die ich auch die Vortragsnachschrift auswertete) als Einübung auf ein höheres Niveau redaktioneller Arbeit. Ein Problem war der Titel, mit dem wir uns, wie so oft, viel Mühe gaben. Eigentlich hieß das Manuskript »Conditio humana«. Dieser Begriff war durch Plessner belegt, auch juristisch. Die schöne Übersetzung »Los der Menschen«, die Elias gefunden hatte, reservierte er für seinen Gedichtband. Schließlich stellte ich das Adjektiv voran; vom lateinischen Sprachgefühl her schien es zu gehen.

Der auf ein Datum bezogene Text sollte das Erscheinungsjahr 1985 tragen. Im September war ich mit der Druckvorlage fertig. Suhrkamp arbeitete blitzschnell. Und dann sah Elias die Fahnen Wort für Wort durch, korrigierte und fügte Erweiterungen hinzu, wie gewohnt. Er hat sich dabei der Qualität des Textes versichert und ihn nochmal verbessert. Aber wir brauchten nun einen zweiten Fahnendurchgang. Ich hatte erwartet, daß *Humana Conditio* im Weihnachtsgeschäft gut laufen könnte, als eine Art Pendant der berühmten Weizsäcker-Rede, und nahm im Blick auf die Verbreitungschance auch Wiederholungen von Repertoire-Gedanken in Kauf. Aber das violette Büchlein lag erst am 21. Dezember auf den Ladentischen. Die Verkaufsziffern blieben durchschnittlich.

Die Reaktionen auf den Band, mit dem ich mich in besonderer Weise verbunden fühlte, ließen zu wünschen übrig. Ich merkte, daß ich mit der Einstellung gelebt hatte, daß ein Elias-Text *eo ipso* publikationswürdig sei. Fortan gab ich Manuskripte, die ich von mir aus zur Veröffentlichung vorsah, meist zur Kontrolle meines Urteils an Dritte. Bei *Humana Conditio* habe ich meine Unschuld verloren. Bedauerlich für das Buch, daß es durch die weltpolitische Entwicklung der letzten zehn Jahre etwas überholt wurde. Seit 1984/85, als unsere Zusammenarbeit eine tragfähige Basis erhielt, sind wenige Dinge von Elias auf deutsch herausgekommen, bei denen ich nicht mitgewirkt habe. Das gilt auch für Aufsätze. Ich unterscheide zwei Gruppen: bei der ersten spielte ich eine passiv-professionelle Rolle; bei der zweiten war ich an der Publikationsentscheidung beteiligt.

Zur ersten Gruppe gehört der Popper-Aufsatz in der *Zeitschrift für Soziologie*, den ich im Herbst 1984 übersetzte. Den deutsch geschriebenen Beitrag zur Diskussion, die sich an die Veröffentlichung anschloß (»Wissenschaft oder Wissenschaften?«), habe ich redigiert. Desgleichen 1988 die Replik auf Hans Peter Duerr in der *Zeit*. Sie war entstanden als Antwort auf ein Interview in *Psychologie heute* und kam für die *Zeit*-Debatte wie gerufen.

Etwas aktiver war mein Engagement bei dem Aufsatz, der 1986 in einem Themenheft der *Kölner Zeitschrift* über Geschlechtsrollen erschien. Elias hatte einen Beitrag »Wandlungen der Machtbalance zwischen den Geschlechtern« (auf englisch) zugesagt und mich als Übersetzer gewünscht. Hartmann Tyrell, einer der Herausgeber, bat mich, die Sache im Auge zu behalten. Irgendwann sah ich einen Entwurf: drei unzusammenhängende Fragmente von der wenig durchgeformten Sorte. Dann aber, im Dezember 1985, zeigte mir Elias ein Papier, das er für eine Einladung nach Bologna verfaßt hatte, über die Geschlechterbeziehung im antiken Rom. Ich las und fand: »*Vintage Elias!* Und damit haben wir auch die Lösung für Tyrell.« Es gab ältere einschlägige Notizen, die ich kannte. Der Vergleich mit dem Bologna-Papier lehrte mich, daß manchmal der zweite (dritte...) Zugriff auf ein Thema eher zum Gelingen führte, weil dazwischen ein vorbewußter Bearbeitungsprozeß am Werk war. Tyrell bestätigte mein Votum. Die Übersetzung dieses Textes hat Elias sorgsam revidiert, teils im Manuskript, teils noch in den Fahnen. Im Titel gebrauchte er erstmals, soviel ich weiß, den programmatisch gemeinten Begriff »Prozeß-Soziologie«.

Ein Sonderfall war der *Merkur*. Scheel hatte Elias mehrfach um Beiträge gebeten. Was er bekam, waren – Gedichte; denn Elias hatte die Zeitschrift zum Forum für diese Seite seiner Produktion bestimmt. Nach der Veröffentlichung von »Über die Zeit« fragte mich Scheel, ob ich ihm zu einem neuen Stück des alten Meisters verhelfen könne. Der erlaubte mir, Ausschau zu halten (und hoffte, im Gegenzug wieder ein wenig Lyrik unterzubringen). Im Frühjahr 1985 fand ich etwas Passendes, in einem ausufernden Manuskript, das als Einleitung für die englische Ausgabe von *Engagement und Distanzierung* gedacht war (aber nie erschienen ist). Ich war schon lange der Ansicht, daß bisweilen auch Teileinheiten von Elias-Texten für sich stehen könnten. Nun machte ich an einem Ausschnitt aus jener Einleitung die Probe aufs Exempel. Elias fügte meiner deutschen Version am Anfang und Ende ein paar Sätze hinzu, und so entstand der Essay »Über die Natur«.

Bevor die Arbeit daran begann, rief mich Scheel an: der *Merkur* bereite ein Themenheft »Zerstören und Bewahren« vor, ob ich etwas Geeignetes von Elias wisse. Mir fielen die »Gedanken über die Bundesrepublik« ein, deren Schubladen-Existenz ich besonders bedauerte. Der fast zehn Jahre alte Artikel wurde um einige zeitgebundene Stellen gekürzt, Elias machte in den Fahnen Stichproben, und wir waren alle zufrieden.

Im Dezember 1986 ergab es sich, daß ich selbst einen Beitrag für den *Merkur* hatte, den ich Elias zum 90. Geburtstag (22. Juni 1987) widmen wollte.[20] Scheel war bereit, das Stück zusammen mit einer Würdigung des Dichters Norbert Elias von H. Beese im Juniheft zu bringen. Wir ergänzten unsere kleine »Festschrift« durch einen eigenen Text des Jubilars, der mir bei der Inventarisierung ins Auge gestochen war: ein recht geschlossenes Teilmanuskript aus einem Komplex »Stellung und Funktion der höfisch-aristokratischen Kultur in den bürgerlichen Nationalstaaten«. Elias war etwas unglücklich darüber, daß der Kontext wegfiel, in dem er u. a. dargelegt hatte, wie in der französischen Lyrik- oder Kulturtradition, anders als in der deutschen, eine ungebrochene Kontinuität vom 16. bis zum 20. Jahrhundert zu beobachten sei. Aber er glaubte mir, daß er seine Gedanken und Belege nicht insgesamt in eine Fasson gebracht hatte, und billigte auch den neuen Titel »Schicksal der deutschen Barocklyrik«. Diesen Auf-

---

20 Siehe oben, Kap. 11.

satz habe ich stark redigiert, es ist auch der einzige der von mir betreuten *Merkur*-Beiträge, bei dem Elias eine gründliche Fahnenkorrektur durchführte.

Dann war der Honigmond zwischen Autor und Zeitschrift vorbei. Ende 1987 schickte mir Elias einen Text »Die späten Barbaren«, den er für den *Merkur* geschrieben habe.[21] Es war nicht alles darin taufrisch, aber ich hätte der kompakten Fassung, die ich herstellte, die Veröffentlichung gewünscht. Ist die eigenwillig-einprägsame Pluralbildung von den »möglichen Zukünften« irgendwo publiziert? Scheel wies das Rohmanuskript zurück. Ein, zwei Jahre später ging Elias ein Essay durch den Kopf, wie er nur ihm zuzutrauen war: über die »Innenansicht des Sterbens«. Er dachte wieder an den *Merkur*. Leider war der Weg dorthin zu dornenvoll geworden.

Los der Menschen

Elias machte nie ein Hehl daraus: er schrieb auch Gedichte. Alle, die es hörten, reagierten verlegen – Professorenlyrik. Er aber war entschlossen, für diesen Teil seines Werks genauso zu kämpfen wie für den wissenschaftlichen. 1979 gab er in einer Frankfurter Buchhandlung eine Dichterlesung, auch sein Verleger Unseld war da. Es war wohl ein großer Erfolg. Seitdem stand nur der Autor selbst einer Publikation im Weg. Er ließ einzelne Stücke drucken, nicht mehr.

Peter Gleichmann hatte auf Wunsch von Elias die Frankfurter Lesung aufgezeichnet. Er schickte mir eine Kopie der Nachschrift. Ich bin ein erklärter Nicht-Experte für Gedichte, aber diese berührten mich. Gewiß sprach mich an, daß der verehrte Mann hier auf andere, »menschliche« Weise greifbar wurde. Kurz, ich war für die Veröffentlichung. Bei der Bestandsaufnahme der Eliasschen Papiere legte ich die Gedichte zusammen, obwohl sie mich eigentlich nichts angingen, und im Aufschwung des Sommers 1985 bezog ich sie in mein Editionsprogramm ein. Wissen-

---

21 »Späte Barbaren«: Menschen der Gegenwart in der Perspektive ihrer Nachkommen, wenn diese die Zwangsspirale zum Krieg überwunden und den Schritt zu einer überstaatlichen Organisation getan haben sollten.

schaftliche Manuskripte, dachte ich mir, könne man notfalls aus dem Nachlaß herausgeben. Die literarischen aber sollten in einer verbindlichen Auswahl, einer Fassung letzter Hand erscheinen, und dafür war die Mitwirkung des Autors unabdingbar. Der räumte einem solchen Band, obwohl er den Titel schon wußte, keine Priorität ein. Um dennoch weiterzukommen, entwickelte ich einen Schlachtplan.

Ein erstes Hindernis lag bei mir: Ich wußte nicht, was meine Wertschätzung der Gedichte wert war, und konnte Elias gegenüber die Publikationswürdigkeit nicht überzeugend vertreten. Deshalb gab ich das Material Henriette Beese zu lesen, die als Autorin eines Buches über Celan, Lyrik-Übersetzerin usw. beste Referenzen hatte. Henriette erklärte mir: Die Sachen sind gut. Nun erst verriet ich Elias meine Indiskretion und sagte ihm das Lob weiter. Es imponierte ihm. Aber wie war der Band auf die Agenda zu bringen? Ein zweiter Einfall bot die Lösung: Ich würde die Arbeit unentgeltlich tun und Elias den Band zum 90. Geburtstag »schenken«. Henriette war bereit mitzumachen; Elias nahm das Geschenk an.

Er wollte dann auch nicht lange warten. Anfang Juli 1986 saßen Henriette und ich auf dem Fußboden seines Archivs. Wir versammelten und ordneten die Gedichte (nur Typoskripte), markierten Lesarten, schieden evident ungeeignetes Material aus, bezeichneten für uns die zweifelhaften Stücke. Und dann setzten wir uns mit Elias im Salon zusammen, er in seinem Ohrensessel, wir beide auf der langen, harten Häuptlingsbank aus Afrika, und gingen die Papiere durch. Es floß viel Rotwein. In all der Zeit meiner Zusammenarbeit mit Elias, die einige Höhepunkte hatte, waren diese Tage das größte Glück. Damals bot er mir an, daß wir uns mit Vornamen (und Sie) anredeten, analog der ihm vertrauten angelsächsischen Informalität.

Wir komponierten den Band. Die Hauptmasse seiner Lyrik hatte Elias schon früher zu Zyklen zusammengestellt: »Totentänze«, »Spiele der Männer und Frauen« etc. Also sollte auch der Rest gruppiert werden. Henriette, natürlich, entdeckte die Gruppe »Über das Dichten«, ich erfand den Residual-Titel »Wir«. (Die »Ballade vom armen Jakob« folgte für sich.) Einzelne Stücke, die ich irgendwo aufgespürt hatte, wurden den in Reinschrift vorliegenden Zyklen hinzugefügt, so das frivole »Wohlgenährt an einem Leichenstein«, das im Original überschrieben war »Aus dem ›Pa-

riser Tagebuch‹‹. Bei der Anordnung *en détail* frappierte mich die
Idee von Elias, nicht mit dem längsten, schwersten Stück aufzu-
hören (»stumm stumm wie Tiere«), sondern direkt anschließend
mit dem leichtesten: »Genieß den Wein in deinem Glas …«.
Im Urteil, welches Material wegzulassen sei, stimmte Elias der
Vorauswahl, die Henriette und ich getroffen hatten, weithin zu.
Manche Entscheidung war bitter: die »Elegie auf eine Nacht«
(»Nacht der Enthüllung, oh Qual des Erinnerns, zärtlich umfan-
gende Fülle der lautlos wandernden Sommernacht«) – nicht zu
retten. Der ganze kleine Zyklus »Menschenlieder« – sentimental,
verworfen. Zwei unfertige, aber verlockende Stücke legten wir
dem Dichter zur Vollendung ans Herz: den »Abschied von Gott«,
den er sich wirklich noch vornahm,[22] und:

> Lächelt Freunde wie langsam wir sind eh ein Neues
> sich unsern Blicken erschließt und eh wir erkennen
> war es schon lange bei uns …

Betrüblich blieb das Schicksal von sechs numerierten Gedichten
im Ton der Jahre, in denen Elias jung war. Eines davon (»Die wir
der Heimat entrissen«) war schon erschienen,[23] das erste interessant als sein, wie er sagte, »einziges Naturgedicht«, das letzte ging
über Statuen gotischer Dome, die er als Wandervogel kennengelernt hatte (»Menschen der schweigenden Räume/ schreiten ge-
borgen in Stein …«). Elias fürchtete, die altmodischen Verse
könnten seinen Band in Mißkredit bringen, und wir beschlossen,
daß der Zyklus in einer posthumen *Nachlese* Aufnahme finden
solle.
Von der Verständigung über die Lesarten, einem besonders spannenden Erlebnis, gibt es wenig zu erzählen. Es war, als tauchten
wir zu dritt ganz flüchtig in den lyrischen Schaffensprozeß ein.
Unvergeßlich, wie ein durchgereimtes, redundantes Stück in einer
abgelegenen Fassung, in der ohne Rücksicht auf das Reimschema
die schlechten Zeilen gestrichen waren, plötzlich möglich erschien
(»Abklang«). Rätselhaft der Vierzeiler »Der Blitz in seinem
Auge«: ein Einzelblatt in einem Konvolut zu Briefen aus der
Nazizeit (siehe unten), es gefiel uns sehr, aber Elias verband kei-

---

22 Das überarbeitete Gedicht wurde in den *Akzenten* abgedruckt
   (1988b), wo damals auch zwei Sammlungen »Sprüche« erschienen
   (1987e; 1989b).
23 In Elias 1981b, S. 41 (mit der Jahreszahl »1935«).

nerlei Erinnerung damit. Er schrieb schließlich eine Note, die allen Eventualitäten gerecht wurde – auch der, daß er gar nicht der Autor war: »Verse vergessener Herkunft«. Noch während der Fahnendurchsicht brachte er eines Morgens die schmucklosen Zeilen »Denke ans Altern«, die er gerade verfaßt hatte.

Nach gut einer Woche war *Los der Menschen* unter Dach und Fach. Wir sprachen viel über die Gedichte, aber wie es so ist: fast nur technisch. Über biographische Zusammenhänge erfuhren wir nichts. Elias wollte die Texte so opak halten wie möglich, sie sollten nur auf sich selbst, nicht auf die Person des Autors weisen. Um diesen Punkt hatten wir einen Streit: Ich bat, er möge wenigstens bei der Lyrik frühere Versionen aufbewahren, da ein Vergleich lehrreich sei, für das Handwerk wie für seine eigene Entwicklung. Er blieb unbeugsam – kein Stoff für Philologen. Eines Tages schaute ich in den betreffenden Karton, und siehe da, die vielen Blätter, aus denen wir die Druckfassung der Gedichte erstellt hatten, waren verschwunden. Ein Originalblatt (»Wir hören das Brausen der wandernden Erde nicht«, in einer Frühform) hat mir Elias als Trost in unserem Konflikt geschenkt.

Wieder zu Hause, mußte ich ungewohnte Probleme lösen, z. B. die Wahl eines passenden Seitenformats. Im November waren Henriette und ich nochmal zur Fahnenkorrektur in Amsterdam. Dann trat das Unvermeidliche ein: Elias begann, am Telephon, seine Autorschaft durch Umarbeitung und Erweiterung zu bekräftigen. Zwei Schlüsse reizten ihn besonders zur Revision, »Venus ludens« und »Literatur, mein Herr?«. Im ersten Fall konnte ich die alte Fassung, die mir besser gefiel, schützen, im zweiten änderte ich die Fahnen nach seinem Wunsch.

Als der Gedichtband, Monate vor dem 90. Geburtstag, da war, fragte ich ein paar einschlägig erfahrene Leser nach ihrem Urteil. Es fiel böse aus, ich zitiere nur: Epigonal! Gern las ich 1991 einen Essay von Heinz-Georg Held, wo Elias pointiert als ein »Lyriker ersten Ranges« beschrieben wird, »der sich, wie es nicht so häufig vorkommt, auch erfolgreich als Soziologe betätigt hat«.[24] Ihm selbst war diese Sicht nicht fremd. Im Sommer 1986 fragte ich ihn,

---

24 Renate Gleichmann hat mich auf das Zitat eines Elias-Gedichts (1987a, S. 36) in einer Todesanzeige hingewiesen (Hannoversche Allgemeine Zeitung, 5. 1. 1993, S. 17): Beleg, daß es noch mehr Leute gibt, denen die Lyrik von Elias etwas bedeutet.

als was er wohl seiner Meinung nach im Gedächtnis der Nachwelt eher weiterleben werde, als Wissenschaftler oder als Dichter. Er antwortete: »Als Dichter.«

Die Gesellschaft der Individuen

Der 90. Geburtstag von Elias am 22. Juni 1987 warf mächtige Schatten voraus. Er wurde dann auch sehr gefeiert, mit einer wissenschaftlichen Tagung in Apeldoorn, einer Ordensverleihung in Amsterdam und einem Empfang in der deutschen Botschaft, wo der Jubilar als Patriarch auf einem Stuhl in der Mitte des Zimmers sitzend die Gratulationscour abnahm. *Gesellschaft der Individuen* sollte zum selben Datum erscheinen.

Der alte Aufsatz dieses Titels gehörte zu den Favoriten meines Publikationsprogramms. Er reichte in die Zeit des Prozeß-Buches zurück, war geradezu aus diesem erwachsen. Elias hatte in den 60er/70er Jahren, nachdem ihm Leser versichert hatten, der Text könne sich immer noch sehen lassen, mehrfach eine Veröffentlichung erwogen. Ich fand zunächst unter seinen Papieren nur die Abschrift, die 1939 in Schweden für eine Veröffentlichung angefertigt worden war und die Nils Runeby als Typoskript ediert hatte. Korte gab mir dann aus dem Elias-Material, das er persönlich verwahrte, zwei Schachteln, in denen alles versammelt war: das Originalmanuskript, mehrere Anläufe zu Neufassungen etc. Trotzdem wollte ich den Komplex, als wir den Arbeitsplan des Thyssen-Projekts besprachen, weglassen. Die Manuskriptlage war in den frühen Schichten zu unklar, ein Wust von Fragmenten, meist ohne Sigel, zum Teil unpaginiert. Zu einer gründlichen Durchsicht hatten wir keine Zeit. Korte jedoch wollte einen Band »Frühschriften« haben, d. h. »Gesellschaft der Individuen« plus die bis 1939 publizierten Texte. Wir einigten uns darauf, daß ich den Band machen, aber pragmatisch vorgehen würde, ohne historisch-philologische Ansprüche, nur mit dem Ziel, das leicht Verwertbare zu verwerten.

Elias widersprach den »Frühschriften«, deren Konzeption nicht am Inhalt, sondern an der Biographie orientiert war. Nie trat die immanente Spannung in meinem Editionsunternehmen, das einerseits aus einem vorliegenden Corpus schöpfte und andererseits den lebenden Autor voraussetzte, deutlicher zutage. Solange

Elias da war, ließ er nicht zu, daß wir sein Werk oder Teile davon wie etwas Abgeschlossenes behandelten, daß wir es nach äußerlichen Prinzipien ordneten und ihn als Autor davon distanzierten. Einverstanden war er hingegen mit der Teil-Idee, »Gesellschaft der Individuen« herauszubringen. Natürlich wollte er eine *neue Einleitung* schreiben. Im Dezember 1986 reservierte er sich die Zeit dafür. Ich sah mir das Archivmaterial an und gewann dabei einen ganzen neuen Teil.

Da meine Editorische Nachbemerkung für diesen Band sehr zurückhaltend ist, gehe ich ein wenig in Einzelheiten. Der Aufsatz von 1939 (Teil I des Buches) wies eine Kruste von Korrekturen auf, aus verschiedenen Zeiten und jeweils nur streckenweise durchgeführt. Außerdem waren mehrere Manuskripte vorhanden, in denen Elias vom alten Text aus in andere Richtungen fortgefahren war. Ich vernachlässigte alle Korrekturen und berücksichtigte von den Varianten nur *eine*, die am klarsten eigene Wege ging. Die drei Abschnitte, aus denen dieser Teil II besteht, lagen im Material als separate Fragmente vor (einer mit einer späteren Fortsetzung, die ich kappte). Es gab Gründe, sie einander anzuschließen, aber das Risiko bleibt, daß ich ein synthetisches Kunstprodukt geschaffen habe. Sicher sind darin verschiedene Bearbeitungsstufen vereint. Einige der Unter/Titel stammen von mir; der Text ist sprachlich etwas redigiert. Elias habe ich, vor allem bezüglich Teil II, über Funde, Entscheidungen und Titel informiert. Er war mit meinem pragmatischen Verfahren und mit der Auskunft, daß ein guter, lesbarer Text herauskomme, zufrieden. Über die Arbeitsschritte, deren Resultat die diversen Papiere waren, konnte er nichts sagen.

Ernsthaft interessiert war Elias nur an seiner neuen Einleitung. Das 110seitige Manuskript, das er in knapp vier Wochen diktiert hatte, erwies sich im großen und ganzen als eine eigenständige Abhandlung zum Thema. Da unterdessen zu dem Aufsatz von 1939 noch ein Beitrag aus den 40er/50er Jahren gekommen war, drängte sich eine chronologische Anordnung auf; aus der »Einleitung« wurde, unter einem von mir vorgeschlagenen Titel, Teil III. Elias akzeptierte diesen Aufbau, da er sachlich wohlbegründet war: die Teile spiegeln einen fortschreitenden Denkprozeß wider, bei dem der Entwicklungsaspekt immer stärker hervortritt. Für mich als Herausgeber war auch wichtig, daß dasselbe Argument den integralen Abdruck von Texten rechtfertigte, die sich in der Problemstellung, manchmal sogar im Wortlaut, eng berührten. Die Gestalt des Bandes war damit gesichert.
Der Textbestand noch nicht. Ich hatte Bedenken gegenüber dem

letzten Drittel des neuen Teils (etwa ab dem jetzigen Abschnitt 10). In den Worten, die ich zu gebrauchen pflegte: vorzügliche Substanz, aber nicht gut organisiert, zu viele Wiederholungen. Ich bot Elias an, für eine Woche nach Amsterdam zu kommen, vielleicht könnten wir zusammen einen letzten Schliff erzielen. Mein Besuch im Februar 1987 brachte eine der schwersten Krisen in unserer Beziehung. Elias empfing mich mit den Worten: »*Ich habe nicht viel Zeit für Sie. Ich muß arbeiten.*« Woran schrieb er damals? Freud? Was es auch war, dieses aktuelle Projekt, vermutlich zur Schublade verbannt, war seine Arbeit, nicht aber das *Buch* aus älteren Schriften, das ich für ihn vorbereitete. Er hatte mir, quasi als Gefälligkeit, ein neues Manuskript geliefert, nun sollte ich Ruhe geben. Ich begriff: »meine« Bände waren meine Sache.

Immerhin, er räumte mir freundlich einige Stunden ein. Der Band benötigte ein Vorwort, ich hatte aus dem neuen Stück geeignete Passagen ausgesondert, auf deren Grundlage es leicht zustande kam. Zur Behebung der Konfusionen des letzten Drittels konnte ich nicht in gleicher Weise vorarbeiten. Hier hätte Elias den Text, wie ich fand, umschreiben müssen. Aber er wollte nicht, war wohl auch im Manuskript nicht mehr »drin«. Ich möge ihm gezielt die Schwierigkeiten nennen, er traue sich zu, sie mit einem Federstrich zu lösen. Es folgte ein Alptraum. Ich bezeichnete die Stellen, an denen der Gedankengang knirschte, er hörte ein Stichwort und diktierte daraufhin – ein/zwei weitere Seiten. Mehrmals. Meine Probleme wurden damit nur multipliziert. Irgendwie schoben wir uns gegenseitig die Verantwortung zu. Ich brütete im Archivraum über meinen Blättern, probierte diesen Strich und jene Verknüpfung aus; die Routinesachen wie Kapitelgliederung, sprachliche Durchsicht hatte ich längst erledigt. Bei meiner Abreise war nichts geklärt.

Der Dezember, in dem das neue Manuskript verfaßt wurde, war der allerletzte Termin gewesen, wenn *Gesellschaft der Individuen* pünktlich zum 22. Juni erscheinen sollte – andere als allerletzte Termine pflegten Elias nicht zu rühren. Herborth hatte für die Produktion im Verlag einen individuellen Marschplan aufgestellt. Und ich stand vor einem Fiasko, ganz abgesehen von den Gefahren der Fahnenkorrektur. Da wollte ich den Kampf mit dem Autor um sein eigenes Buch nicht mehr führen. Ich rief ihn an und erklärte, daß ich die Perspektive auf den Geburtstag aufgebe, wir könnten den Band irgendwann, wenn es ihm passe, fertigmachen.

Elias reagierte so hart wie nie: er werde die Termine einhalten, wenn das Vorhaben scheitere, sei es meine Schuld.

Unter diesem Druck versuchte ich die Probleme, um die sich der Autor nicht kümmerte, selbst zu heilen. Ich nahm Schere, Klebstoff und Stift und baute das Material, das ich hatte, in einem Gewaltakt von wenigen Tagen zu einem möglichst schlüssigen, flüssigen Gedankengang zusammen. Selbst die zuletzt diktierten Seiten brachte ich unter. Bisher hatte ich in Texten von Elias, auch wo ich viel tat, die angelegte Gestalt herausgearbeitet. Bei Teil III von *Gesellschaft der Individuen* begann ich, die Gestalt selbst (mit) zu schaffen. Elias las die Fahnen nur partiell, einige Einschübe (z. B. über einen französischen Roman, auf den ihn sein Assistent Gerritsen hingewiesen hatte) bereicherten das Stück. Auf der Geburtstagskonferenz in Apeldoorn konnte Herborth jedem Teilnehmer, darunter auch Pierre Bourdieu, ein druckfrisches Exemplar des Buches überreichen.

Gesellschaft der Individuen enthält eine Dankesfußnote, in der Elias das Buch »experimentell« nennt und meiner »Initiative« zuschreibt – eine kaum verhohlene Distanzierung. 1988 erhielt er dafür den erstmals verliehenen europäischen Amalfi-Preis für Soziologie. Er gab mir zehn Prozent des Preisgeldes ab.

In der Krise von damals wurde ich gezwungen, Aufgaben des Autors zu meinen zu machen und die letzte Verantwortung für einen Elias-Text zu übernehmen. Ich konnte das nur tun, indem ich meine Ehrfurcht ermäßigte. Fortan war ich vorbereitet, Texte zu kürzen, zu straffen, Material ineinanderzuflechten, die Sprache zu revidieren, wie es mir jeweils erforderlich und editionsmoralisch vertretbar erschien. Elias, den ich nach wie vor auf dem laufenden hielt, der sämtliche Druckvorlagen und Fahnen erhielt, erwartete nichts anderes. Nachdem er meine ersten Arbeitsproben überprüft hatte, Wort für Wort, hat er sich ab 1987 die Dinge, die ich betreute, kaum mehr angesehen oder vorlesen lassen. Offenbar hatte er sein Vertrauen erworben. Ich selbst fühlte mich gedeckt, weil er meine Arbeit jederzeit hätte kontrollieren *können*, auch wo er faktisch darauf verzichtete. In diesem Sinn war meine Tätigkeit weiter autorisiert.

Elias verabschiedete sich von der Versammlung in Apeldoorn mit den Worten: »Bis in fünf Jahren«, und verbesserte sich: »Nein, ich bin schon alt: in drei Jahren.« Er hatte, im Einklang mit seiner körperfreundlichen Theorie, ein gutes Verhältnis zu seinem eigenen Körper. 1983 war er in Athen lebensgefährlich erkrankt und hatte sich, wie er erzählte, gegen sein »Wider-Ich« zum Weiterleben »entschlossen«;[25] es gibt in seinem Archiv eine kurze, abgebrochene Niederschrift dazu. Mit einem Lächeln sprach er über die Geriatrika, die er schluckte, weil er an sie »glaubte«. So hörte ich jenen Abschiedsgruß wie eine Prognose oder ein Versprechen, daß er noch drei Jahre leben werde. Er hat die Frist mit einer Marge von wenigen Wochen eingehalten.

Studien über die Deutschen

Nach dem 90. Geburtstag mußte das Hauptstück des Thyssen-Projekts in Angriff genommen werden: die Beiträge, aus denen die *Studien über die Deutschen* wurden. Es war der gewichtigste Band, der meines Erachtens aus den unveröffentlichten Papieren von Elias zu gewinnen war, und von allen, mit denen ich zu tun hatte, bei weitem der umfangreichste.

Der Inhalt war im großen und ganzen bereits fixiert. Die »Gedanken über die Bundesrepublik« nahm ich trotz bleibender Skrupel wegen der Verdoppelungen (besonders gegenüber Teil III) auf. Den Ausschlag gaben Rücksichten der Geschlossenheit: daß der Band damit je einen Beitrag über das zweite Kaiserreich, Weimar, die NS-Zeit und die BRD bot. Zu all diesen Phasen, die er ja miterlebt hat, wußte Elias etwas Markantes und Spezifisches zu sagen. Da meine Mitwirkung bei den *Studien* massiver war als je zuvor, legte ich diesmal in meiner Nachbemerkung, obzwar in Umrissen, genaue editorische Rechenschaft ab. *E silentio* wurde deutlich genug, daß der Autor keinen Blick mehr auf die älteren Texte geworfen hat.[26] Ich füge den früher veröffentlichten Angaben noch etwas Farbe und Fleisch hinzu.

25 Den Ausdruck »Wider-Ich« hörte ich bei dieser Gelegenheit zum ersten Mal. Man erinnert sich: Elias hat den Tod Mozarts im Grunde darauf zurückgeführt, daß der Fünfunddreißigjährige sterben *wollte*.

26 Die Übersetzer der englischen Ausgabe (1996) fanden die Differenzen zwischen dem Original von Teil IV und meiner deutschen Version so gravierend, daß sie den Schluß zogen (S. viii): »It was evidently worked on by Elias perhaps together with Michael Schröter and/or one of his (Elias's) assistants«. Ich glaube, daß jene Differenzen im normalen Spielraum des Übersetzers und Redakteurs verbleiben. Wie auch im-

Die Stücke des Bandes machten unterschiedlich viel Arbeit. Die »Gedanken über die Bundesrepublik« (Teil v), die ich schon bei der Entstehung redigiert hatte, waren so gut wie druckfertig. Der »Exkurs über Nationalismus« und der »Zusammenbruch der Zivilisation« mußten im wesentlichen übersetzt werden, aus einem nicht makellosen, bisweilen »teutonisch« verschachtelten Englisch. Der »Exkurs« (Teil ii) hieß im Manuskript »From humanist to nationalist middle class elites« und war offenbar als eigenständige Einheit konzipiert. Da der Titel den Inhalt nur partiell deckte, zog ich eine Variante vor, die auf einem gesonderten Blatt stand (»A digression on nationalism«); sie fügte sich auch besser in den Aufbau des Bandes. Als ich Elias davon berichtete, tat es ihm um den verlorenen Titel leid. Ich rettete »From humanist ...« als Zwischentitel und mußte daraufhin zwei weitere basteln. Der Text schloß nach vorn an eine freie Fortführung des 1. Kapitels von *Über den Prozeß* an, mit Darlegungen über Thomas und Heinrich Mann (das Thema der »Zivilisationsliteraten«), die aber unvollständig erhalten und deshalb für die Edition unbrauchbar waren.

Der »Zusammenbruch der Zivilisation« (Teil iv) ist das älteste und nach meinem Empfinden intimste, intensivste Stück der *Studien*. Allerdings etwas verschlungen, was die redaktionelle Bearbeitung (Kapiteleinteilung) erschwerte. Als eine wesentliche »Quelle« muß man das Erleben des Autors in Anschlag bringen; das tritt besonders bei den selbstgehörten deutschen Soldatenliedern hervor. Ein recht wilhelminisches Deutschlandbild wird vorausgesetzt. Daß der Geschichtsatlas Deutschen ein Gefühl stetiger Verkleinerung und Schwächung vermittle, kam mir wie eine Reminiszenz aus Schultagen vor. Das Ende des Manuskripts leitete in einen »Epilog« über, mit breiten Auszügen aus Heimatbriefen an kriegsgefangene deutsche Soldaten. Die Auswertung von Elias war karg, das ganze gab keinen rechten Schluß ab. Ich fand in einer Vorfassung eine resümierende Passage, die als Schluß taugte, und wollte den »Epilog« weglassen.

Ein kritischer Fall. Ich wußte, die Briefe waren ein altes Projekt von Elias; es gibt dazu fragmentarische Aufzeichnungen aus den,

mer, die zitierte Aussage ist, mit Ausnahme eines einzigen Punktes am Schluß (siehe unten), unzutreffend.

ich glaube, 40er Jahren.[27] Viel später, in jenem »Epilog«, hatte er versucht, das Vorhaben zu retten. Und war wieder gescheitert. Es bestand ein Mißverhältnis zwischen Dokumentation und Deutung, die Plazierung am Ende des langen Textes zerstörte jede kompositorische Balance. Dennoch: Entscheidungen dieses Kalibers mußte ich mit dem Autor abstimmen. Elias beharrte auf dem Abdruck des Materials. Als ich meine Gegengründe vortrug, wollte er ihnen gerecht werden, indem er sich Teile seiner Interpretation vorlesen ließ und ein paar Sätze hinzufügte. Ich lockerte mein Bild von der Gestalt des Beitrags, so daß ich die Erwartungen des Autors mit meiner Lösung verbinden konnte, aber mehr als ein Notbehelf kam wohl nicht heraus.

20 Jahre jünger waren die Teile I und III, beide in Bielefeld entstanden, wo Elias wieder viel über Deutschland nachdachte bzw. frühere Gedanken zum Thema ausarbeitete und festhielt. Einer war der Begriff der »satisfaktionsfähigen Gesellschaft«. Elias hatte ihn in einem Wehler-Seminar vorgestellt und erzählte danach kopfschüttelnd, daß Wehler von einem »Idealtyp« gesprochen habe.[28] Ich suchte bei der Inventarisierung seiner Papiere nach einem Niederschlag dieser These und wurde fündig in einem Manuskript mit dem Sigel »Info: Studenten um 1900«. Es war hervorgegangen aus einem Vortrag »Zivilisation und Informalisierung«, in dem Elias die Wouterssche Informalisierungsthese in seine Theorie einbezogen hatte. Einer seiner rahmensprengenden Exkurse (schön ablesbar an der Paginierung des Hauptstrangs: S. 6a-z, 7a-z, 8a-k). Der ursprüngliche Vortragstext, den ich mit einem neuen Titel in die *Studien* aufnahm (Teil I/A), ist stark redigiert. Zum erstenmal habe ich hier ein Stück von Elias eingrei-

27 Eine Ausgabe dieser Briefe, mit Einleitung, war das Gemeinschaftsprojekt gewesen, das mir Elias 1982 vorgeschlagen hatte (siehe oben). Damals entstand ein Manuskriptfragment, das ich für meine Bearbeitung des »Epilogs« ebenfalls auswertete. Wie er zu den Briefen kam, hat mir Elias nicht erzählt. Er dachte, er habe viele davon, aber als ich das Material kennenlernte, waren es nur recht wenige.

28 Einem Ondit zufolge wurde U. Frevert, Autorin einer Untersuchung über das Duell (1991), seinerzeit in Bielefeld durch Elias zu ihrem Thema angeregt. Sie hat in ihrem Buch den Begriff der »satisfaktionsfähigen Gesellschaft« ohne Dank (und keineswegs im Sinn des Erfinders) übernommen und den betreffenden Teil der *Studien über die Deutschen* kurz, mit bestreitbaren Argumenten abgefertigt.

fend gekürzt, vor allem um spätere Einschaltungen, die ich partiell für Noten verwendete. Mit dem Schluß war ich unzufrieden, weil er ein weit hergeholtes Thema anschlug (Sinnbedürfnis jüngerer Generationen). Ich teilte Elias meinen Eindruck mit, und er diktierte mir eine bessere Alternative.

Das Material von »Die satisfaktionsfähige Gesellschaft« (Teil I/B) war komplex, mehr Dokument des Forschungsprozesses als Entwurf einer Publikation – das erste Konvolut eines so vorläufigen und heterogenen Zustands, mit dem ich mich als Elias-Herausgeber beschäftigte. Ich habe den Drucktext etwas nachtwandlerisch aus ca. vier Strängen verschiedener Bearbeitungsstufen zusammengebaut. Selten mußte ich einige Überleitungsworte einschieben. Auch die Vorfassungen suchte ich auf zusätzliche brauchbare Passagen ab. Leitgedanke bei alledem war, wie ich in meiner Nachbemerkung erläuterte, »ein Maximum an Substanz in kohärenter Form zur Veröffentlichung zu bringen«. Eine äußerliche Nachahmung des Eliasschen assoziativ-amplifizierenden Schreibens, die durch ebendiese Eigenart seines Schreibens möglich wurde. Anders betrachtet dehnte ich das konservierende und Brüche verdeckende Prinzip, das ich zu Beginn bei *Engagement und Distanzierung* entwickelt hatte, nun auf erheblich vielschichtigeres Material aus. Man konnte vermuten, daß »Info: Studenten um 1900« so schnell keine zweite Chance bekommen würde.

Ich hatte auch Freud-Briefe herausgegeben und wußte gut, daß mein »aktives Edieren«, sagen wir, unorthodox war. Es lag der lektorierenden Praxis (alter Schule) näher als der wissenschaftlich-editorischen. Manchmal stellte ich mir den jungen, scharfen Doktoranden vor, der nachweisen würde, wie ich Elias geglättet und verfälscht habe. Eigentlich eine Erfolgsphantasie, denn sie implizierte, daß mein Autor den Klassiker-Status erreicht hatte, zu dessen Schaffung ich beitragen wollte. Die Rechtfertigung meines Verfahrens sehe ich bis heute darin, daß die philologische Perspektive das abgeschlossene Werk eines Toten (von möglichst gesichertem Ruhm) voraussetzt. Es ist ein Blick von außen. Diesen Blick ließ Elias nicht zu; »historisch« oder »philologisch« waren für ihn Schimpfwörter. Er wollte sich keine unnötigen Blößen geben, ich sollte ihm fertige Texte, runde Bücher liefern. Und das tat ich nach Kräften.

Verwickelter noch als bei Teil I war die Materiallage bei Teil III, den ich als letztes Stück der *Studien* bearbeitete. »Zivilisation und Gewalt« gehört zu den zahlreichen Projekten, aus denen Elias ein Buch machen wollte. Zuerst fiel mir ein Leitz-Ordner mit einem langen Manuskript ins Auge, das ich allmählich als eine relativ frühe Bearbeitungsstufe agnoszierte. Beim Sichten der weiteren einschlägigen Papiere fand ich einen späten, stark veränderten oder neuen Anfang und mehrere »Seitenstränge« verschiedener Versionen. Außerdem gab es einen vom Autor selbst publizierten Aufsatz, verfaßt unter Verwendung einer Tonbandnachschrift des Vortrags zum Thema auf dem Bremer Soziologentag (der meine eindrucksvollste Erinnerung an den Redner Norbert Elias darstellt). Der Aufsatz war offenbar unter Zeitdruck beendet worden. Die Redaktion dieses Konvoluts erwies sich als die schwierigste Aufgabe, die ich im Zusammenhang meiner Elias-Editionen zu bewältigen hatte.

Ursprünglich wollte ich dieselbe Technik benutzen wie bei Teil 1. Ich sortierte alles aus, was an frischer Substanz da war, und fügte es zu einem fortlaufenden Text zusammen. Aber als ich fertig war – funktionierte das Ding nicht. Zu breit, keine Spannung, strukturlos. Auch ging es nicht an, den veröffentlichten Aufsatz einfach wieder einzuschmelzen, als ob es sich um Manuskriptmaterial handle. Also packte ich (mein Ablieferungstermin war schon verstrichen) die Arbeit nochmal von vorne an. Ich beließ den Aufsatz im wesentlichen, wie er war, redigierte ihn nur sorgfältig nach; der Vergleich mit dem früher gedruckten Text erlaubt einen Einblick in meine Werkstatt. Alles restliche Material behandelte ich als Steinbruch, aus dem ich herauslöste, was mir geeignet schien. Gute längere Teile wurden zu »Anhängen« des Aufsatzes, aus anderen Stellen machte ich Fußnoten, einiges fiel weg. Problematisch, ein Sorgenkind, blieb der umfangreiche Anhang 5 über den »bundesdeutschen Terrorismus«, der aus jenem Leitz-Ordner stammt. Ich fand darin viel vorzügliche Substanz, sah kein Recht zu rabiaten Kürzungen und bemühte mich, das Mäandern des Gedankengangs zu begradigen ...

Die *Studien* begaben sich in Konkurrenz zu den Historikern und ließen von vornherein deren Standards außer acht. Das Buch, das ich herstellte, konnte – wie die meisten Texte von Elias, vor allem die späteren – nur reüssieren, wenn es an seinem eigenen Maßstab gemessen und als das gewürdigt wurde, was es war: ein Reservoir von Deutungs- und Synthesemustern, entwickelt an einzelnen paradigmatischen, eher ausgefallenen Quellenstücken.[29] Deshalb spielte ich vergleichsweise gängige oder blasse empirische Bezüge herunter, so eine Passage über die Szene, wie Hindenburg das Zimmer verließ, als ihn Ebert im Juni 1919 anläutete und fragte, ob die Regierung aus militärischer Sicht den Versailler Friedensvertrag annehmen solle.[30] Ich sprach mit Elias darüber. Er hätte es lieber gesehen, wenn der Text ausführlich, über dem Strich geboten worden wäre, und meinte voll Ingrimm: »Diese Geschichte [wie die Generäle die Verantwortung für die von ihnen verschuldete Niederlage den republikanischen Politikern in die Schuhe schoben] gehört in die deutschen Schulbücher!«

Elias hatte mir gleich gesagt, daß er dem geplanten Band nur zustimme, wenn er »noch eine neue Einleitung dazu schreiben« dürfe. Als es soweit war, tastete ich mich über mehrere Amsterdam-Besuche an die Arbeit heran. Sie sollte wieder per Diktat geschehen. Beim ersten Anlauf gab ich Elias ein Stichwort als Sprungbrett der Gedankenentwicklung: dies seien Beiträge eines Augenzeugen. Er übernahm die Idee und blieb zunächst auf einer autobiographischen Bahn, z. B.:

»Noch vor Ausbruch des Kriegs kam mir zu Bewußtsein, daß diese Situation [des Exils], unerfreulich und hoffnungslos aus der Nahperspektive, zugleich hohe Gewinne auf der Ebene des Forschenden einbrachte. Es ergab sich fast von selbst, daß ich Vergleiche anstellte zwischen den üblichen Verhaltensweisen der Menschen in den verschiedenen Ländern, die ich passiert hatte. Gewiß, man mußte wache Augen haben, um den Vorteil eines derartigen Herausgeschleudertwerdens aus dem gewohnten Umkreis zu nutzen. Aber wenn man sie hatte, konnte man bald wahrnehmen, daß einen ein schmerzhaftes und gewissermaßen erbarmungsloses Schicksal zugleich vor einer der größten Gefahren der soziologischen Arbeit bewahrte: vor der Verengung des Blickfelds auf das eigene Land.«

---

29 Beiträge von Elias kommen regelmäßig bei Experten der jeweiligen Felder, auf die sie sich beziehen, schlecht weg. Spezialistischen Ansprüchen genügen sie nie. Das aber ist bei einem betont interdisziplinären, integrativen Ansatz, wie ihn Elias vertritt, auch nicht zu erwarten. Was er zu liefern vermag, sind weitreichende Synthese-Angebote, die dem spezialistischen Blick verschlossen sind. Einer der Gründe für seinen Erfolg bei den Experten der Sinngebung und des Überblicks (leider auch der Mode), im Feuilleton.

30 Elias 1989a, S. 257, Anm. 28.

Beim zweiten Anlauf verschwand der persönliche Touch. Der Blick auf die Niederlande wurde eingeführt. Als strukturierende Idee tauchten die »wiederkehrenden formativen Bedingungen« der Entwicklung Deutschlands auf. Aber die Umrisse eines Textes waren noch nicht in Sicht. Nun wurde die Zeit knapp. Im Mai 1989 ging ich zum dritten Mal nach Amsterdam, jetzt für eine Woche, um den Abschluß zu erreichen. Wir unterhielten uns über einen Fokus der Einleitung. Da Elias die nationale Einengung des Bandes nicht schätzte, schlug ich, eine Idee von ihm aufgreifend, »Die Deutschen in Europa« vor. Es kam ein Assoziationsstrom, der sein damaliges Nachdenken über Europa repräsentierte: die lateinische Sprache, die römische Kirche im Mittelalter etc. Ich saß da, schrieb mit und verzweifelte. Nach einigen Tagen protestierte ich, daß ich mit dem Text nichts anzufangen wisse. Vor allem sei er keine Einleitung für einen Band mit dem Titel *Studien über die Deutschen (... im 19. und 20. Jahrhundert)*. Die Antwort war ein Donnerwetter: Schubladendenken, historisch, alles gehört zusammen. Blieb das pragmatische Problem. Ich fand, wir sollten zu den »formativen Bedingungen« zurückkehren. Elias gab nach, diktierte Sätze wie, daß er widerstrebend die Diskussion »prozeß- und gesellschaftstheoretischer Fragen« einschränke – und landete kurz darauf im antiken Griechenland.

Die Situation erinnerte an *Gesellschaft der Individuen*, nur konnte ich diesmal nichts allein tun. Am schlimmsten aber war, daß ich unausweichlich mit dem Altersprozeß von Elias zusammengestoßen war. Ich hatte das Fortschreiten dieses Prozesses von Mal zu Mal, wenn ich in Amsterdam war, mit besorgter Aufmerksamkeit verfolgt. Welch ein Schock, als der Greis die Brille ablegte, weil er den Kampf um seinen Rest Augenlicht aufgab; dieses schutzlose Gesicht, das er auf einmal bekam. Inzwischen mußte ich einfache Pflegedienste übernehmen, was mir nicht leichtfiel. Natürlich sah man auch, daß seine Texte nachließen – nicht in jedem Einzelfall, aber aufs Ganze. Meine redaktionellen Mittel, um Mängel auszugleichen, waren begrenzt. Ich hatte den Moment gefürchtet, wo ich vor der Wahl stehen könnte, entweder einen frischen Beitrag von Elias zurückzuweisen oder den Autor durch den Abdruck zu desavouieren. Denn der Sinn seines Lebens war für ihn auf die »Arbeit« eingeschrumpft, sein Lebenswille hing daran, daß er noch lohnende Einfälle hatte. Nun schien das Gefürchtete eingetreten zu sein.

Als ich noch über meine Optionen grübelte, rief mich Elias an: Er wisse nicht, welcher Teufel ihn geritten habe, aber ich hätte recht gehabt. Ich erwiderte, es sei wohl auch meine Schuld gewesen, da ich ihn auf ein falsches Gleis gelockt hatte. Wir verabredeten einen vierten und letzten Anlauf. Diesmal ging alles glatt. Elias akzeptierte die Aufgabe, eine »Einleitung« zum vorliegenden Buch zu schreiben, und strukturierte das Stück anhand der »formativen Bedingungen«. Als empirische Novität und Vergleichsgröße wurde der Exkurs über die Niederlande ausgebaut.[31] Am Ende waren wir beide glücklich. Elias meinte: »Es war wie früher«, die symbiotische Diktiersituation wie einst im *Kempinski*. Es blieb viel zu redigieren, aber ich wußte beim Rückflug, jetzt hatte ich genug Substanz. Elias gab mir telephonisch noch einige Ergänzungen durch, so einen neuen Schlußabschnitt; ich las ihm die Passagen über die Niederlande vor, die er ein wenig verbesserte und erweiterte. Der fertige Text ließ für mich keine Wünsche offen.

Nach diesem Besuch haben wir uns nicht mehr gesehen.

Die Konzeption der *Studien* ist von mir, Elias selbst hätte kaum einen Band seiner Arbeiten um den Brennpunkt »Deutschland« organisiert. Er wußte nicht mehr, was er alles dazu geschrieben hatte, und erklärte: »Ich kann mich mir schwer als Autor eines Buches über die Deutschen vorstellen.« Das Thema war ihm zu eng, er betonte immer wieder die Notwendigkeit des internationalen Vergleichs. Schließlich nahm er mir ab, daß ich den Band nicht erfunden, sondern als Gestalt in seinem Material *gesehen* hatte – obwohl die meisten Beiträge zunächst auf andere Pointen zugeschnitten waren. Mir schien, Elias adoptierte das Buch, als er den Titel prägte (einen bewußt bescheidenen Titel). Trotzdem ist wahr, daß ich diesen Bereich seiner Forschungen in meinem Publikationsprogramm begünstigt habe. Schon 1977/78 bei der Niederschrift der »Gedanken über die Bundesrepublik« hatte es mich bewegt, daß gerade ein von den Nazis vertriebener Jude jüngere Deutsche ermunterte, über die Tabu-Frage ihres nationalen Habitus nachzudenken. Die Linie setzte sich fort über *Humana Conditio* und die »Barocklyrik« bis zu den *Studien über die Deutschen*.

31 Er beruht auf Auskünften holländischer Assistenten und auf Erfahrungen mit Freunden.

Elias hatte mir ausdrücklich die Verantwortung dafür auferlegt, daß die *Studien* »seinem guten Namen keine Schande machen«. Ich kannte die Schwächen des Buches und trug schwer an dieser Delegation. Wenn es durchgefallen wäre, hätte ich als Elias-Herausgeber kapituliert. Damit es nicht gar so bombastisch daherkäme, bat ich Herborth, es in einer kleineren Type zu setzen als sonst. Dann aber wurde das Ergebnis meiner Arbeit gut aufgenommen, wozu die politische Wende im Erscheinungsjahr 1989 das Ihre beitrug. Ich war sehr froh, als Katharina Rutschky mir sagte, noch vor dem Eintreffen meiner Belegexemplare, daß sie eine begeisterte Rezension geschrieben habe, es sei das dritte große Buch des Meisters. Ein Jahr später, am 12. Juli 1990, rief mich Elias an und erzählte, daß die *Studien* auch auf Englisch herauskommen würden – womit wir nicht unbedingt gerechnet hatten. Wir freuten uns über diesen Erfolg »unseres« Buches, wie er es nannte. Das war unser letztes Gespräch. Ich stelle mir vor, daß Elias es wußte.

Norbert Elias über sich selbst.
Etablierte und Außenseiter. Mozart

Die *Studien* waren die Krönung meiner editorischen Tätigkeit für Norbert Elias, aber nicht deren Ende. Die drei weiteren Bände, die ich besorgte, einer davon posthum, spiegeln noch einmal das ganze Spektrum meiner einschlägigen Aktivitäten wider, vom exekutiv-professionellen bis zum initiativ-gestaltenden Pol.

Das biographische Interview, das Arend-Jan Heerma van Voss und Bram van Stolk mit Elias geführt hatten, war im Dezember 1984 in einer holländischen Wochenzeitung erschienen und stand seitdem auch auf der Tagesordnung im Deutschen. Die Interviewer erklärten, sie wollten von mir eine bloße Übersetzung haben, am liebsten von der redigierten holländischen Fassung aus. Auf mein Verlangen erhielt ich das Rohtranskript des englischen Original-Gesprächs, dessen Bearbeitung ich nachvollzog. Ich beeilte mich nicht mit diesem Projekt, da die »Notizen zum Lebenslauf«, die das Interview zum Buch ergänzen sollten, gerade erst veröffentlicht waren. Es wurde erwogen, andere Elias-Interviews beizugeben, aber da war niemand, der das Material hätte sammeln und sichten können. 1987 kam das geplante Buch, mit den »Notizen«, auf holländisch heraus. Finanzierungsprobleme verzögerten das Erscheinen des deutschen Pendants. Elias konnte den holländischen Text von vornherein nicht lesen und wird auch kaum einen Blick in den deutschen geworfen haben. Treibende Kräfte bei der Publikation waren die Interviewer.

Aus dem Transkript ersah ich, wie rigoros das wirkliche Gespräch für den Druck gekürzt und getrimmt worden war. Gute Arbeit, ein Profi-Job, das Material erforderte eine solche Gestaltung (auch wenn ich selbst schonender verfahren wäre). Aber es muß gesagt sein, daß derjenige veröffentlichte Text, in dem Elias am authentischsten zu sprechen scheint, mehr als fast jeder andere eine redaktionelle Leistung ist. Eindrucksvoll die zupackende Interviewtechnik von Heerma van Voss, der das Gros der Fragen stellte. Mein Titelvorschlag wurde von Elias abgesegnet. Er wollte in das Interview noch einen Passus einschieben: einen Widerspruch gegen die These von Korte, daß seine Mitgliedschaft im jüdischen Wanderbund »Blau-Weiß« eine Hinwendung zum Zionismus implizierte. Das sehe nur *ex post* so aus, damals habe das Wandern, das Gruppenleben im Vordergrund gestanden. Der Vorsatz geriet in Vergessenheit.

Ausgaben des autobiographischen Bändchens bzw. des Interviews in dritten Sprachen wurden nicht vom O-Ton Elias, sondern von der deutschen Version aus gemacht. Dasselbe galt schon zuvor für (mindestens) *Über die Zeit*. Ein schwerer Kunstfehler. Für mich aber symbolisierte er die Erfüllung des Wunsches, Elias als deutschsprachigen Autor wiederzugewinnen und so mit eigenen Kräften ein kleines Stück von dem Verlust wettzumachen, den der Nationalsozialismus unserer Kulturtradition zugefügt hat. Dies war eine geheime Triebfeder meines editorischen Handelns. Im Englischen hat sich niemand ähnlich stark engagiert, deshalb das Übergewicht der deutschen Veröffentlichungen von Elias in den 80er Jahren. Zuletzt wurde sogar Teil IV der *Studien über die Deutschen*, den ich übersetzt hatte, nach meiner Fassung ins Englische zurückübertragen.

Von früh an hatte ich es als Teil meiner Aufgabe betrachtet, *Etablierte und Außenseiter* – ein Hauptwerk von Elias – auf deutsch herauszubringen. Da ich für die größer dimensionierte Arbeit, die ihm vorgeschwebt war, nichts tun konnte, wollte ich wenigstens das Buch von 1965 übersetzen, zusammen mit dem einleitenden

»theoretischen Essay« für die holländische Ausgabe von 1976. Nach den *Studien* machte ich mich an die Arbeit, die im Frühjahr 1990 abgeschlossen war.

Wie schon an anderer Stelle erzählt (oben, Kap. VII), blieben die Probleme nicht aus. Elias hatte immer angekündigt, daß er noch etwas hinzufügen werde. Die *neue Einleitung* war bereits da, er dachte an Anhänge oder ein völliges Umschreiben des »Essays«. Schließlich schickte er mir ein Manuskript über den Roman *Wer die Nachtigall stört*. Seine Absicht, anhand dieser Quelle die Übertragbarkeit des Etablierten-Außenseiter-Modells auf die Beziehung zwischen Weißen und Schwarzen in den Südstaaten der USA nachzuweisen, war mir vertraut gewesen. Hinter all den Revisionsplänen steckte weiter die Idee, das alte Buch, das er keinesfalls als bloße Gemeindestudie aufgefaßt sehen wollte, auszubauen. Er wünschte, daß ich diese Idee durch eine redaktionelle Integration der Texte von 1965/1976/1990 verwirklichte. Als ich entgegnete, das sei unmöglich und die früheren Sachen hätten doch auch ihren Eigenwert, warf er mir wieder Schubladendenken vor. Wir fanden dann den Ausweg, die Untersuchung von 1965 als »Hauptmodell«, das Kapitel von 1990 als »Weitere Facetten etc.« zu bezeichnen und dem Einleitungs-Essay von 1976 den Titel »Zur Theorie etc.« zu geben. Diese Überschriften sind der letzte Niederschlag des Projekts, bei dem die anfängliche »Untersuchung über Gemeindeprobleme« als Paradigma eines weitreichenden soziologischen Theorems benutzt werden sollte.[32]

Im Zug unserer Debatte bot mir Elias an, ich möge auch bei *Etablierte und Außenseiter* als Herausgeber zeichnen. Ich fand das nicht angemessen. Für das Stück über den Südstaaten-Roman aber tat ich viel. Ich habe es beim Übersetzen gekürzt und verdichtet, im 2. Abschnitt auch älteres Material eingefügt. Alle Bezüge auf die Quelle sind kontrolliert und notfalls geändert. Als ich Elias sagte, der schwarze Angeklagte werde nicht, wie bei ihm zu lesen, von den Weißen zur Flucht verleitet und dann getötet, wurde er

---

32 Die englische Neu-Ausgabe des Buches (1994) repräsentiert den Bearbeitungsstand von 1976, aber nicht die Gestalt letzter Hand, in der die breite Gültigkeit des Etablierten-Außenseiter-Modells noch stärker betont wird. Ein weiterer Ausdruck dessen ist die mit Elias abgesprochene Fassung des deutschen Titels, ohne den bestimmten Artikel (»Etablierte ...« vs. »The Established ...«) und ohne den einstigen Untertitel ad »community problems«.

ärgerlich und meinte: »Aber so war es immer.« Die innere Wahrheit oder die Struktur der Episode waren ihm wichtiger als der Wortlaut.[33] Der letzte Satz dieses späten Textes klang mir wie ein Vermächtnis: *Ein vorschnelles Schließen der Grenzen wissenschaftlicher Neugierde hat viel dazu getan, das menschliche Erkenntnisbemühen, vor allem auf dem Gebiet der Menschenwissenschaften, zu entmutigen, lange bevor es Frucht getragen hat.*

Elias starb am 1. August 1990. In einer Mischung von Überaktivität und Lähmung, die das Trauern ersetzte, brachte ich nach seinem Tod das Mozart-Buch heraus. Einer der Bände, die ich stark geprägt habe. Der Plan war mit Elias abgesprochen, er steuerte den Titel bei, ansonsten wurde das Buch von mir aus den Manuskripten komponiert. Auf Einzelheiten gehe ich in meiner Editorischen Nachbemerkung ein, die philologischer gehalten ist als frühere. Die Idee, die beiden großen Textstränge des Materials nicht ineinanderzuwirken, sondern getrennt abzudrucken, ergab sich erst nach einer Weile. Durch meine Redaktion wurde verwischt, daß der erste Strang bis etwa zur Mitte eigentlich nur auf der Mozart-Biographie von Hildesheimer beruht. Die schönste Einschätzung des Bandes hörte ich von Kurt R. Eissler: »Das Geschenk eines Krösus.«

Auf die Frage, was ich in Fällen dieser Art von mir aus zum Text hinzugetan habe, müßte ich sagen: nichts in der gedanklichen Substanz und im großen Zug der Argumentation, einiges im Detail der Gedankenfolge und im sprachlichen Schliff, viel in der manifesten Gestalt. Beim Nachdenken über diese Probleme wurde mir der Begriff des »editorischen Takts« wichtig. Die Originalpapiere des Autors liegen inzwischen im Deutschen Literaturarchiv in Marbach, so daß meine Arbeit der Kontrolle zugänglich ist.

33 Bei meinen Editionen prüfte ich zunehmend die Eliasschen Quellenhinweise nach. Es ist ebenso bezeichnend, daß sein Mozart-Manuskript zahlreiche Fehler im Detail aufwies, wie daß keiner den Kern seiner Thesen tangierte. Eine Bemerkung, die N. Bischof auf Konrad Lorenz münzt (1991, S. 155 f.), hat mich an diese Erfahrung erinnert: »Augenzeugen konnten immer wieder feststellen, daß seine Geschichten zuweilen frei erfunden, mindestens aber erheblich geschönt waren, bis sie prägnant die Wahrheit illustrierten, die er eigentlich verkünden wollte. Wobei diese Wahrheit, darin lag eben seine Genialität, oft wirklich eine war.«

Am Ende der Nachbemerkung zu *Mozart* zog ich im Bewußtsein, daß für mich ein Lebensabschnitt vorbei war, ein Resümee meiner Zusammenarbeit mit Norbert Elias. Ich hatte nicht ohne Mühe erkannt, daß mit seinem Tod die editionsmoralische Grundlage meiner Praxis geschwunden, meine Autorisierung als Herausgeber beendet war. »Aktives Edieren«, wie ich es betrieben hatte, implizierte ein Überschreiten der Grenze zwischen Mein und Dein und war im Moment, wo der Autor das Resultat nicht mehr überprüfen konnte, unzulässig geworden. *Mozart* hatte ich noch wie aus Versehen im gewohnten Stil gemacht. Danach mußten neue Richtlinien für die Präsentation unveröffentlichter Elias-Texte entwickelt werden.[34] Als Alternativen stellte ich mir, je nach Materiallage, den Roh-Abdruck von Manuskripten, den Abdruck redigierter Texte mit Nachweis der Eingriffe oder eine erklärte »Bearbeitung« vor.

Zur Tat ist es nicht mehr gekommen. Ich wollte, nachdem die Basis der persönlichen Beziehung weggefallen war, meine faktische in eine förmliche Mitverantwortung für das Eliassche Werk und zumal für den wissenschaftlichen Nachlaß überführen. Eine solche Position wurde mir von der zuständigen Elias-Stiftung nicht eingeräumt. Seitdem liegt der Nachlaß brach und harrt der weiteren editorischen Erschließung.

Bücher haben ihre Geschichte, schon vor der Publikation. Früher wurde ich bisweilen gefragt: »Wozu braucht ein lebender Autor einen Herausgeber?« *Voilà* die Antwort. Meine Arbeit wird um so sinnvoller gewesen sein, wenn sich Norbert Elias nicht als Autor einer einzigen Generation erweisen, sondern auch in Zukunft immer neue Leser für sich einnehmen wird.

---

34 Die Worte, mit denen ein Rezensent der *Studien* meine dortige Editorische Nachbemerkung kommentiert hatte (Vielhauer 1990, S. 51 f.), waren mir aus der Seele gesprochen. Er schrieb, die Bemerkung verweise »auf Probleme der Authentizität von Texten Norbert Elias', die zur Zeit erscheinen. Sofern sie, wie im vorliegenden Fall, noch von ihm selbst, der bis zuletzt bewundernswert geistig präsent war, approbiert wurden, brauchen sich keine erheblichen Bedenken einzustellen; bei zu erwartenden weiteren Veröffentlichungen wird man auf genauere Angaben der Herausgeber über ihren Anteil bestehen müssen.«

Literatur*

Adler, F. (1955/57): Alte Verlobungs- und Hochzeitsbräuche in pommerschen Städten. Baltische Studien NF 43 (1955), S. 47-64; 44 (1957), S. 95-108.

Andritzky, M. (1989): Berlin – Urheimat der Nackten. Die FKK-Bewegung in den 20er Jahren. In: ders. und Th. Rautenberg (Hg.): »Wir sind nackt und nennen uns Du«. Von Lichtfreunden und Sonnenkämpfern – Eine Geschichte der Freikörperkultur. Gießen, S. 50-57.

Bachorski, H.-J. (1988): Der selektive Blick. Zur Reflexion von Liebe und Ehe in Autobiographien des Spätmittelalters. In: M. E. Müller (Hg.): Eheglück und Liebesjoch. Bilder von Liebe, Ehe und Familie in der Literatur des 15. und 16. Jahrhunderts. Weinheim/Basel, S. 23-46.

– (Hg.) (1991): Ordnung und Lust. Bilder von Liebe, Ehe und Sexualität in Spätmittelalter und Früher Neuzeit. Trier.

Barlösius, E., E. Kürşat-Ahlers und H.-P. Waldhoff (Hg.) (1997): Distanzierte Verstrickungen. Die ambivalente Bindung soziologisch Forschender an ihren Gegenstand. Berlin.

Baumgart, R. und V. Eichener (1991): Norbert Elias zur Einführung. Hamburg.

Beese, H. (1987): Zum neunzigsten Geburtstag des Dichters Norbert Elias. Merkur 41, S. 530-536.

Berthold von Holle: Demantin. Hg. von K. Bartsch. Stuttgart 1874.

Berthold von Regensburg: Vollständige Ausgabe seiner deutschen Predigten. Mit Einl. und Anm. von F. Pfeiffer und J. Strobl, 2 Bde. Berlin 1965 [ND].

Billacois, F. (1986): Le duel dans la société française des xvie-xviie siècles. Essai de psychosociologie historique. Paris.

Bischof, N. (1991): Gescheiter als alle die Laffen. Ein Psychogramm von Konrad Lorenz. Hamburg.

Blomert, R. (1989): Psyche und Zivilisation. Zur theoretischen Konstruktion bei Norbert Elias. Münster.

– (1992): Foulkes und Elias – Biographische Notizen über ihre Beziehung. Gruppenanalyse 2, H. 2, S. 1-26.

– (i. V.): Der gescheiterte Epochenwechsel. Studien über die Heidelberger Sozialwissenschaften der Zwischenkriegszeit [zit. nach dem MS].

Boehmer, H. (1925): Luthers Ehe. Luther-Jahrbuch 7, S. 40-76.

* Forschungsliteratur wird mit Autor und Erscheinungsjahr zitiert, Quellen je nachdem mit Herausgeber und Erscheinungsjahr oder bloß mit Verfasser bzw. Titel.

Bogner, A. (1989): Zivilisation und Rationalisierung. Die Zivilisationstheorien M. Webers, N. Elias' und der Frankfurter Schule. Opladen.

Bonorden, H. (Hg.) (1985): Was ist los mit den Männern? Stichworte zu einem neuen Selbstverständnis. München.

– (1989): Mann wird Vater. Anmerkungen, Berichte, Nachfragen. München.

Boswell, J. (1989): The kindness of strangers. The abandonment of children in western Europe from late antiquity to the Renaissance. New York.

Brandis, H.: Henning Brandis' Diarium. Hildesheimsche Geschichten aus den Jahren 1471-1528. Hg. von L. Hänselmann. Hildesheim 1896.

Brandis, J.: Joachim Brandis' des Jüngeren Diarium, ergänzt aus Tilo Brandis' Annalen: 1528-1609. Hg. von M. Buhlers. Hildesheim 1902.

Breuer, S. (1988): Über die Peripetien der Zivilisation. Eine Auseinandersetzung mit Norbert Elias. In: H. König (Hg.): Politische Psychologie heute. Opladen, S. 411-432.

Brockhaus Enzyklopädie in 20 Bänden (17. Aufl. des Großen Brockhaus). Ergänzungen A-Z, 25. Bd. Wiesbaden 1981.

Brokes, H.: Aus dem Tagebuche des Lübeckischen Bürgermeisters Henrich Brokes [mitgeteilt von Pauli]. Zeitschrift des Vereins für Lübeckische Geschichte und Altertumskunde 1 (1860), S. 79-92, 173-183, 281-347; 2 (1867), S. 1-37, 254-296, 357-465.

Brown, R. (1987): Norbert Elias in Leicester. Some recollections. Theory, Culture & Society 4/2-3, S. 533-539.

Bude, H. (1992): Bilanz der Nachfolge. Die Bundesrepublik und der Nationalsozialismus. Frankfurt/M.

Bumke, J. (1986): Höfische Kultur. Literatur und Gesellschaft im hohen Mittelalter, 2 Bde. München.

Chmel, J. (Hg.) (1845): Urkunden, Briefe und Actenstücke zur Geschichte Maximilians I. und seiner Zeit. Stuttgart.

Diesbach, L. v.: Chronik und Selbstbiographie. Der Schweizerische Geschichtsforscher 8 (1830), S. 161-215.

Dreitzel, H.-P. (1992): Reflexive Sinnlichkeit. Mensch – Umwelt – Gestalttherapie. Köln.

Duby, G. (1981): Ritter, Frau und Priester. Die Ehe im feudalen Frankreich. Frankfurt/M. 1985.

Dülmen, R. van (1991): Frauen vor Gericht. Kindsmord in der frühen Neuzeit. Frankfurt/M.

Duerr, H. P. (1978): Traumzeit. Über die Grenze zwischen Wildnis und Zivilisation. Frankfurt/M. 1985.

– (1988a): Nacktheit und Scham. Frankfurt/M. (= Der Mythos vom Zivilisationsprozeß, Bd. 1).

– (1988b): In der Rocktasche eines Riesen. Eine Erwiderung auf Ulrich Greiners Polemik. Die Zeit, Nr. 22 vom 27. 5. 1988, S. 50.

– (1990): Intimität. Frankfurt/M. (= Der Mythos vom Zivilisationsprozeß, Bd. 2).

- (1993): Obszönität und Gewalt. Frankfurt/M. (= Der Mythos vom Zivilisationsprozeß, Bd. 3).

Ebel, W. (1954): Bürgerliches Rechtsleben zur Hansezeit in Lübecker Ratsurteilen. Göttingen/Frankfurt/Berlin.

- (1971): Lübisches Recht, Bd. 1. Lübeck.

Egli, E. (Hg.) (1879): Aktensammlung zur Geschichte der Zürcher Reformation in den Jahren 1519-1533. Zürich (ND Aalen 1973).

Ehenheim, M. v.: Die Familienchronik des Ritters Michel von Ehenheim [Ausz.]. In: Wenzel (1980), Bd. 1, S. 174-186.

Eissler, K. R. (1961): Leonardo da Vinci. Psychoanalytische Notizen zu einem Rätsel. Basel/Frankfurt 1992.

Elias, N. (1921): Vom Sehen in der Natur. Blau-Weiss-Blätter. Führerzeitung 2, H. 8-10 (Breslauer Heft), S. 133-144.

- (1924): Idee und Individuum. Eine kritische Untersuchung zum Begriff der Geschichte. Diss. phil. Breslau (masch.); gedruckter »Auszug« (mit Untertitel: Ein Beitrag zur Philosophie der Geschichte). Breslau (Hochschulverlag).

- (1929): [Zwei Diskussionsbemerkungen in:] Verhandlungen des Sechsten Deutschen Soziologentages vom 17. bis 19. September 1928 in Zürich. Tübingen, S. 110f., 281-284.

- (1939): Über den Prozeß der Zivilisation. Soziogenetische und psychogenetische Untersuchungen, 2 Bde. 2. Aufl. Frankfurt/M. 1976. [Engl. Ausgabe: The civilizing process (1978/82). Oxford/UK und Cambridge/USA 1994.]

- (1950): Studies in the genesis of the naval profession. British Journal of Sociology 1, S. 291-309.

- (1956): Problems of involvement and detachment. British Journal of Sociology 7, S. 226-252. [Neuabdruck in: Elias 1987c, S. 1-34, 38-41; dt. in: Elias 1983, S. 7-71.]

- (1964): »Professions« in: J. Gould und W. L. Kolb (Hg.): A dictionary of the social sciences. New York, S. 542.

- (1969a): Die höfische Gesellschaft. Untersuchungen zur Soziologie des Königtums und der höfischen Aristokratie. Neuwied/Berlin.

- (1969b): Einleitung [zur 2. Aufl. von Elias 1939], S. VII-LXX.

- (1970): Was ist Soziologie? München.

- (1971): Sociology of knowledge: New perspectives, Part I. Sociology 5, S. 149-168 (Part II: S. 355-370).

- (1977a): Zur Grundlegung einer Theorie sozialer Prozesse. Zeitschrift für Soziologie 6, S. 127-149.

- (1977b): Drake en Doughty. De ontwikkeling van een conflict. De Gids 140, S. 223-237.

- (1977c): Adorno-Rede. Respekt und Kritik. In: ders. und W. Lepenies: Zwei Reden anläßlich der Verleihung des Theodor W. Adorno-Preises 1977. Frankfurt/M.

– (1978): Zum Begriff des Alltags. In: K. Hammerich und M. Klein (Hg.): Materialien zur Soziologie des Alltags (= Kölner Zeitschrift für Soziologie und Sozialpsychologie, Sonderheft 20). Opladen, S. 22-29.
– (1981a): Zivilisation und Gewalt. Über das Staatsmonopol der körperlichen Gewalt und seine Durchbrechungen. In: Lebenswelt und soziale Probleme. Verhandlungen des 20. Deutschen Soziologentags zu Bremen 1980. Hg. von J. Matthes. Frankfurt/New York, S. 98-122. [Redigierte Fassung in: Elias 1989a, S. 223-270.]
– (1981b): Vier Gedichte. In: Schau unter jeden Stein – Merkwürdiges aus Kultur und Gesellschaft. Dieter Claessens zum 60. Geburtstag. Hg. von B. Schaller, H. Pfütze, R. Wolff. Frankfurt/M., S. 41-44.
– (1982a): Über die Einsamkeit der Sterbenden in unseren Tagen. Frankfurt/M. [Erstveröffentlichung in: Werk und Zeit, H. 3/1979, S. 4-16.]
– (1982b): Scientific establishments. In: ders., H. Martins und R. Whitley (Hg.): Scientific establishments and hierarchies. Sociology of the Sciences, Yearbook 6, S. 3-69.
– (1982c): Thomas Morus' Staatskritik, Mit Überlegungen zur Bestimmung des Begriffs Utopie. In: Voßkamp, W. (Hg.): Utopieforschung. Interdisziplinäre Studien zur neuzeitlichen Utopie, Bd. 2. Stuttgart, S. 101-150.
– (1983): Engagement und Distanzierung. Arbeiten zur Wissenssoziologie 1. Hg. von M. Schröter. Frankfurt/M.
– (1984a): Über die Zeit. Arbeiten zur Wissenssoziologie 11. Hg. von M. Schröter. Frankfurt/M.
– (1984b): Knowledge and power. An interview by Peter Ludes. In: N. Stehr und V. Meja (Hg.): Society and knowledge. Contemporary perspectives in the sociology of knowledge. New Brunswick/London, S. 251-291.
– (1985a): Das Credo eines Metaphysikers. Kommentare zu Poppers »Logik der Forschung«. Zeitschrift für Soziologie 14, S. 93-114.
– (1985b): Wissenschaft oder Wissenschaften? Beitrag zu einer Diskussion mit wirklichkeitsblinden Philosophen. Zeitschrift für Soziologie 14, S. 268-281.
– (1985c): Humana conditio. Beobachtungen zur Entwicklung der Menschheit am 40. Jahrestag eines Kriegsendes (8. Mai 1985). Frankfurt/M.
– (1986a): Über die Natur. Merkur 40, S. 469-481.
– (1986b): Wandlungen der Machtbalance zwischen den Geschlechtern. Eine prozeßsoziologische Untersuchung am Beispiel des antiken Römerstaats. Kölner Zeitschrift für Soziologie und Sozialpsychologie 38, S. 425-449.
– (1986c): »Zivilisation« in: B. Schäfers (Hg.): Grundbegriffe der Soziologie. Opladen, S. 382-387.
– (1987a): Los der Menschen. Gedichte – Nachdichtungen. Frankfurt/M.

- (1987b): Die Gesellschaft der Individuen. Hg. von M. Schröter. Frankfurt/M.
- (1987c): Involvement and detachment. Oxford [engl. Fassung von Elias 1983, erweitert durch eine Einleitung].
- (1987d): Das Schicksal der deutschen Barocklyrik. Zwischen höfischer und bürgerlicher Tradition. Merkur 41, S. 451-468.
- (1987e): Sprüche. Akzente 34, S. 213-216.
- (1988a): Was ich unter Zivilisation verstehe. Antwort an Hans Peter Duerr. Die Zeit, Nr. 25 vom 17. 6. 1988, S. 37.
- (1988b): Abschied von Gott. Akzente 35, S. 286 f.
- (1989a): Studien über die Deutschen. Machtkämpfe und Habitusentwicklung im 19. und 20. Jahrhundert. Hg. von M. Schröter. Frankfurt/M. [Engl. Ausgabe: The Germans. Power struggles and the development of habitus in the 19th and 20th centuries. Mit einem Vorwort von E. Dunning und S. Mennell. Cambridge 1996.]
- (1989b): Sprüche. Akzente 36, S. 228 f.
- (1990): Norbert Elias über sich selbst [darin: A. J. Heerma van Voss und A. van Stolk: Biographisches Interview mit N. Elias]. Frankfurt/M.
- (1991a): Mozart. Zur Soziologie eines Genies. Hg. von M. Schröter. Frankfurt/M.
- (1991b): The symbol theory. Hg. von R. Kilminster. London/Newbury Park/Delhi.
- (1995): Technization and civilization. Theory, Culture & Society 12/3, S. 7-42.
- und E. Dunning (1986): Quest for excitement. Sport and leisure in the civilizing process. Oxford.
- und J. L. Scotson (1965): Etablierte und Außenseiter. Frankfurt/M. 1990.

Engler, W. (1989): Gespräch mit Norbert Elias. Sinn und Form 41, S. 743-758.

Erdmann, C. und N. Fickermann (Hg.) (1950): Briefsammlungen der Zeit Heinrichs IV. Weimar.

Esser, H. (1984): Besprechung von Elias (1983). Kölner Zeitschrift für Soziologie und Sozialpsychologie 36, S. 624-626.

Faber, B. M. (1974): Eheschließung in mittelalterlicher Dichtung vom Ende des 12. bis zum Ende des 15. Jahrhunderts. Diss. phil. Bonn.

Feger, O. (1955): Vom Richtebrief zum Roten Buch. Die ältere Konstanzer Ratsgesetzgebung, Darstellung und Texte. Konstanz.

Ferenczi, S. (1911): Über obszöne Worte (Beitrag zur Psychologie der Latenzzeit). In: Bausteine zur Psychoanalyse, Bd. 1, 2. Aufl. Bern/Stuttgart 1964, S. 171-188.

- (1914): Zur Ontogenie des Geldinteresses. In: Ebd., S. 109-119.
- (1915): Analyse von Gleichnissen. In: Bausteine zur Psychoanalyse, Bd. 2, 2. Aufl. Bern/Stuttgart 1964, S. 164-177.

Fortunatus. Von Fortunato und seynem Seckel auch Wünschhütlein. Mit einem Vorwort von R. Noll-Wiemann. Hildesheim/New York 1974 = Augsburg 1509.

Foulkes, E. (1990): Norbert Elias [Obituary]. The Group-Analytic Society (London). The Bulletin No. 8, Sept. 1990, S. 33.

Foulkes, S. H. (1939-41): Rezension von Elias (1939), Bd. 1 und 2. Internationale Zeitschrift für Psychoanalyse und Imago 24, S. 179-181; 26, S. 316-319.

Frensdorff, F. (1871): Ein Urtheilsbuch des geistlichen Gerichts zu Augsburg aus dem 14. Jahrhundert. Zeitschrift für Kirchenrecht 10, S. 1-37.

– (1917/18): Verlöbnis und Eheschließung nach hansischen Rechts- und Geschichtsquellen. Hansische Geschichtsblätter 43 (1917), S. 291-350; 44 (1918), S. 1-126.

Freud, S. (1905a): Der Witz und seine Beziehung zum Unbewußten. Gesammelte Werke [GW] VI.

– (1905b): Drei Abhandlungen zur Sexualtheorie. GW V, S. 27-145.

– (1908a): Die »kulturelle« Sexualmoral und die moderne Nervosität. GW VII, S. 141-167.

– (1908b): Der Dichter und das Phantasieren. GW VII, S. 211-223.

– (1910): Eine Kindheitserinnerung des Leonardo da Vinci. GW VIII, S. 127-211.

– (1915a): Zeitgemäßes über Krieg und Tod. GW X, S. 323-355.

– (1915b): Das Unbewußte. GW X, S. 263-303.

– (1916-17a): Vorlesungen zur Einführung in die Psychoanalyse. GW XI.

– (1916-17b): Über Triebumsetzungen, insbesondere der Analerotik. GW X, S. 401-410.

– (1919): Das Unheimliche. GW XII, S. 227-268.

– (1920): Jenseits des Lustprinzips. GW XIII, S. 1-69.

– (1921): Massenpsychologie und Ich-Analyse. GW XIII, S. 71-161.

– (1925a): Einige psychische Folgen des anatomischen Geschlechtsunterschieds. GW XIV, S. 17-30.

– (1925b): Selbstdarstellung. GW XIV, S. 31-96.

– (1930): Das Unbehagen in der Kultur. GW XIV, S. 419-506.

– (1933a): Neue Folge der Vorlesungen zur Einführung in die Psychoanalyse. GW XV.

– (1933b): Warum Krieg? GW XVI, S. 11-27

– (1939): Der Mann Moses und die monotheistische Religion. GW XVI, S. 101-246.

– (1986): Briefe an Wilhelm Fließ 1887-1904. Ungekürzte Ausgabe. Hg. von J. M. Masson, Bearbeitung der dt. Fassung von M. Schröter, Transkription von G. Fichtner. Frankfurt/M.

– und L. Binswanger (1992): Briefwechsel 1908-1938. Hg. von G. Fichtner. Frankfurt/M.

Freud, M. (1958): Sigmund Freud. Man and father. New York/London 1983.

Frevert, U. (1991): Ehrenmänner. Das Duell in der bürgerlichen Gesellschaft. München.

Friedberg, E. (1865): Das Recht der Eheschließung in seiner geschicht-
lichen Entwicklung. Leipzig (ND Aalen 1965).

Froning, R. (Hg.) (1884): Frankfurter Chroniken und annalistische Aufzeichnungen des Mittelalters. Frankfurt/M.

Fürer, Ch.: Christoph Fürers Denkwürdigkeiten. In: Wenzel (1980),
Bd. 2, S. 78-80.

Fugger: Chronik der Familie Fugger vom Jahre 1599. Hg. und erl. von
Ch. Meyer. München 1902.

Gamberoni, J. (1969): Die Auslegung des Buches Tobias in der griechisch-
lateinischen Kirche der Antike und der Christenheit des Westens bis um
1600. München.

Geiger, G. (1971): Die Reichsstadt Ulm vor der Reformation. Städtisches
und kirchliches Leben am Ausgang des Mittelalters. Ulm.

Gentzkow, N.: Nicolaus Gentzkow's Tagebuch von 1558 bis 1567 (in
Auszügen). Stralsund 1852.

Gerspach, M. und B. Hafeneger (Hg.) (1982): Das Väterbuch. Frank-
furt/M.

Gleichmann, P. R. (1987): Norbert Elias – aus Anlaß seines 90. Geburts-
tages. Kölner Zeitschrift für Soziologie und Sozialpsychologie 39,
S. 406-417.

– (1988): Zur Historisch-Soziologischen Psychologie von Norbert Elias.
In: G. Jüttemann (Hg.): Wegbereiter der Historischen Psychologie.
München/Weinheim, S. 451-462.

– (1991a): »Wofür habe ich überhaupt gelebt«. Norbert Elias 22. 6. 1897 –
1. 8. 1990. Utopie kreativ 1, S. 92-98.

– (1991b): Das Deutschland-Bild von Norbert Elias und Elias-Bilder der
Deutschen. Engagiert-distanzierte Bemerkungen zu einem europäi-
schen Soziologen. [Zunächst auf Italienisch erschienen, zit. nach dem
Abdruck in:] Geschichte und Gegenwart 15 (1996), S. 104-120.

– (1991c): Das Deutschland-Bild von Norbert Elias (masch.).

–, J. Goudsblom und H. Korte (Hg.) (1979): Materialien zu Norbert Elias'
Zivilisationstheorie [1]. Frankfurt/M.

–, – und – (Hg.) (1984): Macht und Zivilisation. Materialien zu Norbert
Elias' Zivilisationstheorie 2. Frankfurt/M.

Goudsblom, J. (1979a): Aufnahme und Kritik der Arbeiten von Norbert
Elias in England, Deutschland, den Niederlanden und Frankreich. In:
Gleichmann et al. (1979), S. 17-85.

– (1979b): Zivilisation, Ansteckungsangst und Hygiene. Betrachtungen
über einen Aspekt des europäischen Zivilisationsprozesses. In: Gleichmann et al. (1979), S. 215-253.

– (1984): Die Erforschung von Zivilisationsprozessen. In: Gleichmann et
al. (1984), S. 83-104.

– (1987): The domestication of fire as a civilizing process. Theory, Culture & Society 4/2-3, S. 457-476. [Eingegangen in: ders. (1992): Feuer und Zivilisation. Frankfurt/M. 1995, S. 11-39.]

– (1990): Norbert Elias, 1897-1990. Theory, Culture & Society 7, S. 169-174.

Greiner, U. (1988): Nackt sind wir alle. Über den sinnlosen Kampf des Ethnologen Hans Peter Duerr gegen den Soziologen Norbert Elias. Die Zeit, Nr. 21 vom 20. 5. 1988, S. 54.

Grosch, R. mit K. Th. Lauter und W. Flach (Hg.) (1957): Die Schöffenspruchsammlung der Stadt Pössneck, T. 1: Der Text der Sammlung. Weimar.

Grubrich-Simitis, I. (1991): Freuds Moses-Studie als Tagtraum. Ein biographischer Essay. Weinheim.

Guggisberg, H. R. und H. Füglister (1978): Die Basler Weberzunft als Trägerin reformatorischer Propaganda. In: B. Möller (Hg.): Stadt und Kirche im 16. Jahrhundert. Gütersloh, S. 48-56.

Hach, J. F. (Hg.) (1839): Das alte lübische Recht. Lübeck (ND Aalen 1969).

Hagen, F. H. v. d. (Hg.) (1850): Gesamtabenteuer. Hundert altdeutsche Erzählungen, 3 Bde. Stuttgart/Tübingen (ND Darmstadt 1961).

Hartmann von Aue: Erec. Mittelhochdeutscher Text und Übertragung von Th. Cramer. Frankfurt/M. 1972.

Heidemann, K. (1991): *Grob und teutsch mit nammen beschryben*. Überlegungen zum Anstößigen in der Schwankliteratur des 16. Jahrhunderts. In: Bachorski (1991), S. 415-426.

Heinrich von Freiberg: Tristan. Hg. von R. Bechstein. Leipzig 1877.

Heinrich von Veldeke: Eneasroman, mittelhochdeutsch/neuhochdeutsch. Übersetzt von D. Kartschoke. Stuttgart 1986.

Held, H.-G. (1991): Eros und Mnemosyne. Zu den Gedichten von Norbert Elias. Lettre International, H. 13, II. Vj./91, S. 93-95.

Herbort's von Fritslâr liet von Troye. Hg. von K. Frommann, Quedlinburg/Leipzig 1837 (ND Amsterdam 1966).

Hermanns, L. M. und M. Schröter (1990): Felix Gattel (1870-1904). Der erste Freudschüler. Luzifer-Amor 3, H. 6, S. 42-75.

Hildesheimer, W. (Hg.) (1990): Mozart Briefe. Neuausgabe. Frankfurt/M.

Hoffer, W. (1949): Obituary Kate Friedlander. International Journal of Psycho-Analysis 30, S. 59 f.

Holl, E.: Die Selbstbiographie des Elias Holl. Hg. von Ch. Meyer. Augsburg 1873.

Holland, N. N. (1973): Poems in persons. An introduction to the psychoanalysis of literature. New York.

Israels, H., M. Komen und A. de Swaan (Hg.) (1993): Over Elias. Herinneringen en anecdotes. Amsterdam. [Erweiterte engl. Ausgabe, hg. von A. Buckley und P. Nixon, i. V.]

Jegel, A. (1953): Altnürnberger Hochzeitsbrauch und Eherecht, besonders bis zum Ausgang des 16. Jahrhunderts. Mitteilungen des Vereins für Geschichte der Stadt Nürnberg 44, S. 238-274.

Jenny, B. R. (1959): Graf Froben Christoph von Zimmern – Geschichtsschreiber, Erzähler, Landesherr. Ein Beitrag zur Geschichte des Humanismus in Schwaben. Lindau/Konstanz.

Jerouschek, G. (1988): Lebensschutz und Lebensbeginn. Kulturgeschichte des Abtreibungsverbots. Stuttgart.

– (1990): Rezension von Duerr (1988a). Zeitschrift der Savigny-Gesellschaft für Rechtsgeschichte. Germanistische Abt. 107, S. 568-571.

– (1991): *Diabolus habitat in eis* – Wo der Teufel zu Hause ist: Geschlechtlichkeit im rechtstheologischen Diskurs des ausgehenden Mittelalters und der frühen Neuzeit. In: Bachorski (1991), S. 281-305.

Kaufringer, H.: Werke. Hg. von P. Sappler. Bd. 1: Text. Tübingen 1972.

Keller, A. v. (Hg.) (1855): Erzählungen aus altdeutschen Handschriften. Stuttgart.

Kenckel, D.: Aus Detmar Kenckel's Nachlaß (Bremische Familienpapiere aus dem 16. Jahrhundert), mitgeteilt von H. Smidt. Bremisches Jahrbuch 7 (1874), S. 1-67.

Kentenich, G. (1912): Zur Sittengeschichte des ausgehenden 13. Jahrhunderts. Archiv für Kulturgeschichte 10, S. 111 f.

Keussen, H. (1894): Kölner Prozeß-Akten. 1364-1520. Mitteilungen aus dem Stadtarchiv von Köln 9, S. 45-64.

Kilminster, R. (1991): Evaluating Elias [Rezension von Mennell 1989]. Theory, Culture & Society 8, S. 165-176.

– (i. V.): Involved detachment. Norbert Elias and the sociology of figurations. London.

– und C. Wouters (1994): Elias and the Neo-Kantians: An alternative view. Amsterdams Sociologisch Tijdschrift 20/3, S. 98-133. [Rev. Fassung: From philosophy to sociology: Elias and the Neo-Kantians (A response to Maso). Theory, Culture & Society 12/3 (1995), S. 81-120.]

Köhler, W. (1932): Zürcher Ehegericht und Genfer Konsistorium, Bd. 1: Das Zürcher Ehegericht und seine Auswirkung in der deutschen Schweiz zur Zeit Zwinglis. Leipzig.

König, H. (1993): Norbert Elias und Sigmund Freud: Der Prozeß der Zivilisation. Leviathan 21, S. 205-221.

Kolle, K. (1956): Emil Kraepelin (1856-1926). In: ders. (Hg.): Große Nervenärzte, Bd. 1, 2. Aufl. Stuttgart 1970, S. 175-186.

Konrad von Würzburg: Der trojanische Krieg. Hg. von A. v. Keller. Stuttgart 1858.

–: Partonopier und Meliur. Aus dem Nachlasse von F. Pfeiffer hg. von K. Bartsch. Berlin 1970.

Korte, H. (1988): Über Norbert Elias. Das Werden eines Menschenwissenschaftlers. Frankfurt/M.

– (Hg.) (1990): Gesellschaftliche Prozesse und individuelle Praxis. Bochumer Vorlesungen zu Norbert Elias' Zivilisationstheorie. Frankfurt/M.

– (1991): Norbert Elias in Breslau. Ein biographisches Fragment. Zeitschrift für Soziologie 20, S. 3-11.

Kracauer, S. (1969): Geschichte – Vor den letzten Dingen. Frankfurt/M. 1971.

Kris, E. (1939): Die Inspiration. In: Die ästhetische Illusion. Phänomene der Kunst in der Sicht der Psychoanalyse. Frankfurt/M. 1977, S. 162-175.

Lehndorff, E. A. H.: Des Reichsgrafen Ernst Ahasverus Heinrich Lehndorff Tagebücher nach seiner Kammerherrnzeit. Nach dem französischen Original bearb. von K. E. Schmidt-Lötzen, 1. Bd. Gotha 1921.

Liesch, E.: Gedenkbüchlein des Enderlin Liesch in Malans. Hg. von Rudolf Wegeli. Archiv für Kulturgeschichte 9 (1911), S. 73-86.

Lohengrin. Hg. von H. Rückert. Quedlinburg/Leipzig 1858 (ND Darmstadt 1970).

Luther, M.: Brief vom 15. 6. 1525 an Johann Rühel u. a. In: Dr. Martin Luthers Werke. Kritische Gesamtausgabe. Briefwechsel, 3. Bd. Weimar 1933, S. 530 f.

Mahony, P. J. (1989): Der Schriftsteller Sigmund Freud. Frankfurt/M.

Marx, R. und R. Wild (1984): Psychoanalyse und Literaturwissenschaft. Skizze einer komplizierten Beziehungsgeschichte. LiLi. Zeitschrift für Literaturwissenschaft und Linguistik, H. 53/54, S. 166-193.

Maschke, E. (1969): Mittelschichten in den deutschen Städten des Mittelalters. In: ders. und J. Sydow (Hg.): Städtische Mittelschichten. Stuttgart, S. 1-31.

Maso, B. (1992): Elias en de neokantianen. Intellectuele achtergronden van *Het civilisatieproces*. Amsterdams Sociologisch Tijdschrift 19/1, S. 22-64. [Rev. engl. Fassung: Elias and the Neo-Kantians: Intellectual backgrounds of *The Civilizing Process*. Theory, Culture & Society 12/3 (1995), S. 43-79; im selben Heft weitere Beiträge zur Diskussion.]

Maurer, M. (1989): Der Prozeß der Zivilisation. Bemerkungen eines Historikers zur Kritik des Ethnologen Hans Peter Duerr an der Theorie des Soziologen Norbert Elias. Geschichte in Wissenschaft und Unterricht 40, S. 225-238.

Mennell, S. (1989): Norbert Elias. Civilization and the human self-image. Oxford.

– (1991): Reply to Pels and Kilminster. Theory, Culture & Society 8, S. 185-189.

Mikat, P. (1971): »Ehe« in: Handwörterbuch zur deutschen Rechtsgeschichte, Bd. 1. Berlin, Sp. 809-833.

Moehsen, J. C. W. (1783): Beiträge zur Geschichte der Wissenschaften in der Mark Brandenburg. 1. Leben Leonhard Thurneissers zum Thurn. Berlin/Leipzig.

Moller: Dat Slechtbok. Geschlechtsregister der Hamburgischen Familie

Moller (vom Hirsch), verfaßt im Jahre 1511 von Joachim Moller. Eingel. und erl. von O. Beneke. Hamburg 1876.

Mollwo, C. (Hg.) (1905): Das rote Buch der Stadt Ulm. Stuttgart.

Das Mühlhäuser Reichsrechtsbuch aus dem Anfang des 13. Jahrhunderts. Hg., eingel. und übers. von H. Meyer. 3. Aufl. Weimar 1936.

Müller, J.-D. (1974): SIVRIT: *künec – man – eigenholt*. Zur sozialen Problematik des Nibelungenliedes. Amsterdamer Beiträge zur Älteren Germanistik 7, S. 85-124.

Naujoks, E. (1958): Obrigkeitsgedanke, Zunftverfassung und Reformation. Studien zur Verfassungsgeschichte von Ulm, Eßlingen und Schwäb. Gmünd. Stuttgart.

Das Nibelungenlied. Mittelhochdeutscher Text und Übertragung. Hg., übers. und mit einem Anhang vers. von H. Brackert, 2 Teile. Frankfurt/M. 1970/71.

Noonan Jr., J. T. (1970): An almost absolute value in history. In: ders. (Hg.): The morality of abortion. Legal and historical perspectives. Cambridge, Mass., S. 1-59.

Pallaver, G. (1989): Der Streit um die Scham. Zu Hans Peter Duerrs Demontage des »Zivilisationsprozesses«. Österreichische Zeitschrift für Soziologie 14, S. 63-71.

Pels, D. (1991): Elias and the politics of theory [Rezension von Mennell 1989]. Theory, Culture & Society 8, S. 177-183.

Platter, F.: Tagebuch (Lebensbeschreibung) 1536-1567. Hg. von V. Lötscher. Basel/Stuttgart 1976.

Platter, Th.: Lebensbeschreibung [Ausz.]. In: Wenzel (1980), Bd. 2, S. 142-186.

Poggio Bracciolini: Lettere a Niccolò Niccoli (Lettere, Bd. 1). Hg. von H. Harth. Florenz 1984. [Engl.: Two Renaissance book hunters. The letters of Poggio Bracciolini to Nicolaus de Nicolis. Übers. und mit Anm. vers. von Ph. W. G. Gordan. New York/London 1974.]

Deutsches Rechtswörterbuch (Wörterbuch der älteren deutschen Rechtssprache). Weimar 1914 ff.

Rehberg, K.-S. (1992): Norbert Elias: Ein etablierter Außenseiter. Merkur 46, S. 348-353. [Erweiterter Wiederabdruck in: Rehberg 1996, S. 17-39.]

– (Hg.) (1996): Norbert Elias und die Menschenwissenschaften. Studien zur Entstehung und Wirkungsgeschichte seines Werks. Frankfurt/M.

Reik, Th. (1953): The haunting melody. Psychoanalytic experiences in life and music. New York.

Reinfried von Braunschweig. Hg. von K. Bartsch. Stuttgart 1871.

Rem, L.: Tagebuch des Lucas Rem aus den Jahren 1494-1541. Ein Beitrag zur Handelsgeschichte der Stadt Augsburg, mitgeteilt von B. Greiff. Augsburg.

Richter, Ae. L. (Hg.) (1846): Die evangelischen Kirchenordnungen des 16. Jahrhunderts, 2 Bde. Weimar.

Rössler, E. F. (Hg.) (1852): Die Stadtrechte von Brünn aus dem 13. und 14. Jahrhundert. Prag (ND Aalen 1963).

Ruodlieb, mittellateinisch und deutsch. Übertragung, Kommentar und Nachwort von F. P. Knapp. Stuttgart 1977.

Rutschky, K. (1983): Deutsche Kinder-Chronik. Wunsch- und Schrekkensbilder aus vier Jahrhunderten. Köln.

– (1989): Die traurigen Deutschen. Elias erforscht unseren Nationalcharakter [Rezension von Elias 1989a]. Frankfurter Allgemeine Zeitung, Nr. 265 vom 14. 11. 1989, S. L9.

Rutschky, M. (1981): Lektüre der Seele. Eine historische Studie über die Psychoanalyse der Literatur. Frankfurt/Berlin/Wien.

Sachs, H. (1950): Freud – Meister und Freund. London.

Sachse, J. Ch.: Der deutsche Gil Blas, eingeführt von Goethe, oder: Leben, Wanderungen und Schicksale Johann Christoph Sachses, eines Thüringers, von ihm selbst verfaßt. München 1964.

Sallis-Freudenthal, M. (1977): Ich habe mein Land gefunden. Autobiographischer Rückblick. Frankfurt/M.

Sastrow, B.: Bartholomäi Sastrowen Herkommen, Geburt und Lauff seines gantzen Lebens, von Ihm selbst beschriben. Hg. und erl. von G. Ch. F. Mohnike, 3 Teile. Greifswald 1823/24.

Schnell, R. (1975a): Andreas Capellanus, Heinrich von Morungen und Herbort von Fritslar. Zeitschrift für Deutsches Altertum und Deutsche Literatur 104, S. 131-151.

– (1975b): Ovids Ars amatoria und die höfische Minnetheorie. Euphorion. Zeitschrift für Literaturgeschichte 69, S. 132-159.

– (1985): Causa amoris. Liebeskonzeption und Liebesdarstellung in der mittelalterlichen Literatur. Bern/München.

Schöttker, D. (1988): Norbert Elias und Walter Benjamin. Ein unbekannter Briefwechsel und sein Zusammenhang. In: Rehberg (1996), S. 58-76.

Schröter, M. (1980a): Weltzerfall und Rekonstruktion. Zur Physiognomik Siegfried Kracauers. Text + Kritik 68, S. 18-40.

– (1980b): Centralizing and civilizing processes in German towns from the 13th to the 16th century. Vortrag auf der Tagung der Theory Group der British Sociological Association in Oxford, 5.-6. 1. 1980 (masch.).

– (1985a): »Wo zwei zusammenkommen in rechter Ehe ...«. Sozio- und psychogenetische Studien über Eheschließungsvorgänge vom 12. bis 15. Jahrhundert. Frankfurt/M.

– (1985b): Bestandsaufnahme der vorhandenen wissenschaftlichen Manuskripte von Norbert Elias [bis 1984]. Bochum (Photodruck).

– (1988): Freud und Fließ im wissenschaftlichen Gespräch. Das Neurasthenieprojekt von 1893. Jahrbuch der Psychoanalyse 22, S. 141-183.

– (1992): Bemerkungen über Theoriebildung und Biographik (anläßlich des Leonardo-Aufsatzes von Han Israels). Luzifer-Amor 5, H. 10, S. 48-83.

335

Der Schüler von Paris, in: H.-F. Rosenfeld (1927): Mittelhochdeutsche Novellenstudien. Leipzig (ND New York/London 1967), S. 207-230; Redaktion A und B, S. 394-449.

Schultheiß, W. (Hg.) (1960): Die Acht-, Verbots- und Fehdebücher Nürnbergs von 1285-1400. Nürnberg.

Schultz, A. (1892): Deutsches Leben im XIV. und XV. Jahrhundert. Große Ausgabe, 2 Bde. Prag/Wien/Leipzig.

Schumann, V.: Nachtbüchlein. Hg. von J. Bolte. Tübingen 1893 (ND Leipzig 1938).

Schweinichen, H. v.: Denkwürdigkeiten. Hg. von H. Oesterley. Breslau 1878.

Schwerin, C. v. (Hg.) (1925): Quellen zur Geschichte der Eheschließung 1. Bonn.

Seibt, G. (1990): Der Spätgekommene. Zum Tode von Norbert Elias. Frankfurter Allgemeine Zeitung, Nr. 178 vom 4. 8. 90.

Sibenhar, B.: Die Selbstbiographie des Balthasar Sibenhar, mitgeteilt von J. Bickel. Beiträge zur bayerischen Kirchengeschichte 7 (1901), S. 256-274; 8 (1902), S. 32-45.

Simenauer, E. (1976): Rainer Maria Rilke in psychoanalytischer Sicht. In: Wanderungen zwischen Kontinenten. Gesammelte Schriften zur Psychoanalyse. Hg. von L. M. Hermanns, Bd. 2. Stuttgart 1993, S. 420-454.

Simmel, E. (1944): Kriegsneurosen. In: Psychoanalyse und ihre Anwendungen. Hg. von L. M. Hermanns und U. Schultz. Frankfurt/M. 1993, S. 204-226.

Soest, J. v.: Johanns von Soest eigne Lebensbeschreibung. Frankfurterisches Archiv, hg. von J. C. v. Fichard, 1 (1811), S. 84-139.

Spangenberg, C.: Ehespiegel: Das ist / Alles was vom heyligen Ehestande / nützliches / noetiges / vnd troestliches mag gesagt werden. In Siebentzig Brautpredigten: zuosammen erfasset. Straßburg 1561.

Spieker, Ch. W. (1858): Lebensgeschichte des Andreas Musculus. Ein Beitrag zur Reformations- und Sittengeschichte des 16. Jahrhunderts. Frankfurt/O. (ND Nieuwkoop 1964).

Das Stadtbuch von Augsburg, insbesondere das Stadtrecht vom Jahre 1276. Hg. und erl. von Ch. Meyer. Augsburg 1872.

Steinhausen, G. (1904): Geschichte der deutschen Kultur. Ungekürzte Volksausgabe der 3. Aufl. Leipzig 1933.

Sternweiler, A. (1996): *Frankfurt, Basel, New York*: Richard Plant. Berlin 1996 (Schwules Museum. Lebensgeschichten 3).

van Stolk, B. (1995): S-1. Roman. Amsterdam.

– und C. Wouters (1987): Frauen im Zwiespalt. Beziehungsprobleme im Wohlfahrtsstaat – Eine Modellstudie. Mit einem Vorwort von N. Elias. Frankfurt/M.

Summarium Heinrici, Bd. 1: Textkrit. Ausgabe der ersten Fassung, Buch 1-X. Hg. von R. Hildebrandt. Berlin/New York 1974.

Techen, F. (1906): Die Bürgersprachen der Stadt Wismar. Leipzig.

Thurneysser, L.: Der Alchymist und sein Weib. Gauner- und Ehescheidungsprozesse des Alchymisten Thurneysser. Hg. von Will-Erich Peukert. Stuttgart 1956.

Treibel, A. (1990): Migration in modernen Gesellschaften. Soziale Folgen von Einwanderung und Gastarbeit. Weinheim/München.

Tucher'sches Memorialbuch 1386-1454. In: Die Chroniken der deutschen Städte vom 14. bis ins 16. Jahrhundert, Bd. 10. Leipzig 1872 (ND Göttingen 1961), S. 14-26.

Urkundenbuch der Stadt Straßburg, Bd. IV/2: Stadtrechte und Aufzeichnungen über bischöflich-städtische und bischöfliche Ämter, bearb. von A. Schulte und G. Wolfram. Straßburg 1888.

Ussel, J. v. (1970): Sexualunterdrückung. Geschichte der Sexualfeindschaft, 2. Aufl. Gießen 1977.

Vielhauer, R. (1990): Rezension von Elias (1989a). Rechtshistorisches Journal 9, S. 50-54.

Visser, S. (1993): Provisional inventory of the archive of Norbert Elias (1897-1990). 1930-1992. Amsterdam (Photodruck).

Voigt, K. (1973): Italienische Berichte aus dem spätmittelalterlichen Deutschland. Von Francesco Petrarca zu Andrea de' Franceschi (1333-1492). Stuttgart.

Wackernagel, R. (1907-24): Geschichte der Stadt Basel, 3 in 4 Bden. Basel.

Waldhoff, H.-P. (1993): Der internationale Migrations- als Zivilisierungsprozeß? Ein asymmetrisches Verflechtungs- und Abwehrmodell auf mehreren Ebenen. In: H. Nowotny (Hg.): Macht und Ohnmacht im neuen Europa. Zur Aktualität der Soziologie von Norbert Elias. Wien.

– (1995): Fremde und Zivilisierung. Wissenssoziologische Studien über das Verarbeiten von Gefühlen der Fremdheit – Probleme der modernen Peripherie-Zentrums-Migration am türkisch-deutschen Beispiel. Frankfurt/M.

Wasserschleben, H. (Hg.) (1860/92): Sammlung deutscher Rechtsquellen, 2 Bde. Gießen und Leipzig (ND Aalen 1969).

Weinsberg: Das Buch Weinsberg. Kölner Denkwürdigkeiten aus dem 16. Jahrhundert. Bd. 3 und 4 bearb. von F. Lau. Bonn 1897/98.

Weller, E. (Hg.) (1874): Dichtungen des 16. Jahrhunderts. Stuttgart.

Wenzel, H. (Hg.) (1980): Die Autobiographie des Spätmittelalters und der frühen Neuzeit, 2 Bde. München.

Wickram, G.: Von Guoten vnd Boesen Nachbaurn. Hg. von J. Bolte und W. Scheel. Tübingen 1901 (ND Hildesheim/New York 1974).

–: Das Rollwagenbüchlein (Sämtliche Werke. Hg. von H.-G. Roloff, Bd. 7). Berlin/New York 1973 (zit.: Rollw.).

Wilterdink, N. (1984): Die Zivilisationstheorie im Kreuzfeuer der Diskussion. Ein Bericht vom Kongreß über Zivilisationsprozesse in Amsterdam. In: Gleichmann et al. (1984), S. 280-304.

Winsbeckische Gedichte nebst Tirol und Fridebrant. Hg. von A. Leitzmann, 3. Aufl. Tübingen 1962 [darin: Winsbeckin, S. 46-66].

Wirnt von Gravenberc: Wigalois, der Ritter mit dem Rade. Hg. von J. M. N. Kapteyn, 1. Bd.: Text. Bonn 1926.

Wittenwiler, H.: Heinrich Wittenwilers Ring. Hg. von E. Wießner. Leipzig 1931.

Deutsches Wörterbuch von Jacob und Wilhelm Grimm, 16 Bde. Leipzig 1854 ff.

Wolter, G. (1988): Die Verpackung des männlichen Geschlechts. Eine illustrierte Kulturgeschichte der Hose. Marburg.

Wouters, C. (1979): Informalisierung und der Prozeß der Zivilisation. In: Gleichmann et al. (1979), S. 279-298.

– (1986): Informalisierung und Formalisierung der Geschlechterbeziehungen in den Niederlanden von 1930 bis 1985. Kölner Zeitschrift für Soziologie und Sozialpsychologie 38, S. 510-528.

– (1990): Van minnen en sterven. Informalisering van omgangsvormen rond seks en dood. Amsterdam.

– (1994): Duerr und Elias. Scham und Gewalt in Zivilisationsprozessen. Zeitschrift für Sexualforschung 7, S. 203-216.

Zellweger, L. (1947): Die Stellung des außerehelichen Kindes nach den Basler Rechtsquellen. Diss jur. Basel (masch.).

Zimmerische Chronik. Nach der von K. Barack besorgten 2. Ausg. neu hg. von P. Herrmann, 4 Bde. Meersburg/Leipzig 1932.

Zink, B.: Chronik des Burkard Zink, Buch III [Leben des Burkard Zink]. In: Die Chroniken der deutschen Städte vom 14. bis ins 16. Jahrhundert, Bd. 5. Leipzig 1866 (ND Göttingen 1965), S. 122-143.

Nachweise

I. Basiert auf einem Vortrag, der am 18. 9. 1980 in der Ad-hoc-Gruppe »Zivilisationsprozeß und Figurationssoziologie« (Leitung Peter R. Gleichmann) des 20. Deutschen Soziologentags in Bremen gehalten wurde. Erstveröffentlichung in: Amsterdams Sociologisch Tijdschrift 8 (1981), S. 48-89 (gekürzt); dann in: Gleichmann et al. (1984), S. 148-192. Für den Neuabdruck revidiert und leicht gekürzt.

II. Basiert auf einem Vortrag, der am 15. 11. 1986 auf dem Symposium »Frauenalltag und Frauenbilder im Mittelalter« der Edition »Ergebnisse der Frauenforschung an der Freien Universität Berlin« gehalten wurde. Erstveröffentlichung in: Merkur 41 (1987), S. 468-481. Damals wurde im wesentlichen der Vortragstext publiziert. Die in diesem Band abgedruckte Fassung geht auf das ungekürzte Manuskript zurück, das nochmals bearbeitet wurde.

III. Basiert auf einem Vortrag, der am 9. 11. 1988 vor dem Forschungscolloquium des Arbeitsbereichs »Kultur und Interaktion« am Soziologischen Institut der Freien Universität Berlin, dann in überarbeiteter Form am 2. 5. 1989 in der Ruhr-Universität Bochum vorgetragen wurde. Erstveröffentlichung in: Korte (1990), S. 42-85. Für den Neuabdruck leicht revidiert.

IV. Basiert auf einem Arbeitspapier für ein Symposium des Projekts »Bilder von Liebe, Ehe und Familie in der deutschen Literatur des 15. und 16. Jahrhunderts«, das vom 27. bis 30. 9. 1989 an der Freien Universität Berlin stattfand. Erstveröffentlichung in: Bachorski (1991), S. 359-414. Für den Neuabdruck revidiert und leicht gekürzt.

V. Die beiden ersten Stücke des Kapitels erschienen erstmals in: Bonorden (1985), S. 33-39, 215-221 (engl. Fassung des ersten unter dem Titel »Marriage« in: Theory, Culture & Society 4/2-3 (1987), S. 317-322). Für den Neuabdruck revidiert. – Das dritte Stück basiert auf einem Rezensions-Essay über Jerouschek (1988) in: Kritische Justiz 26 (1993), S. 376-381. Für den Abdruck in diesem Band gekürzt und revidiert.

VI. Basiert auf einem Vortrag, der am 23. 1. 1992 an der Universität Karlsruhe gehalten wurde. Andere Passagen wurden am 26. 1. 1993 im FB Neuere Germanistik I der Universität Mannheim vorgetragen. Erstveröffentlichung in: Psyche 47 (1993), S. 684-725. Für den Neuabdruck leicht revidiert.

VII. Basiert auf einem Vortrag, der am 17. 11. 1991 auf der »Gedenktagung für Norbert Elias« in Essen gehalten wurde. Erstveröffentlichung in: Rehberg (1996), S. 87-122.

VIII. Der Beitrag wird hier erstmals veröffentlicht, mit Ausnahme des ersten Abschnitts, der auch in der Festschrift zum 65. Geburtstag von Peter R. Gleichmann (Barlösius et al. 1997) erschienen ist. Auszüge aus dem Manuskript, auf dem der Text partiell beruht, wurden am 26. 6. 1991 im selben Colloquium wie Nr. IV vorgetragen, andere Teile am 20. 8. 1991 im Berliner Forum für Geschichte der Psychoanalyse vorgelegt.

Über die verzeichneten Änderungen hinaus wurden alle Beiträge für den Neuabdruck gegebenenfalls technisch und sprachlich redigiert. Inhaltlich bezeugen sie den Stand meiner Kenntnisse und Überlegungen zur Zeit ihrer Entstehung. Seltene spätere Zusätze, die dieses Prinzip durchbrechen, stehen in eckiger Klammer.

Über sämtliche bis Mai 1992 erschienenen suhrkamp taschenbücher wissenschaft (stw) informiert Sie das Verzeichnis der Bände 1 – 1000 (stw 1000) ausführlich. Sie erhalten es in Ihrer Buchhandlung.

suhrkamp taschenbücher wissenschaft
Geschichte, Sozialgeschichte, Zeitgeschichte, Dokumentation

suhrkamp taschenbücher wissenschaft
Geschichte, Sozialgeschichte, Zeitgeschichte, Dokumentation

Moore: Soziale Ursprünge von Diktatur und Demokratie. stw 54

– Ungerechtigkeit. stw 692

Niethammer (Hg.): Lebenserfahrung und kollektives Gedächtnis. stw 490

Otto/Sünker (Hg.): Politische Formierung und soziale Erziehung im Nationalsozialismus. stw 927

– Soziale Arbeit und Faschismus. stw 762

Reif (Hg.): Räuber, Volk und Obrigkeit. stw 453

Reinalter: Die Französische Revolution und Mitteleuropa. stw 748

Reinalter (Hg.): Demokratische und soziale Protestbewegungen in Mitteleuropa 1815–1848/49. stw 629

– Freimaurer und Geheimbünde im 18. Jahrhundert in Mitteleuropa. stw 403

Rosenbaum: Formen der Familie. stw 374

– Proletarische Familien. stw 1029

Rosenbaum (Hg.): Familie und Gesellschaftsstruktur. stw 244

Sabean: Das zweischneidige Schwert. stw 888

Schadewaldt: Die Anfänge der Geschichtsschreibung bei den Griechen. stw 389

Schröter: »Wo zwei zusammenkommen in rechter Ehe …« stw 860

Schulze (Hg.): Europäische Bauernrevolten der frühen Neuzeit. stw 393

Stolleis: Staat und Staatsräson in der frühen Neuzeit. stw 878

Tibi: Der Islam und das Problem der kulturellen Bewältigung sozialen Wandels. stw 531

Varga: Zeitenwende. stw 892

Wodak/Nowak/Pelikan u. a.: »Wir sind alle unschuldige Täter«. stw 881

Wunder/Vanja (Hg.): Wandel der Geschlechterbeziehungen zu Beginn der Neuzeit. stw 913

Über sämtliche bis Mai 1992 erschienenen suhrkamp taschenbücher wissenschaft (stw) informiert Sie das Verzeichnis der Bände 1 – 1000 (stw 1000) ausführlich. Sie erhalten es in Ihrer Buchhandlung.